问题·案例·对策：公文写作教与学

张鑫　汪东发　编著

WUHAN UNIVERSITY PRESS
武汉大学出版社

图书在版编目(CIP)数据

问题·案例·对策:公文写作教与学/张鑫,汪东发编著.—武汉:武汉大学出版社,2023.4(2024.7 重印)
ISBN 978-7-307-23425-3

Ⅰ.问… Ⅱ.①张… ②汪… Ⅲ.公文—写作—高等学校—教材 Ⅳ.C931.46

中国版本图书馆 CIP 数据核字(2022)第 204803 号

责任编辑:韩秋婷　　责任校对:汪欣怡　　版式设计:马　佳

出版发行:**武汉大学出版社**　(430072　武昌　珞珈山)
(电子邮箱:cbs22@whu.edu.cn　网址:www.wdp.com.cn)
印刷:武汉中科兴业印务有限公司
开本:787×1092　1/16　印张:19.5　字数:448 千字　插页:1
版次:2023 年 4 月第 1 版　2024 年 7 月第 2 次印刷
ISBN 978-7-307-23425-3　定价:50.00 元

目录

第一章　公文及其主要文种 …… 1
【问题与任务】 …… 1
【重点与难点】 …… 1
【情景与案例】 …… 1
【内容与进程】 …… 3
一、公务文书 …… 3
二、公文 …… 3
三、主要公文文种 …… 7
【拓展与思考】 …… 9

第二章　公文写作的性质与特点 …… 13
【问题与任务】 …… 13
【重点与难点】 …… 13
【情景与案例】 …… 13
【内容与进程】 …… 15
一、实用性的写作 …… 15
二、受命性的写作 …… 15
三、政策性与权威性的写作 …… 16
【拓展与思考】 …… 17

第三章　公文写作的原则性要求 …… 20
【问题与任务】 …… 20
【重点与难点】 …… 20
【情景与案例】 …… 20
【内容与进程】 …… 22
一、忠于政策和法律 …… 22
二、忠于客观事实 …… 23
三、忠于机关制文意图 …… 24

四、遵守行文规则和规范格式 …… 25
【拓展与思考】…… 28

第四章　公文的行文关系与行文方向 …… 36
【问题与任务】…… 36
【重点与难点】…… 36
【情景与案例】…… 36
【内容与进程】…… 39
一、公文的行文关系 …… 39
二、公文的行文方向 …… 41
【拓展与思考】…… 42

第五章　公文的行文规则 …… 45
【问题与任务】…… 45
【重点与难点】…… 45
【情景与案例】…… 45
【内容与进程】…… 46
一、公文的行文规则 …… 46
二、公文写作中遵守行文规则的注意事项 …… 48
【拓展与思考】…… 50

第六章　公文的格式规范 …… 52
【问题与任务】…… 52
【重点与难点】…… 52
【情景与案例】…… 52
【内容与进程】…… 55
一、公文用纸幅面尺寸及版面要求 …… 55
二、公文的格式要素 …… 55
三、公文的特殊格式 …… 63
【拓展与思考】…… 65

第七章　公文的主送与抄送 …… 73
【问题与任务】…… 73
【重点与难点】…… 73
【情景与案例】…… 73
【内容与进程】…… 75
一、公文的主送机关 …… 75
二、公文的抄送机关 …… 77

【拓展与思考】…… 78

第八章　公文的主旨及其表达 …… 82
【问题与任务】…… 82
【重点与难点】…… 82
【情景与案例】…… 82
【内容与进程】…… 84
一、公文的主旨 …… 84
二、表达方式 …… 85
【拓展与思考】…… 87

第九章　公文正文的结构形式与行文逻辑 …… 92
【问题与任务】…… 92
【重点与难点】…… 92
【情景与案例】…… 92
【内容与进程】…… 93
一、公文正文的外在结构形式 …… 93
二、公文正文的内在结构逻辑 …… 96
三、注意理顺行文逻辑 …… 101
【拓展与思考】…… 103

第十章　公文的语体特征 …… 107
【问题与任务】…… 107
【重点与难点】…… 107
【情景与案例】…… 107
【内容与进程】…… 110
一、公文语体及其特征 …… 110
二、必要的模糊语言运用 …… 112
三、灵活得体的惯用语 …… 113
四、讲究语言的分寸感 …… 114
五、注意数字用法规范 …… 115
【拓展与思考】…… 116

第十一章　公文文种辨用 …… 120
【问题与任务】…… 120
【重点与难点】…… 120
【情景与案例】…… 120
【内容与进程】…… 123

一、正确选用公文文种的基本步骤……123
二、议决用文种辨析：决定与决议……127
三、报请用文种辨析：报告与请示……129
四、请批用文种辨析：请示与函、议案……130
五、奖惩用文种辨析：命令(令)、决定与通报……131
六、任免用文种辨析：决定与通知……133
七、告晓用文种辨析：公告与通告、通知、通报……133
八、回复用文种辨析：批复与(复)函、通知……136
九、部署用文种辨析：决定、意见、通知……139
【拓展与思考】……141

第十二章　公文的标题拟制……145
【问题与任务】……145
【重点与难点】……145
【情景与案例】……145
【内容与进程】……147
一、公文标题结构形式……147
二、准确拟制公文标题……149
三、公文标题排版与回行……150
【拓展与思考】……151

第十三章　公文的提要与承转……158
【问题与任务】……158
【重点与难点】……158
【情景与案例】……158
【内容与进程】……161
一、公文的承转……161
二、公文的提要……164
【拓展与思考】……166

第十四章　指挥性议决性公文写作……172
【问题与任务】……172
【重点与难点】……172
【情景与案例】……172
【内容与进程】……174
一、决议……174
二、决定……180
三、批复……187

四、纪要…………………………………………………………………………………… 190
【拓展与思考】 ………………………………………………………………………… 194

第十五章　报(呈)请性公文写作 ………………………………………………………… 196
【问题与任务】 ………………………………………………………………………… 196
【重点与难点】 ………………………………………………………………………… 196
【情景与案例】 ………………………………………………………………………… 196
【内容与进程】 ………………………………………………………………………… 198
一、报告…………………………………………………………………………………… 198
二、请示…………………………………………………………………………………… 204
三、议案…………………………………………………………………………………… 208
【拓展与思考】 ………………………………………………………………………… 212

第十六章　告晓性公文写作……………………………………………………………… 217
【问题与任务】 ………………………………………………………………………… 217
【重点与难点】 ………………………………………………………………………… 217
【情景与案例】 ………………………………………………………………………… 217
【内容与进程】 ………………………………………………………………………… 220
一、公报…………………………………………………………………………………… 220
二、公告…………………………………………………………………………………… 227
三、通告…………………………………………………………………………………… 229
四、通知…………………………………………………………………………………… 232
五、通报…………………………………………………………………………………… 242
【拓展与思考】 ………………………………………………………………………… 247

第十七章　多属性多向性公文写作……………………………………………………… 252
【问题与任务】 ………………………………………………………………………… 252
【重点与难点】 ………………………………………………………………………… 252
【情景与案例】 ………………………………………………………………………… 252
【内容与进程】 ………………………………………………………………………… 254
一、意见…………………………………………………………………………………… 254
二、函……………………………………………………………………………………… 259
【拓展与思考】 ………………………………………………………………………… 264

第十八章　公文写作思维训练…………………………………………………………… 268
【问题与任务】 ………………………………………………………………………… 268
【重点与难点】 ………………………………………………………………………… 268
【情景与案例】 ………………………………………………………………………… 268

【内容与进程】 …… 270
一、公文写作的一般思维过程 …… 270
二、金字塔原理与 MECE 法则 …… 276
三、从一份通知看公文写作思维问题 …… 279
【拓展与思考】 …… 280

附录 1：党政机关公文处理工作条例 …… 285

附录 2：党政机关公文格式 …… 292

后记 …… 302

第一章　公文及其主要文种

【问题与任务】

什么是公文？这是公文写作教与学必须回答、解决、讨论的第一个问题。学习公文写作，必须了解公文的概念，明确广义公文的界定和狭义公文的定义，准确认识和理解学习的内容、对象。

【重点与难点】

对于初学公文写作的学生而言，认识公文写作的性质与特点是本章重点，准确理解狭义公文定义是本章难点，因为定义中内含了几个方面的规定性，都与公文写作相关。

【情景与案例】

图 1-1

图 1-2

图 1-3

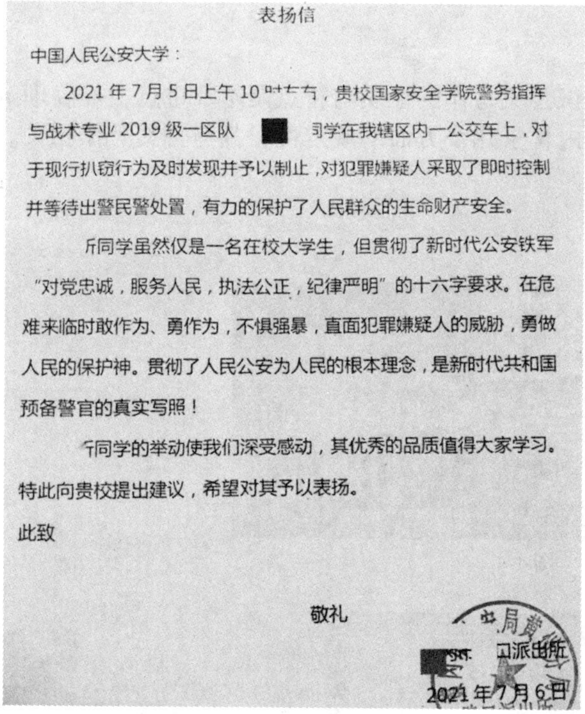

表扬信

中国人民公安大学：

2021年7月5日上午10时左右，贵校国家安全学院警务指挥与战术专业2019级一区队[redacted]同学在我辖区内一公交车上，对于现行扒窃行为及时发现并予以制止，对犯罪嫌疑人采取了即时控制并等待出警民警处置，有力的保护了人民群众的生命财产安全。

同学虽然仅是一名在校大学生，但贯彻了新时代公安铁军"对党忠诚，服务人民，执法公正，纪律严明"的十六字要求。在危难来临时敢作为、勇作为，不惧强暴，直面犯罪嫌疑人的威胁，勇做人民的保护神。贯彻了人民公安为人民的根本理念，是新时代共和国预备警官的真实写照！

同学的举动使我们深受感动，其优秀的品质值得大家学习。特此向贵校提出建议，希望对其予以表扬。

此致

敬礼

[redacted]口派出所

2021年7月6日

图 1-4

№ 003402

中共中央办公厅文件

中办发〔2012〕14号

中共中央办公厅　国务院办公厅
关于印发《党政机关公文处理工作条例》的通知

各省、自治区、直辖市党委和人民政府，中央和国家机关各部委，解放军各总部、各大单位，各人民团体：

《党政机关公文处理工作条例》已经党中央、国务院同意，现印发给你们，请遵照执行。

中共中央办公厅

国务院办公厅

2012年4月16日

（此件发至县团级）

— 1 —

图 1-5

讲公文写作，自然先要讲什么是公文。也许大家都明白什么是公文，但要说清楚、准确界定，并不容易。这里借用网上找到的三张图，大家辨别看看什么是公文？

图 1-1 是什么？是公文吗？

图 1-2 是什么？是公文吗？

图 1-3、图 1-4 是公文吗？

图 1-5 肯定是公文吧？

【内容与进程】

一、公务文书

图 1-1，大家一般说它是标语，是横幅。图 1-2 大家很熟悉，是大学录取通知书。图 1-3、图 1-4，大家一般说它们是奖状、表扬信。图 1-5，大家一般说它是文件。对于“文件”的概念，大家基本上是明白的，很显然，前 4 个图大家往往并没有归入“文件”。

其实不难理解，以上这些都是公务文书。图 1-1 中横挂的标语，应该是由住宅小区物业公司或当地街道办在 2019 年国庆节之前制作和悬挂的；图 1-2 是清华大学发送、投递给当年被录取新生的通知书；图 1-3 是授予某参事的荣誉证书；图 1-4 是一个单位发给另一个单位的表扬信；图 1-5 是印发《党政机关公文处理工作条例》(后文简称为 2012 年“公文条例”)的通知，是大家俗称的“红头文件”。以上都是处理公务过程中形成和使用的文字材料，即公务文书。公务文书，很多时候被人们简称为“公文”。但作为公务文书简称的“公文”，是泛概念、大概念的公文，泛指公务活动中形成和使用的主要是文字但不限于文字的一切材料，比如除文字材料外，还有音像、图片资料，等等。着眼于大概念的公文，讲(教)“公文写作”、学“公文写作”、讨论“公文写作”，可以说是包罗万象的。大家去搜索，去看看自己能找到的各种公文写作教材和论著，看看它们的目录构架就清楚了。

一门课，一个老师，几十个课时，要讲(教、学)大概念的公文写作即公务文书写作，对老师、对学生来说都是不可能完成的任务。对于公务文书写作，应该有所分工、有所分解。

所以，我们这里讨论的是小概念的公文，讲小概念的公文写作的关键问题和核心问题，即一些公文写作著述中所称的“法定公文”“机关公文”“党政机关公文”“通用公文”，各级各类单位、部门都会用到的作为正式文件的“公文”的写作问题。

二、公　　文

什么是公文？这个问题看似没有讨论的必要，实则不然。

公文这个概念一直在普遍使用，但至今仍没有一个科学的完整的定义。多种“公文写作”“秘书写作”著作中都说，公文是公务文书的简称。① 另外一些著作则引用或借用

① 参见：裴显生．公文写作概论[M]．南京：南京大学出版社，1985；岳海翔．公文写作教程(第二版)[M]．北京：高等教育出版社，2013；郭冬．秘书写作(第三版)[M]．北京：高等教育出版社，2014.

2012年“公文条例”第一章第三条条文来定义“公文”：① “党政机关公文是党政机关实施领导、履行职能、处理公务的具有特定效力和规范体式的文书，是传达贯彻党和国家方针政策，公布法规和规章，指导、布置和商洽工作，请示和答复问题，报告、通报和交流情况等的重要工具。”但很显然这不是公文的定义，只是在解说“党政机关公文”。还有些著作说“公文，是国家机关公文的简称”②的。也有些著作只解释公文的一些规定性，在“公文定义”条目下并无定义文字的。③

不少论著中界说公文时提出广义公文、狭义公文的区别，④ 这对讨论、学习公文写作是非常有必要的。

这里我们本着有益探讨的原则，对文书、公务文书、文件、公文进行简要的辨析。

文书，是各种文字材料的总称，凡用以记录信息的各种文字、符号、图表等，其以书面形式固定下来即为文书。文书包括公务文书和私人文书两大类。

公务文书，是公务活动中形成的一切文字材料。既包括机关团体发出和收到的文字材料，也包括内部使用的以及其他书面的或附注文字说明的材料。

文件，有广义、狭义之分。狭义的文件，与公文是等义的。广义的文件，指的是人们为处理事物而形成的一切储载信息的资料，既包括书面形式的文字材料，也包括影像形式、声录形式、计算机存储形式及其他形式的资料。广义的文件，其范围远远大于文书，因为文书是指书面形式的文字材料。我们在讨论广义、大概念公文时，使用“公务文书”概念；讨论狭义、小概念公文，使用“公文”这一概念。

公文，是法定的作者在公务活动中依特定程序形成并按一定规则使用的具有法定效力和规范格式的文书。

此定义下，我们可以明确：

1. 公文有法定的作者

公文的作者是法定的，不是指撰稿人、文稿起草人。虽然任何一份公文都是由秘书人员(或领导者)撰写的，但负责公文撰写的秘书人员无权署名。从这个意义上说，秘书写作是没有署名权的写作。在这里，“法定的作者”，是指依法建立并能以自己的名义行使权力、承担义务的组织及其个人。“个人”指的是组织的负责人、领导人。领导人签发公文是行使其法定职权，表明他是公文的法定作者，如“主席令”就是国家主席具名签发的。简单地说，公文的法定作者就是制发公文的合法机关及其负责人。

2. 公文是在公务活动中形成并使用的

公文是在公务活动中形成并使用的，用来指挥、指导、布置、协调、联系、商洽或推动工作的文书，有明确的实用性目的是公文的鲜明属性和特点。失去了实用性目的，

---

① 参见：郝全梅．秘书应用写作[M]．上海：华东师范大学出版社，2013；夏海波．公文写作与处理(第三版)[M]．北京：北京大学出版社，2018.

② 参见：丘国新，侯建雄，陈少夫．机关公文写作[M]．广州：中山大学出版社，2016.

③ 参见：曾昭乐．现代公文写作(第五版)[M]．广州：中山大学出版社，2014.

④ 参见：岳海翔．公文写作教程(第二版)[M]．北京：高等教育出版社，2013；汪东发，张鑫．现代秘书写作[M]．武汉：武汉大学出版社，2011.

也就失去了公文存在的理由。公文的实用性目的又因其作者的法定性和效力的法定性而显得更为直接，所谓“令行禁止”，说的正是公文具有直接的社会作用。这与一般文章、文体或作品就有天壤之别。一部文学作品，无论它对社会生活的触及多么深刻尖锐，多么富有感染力和感召力，它对人们、对社会生活的影响总是间接的、潜移默化的，公文则不同，比如“主席令”颁布法规、规章，令文要求何日生效、执行，就必须无条件服从执行。1948 年 4 月 21 日毛泽东、朱德发出《向全国进军的命令》，各野战军、南方各游击区人民解放军从这一天起就必须向全国进军，担负起解放全中国的光荣历史使命。

公文有特定的读者对象、确定的使用范围、直接的社会作用和实用目的。任何一份公文的法定作者都有它法定的职权范围，不能超越职权范围制发公文，这也就决定了公文使用范围的确定性。比如以湖南省人民政府名义制发的公文，就只能在湖南省所辖范围内使用并具有相应的法定效力，超出这个范围就没有约束力。同时，每一种公文也都有其确定的使用范围(适用范围)，如“通报”，是用于“表彰先进，批评错误，传达重要精神或者情况”的，就不能用来对重要事项、重大行动做出安排，或者用来向上级机关请求指示、批准。对重要事项或者重大行动做出安排的，得用“决定”。向上级机关请求指示、批准的，要用“请示”。

公文还有其特定的读者对象，有一定的读者范围。这是由公文的内容决定的，也是保密工作的要求。比如事关党和国家机密的公文，读者范围就很有限；全民性的工作安排和部署，如《关于开展全民健身运动的通知》，读者范围就没有限制；关于加强部队思想政治工作的公文，它的读者对象就只能是部队机关及人员。总的来说，公文的读者对象是特定的、明确的、有一定范围的，该传达到的必须传达到，一定要遵照贯彻执行，不该传达的就不能轻易传达，这也是维护公文严肃性的要求。

3. 公文具有法定效力

公文作者的法定性和效力的法定性，决定了公文的严肃性。公文是由法定作者制发的，公文制发组织及其个人在规定的职权范围内行使指挥和指导职能，自然具备相应的法定的权威性和行政约束力。制发机关的法定性决定了公文效力的法定性。公文本身虽然不是法律，但其形成和使用时，在其法定作者的职责权限范围内具有法定的行政约束力。如国家领导机关发布命令，就代表了政府的职权和意图，每一个单位每一个公民都得遵守执行，不能违抗。公司总裁办或总经办得到授权发出事项决定、布置安排工作，对整个公司都有约束力。

4. 公文有特定的撰制程序

制发公文和处理公文都不能草率从事，公文有特定的撰制程序、处理程序和严格的管理规定。这里我们简略介绍与写作关系更密切的公文撰制程序。撰制程序也称发文程序，指发文机关制发公文时一系列工作环节的次序，这个次序是特定的，通常包括交拟、拟稿、审核、签发、复核、登记、印制、用印、传递等环节，并依此次序进行。

交拟。即交代拟稿任务，是公文撰制的第一个环节。制文机关在明确制文意图以后，将公文的起草(拟稿)工作交由有关秘书人员完成，即为交拟。通常，重要公文由领导亲自起草，一般公文交由秘书部门起草，专业性或业务性强的公文交由有关业务部门代拟。需要明确的是，秘书人员无权擅自起草公文，必须通过交拟任务这个环节。这一点突出体现了公文写作的受命性特点。

拟稿。即起草公文文稿。就公文撰制来说，这是秘书写作的核心内容。拟稿的基本要求，包括格式规范、文种正确、结构合理、行文规则等多方面，后面我们再详细介绍和讨论。

审核。拟稿工作完成后、文稿送领导人签发之前对文稿所作的全面审查和核校工作。这项工作直接关系到发文的质量，通常由办公室主任或有经验、水平较高的秘书人员承担。对公文文稿的审核重点在这些方面：是否需要行文以及是否符合行文规则；是否符合大政方针、法律法令；要求和措施是否明确具体、切实可行；是否准确反映了制文意图；表述是否规范、准确，等等。经审核不合要求的文稿，需补、改、重拟，直至符合要求才能上送签发。

签发。它是决定公文定稿与批准发出的关键环节。未经机关、单位领导人核准签发的文稿是不能定稿制发的。2012 年“公文条例”第二十二条规定：“公文应当经本机关负责人审批签发。重要公文和上行文由机关主要负责人签发。党委、政府的办公厅(室)根据党委、政府授权制发的公文，由受权机关主要负责人签发或者按照有关规定签发。签发人签发公文，应当签署意见、姓名和完整日期；圈阅或者签名的，视为同意。联合发文由所有联署机关的负责人会签。”

复核。经发文机关负责人签批的公文，印发前应当对公文的审批手续、内容、文种、格式等进行复核；需作实质性修改的，应当报原签批人复审。

登记。对复核后的公文，应当确定发文字号、分送范围和印制份数并详细记载。

印制。经领导签发的公文文稿，由秘书部门缮写誊清后印制成正式文本。涉密公文应当在符合保密要求的场所印制。

用印。公文中有发文机关署名的，应当加盖发文机关印章，并与署名机关相符。有特定发文机关标志的普发性公文和电报可以不加盖印章；纪要不用印。

传递。这是发文程序的最后一个环节，指公文发出到被收到的通信过程，即公文的发送。

5. 公文有一定的规范格式和行文规则

公文是公务活动中为解决实际问题、处理公务而制发的，如果没有一定的行文规则和相对稳定的规范格式，各党政机关、群众团体、企事业单位制发公文时随心所欲，自成一格，花样翻新，就无法实现公文的实用性目的和社会效能，无法沟通、商洽、协调、指导和推动工作，无法解决实际问题和正常处理公务。关于公文的行文规则和规范格式，后面我们会有专题进行介绍和讨论，因为这是公文写作中至关重要的两个问题。

6. 公文不是公务文书的简称

公务文书可简称为公文，但直接说公文就是公务文书的简称，尤其以此作为公文定义，是不妥当、不合适的。公文概念有大小之分，有广义狭义之别，将广义公文概念(公务文书)简单等同于公文(同时指向广义和狭义)，不利于我们认识和理解公文及公文写作，所以，我们应区别使用公务文书和公文两个概念。公文只是公务文书中的一部分，二者不能简单等同。正如计划、总结等是公务文书(私人文书不在讨论之列)但不宜直截了当、不加限定就说它们是公文一样。党政机关、群众团体、企事业单位的计划、总结等只能作为公文的附件行文，确切地说是作为批转、转发、印发式通知的附件行文。如，大事记，会议记录，各种须知、规程、守则，等等，谁也不能否认它们是公务文书，但不宜不加限定、简单地说它们是公文。

三、主要公文文种

党政机关、军队机关、政协机关、人民团体、社会团体和各类企事业单位，因职责职能、行业专业特性差异，使用的公文文种会有一些差异。因此，公文有通用公文和专用公文的区别。

通用公文是指普遍适用于各类法定机关、单位及其领导人处理公务的公文。专用公文是指特定工作部门或业务范围内因特殊需要而专门使用的公文，这类公文适用范围是特定的，不像通用公文那样普遍适用于各类机关单位。如军事公文、外交公文、司法公文、监察公文等，都属于专用公文。通用公文的适用范围涵盖专用公文的适用范围，而专用公文却必须“特需专用”。专用公文文种繁多，比如，人民法院系统，2016 年公布的《民事诉讼文书样式》共有 568 种样式，其中人民法院用文书样式有 463 种(另有当事人参考文书样式 105 种)；2015 年公布的《行政诉讼文书样式》共有 132 种文书样式。国税总局 2021 年公布修订后的税务执法文书式样有 33 种。

即便是通用公文文种，在特殊的系统、领域，其适用范围也有一些区别。如，军队各机关单位会使用到通用公文主要文种，而有些军事公文文种却不能在一般的行政机关或者企事业单位里使用。从《军队机关公文处理工作条例》(2017 年 10 月 1 日起施行)看，军队机关使用通知、请示、报告、通报、通告、批复、纪要等文种，功能用途与 2012 年“公文条例”中的界定并无区别，但军队公文中的命令，“适用于发布军事法规、军事规章，确定和调整体制编制，部署部队和军事行动，调动兵力，授予、变更和撤销部队番号，调配武器装备，任免干部，授予和晋升军(警)衔，选取士官，军(警)官和士兵退役，授予荣誉称号等。”适用范围明显与行政公文不同。军队公文有适用于依据《中国人民解放军纪律条令》宣布奖惩事项的“通令”，没有公告、决议、意见等文种。再如，《人民法院公文处理办法》(2012)中的报告，“适用于向同级人民代表大会及其常务委员会、上级机关汇报工作、反映情况、回复询问”。这也与党政机关公文不同，增加了同级人大的行文方向。

通用公文的适用范围很广，其文种与用途是由党和国家领导机关统一规定的，看图 1-5 印发的 2012 年“公文条例”的通知即可知晓。党和国家领导机关的综合管理部门(中共中央办公厅、国务院办公厅，简称中办、国办，即常说的“两办”)拟定条例，但印发该条例的通知正文明确了“已经党中央、国务院同意”。

各级各类机关单位常用的、通用的主要公文文种是 15 种，即 2012 年“公文条例”中的决议、决定、命令(令)、公报、公告、通告、意见、通知、通报、报告、请示、批复、议案、函、纪要。这 15 种公文常被称为“通用公文”。各文种功能用途，如表1-1所示。

表 1-1　　各文种功能用途

序号	文种	功能用途
1	决议	适用于会议讨论通过的重大决策事项
2	决定	适用于对重要事项作出决策和部署、奖惩有关单位和人员、变更或者撤销下级机关不适当的决策事项
3	命令(令)	适用于公布行政法规和规章、宣布施行重大强制性措施、批准授予和晋升衔级、嘉奖有关单位和人员
4	公报	适用于公布重要决定或者重大事项
5	公告	适用于向国内外宣布重要事项或者法定事项
6	通告	适用于在一定范围内公布应当遵守或者周知的事项
7	意见	适用于对重要问题提出见解和处理办法
8	通知	适用于发布、传达要求下级机关执行和有关单位周知或者执行的事项，批转、转发公文
9	通报	适用于表彰先进、批评错误、传达重要精神和告知重要情况
10	报告	适用于向上级机关汇报工作、反映情况，回复上级机关的询问
11	请示	适用于向上级机关请求指示、批准
12	批复	适用于答复下级机关请示事项
13	议案	适用于各级人民政府按照法律程序向同级人民代表大会或者人民代表大会常务委员会提请审议事项
14	函	适用于不相隶属机关之间商洽工作、询问和答复问题、请求批准和答复审批事项
15	纪要	适用于记载会议主要情况和议定事项

表 1-1 是需要提醒大家认真研究读解的，必须牢记，要做到提到哪个文种就能脱口而出其功能用途，一字不差。学公文写作，需要下些笨工夫，才能练成硬功夫、真功夫。当然，不同的行业领域可能有各自的公文处理法规，比如《人民法院公文处理办法》(2012)、《人民检察院公文处理办法》(2012)等，但都是参照 2012 年“公文条例”制定的，主要文种或 14 种(法院公文无公报这个文种)或 13 种(检察院公文无决议、公报这两个文种)，适用范围与 2012 年“公文条例”略有差异，格式规范都以《党政机关公文格式》(中华人民共和国国家标准 GB/T 9704—2012)即 2012 年“公文格式国标”为据，公文行文规则、公文拟制、公文办理、公文管理规范都以 2012 年“公文条例”为本。

请大家根据 2012 年“公文条例”里文种用途的界定，对这 15 个公文文种进行分类。这个工作有助于我们尽快熟悉，并且牢记公文主要文种，清楚其功能，发现一些文种存在的功能用途可能重合或相近的情况，从而为后面的文种辨用做准备。笔者的分类方案，后文中会提供。

【拓展与思考】

◎ 图 1-1 中的公务文书即标语是有问题的，请大家思考问题在哪里？

图 1-1 中的类似表述，可能出现在很多场合。如一些讲话稿、教师代表和学生代表的发言中都有“伟大祖国 70 华诞”这样的表述。一些报刊文字也是这样。笔者还看到好几份公文，如搞好环境卫生工作、做好安全保卫工作以迎接国庆的各种通知，都有“伟大祖国 70 华诞”之类的文字。

说“新中国 70 华诞”或“新中国 70 岁生日”，“中华人民共和国 70 华诞”或“中华人民共和国 70 岁生日”，是没问题的。但说“祖国 70 华诞”，是错的，其显然没认真对待、理解“祖国”的“祖”字。这样随意一句表述，将祖国几千年历史、数千年中华文明都弄没了。

公文、公务文书写作是严肃认真的工作。请大家记住三句话：

(1)公文、公务文书写作无处不在。我们随时都可能用到公文、公务文书，公务活动中悬挂的横幅、条幅标语，张贴的告启类文字，形成的条据，制发的“红头文件”，等等，几乎贯穿于实际生活、实际工作的各个环节各个方面。图 1-6 是叶黔达教授的微信公众号“叶伯伯闲聊”2020 年 3 月中旬推文《高度重视疫情期间的公文信息传播》，描述了新冠病毒疫情防控中的公文应用，对文中的情景大家也许记忆犹新：

应该看到，机关单位的公文，从来没有像疫情期间这样得到如此广泛的传播和极大的关注。一方面，从中央到地方，各级党政领导机关直至基层街道、乡村、社区，都在运用各种公文，及时、迅速地下达、传递着抗击疫情有关工作、生活、社会管理方方面面的部署，确保抗疫顺利、有序地进行。打开网络，通过政务网站和三微一端，我们很快就能浏览到涉及抗击疫情的种种公文。另一方面，广大群众从来没有像现在一样关注着关系自己切身利益甚至是生死攸关大事的公文信息。住在小区、村落，运用居民微信群，路过公共道路管控点，网上线下大家都会主动关心、观看告知人们守法循规防控疫情应知应会应做事项、通报战疫情工作进展情况的通知、通告、启事（例如温馨提示、重要警示）、信息简报等等公文。

图 1-6

公文、公务文书写作不只是秘书人员、办公室人员或领导的事情，人人都用得到。拥有比较好的公文、公务文书写作能力和水平是必需的，它是一个人文化素养、职业素质的重要体现。

(2)公文、公务文书写作无小事。这类写作，是为公务写作，代机关、单位立言，为文行政，大到政策规章，小到事务知会、凭证记载，都事关机关单位形象及其管理和服务举措，不容错失。若公文、公务文书错漏百出，不仅文稿起草人员个人丢份失格，更重要的是有损机关、单位形象、权威和尊严。我们看到某单位发出的“带病”公文，通常会说：这单位没人，他们办公室没人。各单位人才济济，不要因“带病”公文而致名誉、信誉受损。图 1-4 是常用到的公务文书，它有什么问题？它的致敬语格式奇怪，不符合约定俗成的章法。

看看图 1-7，当能更清楚理解“公文写作无小事”一说。对于公文撰拟、审核、签发、印制等各环节都必须严肃认真对待，不能有一丝马虎。2021 年夏天某地疫情防控工作指挥部社会和社区防控组的一则通知，出现了“湖北省张家界”的失误，相关部门随即道歉(道歉信也有失公文应有水准)，负责文稿审核签发的领导还受到了党内警告的纪律处分。还有某市场挂出“接种心管疫苗立国立民”10 字防疫横幅，其中竟有 4 个错别字(正确的写法是“接种新冠疫苗利国利民”)。①

公文出错事非小

来源：中央纪委国家监委网站　发布时间：2021-08-04 07:35　分享

继南京此前一则文件误将“湖南省张家界市”写成“湖北省张家界市”后，类似错误又发生在了吉林长白山的政务公众号上。7月30日，“长白山发布”微信公众号发布的一条管控公告，包括标题在内，共计出现7处“四川省重庆市江津区”的错误表述。事发后，长白山保护开发区管理委员会发布致歉信，并将错误公文撤回。

著名景区张家界位于湖南省，这本是中国地理基本常识，而文件却把“张家界”写到“湖北”境内；设立重庆直辖市迄今已有20余年，然而长白山的公告却错将重庆市重新“划归”四川省。接连出现明显差错的公文，引发网友不满。政务公众号犯这种常识性错误，实属不该。

公文是各级党政机关实施领导、履行职能、处理公务的有效手段和重要工具，其背后是政府公信力，体现着治理能力与水平。公文写作和发布应该是严肃严谨的事。起草公文、把关审核、签发，每一道环节都应该认真仔细，相关人员必须具备应有的素质能力。一个小小的笔误就可能“一失足成千古恨”。这两起事件暴露了相关工作人员不认真、不严谨，作风漂浮，责任心缺失的问题，影响了党政机关的形象，绝非小事。

肩上有责任，笔下有乾坤。如果相关办文人员履行了规范程序，或者各个环节工作人员负起责任，认真核查，就不难发现公文中的基础性、常识性差错。文件通知、总结材料、调研报告等文稿，错误层出、别字连篇，也是一种形式主义官僚主义，必须坚决纠正。杜绝公文出现类似问题，需要不断加强知识更新，提高文字工作能力，以更严谨、务实的态度开展工作，也需要严格执行公文处理的规章制度，在各个环节中都落实好责任。

文风里面有作风。文风改进之迫切，实则工作作风转变之迫切。认真负责的工作作风是党性原则和事业心责任感的具体体现。党员干部、公职人员要以此为鉴，自觉把严细深实的好作风内化为一种习惯、一种坚持、一种素质，扎扎实实把各项工作做好，让人民群众信任、满意。（汪曦永）

图 1-7

(3)公文、公务文书写作是难事。写好公文、公务文书不容易，图 1-7 的病误应该能给我们启示，让我们警醒。这里大家还可以再看图 1-8、图 1-9 两例。

校保卫〔2021〕2号

关于加强2021年寒假期间人员及车辆进出校门的通知

图 1-8

我们使用的截图，都是实际工作中真实运行的公文、正式文件，现拿来作教学案例，仅供教学研讨用。图 1-8 这个公文标题表意存在问题。

---

① 辽宁抚顺 10 字防疫条幅 4 个错别字[EB/OL]. [2022-07-03]. https://k.sina.com.cn/article_1801817195_m6b658c6b05300wyot.html? from=cul.

校档案〔2019〕4号

关于印发《[redacted]档案管理办法》的通知

各单位、部门：

现将《[redacted]档案管理办法》业经2019年第28次校长办公会审议通过。现印发给你们，请认真贯彻执行。

图 1-9

图 1-9 这个公文的形式是通知，只有两行文字，两句话，居然都没写通顺。当然，这个案例不是因为写作难度太大所以出现病误，相信承担综合管理职能的办公室人员的文字水平不至于如此。显然，这是工作不认真导致的。

提醒大家，要认真对待公文写作，认真学习，努力提高公文写作能力。

◎ 试试看，图 1-8 和图 1-9 的问题怎么处理？

问题很简单，语句不通，有语法问题。

图 1-8 的公文(通知)，主要是标题表述有问题，缺句子成分，重点应该是“加强管理”。缺了成分，表意就成了“加强进出校门”，这是什么意思呢？难道是要快点进出校门、冲进冲出？多多进出校门、频繁进出？这就成了笑话。

深究的话，图 1-8 标题的问题还不只这个。省略发文机关后，标题“关于加强 2021 年寒假期间校门出入管理”“关于加强 2021 年寒假期间校园出入管理”“关于 2021 年寒假期间加强校门出入管理”“关于 2021 年寒假期间加强校园出入管理”，到底哪个更好？标题中一定要明确“人员及车辆”吗？该机关制文意图就是管好校门出入？管好了校门出入就等于管好了校园出入？

稍加思考，就会有答案。

图 1-9 的公文(通知)，正文语句不通，“现将”二字多余，可简单处理，删去即可。

解决好这两个病案存在的问题并无多大难度，但实际工作中此类病误却并不少见。提醒大家，语言文字基本功一定要过关，公文写作和公文处理一定要细心、认真。

◎ 怎么理解公务、公文之“公”？私企能发公文吗？

对于这个“公”，说是“公家”“公共”“公众”“公办”“办公”“公职”的都有。私企能否制发公文，则莫衷一是，说能、说不能的都有不少。

这是个令人头疼的问题，对此不少专业人士也有各种说法，比如：私人企业是不可以发“红头文件”的；一般企业没必要完全模仿政府机关，但国企还是需要的；企事业单位，尽可能不用“文件”的版头；没有规定“红头文件”特指公职单位使用，等等。大家的认识和理解也不一致。

“红头文件”说法是俗称，是因为文头的主题为红色(文字、线条)而得名。目前并没有企业或私企不能发公文(文件、“红头文件”)的规定，从国资委(即国务院国有资产监督管理委员会)2010年的《中央企业报送公文评价办法》(国资厅发〔2010〕32号)看，也是依据“两办”联合制定、印发的2012年“公文条例”，以及2012年“公文格式国标”评价央企公文的。

“公务”之公，是指合法的组织、团体，登记注册的协会、团体、私企，它们都是有“公务”的。公文，并不是指公职公权单位的行文，合法单位都有公务，在自身职责权限范围内都能制发公文。

所以，不管你入职什么性质类型的单位，都可能接到公文写作任务，都可能面临公文写作问题。

◎ 从我们给出的公文定义看，怎么理解公文写作的特点？

对于这个问题，提示大家：从定义中读解、把握。

希望大家能把握住公文写作的实用性、严肃性和程序性、规范性特点。能读解出公文写作的受命性、时效性、政策性和权威性，应该是很用心、很认真了。我们下一个问题就讨论这个。公文不是文稿起草人员自己想写就写，想什么时候写就什么时候写，想写什么就写什么的，自己想写个决定就写决定，自己想写个通知就写通知，都是不行的。

公文写作，不是自主的、自由的写作活动，不是写诗写散文写小说，灵感来了就写，随时都可以写。公文写作是受命性的、被动的写作活动，任务来了，接到写作任务才写。公文写什么、怎么写、写给谁，也绝不能完全随自己意愿想怎么写就怎么写，想写给谁就给谁，想写成什么样就写成什么样。

第二章　公文写作的性质与特点

【问题与任务】

公文写作与一般文章写作、文学创作有什么不同？这是需要大家思考的问题。通过前面的学习内容、先修课程，大家应该对写作的一般原理和基础文体写作有了一定认知，我们可以在这个基础上，理解、认识公文写作的性质与特点，逐步构建自己的公文写作知识结构。

【重点与难点】

公文写作是实用性、受命性写作，这是本章重点；公文写作是政策性、权威性写作，这是本章难点。

【情景与案例】

图 2-1 是公文写作情景案例。实际工作中，发现问题，处理事务，解决问题，布置安排工作，沟通和协调，上传下达，等等，时时处处都可能会用到公文。公文写作随时可能开始。

2020 年 3 月 19 日，海西公司总经办秘书科长李似上班进入公司大门时，发现门卫未严格执行新冠肺炎疫情防控通知要求，放行了 1 位未戴口罩的员工，感觉在防控特殊时期这种疏忽松懈事关重大，一到办公室就让秘书小俞起草通知，说"重申，公司防控措施要求，要严格执行，认真落实，今天就发出去贴出去，疫情防控出问题事情太大了"。俞秘书赶紧着手起草公文。

图 2-1

图 2-2 是某校秘书学专业毕业生在微信群聊入职后的公文写作话题的截图。他们现身说法，提醒师弟师妹认真学习公文写作，注意加强写作训练。

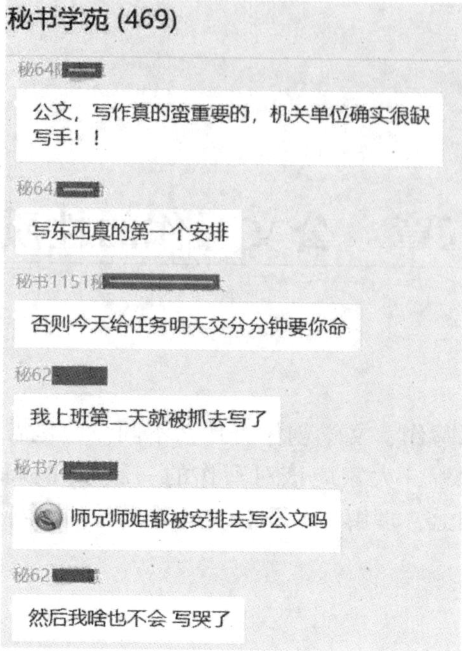

图 2-2

大家看到截图，得到的第一信息是“写哭了”，“不会写真要命”。

其实，更基础的信息，一是经常写，几乎天天写，因为经常要用甚至天天要用；二是(领导)要你写，写作是经常性工作任务。这就涉及公文写作、秘书写作的实用性、受命性问题了。

图 2-3 是某单位网上招聘信息截图，7 项秘书岗位职责中有 5 项属于文字工作或跟文字工作相关，可见公务文书写作是秘书岗位的主要工作职责，说可能天天写，这并不夸张。处理具体事务、实际工作时，用到公务文书的几率太大了。

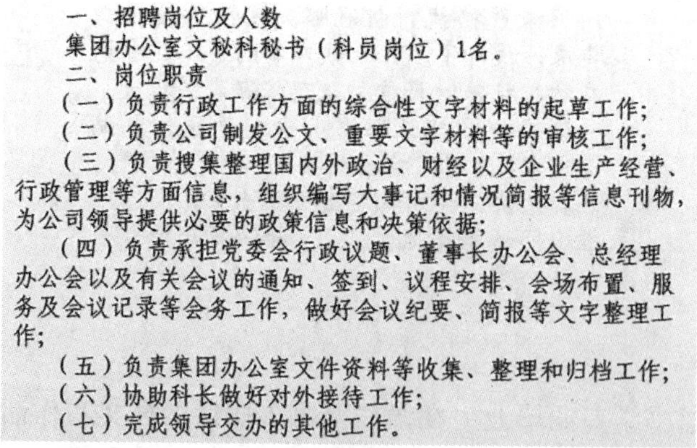

一、招聘岗位及人数

集团办公室文秘科秘书（科员岗位）1名。

二、岗位职责

（一）负责行政工作方面的综合性文字材料的起草工作；

（二）负责公司制发公文、重要文字材料等的审核工作；

（三）负责搜集整理国内外政治、财经以及企业生产经营、行政管理等方面信息，组织编写大事记和情况简报等信息刊物，为公司领导提供必要的政策信息和决策依据；

（四）负责承担党委会行政议题、董事长办公会、总经理办公会以及有关会议的通知、签到、议程安排、会场布置、服务及会议记录等会务工作，做好会议纪要、简报等文字整理工作；

（五）负责集团办公室文件资料等收集、整理和归档工作；

（六）协助科长做好对外接待工作；

（七）完成领导交办的其他工作。

图 2-3

【内容与进程】

现代写作学由基础写作、文学创作、实用写作(或应用写作)学三大部分组成。基础写作学或称写作原理，探讨的是写作活动中具有普遍意义的一般规律(如写作的起源、发展及写作的一般过程等)、各类文章共同的构成要素(如主题、材料、结构、表达、语言等)和基础文体(记叙文、议论文、说明文)知识。基础写作是各种写作的基础。实用写作(或应用写作)学以各类实用文体为研究对象，运用基础写作理论探讨实用文体的性质、特点及写作规律、规范、方法和技巧。公文写作属于实用写作(或应用写作)的范畴，基础写作的有关知识是秘书写作的基础和前提，公文写作也有一般写作、基础写作的性质、特点和要求，这里不再赘述，我们要讨论的是公文写作独具的性质和特点。

一、实用性的写作

实用性是公务文书写作、公文写作的本质属性。

公务文书写作、公文写作，是为处理事务、解决实际问题而写作，是“为用而作”，有明确的实用性目的。这与一般文章写作尤其是文学创作有明显区别，公务文书写作、公文写作是出于工作的需要，写出的各类文章不是为了欣赏的，而是为实际工作服务，为处理具体事务、解决具体问题的。

为用而作的实用性目的，决定了公务文书写作、公文写作具有极强的针对性和紧迫的时效性。公务文书写作、公文写作，有固定的明确的对象，比如召开会议前要给与会单位及会议代表发“通知”，某项工作进行到一定阶段或业已完成时要及时进行“总结”，兄弟单位有喜庆事项要表示“祝贺”等，秘书人员起草相应的“通知”“总结”“贺信(电)”，就有明确的受文对象，并要针对具体的事项，而且必须在一定的时限内完成写作。时过境迁的写作，对秘书写作、公文写作来说是没有意义的。图 2-1 提到的今天给任务明天交，还算是期限宽松的，上午给任务下午就得交稿的情况都很常见。尤其是突发事件，临时接到任务，可能一两个小时后就得交稿、发文。在疫情防控工作中，上自国务院下至街道、社区，各级防控工作指挥部尤其是基层防控工作领导小组的即时性文稿任务就很常见。发现疑似病例要即刻处理，确认病例要立即上报，并要马上发函协查密切接触人员，相关文稿的起草说是“时效性写作”已经不准确了，很多时候可能是“即时性写作”。

公务文书写作、公文写作，或为解决问题，或为加强管理，或为协调工作，或为沟通信息、加强联系，或以资凭证和记载，有很强的针对性、目的性和时效性。为用而作，是其本质特征，是它的出发点和归宿，没有实用性也就没有公务文书写作、公文写作存在的价值。

二、受命性的写作

公文写作、秘书写作是“应命而作”，是受命性的写作。秘书是各级领导的耳目、参谋和助手，写作各种文书是秘书人员的一项重要职责。但秘书人员的写作活动是受领导意图约束的，秘书个人无权撰写和发布文稿。起草各类文书，无论是文种文体、主旨、内容还是用途、发送范围、完成时限，都是领导或领导班子事先有所吩咐、有所要求的，尤其是文稿主旨绝对只能是“领导意图”或“机关制文意图”，秘书人员不能随心所欲地改变或加入个人主观意图。

公文写作、秘书写作的各类文书，个人主观思考和发挥的范围是极为有限的。从这个意义上说，秘书写作很大程度上是被动写作。这是秘书写作和公文写作独有的特点。一般文章写作如记叙文、议论文、说明文及文学性写作(如小说、诗歌、散文、戏剧电影剧本等)，都要求有独创性，愈有个人思考就愈有主观精神，越有独特个性和风格就越好。秘书写作、公文写作则不然。领导或机关意图是“严格禁止”，秘书人员就不能写成“灵活处理”；阅读传达范围是“处级以上干部”，秘书人员就不能擅自扩大至“科级”；明天要完成某一文稿，秘书人员就不能拖延到后天；内容是关于交通安全问题的，秘书人员就不能写成关于计划生育工作的或加进与交通安全无关的内容；是肯定某人或某事、某一做法的，秘书人员就不能擅自写上批评或否定意见……“受命而作”的“命”，指的就是领导意图或机关制文意图，这个“命”贯穿秘书写作、公文写作的全过程，文稿拟好以后，还必须经有关领导审核、定稿、签发，而且秘书人员无权在文稿上署名(个人名义的写作如信息简报类文书等可在文后具名供稿者)。

当然，公文写作、秘书写作同样也是一项创造性的精神劳动，只是它的创造性是以“受命”(或称应命)为前提的。公文写作、秘书写作，从根本上说，是实用性与受命性的写作。

三、政策性与权威性的写作

公文，是法定的作者在公务活动中依特定程序形成并按一定规则使用的具有法定效力和规范格式的文书。它是党政机关、群众团体、企事业单位依法行使职权、发挥管理效能的重要工具和手段，有指挥、规范、晓谕、沟通、凭证和记载等多方面的作用。这也决定了公文写作是政策性与权威性的写作。

一方面，公文写作是代机关立言，起着指挥或指导工作、规范或晓谕事项、知照或联系事宜、协调或布置工作的作用，政策性很强。公文是传达党和国家方针政策的重要媒介，也是下级机关贯彻执行方针政策的重要依据，必须承载政策信息，符合大政方针。同时，上呈的信息又必然影响到上级机关的决策，是决策的重要参考。公文写作、制发过程中，政策性要求也很高，诸如政策传达是否走样、情况反映是否真实可靠等，都与公文写作、制发密切相关。因此，政策性强是公文写作的突出特点。

另一方面，正因为公文写作是政策性的写作，公文的法定作者是通过制发公文行使法定职权、进行有效的管理，公文写作又是权威性的写作。制文机关在其法定的职权范围之内从事各项活动、表述种种意图，具有权威性，下属所有单位和个人都必须服从、遵守并执行。单位的工作部署、事项安排、约束规范、情况传达等都需要运行公文，制发公文正是法定作者依法行使职权的一种表现，公文内容所表现的也正是法定作者的权威性制文意图，因此它的公文在其职权范围内是有权威性的，这也就决定了公文写作是权威性的写作活动。单位重要决定事项，都会经过相关的会议，相应会议的纪要发出后，决断的事项才开始走后续流程，并非会议通过了就可以走后续流程。

可以说，政策性与权威性是公文写作区别于一般文章写作的根本特点。

【拓展与思考】

◎ 写材料、起草公文，全都是秘书人员的事情，领导不写吗？

大家不要想得太多，也不要想简单了。起草公文是机关干部的基本功。领导也都是从基层一步步成长起来的，不少领导有秘书工作经历。各单位的大材料、重要文件，基本上是中层领导甚至高层领导主笔或改定的。秘书长、办公室主任也是领导，其核心工作之一就是负责起草大材料、重要文件，负责修改审核秘书人员撰拟的文稿。各级各部门领导，都要审核签发本机关本部门公文，没有足够好的公文写作能力，怎么能胜任这项工作？

有兴趣的话，大家可以看看这两本书——《先做秘书后做领导》[①]及《能说会写：领导干部的基本功》，[②] 或许能给我们很多启益。

邓小平同志说过，“不懂得用笔杆子，这个领导本身就是很有缺陷的”。[③] 1981 年 5 月中共中央曾专门下发《关于各级领导干部要亲自动手起草重要文件，不要一切由秘书代劳的指示》，要求领导干部必须亲自动手准备自己的重要讲话、报告，亲自指导、主持自己领导范围内的重要文件的起草。

从这个意义上说，笔杆子不好，写不了、写不好公文的领导，不是好领导。公文写作水平、能力也是领导水平、能力的一个体现。大家可以去读《毛泽东选集》《邓小平文选》《习近平谈治国理政》等，好好体会好领导与好笔杆的关系。

◎ 公司总经理办公会议讨论通过，决定由王五担任惠州分公司经理，第二天王五就可以直接去惠州分公司走马上任了，对吗？

第二天王五是可以到惠州分公司“走马”，但离“上任”有点距离，即公文的距离。经会议讨论通过之后，事项决定了、决断了，但要有“文”以后王五才能上任。一般程序是，这个会议的纪要正式发出，组织程序上结果公开，发出任职通知，组织、人事部门领导或分管领导在到任单位、部门职工大会上宣读其任职文件，任职人表态讲话，这才算是正式“上任”。

党政机关的话，公示无异议，是必需的环节，即纪要行文后，还要以适当方式进行拟

---

① 参见：张俊杰．先做秘书后做领导［M］．北京：石油工业出版社，2010.

② 参见：王玉堂．能说会写：领导干部的基本功［M］．北京：中共中央党校出版社，2020.

③ 邓小平文选(第1卷)［M］．北京：人民出版社，1994：145-146.

任职公示，公示无异议后，才能制发任聘职的公文。然后才有会议宣读、表态就任职。

当然，任职人也可能因各种原因推迟到岗露面，会议宣读任职文件、表态讲话这个环节可能因故缺失，但正式下发聘任职文件，是“上任”的标识，并不是会议讨论决定了就算或就可以上任了。

这个应该也有助于我们理解公文写作是政策性、权威性的写作。

◎ 回到图 2-1 公文写作情景案例，我们可以从这个案例来理解公文写作的性质与特点。它应该就是典型的公文写作情景吧？是，也不是。

我们在这一章引入这个情景案例，肯定是为了有助于大家理解公文写作的性质与特点。

图 2-1 告诉我们，公文写作是实用性写作，为处理事务、解决问题、推动工作等，是为用而作。公文写作是政策性、权威性写作，法定作者制发公文，在它的职权范围之内，是“政策”，有权威性约束力，相关部门和人员都得执行。

图 2-1 还告诉我们，公文写作不是秘书人员、文稿起草人员主动性的、自发的写作行为，它是被动性的“受命”写作。图 2-1 中的俞秘书不能自己灵光一现就写通知、写报告等各种公文，必须先有“交拟”，即接到拟稿任务和要求以后再开始写作活动。

要特别提醒大家注意的是，这个情景案例中的“交拟”有问题。

对俞秘书来说，是有“交拟”的，李似科长交代了写作任务。但在李似科长这里，属于主动性的“想写就写”，没有“交拟”，不是“受命”。

这一点大家可能不好理解。在公文写作过程中李似科长直接出“机关制文意图”，并交代俞秘书起草公文，真的不对吗？

真的不对。

这涉及“职责权限”。各级别、各单位、各部门，各领导、各负责人、各主管，都有自己的职责权限。比如安保部门，职责权限在安保方面；财务部门，职责权限在财务方面；营销部门，职责权限在营销方面；发展规划部门，职责权限在发展规划方面；机关单位的党政办公室(公司的总裁办、总经办)，是机关单位内设机构中的综合管理部门，有授权综合管理职责(归口全面管理机关单位党、政事务工作)。各省市县都有好几个副省长、副市长、副县长，各公司都有好几个副总裁、副总经理、副经理，各有分管的工作，各有其职责权限。这个问题很复杂，以后大家到了工作岗位，接触了工作实际，清楚了部门职责后，就会懂得。

就图 2-1 中的案例来说，涉及的是单位全局性、专项性工作。未设疫情防控办或疫情防控指挥部的机关单位，归口管理部门应该是综合管理部门党政办、总裁办或总经办，有指定主要负责领导。总经办秘书科李似科长可向总经办汇报，建议发文重申规范要求、强调严格执行；总经办就行文达成一致意见，向分管(主管)领导汇报，经同意后，总经办授意秘书科办文，俞秘书的公文起草任务才可落实。重申加强疫情防控工作、严格落实与执行防控措施和要求的通知，未设疫情防控办或疫情防控指挥部的机关单位，以机关单位或综合管理部门党政办名义发文，本例可以公司的名义发文，或以总经办的名义发文。

◎ 从 2012 年版“公文条例”对文种功能用途的界定看，常用公文文种有哪些类型？

关于通用公文的分类，因为标准不同，分法也就各异。例如，按公文的来源分，通用公文可分为自制公文和外来公文(即发文和收文)两大类；按秘密等级或者阅读范围分，可分为绝密件、机密件、秘密件、普件、公布件五大类；按性质分，可分为法规公文、行政公文、党务公文、专用公文四大类，按行文方向或行文关系分，可分为上行文、平行文、下行文三大类。其中以后一种分类法，即按行文方向或行文关系分，最为常见。但这种分类法的缺陷也最为明显。

实际上，上行、平行、下行并没有涵盖所有的行文方向和行文关系。通常所说的上行文，是指有同一组织系统内有隶属关系的下级向上级的行文；平行文，是指同级或互相没有隶属关系的机关部门间的行文；下行文所指正与上行文相反。这样一来，还有一种行文方向或行文关系就被遗漏了，即斜向的行文。因为通常说的行文方向或行文去向，多是指隶属关系，也就是纵向(上下)和横向(平)的级别高低，而对以职权范围为根据的管理关系下的行文缺乏充分的、足够的考虑和重视。比如监督机构、综合管理部门、统管部门，行使监督、综合管理或统管职责时，有所布置、安排、规范，使用下行文文种，公文主送(行文去向)机关可能是平级的，也可能是级别高的。参看第四章“公文的行文关系与行文方向”。

这里我们建议，依据文种的性质和功能，将通用公文分为六类。

指挥性公文：命令(令)、决议、决定、批复、[意见]、[纪要]、[通知]
规范性公文：【条例】、【规定】、【办法】[通告]、[通知]、[函]、[意见]
告晓性公文：公报、公告、通告、通知、通报、[意见]、[函]
报请性公文：报告、请示、议案、[意见]、[函]
商洽性公文：函
记录性公文：纪要

需要说明的是，一些文种功能用途相对单纯，一些文种相对复杂。加方括号“[ ]”的文种，是兼具某种属性，可以理解成有些或有时候是什么性质的公文。比如“通知”是告晓性公文，但有些通知(布置安排工作的通知)是指挥性公文，有些通知(规范工作的通知)兼具规范性。条例、规定、办法是三个没有出现在 2012 年“公文条例”中的规范性公文文种，我们加“【】”号以区别。

希望大家认真研读 2012 年“公文条例”，理解意见、函这两个文种的“多属性多向性”特点。

此外，指挥性公文中的命令(令)、决议、决定、批复、纪要、意见等具有鲜明的议决性特点，也可以分类概括为指挥性、议决性公文。

第三章　公文写作的原则性要求

【问题与任务】

公文写作应该遵循什么原则或有什么原则性要求？学公文写作，弄清这点很重要，这属于明确公文写作的“思想认识”，只有统一思想、明确认识，才能不偏离方向。我们应该了解公文写作“三忠于一遵守”的原则性要求，努力“吃透两头”，深入理解并认真落实公文写作必须“合法、合理、合意”。

【重点与难点】

对于初学公文写作的学生而言，熟悉公文格式规范是基础，也是重点；真正做到公文写作“合法、合理、合意”不容易，必须“吃透两头”，这是本章难点。

【情景与案例】

图 3-1 中的截图是某秘书学专业毕业生在微信群跟师弟师妹聊入职后于公文写作中“摸爬滚打”的体验，说到要多接触、多吃苦、多领会、多磨砺。其实也就是我们所说的要“吃透两头”。

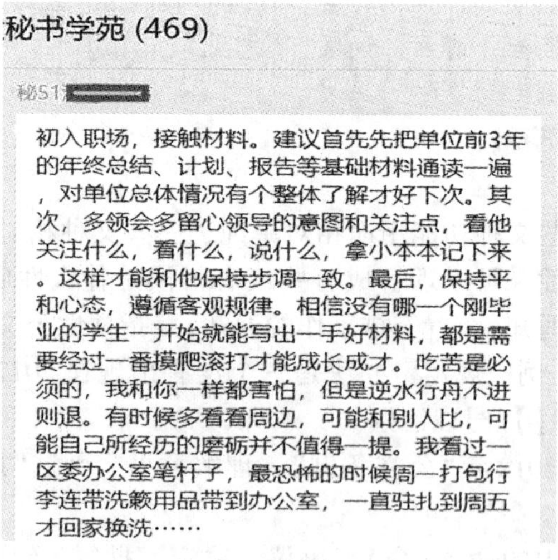

图 3-1

图 3-2 是某市教体局、市慈善总会联合行文的活动通知，在全市中小学、幼儿园开展“捐赠压岁钱　奉献一片爱”主题活动。有家长在网上贴出此通知并提出质疑后，活动被叫停了。

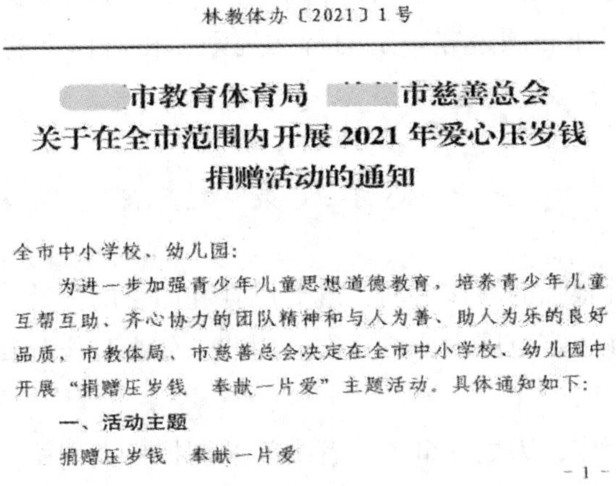

林教体办〔2021〕1 号

[redacted]市教育体育局　[redacted]市慈善总会
关于在全市范围内开展 2021 年爱心压岁钱
捐赠活动的通知

全市中小学校、幼儿园：

为进一步加强青少年儿童思想道德教育，培养青少年儿童互帮互助、齐心协力的团队精神和与人为善、助人为乐的良好品质，市教体局、市慈善总会决定在全市中小学校、幼儿园中开展“捐赠压岁钱　奉献一片爱”主题活动。具体通知如下：

一、活动主题

捐赠压岁钱　奉献一片爱

－ 1 －

图 3-2

图 3-3 中的公文截图来自网络，函件式文件版头，发文机关标识跟签署一致。这份公文曾颇受关注，成为公文写作研究案例。

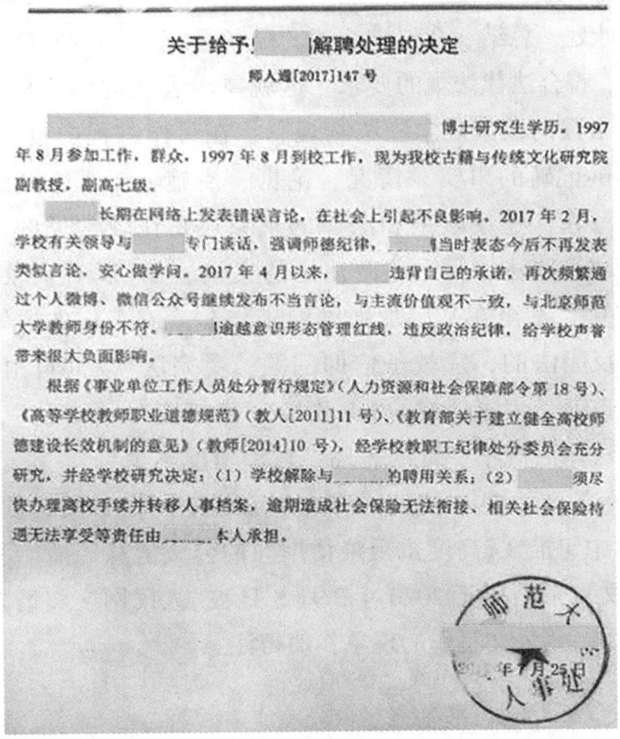

关于给予[redacted]解聘处理的决定

师人通〔2017〕147 号

[redacted]博士研究生学历。1997 年 8 月参加工作，群众，1997 年 8 月到校工作，现为我校古籍与传统文化研究院副教授，副高七级。

[redacted]长期在网络上发表错误言论，在社会上引起不良影响。2017 年 2 月，学校有关领导与[redacted]专门谈话，强调师德纪律，[redacted]当时表态今后不再发表类似言论，安心做学问。2017 年 4 月以来，[redacted]违背自己的承诺，再次频繁通过个人微博、微信公众号继续发布不当言论，与主流价值观不一致，与北京师范大学教师身份不符。[redacted]逾越意识形态管理红线，违反政治纪律，给学校声誉带来很大负面影响。

根据《事业单位工作人员处分暂行规定》（人力资源和社会保障部令第 18 号）、《高等学校教师职业道德规范》（教人〔2011〕11 号）、《教育部关于建立健全高校师德建设长效机制的意见》（教师〔2014〕10 号），经学校教职工纪律处分委员会充分研究，并经学校研究决定：（1）学校解除与[redacted]的聘用关系；（2）[redacted]须尽快办理离校手续并转移人事档案，逾期造成社会保险无法衔接、相关社会保险待遇无法享受等责任由[redacted]本人承担。

[redacted]

[redacted]年 7 月 25 日

图 3-3

【内容与进程】

公文写作是合法、合理、合意的写作。公文写作要求忠于政策和法律(合法)、忠于客观事实(合理)、忠于机关制文意图(合意)。这三个方面的要求，统一在实用性目的下，又决定了公文写作必须遵守一定的行文规则、相对稳定的规范格式。为便于记忆，我们简单概括为“三忠于一遵守”。

一、忠于政策和法律

公文写作是政策性很强的写作活动，既要以党和国家的方针、政策为依据，又要符合法律法规，自觉地在法定范围内依法行文。因此，公文写作首要的要求便是忠于政策和法律。

公文写作是为用而作，为处理事务、解决问题撰拟各类文稿，这本身就担负着传达和贯彻方针政策的任务，必须保证内容的正确性。任何违反政策和法律、背离四项基本原则的行为，都是不允许的。为推动工作、解决问题而提出某些措施和办法，必须以不违法为前提。为配合某一时期的中心工作，组织开展某些活动，或贯彻落实上级有关指示精神，秘书写作的各类文稿或宣传、传达政策和精神，或提出贯彻落实的具体要求和措施，都有着明显的政策性和法规性特点。即使是撰拟事务性的、日常生活性的、专业性的各类文书，如计划、总结、会议讲话稿、祝贺词、广告、经济合同、协议书等，也必须符合大政方针、符合法律法规的要求。这就要求公文起草、秘书写作人员既要懂政策又要懂法，有很强的政策观念和法制观念，在写作过程中自觉地以政策为依据，以法律为准绳，提供正确的事实、情况、论据、措施、要求、办法等。实际工作中的秘书写作、公文写作，违反政策和法律的现象还是比较常见的，或在不经意中违政违法，或因不懂政策和法律写出违政违法的文稿。如“反对宗教和封建迷信”就常出现在“乡规民约”中，甚至在基层加强维稳工作、治安工作的通知和情况报告中也时有出现，这是违反宪法的，宗教是信仰问题，受宪法“信仰自由”的保护。基层单位的约束性措施，也就是大家俗称的“土政策”“土规定”“土办法”，由于文稿起草人员不认真，出现与法律法规不一致的表述，这一情况不少见。

图 3-4 是著名公文学家、中共四川省委党校(行政学院)叶黔达教授的微信公众号截图，其 2021 年 3 月中旬推文《高度重视疫情期间的公文信息传播》《防疫期间务必注意规范使用周知性公文》(后者已于 2020 年 3 月 8 日被“人民网·舆情频道”刊用)提到的新冠病毒疫情防控中一些公文写作的现象，值得注意。

× 叶伯伯闲聊 > …

有的明文规定防疫期间“严禁组织家庭聚会、聚餐、娱乐等聚集性活动”，发现在自己家中家人这类聚会也严加惩处，摧毁桌椅板凳，罚款封门禁出。有的地方通告规定疫情期间不戴口罩（姑且不谈有的地方当时根本无法提供口罩）出行、聚集活动等违规行为要受处罚，本是好意管控却未当好事办，对违规者的处罚例如罚款等等，显然是违背了宪法、民法和《中华人民共和国行政处罚法》《中华人民共和国治安管理处罚法》等法律法规的规定。尤其是个别基层自治组织（如村委会、治保组之类）强行将违规者捆绑鸣锣喝道游街示众以儆效尤，甚至使人似乎看到“文革”阴魂浮现。凡此种种不一而足。

图 3-4

二、忠于客观事实

公文写作、秘书写作必须从实际出发，实事求是反映客观事物的本来面目。真实，是公文写作、秘书写作的生命，否则便无法达到反映事实、讲究实效、解决问题的目的。

公文是上呈下达、决断决策、布置安排和互相沟通、交流、联系的重要途径，甚至可以说是工具。上级的指示精神，党和国家的方针政策、法律法规，要通过秘书写作、公文写作进行公布、传达、贯彻；下面的实际情况、问题要通过秘书写作、公文写作及时汇报、反映；机关、团体、单位之间要通过秘书写作、公文写作交流情况和经验、沟通信息、加强联系。公文写作、秘书写作如果失去了真实性，其危害是不可想象的。且不说传达上级指示失真或反映下情失实，会给党和国家、人民带来多大损失，单就公关礼仪交往而论，各种致词文稿(如贺信、祝酒词、祝寿词、欢迎词、答谢词、悼词等)，感情失实、失真无疑也会给对方造成伤害，失去礼仪，从而达不到交往的目的。同样地，各种专业文书，如经济合同、商品广告、科技实验报告、诉状等，如果情况失真失实，也会带来极大的危害。

公文写作、秘书写作要忠于客观事实，要真实，这有两个方面的含义。

一是事实的真实。公文写作、秘书写作中的材料必须以客观事实为依据，经得起推敲和核查；对材料进行处理、加工，也必须客观、实事求是，成绩为成绩，缺点为缺点，不能有意回避或主观臆断甚至弄虚作假；选择、使用材料必须忠于客观实际，不能“合理想象”或“移花接木”、任意编造或像文学作品那样“杂取种种人合成一个”；叙述事件，不允许随意改变事件的客观过程，变动事因、事由及责任者，不能加入主观因素作轻率的、不负责任的判断；得出的结论，必须有可靠的事实依据，结论应来源于对客观事实、情况的深入细致、实事求是的分析，有根有据。秘书写作中的事实材料，不是凭空捏造或臆断出来的，想象和夸张、渲染等文学表现手法绝对不能用在公文写作、秘书写作中。公文写作、秘书写作，还必须杜绝道听途说和捕风捉影。

二是本质的真实或精神的真实。公文写作、秘书写作无一例外要对客观事实的丰富材料进行提炼、加工、取舍，而不能将客观事实原封不动地全部搬到各类文书中。这就要求公文写作、秘书写作尽可能使用具有代表性的、有典型意义的客观事实材料，反映出客观事物的本质真实。公文写作、秘书写作要忠于客观事实，但不是照相或复制。传达、贯彻方针政策和上级指示时，也不是非得原文、原话照搬，而且政策和精神不像客观事物那样可观可感、实在，在公文写作、秘书写作中必须准确把握并传达出精神实质，不偏离原则和精神。如“进一步扩大改革开放”是一种精神、原则，公文写作、秘书写作在传达尤其是贯彻落实这一精神时，就不再是简单照转这句话。各级机关、各单位、各部门要贯彻落实“进一步扩大改革开放”，必须结合自身实际，落实到具体措施和行动上，公文写作、秘书写作则要将这一精神化为具体的措施和行动。

简单地说，忠于客观事实，即要做到事实不走样、精神不走样。歪曲事实和背离精神都是不允许的。

公文写作、秘书写作要忠于客观事实，也就是反对脱离实际的闭门造车。

三、忠于机关制文意图

这是由公文写作的受命性决定的。公文写作是代机关立言，是将机关或组织的制文意图以书面文字形式准确地反映出来，必须遵循并忠于机关制文意图。

公文写作不是个人写作，更不是文学创作，不能自主选材、任意发挥，不能擅作主张、固执于主观意图，不能随心所欲、追求个人风格和审美趣味。秘书写作的各类文稿是否写得成功、是否写得好，不以独创性、个性化为标准，而是以是否忠于机关制文意图并准确反映出机关制文意图为前提。

公文写作的实用性目的，决定了公文写作必须“有的放矢”，但这个“的”和“矢”却都是领导（机关）授意，是领导或机关意图。李珣说“意图才是硬杠杠”“领导所想，即我所写”，① 正是这个道理。秘书写作人员要带着领导或机关意图进行调查研究、搜集材料；要循着领导或机关意图思考问题，对材料进行处理和加工；要遵循领导或机关意图起草并修改文稿；要在文稿中准确地反映和传达领导或机关制文意图，如行文宗旨、目的、方式、范围、对象等。这就要求秘书写作人员在接受撰拟任务时，一定要清楚领导或机关的真正的、真实的制文意图。尤其是领导交授撰拟任务时并没有明确具体制文意图的情况下，秘书写作人员必须主动弄清楚任务是什么、对象是什么、思想意图是什么、政策依据是什么、具体事项是什么、行文方式是什么。明确这些问题以后，才能深

① 李珣（像玉的石头）．秘书工作手记 2：怎样写出好公文［M］．北京：清华大学出版社，2019：92-100.

入实际进行调查研究，结合客观实际情况，将领导或机关制文意图与当时、当地的实际结合起来，成功地完成撰拟任务。

公文写作、秘书写作是被动性的写作，在准确领会和把握住了制文意图以后，将制文意图与客观实际结合起来，就能变被动为主动。对制文意图的理解和把握，对客观实际、现实问题的分析和思考，仍然是要求充分发挥主观能动性。创造性地体现出方针政策精神和领导(机关)制文意图，关键在于要将精神和意图与客观实际很好地结合起来。人们常说的秘书写作、公文写作是在“两结合”上下功夫，正是这个意思。

在某种程度上，可以说秘书写作、公文写作是一种“两难写作”：既要求忠实于机关制文意图，不自行其是；又要求发挥主观能动性，不照抄照转。这是秘书写作、公文写作首位的难题，在这种两难处境中，最能反映出秘书写作人员的思想水平和业务能力。

四、遵守行文规则和规范格式

公文的运行有一定规则，公文写作也一定要注意遵守行文规则。公文写作、秘书写作是“戴着镣铐跳舞”，各种文体都在长期实际应用过程中形成了较为固定的格式。

秘书写作的各类文书，有着明确的实用性目的，规范化和标准化，是秘书写作的大趋势。如果大家都在文体形式上翻新花样或者别出心裁，或者在内在结构逻辑上莫衷一是、各搞一套，失去标准和规范，则势必造成传达和理解、接受的困难，也难以被对方所承认，彼此间通过各类文书进行联系、沟通、协调就会出现困难。秘书写作中大部分文体的格式规范是约定俗成的，如请柬的格式、简报的格式、条据类文书的格式、调查报告的格式，以及礼仪类民俗类文书的格式等。这些文体的格式规范，虽然没有法定约束力，一般情况下也是不可轻易变更的，是秘书写作人员应该共同遵守的。

公文格式则是法定的，就公文写作、公文处理来说，2012 年“公文条例”、2012 年“公文格式国标”是两个重要的法规性文件，相关的具体要求和约束、规范，大家可提前熟悉、自学，后面我们会作专门介绍。

2012 年“公文条例”、2012 年“公文格式国标”均作为本书附录，请认真研读、掌握。我们看一下图 3-5、图 3-6 这两个格式文例，感受一下。

图 3-5 中的公文格式比较规范。但下面的版记，两条分隔线中，左边的格式要素是公文“印发机关”即机关单位的综合管理部门、秘书部门，很显然少了“办公室”，变成发文机关了。若补全的话就挤了，“印发日期”甚至会排不下。印发机关建议使用规范化简称(即张家界市新冠肺炎疫情防控工作指挥部办公室)。落款处的发文机关署名和成文日期的排布，也宜灵活处理(机关署名不在成文日期上行居中位置，且署名超过了版心三分之二位置，顶版心右边线了，视觉效果欠佳)。

图 3-6 是 2021 年夏天张家界新冠肺炎疫情防控工作中备受网友好评、广泛传播的一份公文(广义)，我们特意用了网友圈点的截图，也代表了网友的点赞。当然不是说这份公文就有多么完美，但确实有相当高的水平，制文意图达成度近乎完美，其在网上被盛赞就说明了这一点。

张家界市新型冠状病毒感染肺炎疫情防控工作指挥部令

张家界市新型冠状病毒感染肺炎疫情防控工作指挥部令

2021年第20号

各区县，市直及驻张相关单位：

即日起，在张家界境内的居民、游客等所有人员不得离开张家界，积极配合做好疫情防控工作。

张家界市新型冠状病毒感染肺炎疫情防控工作指挥部

2021年8月3日

张家界市新型冠状病毒感染肺炎疫情防控工作指挥部　2021年8月3日印发

图 3-5

细节上，图 3-6 标题中的“居留”也许换成“留居”才好。毕竟它是一封信，不可能避免或者说肯定是要被宣读的(比如电台、电视台播出)，“居留”容易被读成、听成“拘留”。用拼音输入法、语音输入法打字，出来的第一个词往往也是“拘留”。可能有人会说，“居留”与“留居”，表意上还是有细微差别的，制发机关用“居留”肯定出于某种考虑。但从这封信的制文意图看，这差别可以忽略不计，因为对象是“游客”，居住在这里的游客和因故留下的游客，显然后者才是主体。

在此处提到这封信，用这个截图，是因为格式上的细节问题。虽然是信，但却是公文，用的是信函式公文格式(参见 2012 年“公文格式国标”)，标题太靠近上方的红色双线(应该相距两行)。2012 年“公文格式国际”规范是很细致的，细到一页多少行、一行多少字，都有规定。当然也会有疏漏，待新版中完善。比如图 3-5 和图 3-6 签署(落款)处，加盖印章的情况下，发文机关署名顶版心右边沿了，视觉上不好看，应该怎么处理，2012 年“公文格式国标”中不明确(不加盖印章的公文签署处的处理方式倒是很明确)。就图 3-5 和图 3-6 的实际情况，可考虑机关署名分两行排。

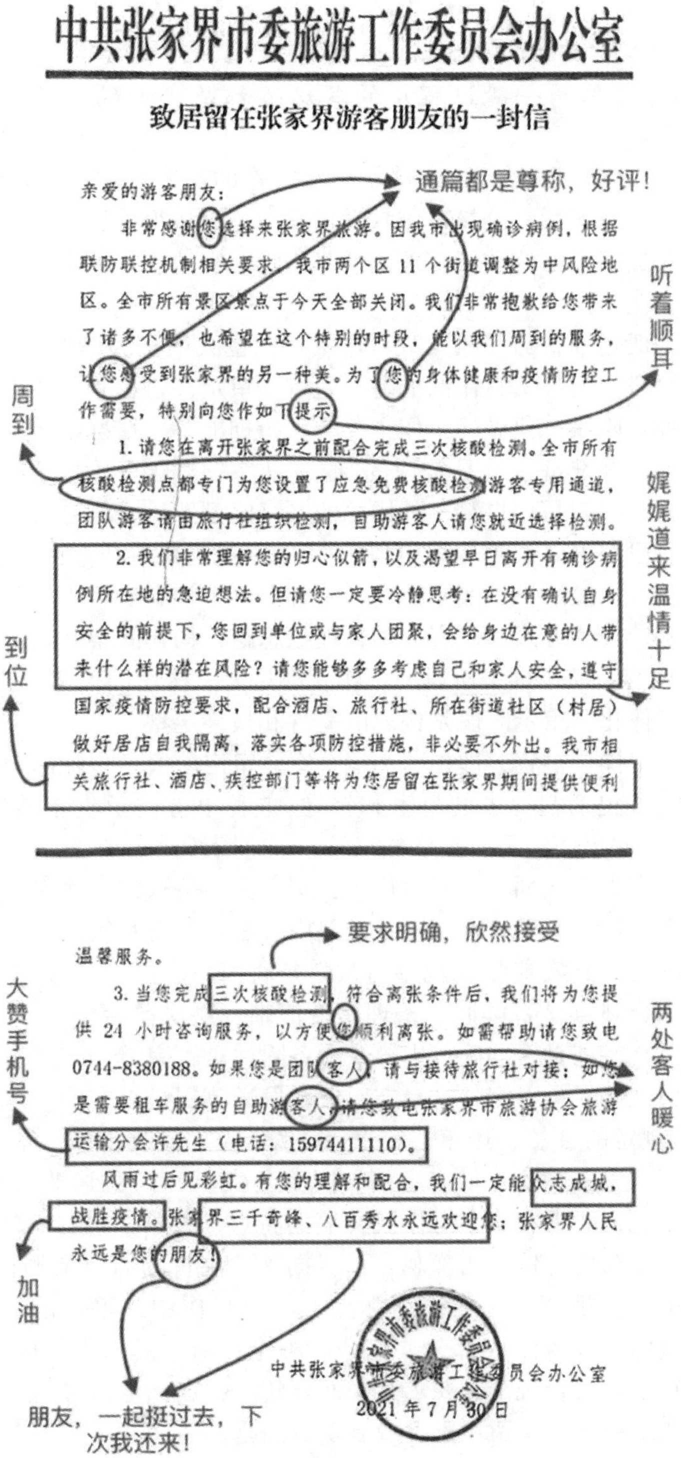

中共张家界市委旅游工作委员会办公室

致居留在张家界游客朋友的一封信

亲爱的游客朋友：

非常感谢您选择来张家界旅游。因我市出现确诊病例，根据联防联控机制相关要求，我市两个区11个街道调整为中风险地区。全市所有景区景点于今天全部关闭。我们非常抱歉给您带来了诸多不便，也希望在这个特别的时段，能以我们周到的服务，让您感受到张家界的另一种美。为了您的身体健康和疫情防控工作需要，特别向您作如下提示：

1. 请您在离开张家界之前配合完成三次核酸检测。全市所有核酸检测点都专门为您设置了应急免费核酸检测游客专用通道，团队游客请由旅行社组织检测，自助游客人请您就近选择检测。

2. 我们非常理解您的归心似箭，以及渴望早日离开有确诊病例所在地的急迫想法。但请您一定要冷静思考：在没有确认自身安全的前提下，您回到单位或与家人团聚，会给身边在意的人带来什么样的潜在风险？请您能够多多考虑自己和家人安全，遵守国家疫情防控要求，配合酒店、旅行社、所在街道社区（村居）做好居店自我隔离，落实各项防控措施，非必要不外出。我市相关旅行社、酒店、疾控部门等将为您居留在张家界期间提供便利温馨服务。

3. 当您完成三次核酸检测，符合离张条件后，我们将为您提供24小时咨询服务，以方便您顺利离张。如需帮助请您致电0744-8380188。如果您是团队客人，请与接待旅行社对接；如您是需要租车服务的自助游客人，请您致电张家界市旅游协会旅游运输分会许先生（电话：15974411110）。

风雨过后见彩虹。有您的理解和配合，我们一定能众志成城，战胜疫情。张家界三千奇峰、八百秀水永远欢迎您；张家界人民永远是您的朋友！

中共张家界市委旅游工作委员会办公室

2021年7月30日

图 3-6

【拓展与思考】

◎ 公文写作要做到“三合”(合法、合理、合意)，难度很大，需要从很多方面努力。公文写作的一般过程中的各环节都是我们的着力点。

如何做到“合法、合理、合意”，这是公文写作的最大难题，也最能反映秘书的公文写作能力、水平。说实话，公文写作教学过程中是无法很好地解决这个问题的，这要靠公文写作者不断提高自己的政策和理论素养，脚踏实地、努力学习、认真思考，靠脑子而不仅仅是靠笔头。

公文写作的一般过程，与一般文章写作一样，也大致分为三个阶段，即准备阶段、起草阶段和审定阶段。但公文写作的准备、起草、审定，过程和方式都有其独特性。

公文写作的准备阶段，要做的工作主要有：精神准备、情况准备和构思、拟制写作提纲。精神准备和情况准备也就是常说的“吃透两头”；构思，主要是指确立主旨、精心选材和布局谋篇；拟制写作提纲，是构思的文字定型，反映的是文章的基本构架。实际上，整个准备阶段都可以说是构思阶段，“构思”也是贯穿于整个写作过程的。准备阶段要吃透上头精神，摸清下头实际情况，结合上下精神和实情贯彻制文意图，确立主旨，选择材料，确定表达方式和语言运用，理顺思路，构建间架并以文字大致定型，这些都是“构思”的内容。整个准备阶段的工作，都是为了构思的逐步定型。而起草阶段，则是构思的初步具体化，审定阶段是构思的完善和最终定型。

起草阶段是一个操作过程，即拟写文稿草案。审定阶段，包括两个环节的工作即审核和改定，审核通常包括起草者的自审和领导(或秘书部门负责审核的专职或兼职人员)审核，改定即修改定稿，仍由起草者完成。审定阶段的主要工作涉及面较广，从文稿内容到形式，均在审定之列。公文写作中，审定主要是这样一些内容或工作：是否确需行文、文体是否合适、文种是否准确、文稿内容是否符合政策法规、是否准确地体现了制文意图、材料是否真实典型、观点与材料是否一致、办法措施和要求是否切实可行、主旨是否突出、观点是否鲜明、条理是否清晰、层次是否分明、文字是否精炼简明、书写是否规范、字词是否准确、内容及必备附件是否完整、格式是否规范、标注是否合理、引文及引文要素是否完整、受文对象及发送范围是否准确、是否符合规定的撰制程序(是否符合规定的会签、送审、签发等手续)等。修改定稿，是要根据审核意见进行再加工，改正和完善文稿并最终定稿。撰稿人(起草者)的修改工作常以四个方面为主，根据审核意见、要求和秘书写作及文稿的特点、要求，进行整体的加工和润色。四个方面是：进一步深化主旨、明确观点；根据表达主旨的需要增删材料、调整结构；校正标题、修饰语言；规范文字、校正标点。公文写作中，审定的总要求是齐、清、定。齐，是指文稿内容及各组成部分要完备、齐全；清，是指文稿的书写要规范、清楚，各种标识及符号要符合规范和要求，文面要整洁；定，是指文稿送领导签发之前存在的各种问题都要解决好，不留尾巴，没有遗留问题。

这里我们循着公文写作的一般过程，提示一下公文写作环节的具体要求、着力点。

1. 认真“吃透两头”，准确把握主旨

有一定公文写作实践经验的人，一定非常熟悉这句话，要写好公文，必须下力气“吃透两头”，准确把握主旨。

公文写作的“吃透两头”是要求准确领会上情和掌握下情。

准确领会上情，包括准确领会党和国家的路线、方针、政策和法律法规以及准确领会领导意图、机关制文意图。在这个基础上才能明确确立主旨。选择材料、安排结构、组织语言表达必须以把握主旨为前提，确立主旨又必须以“吃透两头”为前提。

“吃透两头”的领会上头精神，实际上是要求有较好的理论准备，有敏锐的理解力。懂政策、懂法律是秘书写作人员必备的素质，既有较高的政策水平又有法制观念和较好的法律知识，才能在写作中做到不偏离政策、不违法，才能准确有效地传达和贯彻大政方针、法律法规。同时，不违背政策和法律，也是准确领会领导意图、机关制文意图的前提和基础。吃透上头精神中的懂政策、懂法，是长期的理论准备，不是写作某一文稿时临时抱佛脚地去学政策、学法律。具体写作过程中，核查政策规定和法律条文(有针对性地核查，以求准确或释疑，以提供确凿的政策和法律依据)是正常的，但缺乏必要的理论准备则是不正常的。公文写作、秘书写作人员自觉地加强理论修养，提高政策水平，加强法制观念是一项长期性的、日常性的工作。

准确领会领导意图和机关制文意图，是公文写作中的一大难题，尤其是前者。相对来说，机关制文意图往往较易明确，不难领会和把握，比如要规范某一工作、活动或事项，要布置某一工作、安排某一活动。这种制文意图并不难把握，难是难在“准确”二字上：提出规范和要求这当中有分寸感的问题，安排布置工作或活动也有指导原则和具体措施的结合，规范和要求怎样才能做到可行、有效、适度，以及措施怎样才能切合实际、得力，这却是公文写作的难题。解决这一难题，需要秘书写作人员有较强的业务能力，既懂上情又懂下情，能将机关制文意图准确地传达出来，并与实际现实情况紧密契合。

比较起来，准确领会领导意图的难度也许更大。领导意图或上级指示，是“命”的核心内容，通常应包括行文原因、目的、对象和要表达的主要观点、要使用的主要材料或范围、文稿的具体内容等多方面内容。但实际工作中，领导意图或上级指示，往往多是原则性的、不具体的，有时是由领导口授的，有时是领导在各种讲话中提及的，有时是领导集体的会议讨论甚至没有明确、多次交换过意见以后只在会议上略为讨论，有时是领导不很清晰的意图，有时领导表述意图也可能是正话反说或将真正意图隐藏在批评、讽刺、设问甚至反问当中，这些情况下要具体清晰、准确地领会领导意图，难度是可想而知的。在领导意图不清晰、不具体、不明确时，要想准确领会，需要秘书人员有较好的素质和才能，既不能曲解、误会，也不宜要求领导反复表示，而应该正确地、能动性地领会领导意图。这不仅需要秘书写作人员有灵敏度、强理解力、分析和思辨能力，也要求有分寸感，既要弄清领导是否确有某种意图、弄清领导的真实意图，又要把握领导意图的可行范围(不能强化或弱化领导意图，以至于出格或失度)，还要善于将领导意图具体化。秘书写作人员要能准确领会领导意图，通俗地说，就是要“善解人意”。

下面两个实例，或许能给我们有益的启示。

党的八大时，毛泽东交代秘书田家英写八大开幕词，只提了简单要求："不要写得太长，有个稿子带在口袋里，我就放心了。"就这么一句话，要准确领会主席意图就是个难题。① 田家英毕竟是中国当代秘书第一人，他敏锐地捕捉到了主席的真实意图：宣传七届二中全会精神，警惕党内骄傲情绪和腐败现象。这一意图有两层意思，互为前提，"宣传七届二中全会精神"应是来源于一段时期以来秘书田家英对主席的心意、态度、立场和观点的准确把握；"警惕党内骄傲情绪和腐败现象"则来自田家英对当时社会现实和党的现状的深刻洞察和敏感。田家英写的八大开幕词不仅让毛泽东十分满意，而且还写出了脍炙人口的格言："虚心使人进步，骄傲使人落后。"

1962年，毛泽东题词"向雷锋同志学习"。简单的七个字，蕴含着丰富的内容，但不具体。周恩来(当然他不是秘书，不是在进行秘书写作活动)准确把握了主席的意图：通过学雷锋提高全社会的道德水准。"向雷锋同志学习"只明确了要学、向谁学的意图，至于"学什么"则并未明确。周恩来的题词就具体化了毛泽东的意图，明确了"学什么"的问题："向雷锋同志学习憎爱分明的阶级立场，言行一致的革命精神，公而忘私的共产主义风格，奋不顾身的无产阶级斗志。"②

公文写作中，吃透上头精神，是要明确受命而作的"命"；吃透下头实际情况，则是为了达到为用而作的"用"。

吃透上头精神，是为了明确行文主旨、准确传达上头精神；"吃透"下头实际情况，是为了有针对性地传达上头精神、解决实际问题，真正贯彻公文写作的实用目的。秘书写作人员必须全面熟悉、掌握实际情况、具体情况，才能将上头精神具体化。缺乏针对性的、不切实际的公文写作是毫无意义的，若脱离实际，任何指示、精神、意图都是无法贯彻执行和组织实施的。公文写作的"吃透两头"，通俗地说，是要做到"精神准""情况清"。自觉地、能动地将精神与实情结合起来，是公文写作、秘书写作一般过程的实质。

吃透下头实情，靠长期积累。受命以后才去熟悉、了解、掌握实际情况，难免片面、肤浅、仓促地"对号入座"甚至错号入座。秘书写作人员对本单位的具体实际，应该是了然于胸的，必然是个"有心人"，否则，写出来的文章就极有可能是无关痛痒的、难以切合实际的空话套话甚至废话连篇的"官样文章"。

这是《国务院应对新型冠状病毒感染肺炎疫情联防联控机制关于进一步做好当前新冠肺炎疫情防控工作的通知》(国办发明电〔2021〕1号)七项要求的第一项内容，是关于"激活疫情应急指挥体系"的要求、指示精神：

> 1. 强化应急指挥体系建设。各地党政主要负责同志要亲自抓，相关负责同志分兵把守，整合各部门力量，扁平化运行，细化完善防控工作目标、方案和措施。
>
> 2. 建立健全工作专班。各地要参照国务院联防联控机制有关做法，结合实际

---

① 李秀芹．撰写公文体现领导意图浅论[J]．秘书之友，1994(7)：24-25.

② 周恩来选集(下卷)[M]．北京：人民出版社，1984：417.

设立核酸检测力量调度、流调溯源、转运隔离、区域协查、交通管控等工作专班，提升应急处置能力。

3. 保持24小时运行状态。各地应急指挥体系要加强值班值守，落实岗位责任，严格执行“日报告”和“零报告”制度，密切跟踪疫情形势，全时待命，确保发生疫情后第一时间启动应急处置。

4. 加强前线指挥力量。发生聚集性疫情的地区，所在省份要在启动应急指挥体系的同时，成立前线指挥中心，省委或省政府主要负责同志坐镇指挥，各有关方面配合协作。

后面六项内容也是这样，指示很明确，但要求着眼于原则性、普遍性、共性层面。下级机关简单转发这个通知，照抄照转，显然是不行的，应该吃透精神、要求，结合各地实际，制定具体工作方案、措施，才能贯彻落实进一步做好当前疫情防控工作的通知精神。缺乏针对性地、不结合本地实际空泛地照写几句“强化”“健全”“加强”之类的概括的、原则的语句，也许能将原通知精神传达出来，但无论如何是无法将原通知精神贯彻落实下去的。不了解本单位的具体实际或掌握得不全面、不具体，公文写作、秘书写作就谈不上“在两头结合上下功夫”。

2. 精心构思，拟制写作提纲

公文写作的构思，是一个贯穿始终的过程，在写作准备时就已经开始，到写作完成、定稿后才告结束。构思的主要内容与一般写作活动的构思并无区别，大致包括明确意图、确立主旨、选用材料、理顺思路、构建间架结构、确定表达方式和语言运用等。有特殊要求的、有特点的，在明确意图上必须“吃透两头”，确立主旨的实质是明确主要观点，表达方式上要注意慎用描写和抒情(以及对话)，语言要简明准确、平实庄重。

构思的主要内容，以简要的文字初步定型，也就是做好写作提纲。构思的任务，是完成文章内容和形式的整体设计，写作提纲要体现的也正是这一设计。

构思及提纲的主要内容，可以归结为三个方面的问题：为什么写？写什么？怎么写？为什么写这一问题，包括制文意图、行文目的、行文的缘由和依据等内容。写什么，包括文章的内容、材料和主旨、基本观点等内容。怎么写，包括文种文体的选择、表达方式的确定、结构的安排、语言的组织等内容。

拟制写作提纲的作用和意义不必多说，要注意的问题是：提纲宜细不宜粗，最好是粗中有细，既明确主要观点、要使用的主要材料、主要表达方式、主要内容构成，也大致明确各部分各层次的基本观点、要使用的背景材料和对比材料及说明材料、丰富的表达形式、每一主要内容的从属内容等。拟提纲，反映的是准备阶段的初步成果，在拟制提纲及起草、审定阶段仍要进行认真的修改、补充，以使成果更加完善。

拟提纲，有助于明确确立全文主旨，有利于在行文时不偏离领导及机关意图，有助于起草思路的有序化和系统化，是正式起草文稿前一个必不可少的环节。拟制提纲的方法和提纲形式均可以不拘一格，以符合作者自己的思维习惯和写作习惯为主，需要集体讨论的写作提纲则应顾及它的可传达性，要让大家都能清楚理解。

提纲是起草文稿的重要依据，也是蓝图，它反映了写作者的构思成果，因而需要通过具体的写作操作过程予以实现，而不能搞形式主义的东西以应付领导或其他有关人员。在构思和拟制提纲的过程中，应避免附加主观因素，避免片面性和表面性。提纲是文稿的骨架，虽不等同于写作成品，但也应该真实地反映客观事物的本来面目，不要随意加进个人的主观性的内容；分析问题应防止以偏概全、防止绝对化和极端化，对事物和问题的思考应深入，不能只停留在表面现象。构思和提纲中有主观性、片面性、表面性的东西，必然会影响到文稿内容的客观真实性，影响到文稿主旨的正确和准确性，影响到文稿的实效。因为起草文稿正是构思的书面文字化，是提纲的丰富和扩展，构思和提纲的细小问题和局部缺点有可能被进一步放大，从而对文稿的质量产生致命的破坏性影响。构思和拟制写作提纲认真、细心、精益求精，是正确和成功拟制文稿的前提，不可掉以轻心。

3. 明确目的，注意功用

公文写作的起草阶段，是“受命而作”和“为用而作”的具体的文字表述过程。

起草阶段的根本要求(或目的)，是要用语言文字准确地、完整地表述出文稿的内容和主旨。起草的方式方法可以因人而异，但秘书写作的起草要求却不能因人而异。起草文稿时应注意的问题大致有：

(1)行文目的一定要明确。只有先明确了为什么行文，才能在起草文稿时自始至终注意突出和明确主旨。明确行文目的并准确地传达出来，是起草文稿应注意的第一个问题。

(2)文种、文体的选用要准确。文种、文体是表述主旨和内容的文章类别或体裁，秘书写作的每一文种每一文体都有其特定的用途和功能，选择和使用是否正确、合适，直接影响到文稿的效用。如该用“请示”却用“报告”行文，很显然是得不到指示、批准的，行文用意和目的也就无法实现。

(3)标题拟制要准确。文稿的标题宜列为起草的第一内容(也有拟写完全文后再冠标题的)，所谓“题好一半文”，确立主旨以后，先拟好标题再起草正文，往往会使起草过程更为顺畅。标题是文稿的眼睛，也是受文对象最先接触到的内容，标题的好坏、准确与否，直接关系到文稿是否能引起注意、是否能受到重视、是否能更好地促成行文目的的实现。秘书写作的各类文体，标题拟制的总要求，是要能简明扼要地反映出文稿的主要内容。标题过大过泛或文不对题、艰涩难懂，是秘书写作中标题拟制之大忌。好的标题，应该让人一眼就能看出文稿的种类、主要内容、制发单位及文稿的价值。各类文体标题拟制的具体要求，在后文中会详细介绍。

(4)行文对象要明确。对谁发文、对谁说话，似乎不是什么大问题，但却直接关系到文稿是否有受理机关(受文对象)，直接影响到行文的语气语态和行文的针对性。不明确行文对象，文稿内容就会失去针对性，措词就可能不得体甚至闹出笑话。

(5)结构安排要合理。合理安排结构是各种文章写作的共同要求。秘书写作的各类文体，其结构安排往往有规律可循，有一些惯用的约定俗成的结构模式，这是由秘书写作的实用目的决定的。如写公文，多为三分式结构，正文由开头、主体、结尾三部分组成；写总结，往往依“情况概述—主要成绩及经验—存在的问题和教训—今后的打算”的四分模式结构正文。结构安排合理，既要合事理，也要合文体、合制文意图。

(6)内容及依据要真实可靠，语言表述要简明准确、平实庄重。这是秘书写作、公文写作过程中起草阶段应该注意的问题。通常人们说写文章要言之有物、言之有理、言之有序，在秘书写作、公文写作中可对应为材料充实、主旨明确、内容真实而且符合政策、结构合理。

起草文稿以一气呵成为宜，需停顿(主动停顿)的应在思路顺畅时停顿，以免续写时因思路阻滞、反复思考而拖延时间。因为秘书写作常有“今天交任务，明天要稿子”的紧迫时限，是要不得花样的。正在思考或思路正趋于清晰时，不宜停顿或中断，否则重新提起笔来又得为已经思考过或思考好的问题而费神费时(当然，起草工作被迫中断实属无奈)，就会影响拟稿任务的完成。这是起草过程中的技巧性问题，也应引起注意。

秘书写作、公文写作的起草阶段，最易犯又最不该犯的错误，是闹笑话、要花样、背离政策和法律。即因行文对象不明确或误定，而造成文稿内容失去靶子及措辞不得体；因不注意秘书写作的紧迫时效，总以为有的是时间，而拖延拟稿时间；因文稿内容失实或与现行政策、法律相抵触而犯错误。

明确目的，注意功用(文稿功能和效用)是起草阶段应该牢记的操作原则。

4. 审核与修改定稿

秘书写作的各类文稿，完成起草工作之后，进入定稿阶段。公文写作过程的最后阶段，有一个独有的环节：审核。除起草者完成初稿后自审自核之外，秘书写作的各类文稿，在定稿签发之前还必须由办公厅(室)审核，或经授权的秘书部门专职或兼职人员校核。

审核以后，文稿还会回到起草者手中，要求起草者(或另由一小组人员)根据审核意见进行最后修改以至定稿。经审核没有问题的文稿则可直接送交领导人签发。

修改时，要提请注意的是易为起草人员(撰稿者)忽视的一项修改内容：语言。将意思表述清楚、准确，是秘书写作中语言运用的基本要求，修改时多不至于忽视，但语言是否精练简洁、语气是否合适则较易被忽视。对于秘书写作而言，一个字就能表述清楚、准确的，则不能用一句话来达到表意的清楚和准确，多余的话、多余的字应在修改中完全剔除。语气是否合适，则应根据文稿内容、行文对象、行文关系加工润色。内容的规范性不强、没有强制执行要求、涉及的是一般性问题，一般不宜以严厉口吻行文；上级对下级行文，语气严肃；下级向上级行文，语气谦敬；平级或不相隶属机关之间的行文，多为商洽语气。

在秘书写作实际中，文稿语言欠精简、语气不甚合适得体，是较为常见的，原因多是审定阶段没能把好关，应引起注意。

◎ 从图 3-1 留言截图中，大家能得到什么启示？

公文写作的材料(素材)，公文的主旨和目的(行文意图)，单位现有的工作基础，推行工作的切实可行的措施办法，等等，都出自“两头”，不像写小说散文诗歌那样可以凭一时灵感和虚构而成。

要了解“实情”“实际”，可以通过既有材料熟悉了解。提醒大家，更主要的、更重要的是接触实际工作、深入实际、认真调查研究，正所谓“纸上得来终觉浅”。

“学公文”(笔名)在《公文写作从入门到精通》一书中说“写好公文的关键在于站位”：一要“准确把握当前形势”，二要“深刻理解上级的政策”，三要“有恰当的格局和视野”,① 很有道理，可参阅该书。

◎ 合法、合理、合意，关涉很多层面，法理、事理、政令、职责、权限等等，都影响和制约制文意图。公文写作和公文处理中“三合”要求易被忽略，有时可能导致“合意”为上，出现莫名其妙的问题，比如图 3-2 和图 3-3 的问题。

图 3-2 中，针对在中小学和幼儿园开展捐赠压岁钱活动，通知布置安排工作，该市教体局、慈善总会的做法不“合理”，尽管它“合意”。捐赠是自愿行为，官方用“红头文件”出面组织不妥。

图 3-3 中的解聘决定，显然没弄清楚办文办事职责与行政权(力)限。公文在作者的权限内是有法定效力的，但越权就不“合法”了，就无效了。人事处一般是负责人事工作的职能部门、管理部门，处理人事方面具体事务性工作。聘用人员、解聘人员等具体事务性工作流程及其相关文件，都是人事处负责办理，但决定聘用、解聘的人事权不在人事处。人事权在学校，在法人那里。图 3-3 这个解聘决定肯定是校人事处办的(办文)，但不能以人事处名义发文，解聘决定不能是人事处的文件，人事处没这个权力，应该是由校方发文，版头发文机关标识、签署处(落款)发文机关署名、印章都应该是学校，而不是校人事处。发文字号可以显示“校人事”。

◎ 公文写作的选材有什么原则性要求？

在基础写作学(写作原理)中，讲到“材料”，往往要区别材料与题材、素材的关系。秘书写作中、公文写作不存在题材、素材的概念，只有材料、原始材料的区别。

原始材料，指的是未经加工处理的材料，它是确立主旨的依据。秘书写作、公文写作的材料，是从原始材料加工提炼出来的，用来表现主旨的事实或依据，如情况、背景、措施、意见、规定、时间、数字、引语等。

正如大多数实用写作、秘书写作著作所概括的，秘书写作中常用到的、需要掌握的共有五类十种材料。即：直接材料与间接材料(第一手材料和转手材料)、具体材料和概括材料(点上的材料和面上的材料)、正面材料和反面材料(反映成绩、经验的材料和反映问题、缺点的材料)、现实材料和历史材料、文字说明材料和数字统计材料。

秘书写作、公文写作中，材料是表现主旨的依据，是为表现主旨服务的，主旨统摄材料又依赖材料。对于公文写作来说，秘书人员掌握的材料多多益善，只有掌握了全面

① 学公文．公文写作从入门到精通[M]．北京：北京大学出版社，2019：10-11.

的充分的材料，才能有选择地使用材料以更好地表达主旨。

材料是为表现主旨服务的，秘书人员占有、积累的大量原始材料，应用到具体的文稿写作中，是必须经过鉴别的、加工的，必须有所选择地使用。

在公文写作中，材料的选择和使用，必须遵循三个原则：

(1)需要性原则。即必须服从主旨的需要选择和使用材料。秘书写作中，要选用多少材料(数量)、选用什么形式、什么类别的材料，应该根据主旨的需要决定。有些材料，可能很有价值、很有说服力，但只要跟主旨无关，就不能选用。跟主旨有关但关系不是太紧密、可用可不用的材料，尽量不用。

(2)典型性原则。即必须首先选择和使用最能表达主旨的材料。表达主旨的材料不在多，关键是要有代表性和说服力，能准确反映事物的本质。没有说服力的材料，即使用得再多，也不能很好地表达主旨。典型性原则的要求是，能以一份材料说明问题、表达主旨的，就不能考虑选用两个或者更多的材料。同时，选材的典型性原则，还要求选用新鲜的材料。新鲜的材料，往往更有现实感、时代感，更容易被读者理解和接受、认同。

(3)真实性原则。即必须选择和使用真实、准确的材料。材料真实，是指经辨别、核实是真的而不是虚构的，是能反映事物本质和必然规律的，而不是反映偶然现象的，是客观存在的，而不是凭空杜撰的、主观臆断的。这就要求秘书写作人员在加工整理材料时，必须去伪存真。材料准确，是指材料必须符合客观实际，准确无误，不夸大不缩小、不渲染不隐瞒、不添枝加叶、不张冠李戴。真实性原则，要求秘书写作中的材料，无论是人名、地名、引文、数据、细节还是背景、原因、经过、后果、措施、意见、结论等，都必须是实事求是的、真实可信的、准确无疑的。

总的来说，秘书写作、公文写作选用的材料，要能够有力地说明、烘托、突出主旨，为表达主旨服务，而且要准确无误、毫无差错，能够起到以一当十的效用。根据充分表达主旨的需要，应该善于选择和使用五类十种材料，尤其应该注意点面结合、正反对比材料的选择和使用。

第四章　公文的行文关系与行文方向

【问题与任务】

机关、单位之间运行公文，对内对外涉及很多部门，初入职场的人，刚踏进“公文写作”大门时，经常一头雾水：这些单位是什么关系？怎么确定行文方式？甚至有些时候可能都不一定清楚自己单位的上级是谁，下级单位包括哪些。比如有事项需要请求批准，向谁请求批准、用“请示”还是用“函”，如果不清楚“关系”，就无法确定。这篇公文要发到哪些单位哪些部门，要保证不能滥发，也不能遗漏，如果不清楚“关系”，就会懵掉。这是办公室新人、公文写作新手最头疼的问题。

这些问题看似与写作无关，可能涉及的是“组织管理”，但实际上会影响到公文表述、公文写作。了解公文的行文关系与行文规则，是准确、高效完成公文拟制及达成行文意图的基础和前提，是很有必要学习和讨论的。

【重点与难点】

办公室工作人员，有一定公文写作经验的秘书工作者，比较熟悉公文的行文关系。但对初入职场的人来说，对公文写作新人来说，弄清单位与单位之间的关系不是件容易的事情。不同行业领域，机构设置部门设置差异很大，到岗接触工作实际以后慢慢也就基本清楚了。但在公文写作教学中，学生都是初次系统接触公文、行文关系这样的概念，而公文写作类教材、著作，介绍和讨论行文关系的很少见，花点时间引导学生了解机关组织构架、单位与单位之间的关系，明确行文去向，是很重要的。让学生理解公文的行文关系，是本章难点。

【情景与案例】

图 4-1 这个截图是国务院组织架构，因为只显示了导航图的上层，看着不复杂。但办公厅有很多内设机构，组成部门、直属机构等数量很多，导航图的下一层级就复杂多了。同理，各内设机构、各组成部门等，都必然会有很多下设下属机构，导航图的第三层级就更复杂了。

省、自治区、直辖市人民政府，是国务院的下级机关，市、县是省政府的下级机关，组织架构基本是对应的。大家可以上国务院门户网站、省政府门户网站、本机关网站查看组织架构，熟悉了解“机关”“组织”，公文的运行，就在“机关”“组织”关系之中。

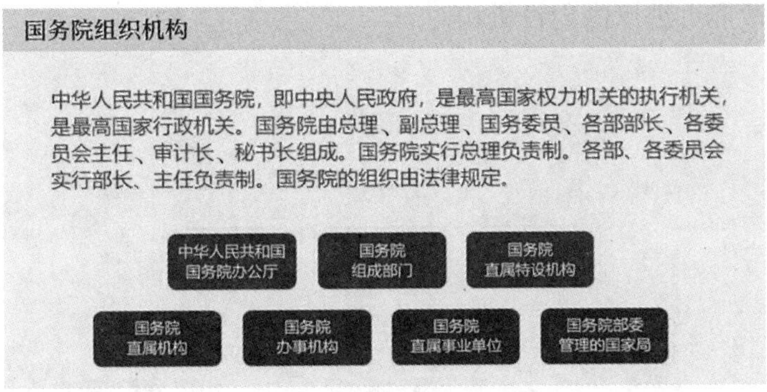

图 4-1

图 4-2 和图 4-3(视情况会有省政府派出机构)是省政府组织构架导航图。图 4-3 显示的是本级机关构成中(省政府组织)的下级机关组织架构。

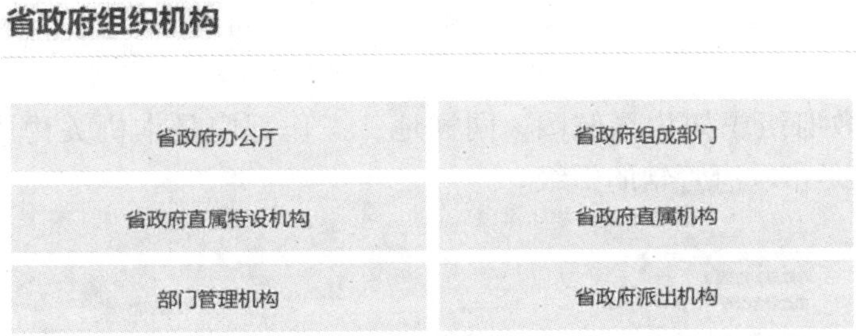

图 4-2

省政府机构

省政府办公厅

省政府组成部门

省发展改革委　省经济和信息化厅　省教育厅　省科技厅
省民族宗教委　省公安厅　省民政厅　省司法厅
省财政厅　省人力资源社会保障厅　省自然资源厅
省生态环境厅　省住房城乡建设厅　省交通运输厅
省水利厅　省农业农村厅　省商务厅
省文化和旅游厅　省卫生健康委　省退役军人事务厅
省应急管理厅　省审计厅

省政府直属特设机构

省国有资产监督管理委员会

省政府直属机构

省市场监管局　省体育局　省统计局　省机关事务管理局
省扶贫开发局　省信访局　省人防办　省地方金融监管局
省经济合作局　省林草局　省广电局　省医保局

省政府部门管理机构

省粮食和储备局　省能源局　省监狱管理局　省戒毒管理局
省文物局　省药监局　省中医药局

图 4-3

图 4-4 是省政府办公厅的内设机构图。

内设机构		
文电处	办公室	综合处
秘书处	秘书一处	秘书二处
秘书三处	秘书四处	秘书五处
秘书六处	秘书七处	督查室（省政府督查室）
建议提案办理处	参事处	省政府总值班室
省政府机关保卫处	行政事务管理办公室	人事处
机关党委	离退休人员管理服务处	

图 4-4

图 4-5 是市政府组织架构导航图。同样地，工作部门是本机关构成中的下级，区（市）县和开发区是市政府管辖的下级。

市政府工作部门
市政府办公厅
市发展和改革委员会
市教育局
市科技局
市工业和信息化局
市民宗局
市公安局
市民政局
市司法局
市财政局
市人力资源和社会保障局
市自然资源和规划局
市生态环境局
市住房和城乡建设局
市交通运输局
市水利局
市农业农村局
市商务局
市文化旅游广电局
市卫生健康委员会
市审计局
市退役军人事务局
市应急局
市国资委
市林业局
市市场监督管理局
市体育局
市统计局
市城市管理和综合执法局
市机关事务管理局
市人民政府研究室
市金融办
市人民防空办公室
市医疗保障局
市知识产权局
市行政审批服务局
市政府物流与口岸办公室
市城市人居环境局
市数据资源管理局

市政府事业单位
市公共工程建设中心
市地方志编纂委员会
市供销合作总社
市公共资源交易中心
市住房公积金管理中心

+区（市）县和开发园（区）

图 4-5

图 4-6 是市自然资源和规划局的组织构架导航图。市属各局、委、办、中心，都有各自的内设机构和直属机构。

这里提供的 6 幅参考截图，局限于政府组织构架，只是给大家基本的提示。不同的机关单位有各自不同的组织构架，党政机关、事业单位和企业的组织构架完全不同。不管你就职于哪类机关单位，都应该了解本机关单位的组织构架，熟悉单位与单位之间的关系，只有这样，才能在公文写作、公文处理时理顺关系，不出错。

自然资源和规划局内设机构	重点项目管理科
局办公室	财务科
政策法规科(行政审批协调科)	人事科
调查监测与确权登记科	宣传培训科
国土空间规划科	机关党委
详细规划科	自然资源和规划局直属机构
资源保护与用途管制科	市不动产登记中心
资源权益与开发利用科	市土地储备中心
资源调控与市场监管科	市地理信息与规划编制研究中心
防灾与生态修复科	市地质环境与海域使用动态监测站
交通市政科	市城建档案馆
建设工程管理科	市不动产交易所
城市设计与工程监管科	市土地开发中心
城市更新计划科	市自然资源信息中心
城市更新实施科	市规划展览馆
海洋管理科	市测绘院
测绘管理与地理信息科	市城建规划设计院
执法监察科	

图 4-6

【内容与进程】

一、公文的行文关系

公文的行文关系，指的是发文单位与收文单位之间的公文往来关系。通俗地说，谁给我发文，我收到的是谁发来的文，公文运行中我们之间是什么关系，这就是行文关系。

公文的行文关系主要有六种：

领导与被领导关系；指导与被指导关系；综合管理与被管理关系；监督与被监督关系；统管与被统管关系；不相隶属机关间的协作关系。

1. 领导与被领导关系

这是指同一组织系统有隶属关系的上下级机关之间的公文往来关系。比如党政机关，省(直辖市、自治区)、市、县(区)、乡(镇)，依次前者是后者的上级领导机关，后者是前者的被领导机关。省委、省政府是(副省级、地级)市委、市政府的上级领导机关，后者是被领导机关。省属高等院校，“省属”就说明了隶属关系，跟(教育)部属院校相区别。企业，总厂与分厂，总公司与子公司分公司，也是这样的上下级关系。这也可以通俗理解为“组织隶属关系”。图 4-1 至图 4-6，反映的就是上下级领导与被领导关系。图 4-5、图 4-6 反映的是机关内部单位，两图中这些单位各自的上级领导机关分别是省政府办公厅、市自然资源和规划局。

2. 指导与被指导关系

这是指同一组织系统没有隶属关系但有业务指导关系的机关、单位、部门之间的公文往来关系。比如财政部、省(直辖市、自治区)财政厅、市财政局、区(县)财政局，前者依次是后者的上级业务指导机关，后者依次是前者的被指导机关。上级机关的组成部门、职能管理部门，对应有隶属关系的下级机关的组成部门、职能管理部门，都是这种业务指导与被指导的关系，俗称业务对口指导关系。这是业务指导的上下级关系，不是隶属上下级关系。从组织隶属关系看，国家部委隶属国务院，省级(直辖市、自治区)各厅隶属省(直辖市、自治区)政府，市县各局隶属市县人民政府。组织隶属关系中，财政厅的上级机关是省(直辖市、自治区)人民政府，市县财政局的上级机关是市县人民政府；业务指导关系中，财政部是省(直辖市、自治区)财政厅的业务上级，财政厅是市县财政局的业务上级。同样地，上级党委和下一级党委，是组织隶属关系中的上级和下级；上级党委各部门(如组织部宣传部)是下一级党委各部门的业务上级。

也就是说，综合组织隶属关系和业务对口指导关系，一个机关、单位都有双重的三个上级，组织隶属关系中的党、政领导机关是一重，业务对口指导关系中的业务指导机关是一重。共建共管单位还有多重多个上级。

3. 综合管理与被管理关系

这是指一级机关的综合管理部门与该机关其他部门之间的公文往来关系。每个机关单位，都有综合管理部门，根据机关授权统一管理、协调各二级机关单位。俗称“归口管理”。比如党、政办公厅(室)与本机关其他部门之间的关系，公司、企业的总裁办、总经理办、厂长办与其他部门之间的关系，前者是综合管理部门，其他部门是被综合管理部门。综合管理部门与其他部门之间不是上下级关系，它们级别一致，但综合管理部门根据授权代行机关领导、管理职能。比如，组织、规范、安排、布置全局性全面性活动、工作，有时是机关的党委、行政的名义发文，有时就是以综合管理部门名义发文，所有单位部门贯彻落实，遵照执行。

4. 监督与被监督关系

这是指监督机关和有监督职能的机关与被监督机关、单位之间的公文往来关系。如纪委与党的其他机关之间；各级人大及其常务委员会与同级人民政府之间；政府的监察部门(财务监审、质量技术监督)与其他部门之间；人民检察院与本级公安机关和人民法院之间；卫生监督部门与被监督对象之间；消防监督部门与被监督单位之间，等等。前者是监督机关(单位)，后者是被监督机关(单位)。中共中央纪律检查委员会是党的最高纪检机关、中华人民共和国国家监察委员会是国家最高监察机关，纪委、监察委各级都有，是合署办公的。

5. 统管与被统管关系

这是指地方党委、政府及其各部门与其管辖范围内没有隶属关系的机关单位间的公文往来关系。即俗称“属地化管理关系”中的单位与单位之间的行文关系，“属地关系”。简单地说，这个单位在哪里哪个地方，都不能是独立王国，一些事务，服从当地相关的机关部门管理。比如地方的央企，无论在长沙某区、在广州某区、在湛江某岛，相关土地规划、道路交通、环境保护、疫情防控、社区服务，等等，都归当地相关部门统一管理。

6. 协作关系

这是指不相隶属机关之间无关前述五种关系的公文往来关系。任何机关与机关之间、单位与单位之间，都可能因公务活动有公文往来，这种行文关系我们概称为“协作关系”。有组织隶属关系，不在此列；关乎业务对口指导、归口管理、属地管理、监督与被监督的公务文书往来，也不在此列。前五种关系，借用传统宗亲关系说法，可以看作公文行文关系的“五服”，协作关系的行文可以看作是出了“五服”关系的行文。

不要以为这种行文关系涵盖的行文简单，恰恰相反，“协作关系”涵盖的行文极为丰富复杂。“五服”之外，才是大世界。前面我们说过，公文写作无处不在，有公务就有公文，就有公文写作。派遣大学生去各种单位实习，员工去各种单位考察、交流、学习、调研，因团建活动需要借用有关单位场地、器材，邀请有关单位的专家培训员工、协助攻关，行业、业务相关或不相关单位开展联谊活动，等等，都要用到公文。

二、公文的行文方向

一个公文运行到哪个或哪些单位，公文运行的去向，即公文的行文方向。行文方向不分东南西北，而是根据机关单位级别分上行、下行、平行。最常见常用的文种分类，也是按行文关系、行文去向分下行文、上行文、平行文三大类。

由上级机关、级别高的机关运行到下级机关、级别低的机关去的，是下行文；反之是上行文。级别一样的或不相隶属的、无业务指导关系的机关单位间的行文，是平行文。也就是说，行文方向的上行、下行，跟机关单位级别高低不能直接、简单画等号，“不相隶属”也无指导关系的话，属平行。通俗地说，发文单位和受文单位，不管你单位级别多高，你(单位)管不了我(单位)，我(单位)不属于你(单位)管，这个行文，就是平行文。

根据2012年“公文条例”对具体公文文种适用范围的界定，我们可以区分三个行文方向的主要公文文种。

下行文：命令(令)、决议、决定、批复、纪要、公报、公告、通告、通知、通报、[意见]、[函]

上行文：报告、请示、[意见]、[函]

平行文：议案、函、[意见]

上行文、平行文文种简单，下行文文种较多。我们加方括号“[ ]”的是兼向类，“意见”和“函”，既可下行、上行，也可以平行。议案“适用于各级人民政府按照法律程序向同级人民代表大会或者人民代表大会常务委员会提请审议事项”，是平行文，不要看到“提请审议”就理解成上行文。人大是权力机关、立法机关、监督机关，并不是级别就比同级政府高，“同级”是关键。

需要说明的是，我们根据2012年“公文条例”对文种适用范围的界定，就能简单理解有些文种的上下行文去向，比如“适用于向上级机关请求指示、批准”(请示，上行)；有些则需要认真研读，甚至要有公文处理实际体验才能深入理解。毕竟如果是刚接触公文写作的人，对于文种适用范围的理解是有一定难度的。文种适用范围，既包括文种功能(用来干什么)，也包括文种用途(传达范围和方式)，没有工作和公文写作实践的话，可能会懵。

至于“公告”为什么兼有平行方向，是因为“平行”包括不相隶属的机关间的行文。常理，在自己的职权范围内行文，“宣布”“发布”“传达”这类词关涉的肯定都是下行文，但“公告”的传达范围是“国内外”，涉及更多的是不相隶属的机关单位。而同为告晓性下行文的“通告”(适用于在一定范围内公布应当遵守或者周知的事项)却没有出现平行兼向的“[ ]”号，不是因为“一定范围内”这个区别，主要是“应当”一词的语意明显。

后面的章节中有几组文种辨用，可以帮助我们解决一些困惑。

【拓展与思考】

◎ 党政机关、企事业单位组织架构很复杂，如何弄清单位与单位之间、部门与部门之间的关系？

没有别的捷径，到岗接触了实际工作以后，花点时间浏览机关单位的门户网站，了解组织架构，向前辈了解部门职责权限、上下级组织隶属关系和业务指导关系。

图4-7和图4-8，分别是市党委和市政府的组织机构，各机关都还有自己的二级机构，二级机构下有三级机构。

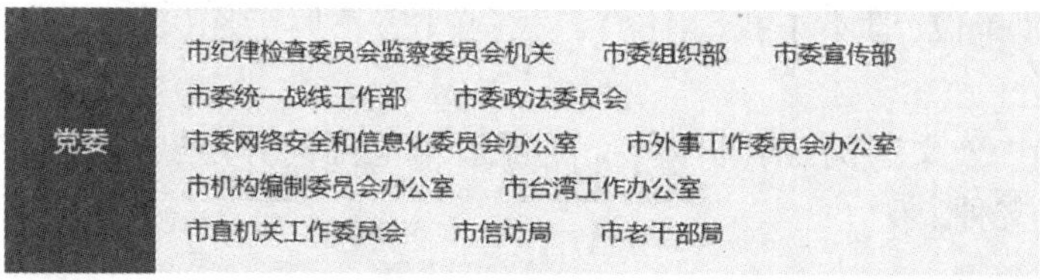

图4-7

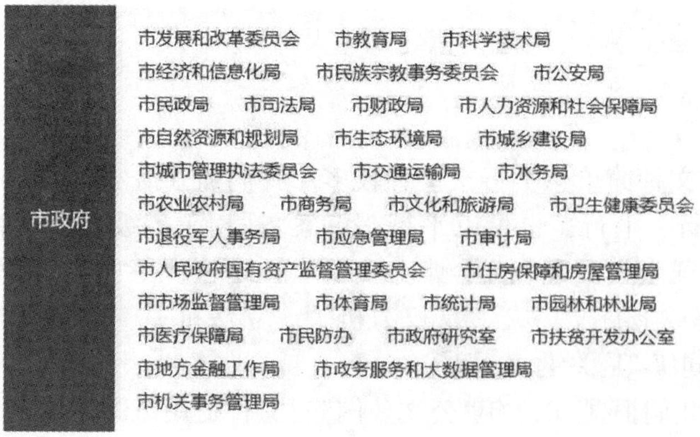

图4-8

公司、企业组织架构，因企业性质、规模不同，差异很大。图 4-9 和图 4-10 是网上找到的公司组织架构图。图 4-11 是华为官网显示的组织架构导航图。认真了解下自己供职单位的职责职能、行政隶属关系、业务指导关系，是必须做的工作，否则公文写作的“吃透两头”恐怕就永远也谈不上。

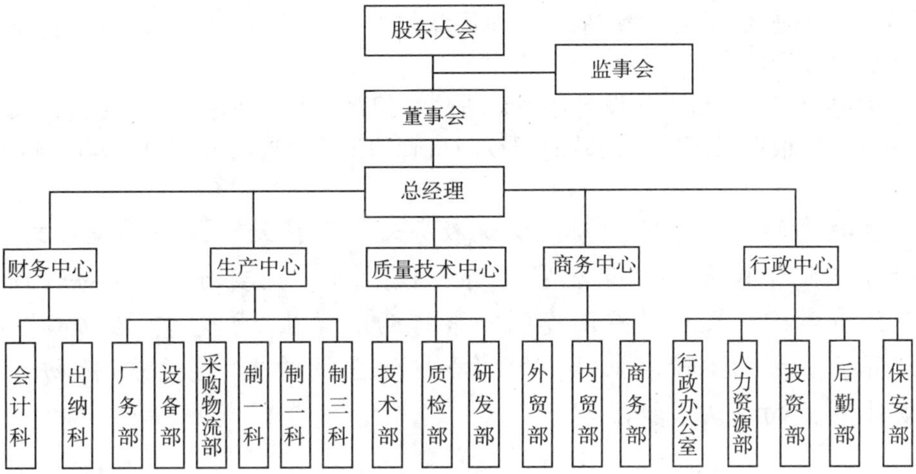

图 4-9

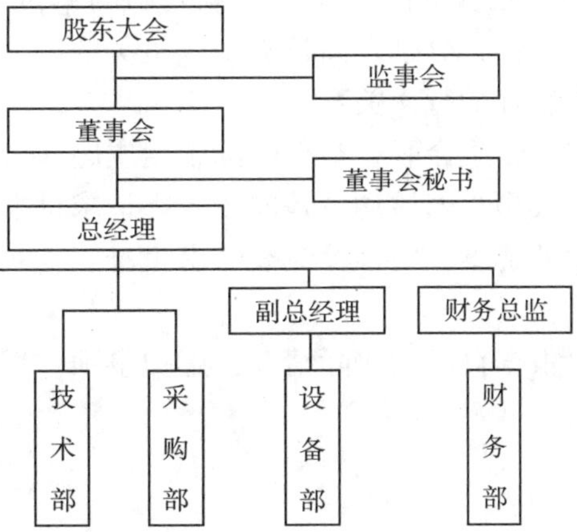

图 4-10

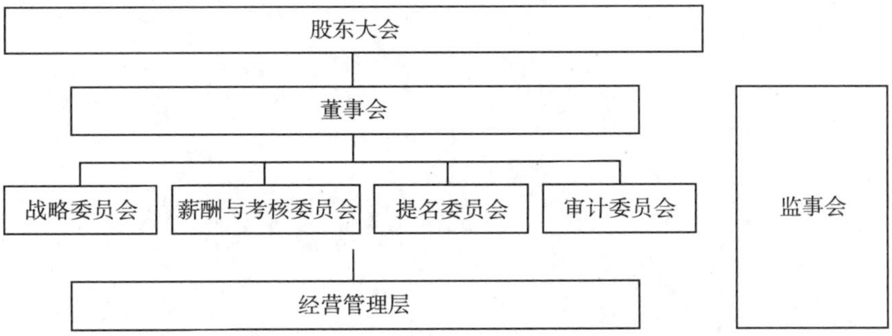

图 4-11

◎ 结合图4-4、图4-6、图4-8，能弄清区(县)城乡建设局的上下级以及它与区(县)政府办公室的关系吗?

区(县)城乡建设局，是该区(县)人民政府的组成部门，同时也有自己下属的机构。它的行政上级，是区(县)人民政府；城建局党委的上级党委是区(县)党委；业务指导上级是市城乡建设局。

区政府办公室与区城乡建设局是平级单位，但区(县)政府办是区(县)人民政府的综合管理部门，根据区(县)人民政府授权归口管理区县政府组成部门、职能部门。

◎ 以学生熟悉的大学环境为例，说说教务处、科技处、经济学院、文学与新闻传播学院、校团委、党委宣传部、校长办、党委办这些单位的行文关系。经济学院、文传学院团委联合举行两院学生"学党章 悟初心"主题演讲比赛，应该向谁请求批准？校团委组织全校学生"学党章 悟初心"主题演讲比赛，向谁请求批准?

例如普通省属高等学校，其二级机关一般是(县)处级单位，包括行政的各处(办)、党委的各部(办)、校级群团组织等。就列出的单位来说，都是平级机关，且无隶属关系。党委办、校长办，分别是高校党、政机关的综合管理部门，与校内其他二级机关构成综合管理与被管理的行文关系。

两个学院团委学生会联合举行院际学生主题演讲赛，应向校团委行文请求批准。校内学生社团开展大型社团活动也是向校团委请求批准，校团委分管学生社团工作。校团委组织全校学生的赛事，向学校党委请求批准(召开团代会、学生代表大会也是，团学工作由党委主管)。

大家还可以根据自己的实际情况，虚拟事项，思考涉及的行文关系。

第五章　公文的行文规则

【问题与任务】

任何单位之间都可以互发公文吗？其行文方式是什么？两个或多个单位联合举行会议、开展活动，由一个单位发文可以吗？在很清楚直属上级机关不能解决问题的情况下，可以越过它直接跟更高级别的上级机关行文吗？针对相关事项，行政上级解决不了，直接行文给党委上级机关，可以吗？

这个文由我们部门发合适吗？由上级机关发才好吧？

这都是公文写作中面临的问题。公文运行有规则，公文的行文规则肯定影响公文写作，是必须弄清楚的，否则我们办的文可能不是这里有问题，就是那里有问题。

【重点与难点】

就公文写作来说，了解、掌握主要公文文种的行文规则，是本章重点。但公文写作只是“办文”中的一环，仅仅了解具体文种规则是不够的，文稿撰拟人员早晚也会介入“办文”的其他环节；而且，写作也跟“办文”的很多环节相关，比如审稿、核稿、会签、签发，等等，其他环节发现问题，文稿又会回到起草者、写作者手里，学习公文写作，必须全面了解公文行文规则。如何整体、全面掌握公文行文规则，是本章难点。

【情景与案例】

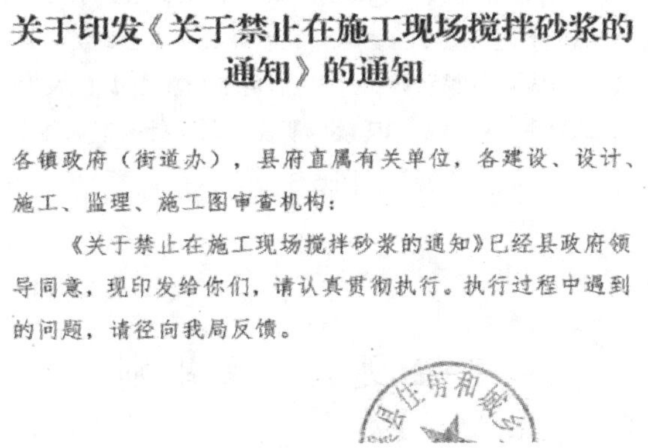
关于印发《关于禁止在施工现场搅拌砂浆的通知》的通知

各镇政府（街道办），县府直属有关单位，各建设、设计、施工、监理、施工图审查机构：

《关于禁止在施工现场搅拌砂浆的通知》已经县政府领导同意，现印发给你们，请认真贯彻执行。执行过程中遇到的问题，请径向我局反馈。

图 5-1

[redacted]省财政厅文件

[redacted]财行〔2019〕37号

关于树立过紧日子思想 严控一般性支出的意见

各地级以上市人民政府，各县（市、区）人民政府，省直各部门：

为进一步贯彻落实中央八项规定及其实施细则精神，根据中央经济工作会议精神和国务院关于树立带头过紧日子的思想、严格控制和压减一般性支出的要求，发扬艰苦奋斗、勤俭节约优良作风，推进党政机关和事业单位厉行节约，反对铺张浪费，建立健全机关事业单位过紧日子、厉行节约的长效机制，经省人民政府同意，现提出如下意见，请认真贯彻执行：

一、严控新增支出，硬化预算约束

严格落实《关于深化省级预算编制执行监督管理改革的意见》要求，严控新增支出，部门新增财政支出需求优先通过整合

图 5-2

[redacted]卫生健康局2019年法治政府建设情况报告

为全面贯彻落实省、市、县依法行政的工作部署，更好推进我县卫生健康系统法治政府建设，我局按照《法治政府建设实施纲要》（2015-2020年）《广东省法治政府建设实施纲要（2016-2020年）》和《中共湛江市委湛江市人民政府贯彻落实<广东省法治政府建设实施纲要（2016-2020年）实施意见>》《中共[redacted]县委全面依法治县委员会办公室关于印发<[redacted]县2019年依法行政工作要点>的通知》(遂法治办〔2019〕7号）的要求，进一步转变政府职能和深化行政审批制度改

图 5-3

【内容与进程】

一、公文的行文规则

公文的行文规则，是公文往来时需要共同遵守的制度和原则。2012年“公文条例”

第四章“行文规则”明确了公文使用、公文运行应遵守的各项规定，要认真研读。行文规则，不仅限于“行文规则”章，“公文文种”“公文格式”中的一些规定也是规则。

综合概括起来，公文行文规则主要包括：

1. 基本行文规则

行文应确有必要，注重实效，注重针对性和可操作性。

按隶属关系和职责范围行文，一般不得越级行文，特殊情况需要越级行文时，应当同时抄送被越过的机关。

党委、政府的部门在各自职权范围内可以向下级党委、政府的相关部门行文。

党委、政府的部门依据职权可以相互行文。

不以机关负责人个人名义报送公文；除上级机关负责人直接交办的事项外，不得以本机关名义向上级机关负责人报送公文。

内设机构除办公厅(室)外不得对外行文。

向上级机关的行文，原则上主送一个上级机关，根据需要同时抄送相关上级机关和同级机关，不抄送下级机关。

受双重领导的机关向一个上级机关行文，必要时抄送另一个上级机关。

向下级机关行文，主送受理机关，根据需要抄送相关机关，重要行文应当同时抄送直接上级机关。

上级机关向受双重领导的下级机关行文，必要时抄送该下级机关的另一个上级机关。

2. 授权行文的规则

党委、政府的办公厅(室)(综合管理部门)根据授权，可以向下级党委、政府行文，其他部门和单位不得向下级党委、政府发布指令性公文或者在公文中向下级党委、政府提出指令性要求；需经政府审批的具体事项，经政府同意后可以由政府职能部门行文，文中须注明已经政府同意。

党委、政府的部门向上级主管部门请示、报告重大事项，应当经本级党委、政府同意或者授权；属于部门职权范围内的事项应当直接报送上级主管部门。

3. 联合行文的规则

同级党政机关、党政机关与其他同级机关必要时可以联合行文。属于党委、政府各自职权范围内的工作，不得联合行文。

涉及多个部门职权范围内的事务，部门之间未协商一致的，不得向下行文；擅自行文的，上级机关应当责令其纠正或者撤销。

联合行文时，发文机关标志可以并用联合发文机关名称，也可以单独用主办机关名称。

4. 文种的行文规则

请示应当一文一事，不得在报告等非请示性公文中夹带请示事项。

下级机关的请示事项，如需以本机关名义向上级机关请示，应当提出倾向性意见后上报，不得原文转报上级机关。

回复上级机关询问的，用报告。

二、公文写作中遵守行文规则的注意事项

1. 明确职权，逐级行文

凡属行政方面的工作，应以政府名义行文；凡属党务方面的工作，则应以党委名义行文。党的各级领导机关和政府的各级领导机关，应根据各自的隶属关系和职权范围行文。必要时，政府及其部门可与同级党委、军队机关及其部门联合行文。根据工作需要，党的领导机关可以向同级或下级政府部门行文。但政府机关和群众团体不能对党的组织发指示、交任务。

应坚持逐级行文的原则，非特殊情况不越级行文。上级给直属的下一级机关行文发指示、交任务、实行领导；下级向直属的上一级机关行文请示、报告、接受领导。特殊情况必须越级行文时，应抄报或抄送被越过的机关。

2. 厘清关系，协商一致

撰拟、制发公文，必须弄清本机关本单位的隶属关系并明确职权范围。

政府各部门、各级党委的职能部门，在自己的职权范围内，可以相互行文，可以向下级机关的业务部门行文；也可以根据党委、本级政府的授权和有关规定，对下级机关行文。一般情况下，党委的职能部门不能对下一级党委发指挥性公文。

同级机关可以联合行文；上级机关部门与下级机关可以联合行文；机关各部门可以联合行文；政府部门与同级人民团体以及行使行政职能的事业单位可以联合行文。党政军机关联合行文应尽可能减少。

同级机关之间可协商解决的问题，应直接行文，不应报上级机关转办。

部门之间对有关问题未经协商一致，不得各自向下行文；向上行文，涉及其他部门或地方职权范围的，也应协商一致。

在实际工作中，一些工作事项虽属机构组成部门、职能部门的职责、业务，但因为重要性强或涉及面广，有时是不宜由主管部门、职能部门直接行文的（尽管起草公文、办文的可能是主管部门、职能部门），宜由上级机关或上级机关综合管理部门行文。比如2021年10月出台的《关于推动现代职业教育高质量发展的意见》，是由中共中央办公厅、国务院办公厅印发的，尽管是教育事业事项，但要举全党全国之力，不宜由教育部印发；《国务院办公厅关于进一步支持大学生创新创业的指导意见》（国办发〔2021〕35号）是由国务院办公厅发文，也不是教育部发文，因为各级政府、全社会都要“进一步支持”。

3. 分清主次，讲究方式

这包括明确主送机关和正确选用文种两项主要内容。

明确主送机关，即要明确负责受理和答复该公文的机关，至于其他需要了解该公文内容的机关则是抄送机关。

分清主次，其实也有个讲究方式的问题，应该注意：请示性公文，主送一个机关，不能多头请示，以免造成互相推诿或批复意见不一致而失去请示的意义；受双重领导的机关，上报的公文应根据内容明确主送、抄送机关，由主送机关负责答复，若颠倒了主

次，上级机关就无法答复；上级机关向受双重领导的下级机关行文，应同时抄送另一上级机关，以利于沟通和协调；向下级机关的重要行文，应及时抄送直接上级机关，但向上级机关的报请性公文却不能同时抄送下级机关。

正确选用文种，也是公文写作中的一个难题，我们会有专门章节详细讨论。要注意的是，讲究方式还包括：除领导直接交办的事项外，不要向领导者个人行文。

4. 一文一事，注重实效性

一文一事，是指对于公文内容而言，一份公文应保持内容的单一性，只讲一件事，避免内容繁复。虽然一文一事的要求是针对请示而言的，但实际上，除综合性报告等少数公文外，其他的公文都应该做到一文一事。

注重实效性，是指公文必须本着精简、有效的原则行文，提出的措施、办法切实可行。一文一事的要求与此有密切联系。如果请示中请求指示、批准的事项多，势必影响效果，因为多项事扯在一起后上级很难及时处理甚至不是主送机关一方能作出批复的，这样就很可能出现“公文旅行”现象，显然也就失去了实效性。当然，注重实效性主要还是指应严格控制公文制发的数量和发送范围，克服“文山会海”的“文山”现象。简单来说就是，一个电话能解决的问题就不要再行文，解决个别单位没有普遍性问题的公文就不要滥发至所有单位，报刊公开刊载的公文可不必再另行文。

严格按公文的行文规则制发公文，是实现公文法定效力的可靠保证，也是维护公文的严肃性、权威性的有力措施，这是秘书人员撰拟、制发公文时必须牢记的。

5. 遵守规则，避免失误

理解或者记住行文规则，比起严格遵守行文规则要容易得多，这就有必要提请注意实际工作中违反公文行文规则的常见现象，以引起足够重视并力求在实际操作中避免这些失误。

在实际工作中违反行文规则的现象，除文种选择、使用不当以外，常见的还有；

(1)主送机关不当。这种违规现象有多种表现形式：缺主送机关；多头主送，或同时向上级党政两方面主管机关行文，或同时主送双重领导机关，或一份请示同时送几个上级部门；主送机关不规范，本应主送上级机关的公文却主送到上级机关的职能部门。

如图 5-3 中，我们就不知道是向谁报告，缺了主送机关。

(2)抄送机关不当。这表现为乱抄滥送或漏抄漏报，即抄送到不应也不必抄送的机关，或者应该也必须抄送到的机关却没有抄送到。

(3)越职越权行文。常见失误有：党政公文不分；上级业务部门对并无业务指导关系的下级业务部门行指挥性公文；上级业务部门向下级机关行指挥性公文：获得授权负责办文的职能部门、非综合管理部门直接以自己的名义行文。

图 5-2 中的指示性“意见”，由省财政厅发到地市、县区人民政府(主送涵盖了多个级别也待斟酌)等，既在行文方式上存疑，也有越职越权之嫌。虽然正文有“经省人民政府同意，现提出如下意见，请认真贯彻执行”的表述，但这里的文字表述并不能完全解释“授权”行文。同意提出意见，不等于同意“意见”，若要求“认真贯彻执行”，就有问题了。应该是将承办好的“意见”(作为职能部门代政府拿出政策措施，办此文)报送省人民政府，经批准同意了，由省人民政府以批转通知形式下发，或由省政府办公厅转

发通知行文。通俗地说，此类大事、大政方针，东家会叫分管大员拿意见，但最后宜由东家定夺、公布，或者大管家获得授权后来宣布。图 5-4 就是这样的范例。

国务院办公厅转发国家发展改革委等单位
关于进一步做好铁路规划建设
工作意见的通知

国办函〔2021〕27号

各省、自治区、直辖市人民政府，国务院各部委、各直属机构：

国家发展改革委、交通运输部、国家铁路局、中国国家铁路集团有限公司《关于进一步做好铁路规划建设工作的意见》已经国务院同意，现转发给你们，请认真贯彻落实。

国务院办公厅

2021年3月15日

（此件公开发布）

关于进一步做好铁路规划建设工作的意见

国家发展改革委 交通运输部 国家铁路局 中国国家铁路集团有限公司

铁路是关系国计民生的重要基础设施。党的十八大以来，我国铁路快速发展，取得了显著成就，为支撑和引领经济社会发展发挥了重要作用，成为国家现代化建设的重要引擎。与

图 5-4

（4）行文方式不当。常见的行文方式不当表现为：应联合行文的却单独行文；非特殊情况的越级行文；本可直接行文的，却不直接行文；接到上级机关的询问函，用“函”回复。

图 5-1 中，住建局禁止在施工现场搅拌砂浆的通知，住建局自己制发正式公文通知，自己又用印发通知来发文，这就是有错的。改成某县住建局直接发文《关于禁止在施工现场搅拌砂浆的通知》，不是更好吗？

记住，回复上级机关的询问，要用“报告”。

【拓展与思考】

◎ 图 5-1 与图 5-2 办文情况一样，为什么图 5-1 中的推荐行文方式是直接发通知，而图 5-2 中的意见直接行文却不妥？

两例办文方式一致，起草、办文者都是主管职能部门，都需政府批准同意才能发文。图 5-1 是通知（职权范围内）主管的具体事项，进行约束、规范，经政府批准同意即可直接行文；图 5-2 事项性质不同，严控一般性支出的财务政策，全局性全面性指导性政策意见，财政厅起草、办文，宜上行“意见”到省政府，省政府（批转通知）或省政府办公厅（转发通知）发文，更有说服力。

◎ 图 5-5 中问题很多（格式规范问题后面章节再说），从行文规则看，有什么问题？

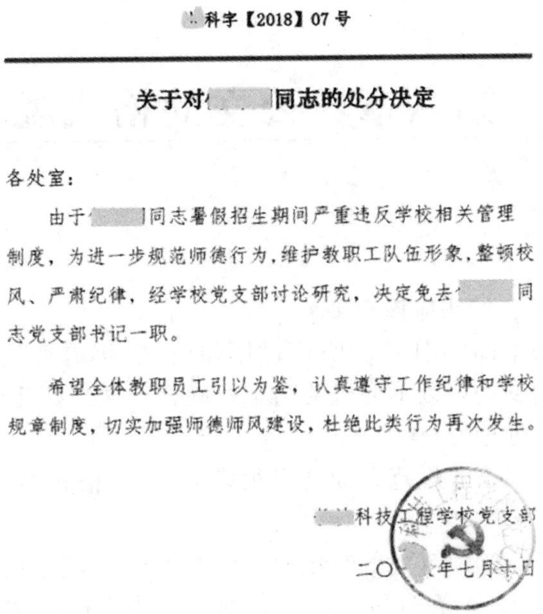

[redacted]科字【2018】07号

关于对[redacted]同志的处分决定

各处室：

由于[redacted]同志暑假招生期间严重违反学校相关管理制度，为进一步规范师德行为，维护教职工队伍形象，整顿校风、严肃纪律，经学校党支部讨论研究，决定免去[redacted]同志党支部书记一职。

希望全体教职员工引以为鉴，认真遵守工作纪律和学校规章制度，切实加强师德师风建设，杜绝此类行为再次发生。

[redacted]科技工程学校党支部

二〇[redacted]年七月十日

图 5-5

图 5-5 的内容，是学校党组织的处分决定，免去某同志党支部书记职务。可从公文版式看，它是行政公文，出现党政不分的错误。签署和公章都是“学校党支部”，正文里是“经学校党支部讨论研究，决定免去×同志党支部书记一职”，表述存疑。不设支部委员会的党支部，由党员大会选举产生支部书记，支部书记的任免均应报上级党组织批准才能正式行文。

第六章　公文的格式规范

【问题与任务】

俗称的“红头文件”，红头应该有多大？

公文多数要加盖公章即“用印”，听说过用印要“骑年盖月”，这具体要求是什么？盖章的公文，是不是落款处可以不署机关名了？联合行文，好几个公章，怎么盖合适？公文如果有附件，怎么处理？

初学公文写作，恐怕格式规范方面会有很多疑问。“格式不对”也是公文写作的硬伤，最容易被抓住。

前面已经提醒过了，2012 年“公文条例”、2012 年“公文格式国标”，是其他机关和单位参照执行的“本”，吃透条例和“国标”，对标检查自己的文稿，就能处理好格式问题。

【重点与难点】

理解格式要素，是重点。因为要素不少，掌握格式要素的文面位置及要求，有一定难度。

【情景与案例】

大家看到图 6-1，知道它是公文的哪个部分吗？包括哪些格式要素？看到加盖公章

附件：1.2017 年广东省高等学校珠江学者岗位计划拟设岗学科和拟聘人选名单

2.2017 年广东省高职院校珠江学者岗位计划拟设岗专业和拟聘人选名单

3.公示文稿样式

广东省教育厅

2017 年 7 月 18 日

图 6-1

这里大家可能会说是“落款”。“落款”只是个俗称，2012 年“公文条例”和 2012 年“公文格式国标”都没有“落款”一说。这是公文主体的部分内容，出现的格式要素有正文(上面半行)、附件说明、发文机关署名、成文日期和印章。

图 6-2 这个公文截图来自网络。看到这个所谓的“内部文件”，我们的第一判断是，这篇公文应该是杜撰的。想想为什么呢？因为无论是公文主旨还是格式，都太离谱了。版头“内部文件”一说就很奇怪，正文内容也“无理”，缺少发文机关署名，公章位置不对(公章应端正，骑年盖月，上不压正文)，成文日期中的数字不合规范，主题项多余，印发机关等同于发文机关了，印发日期也不规范。

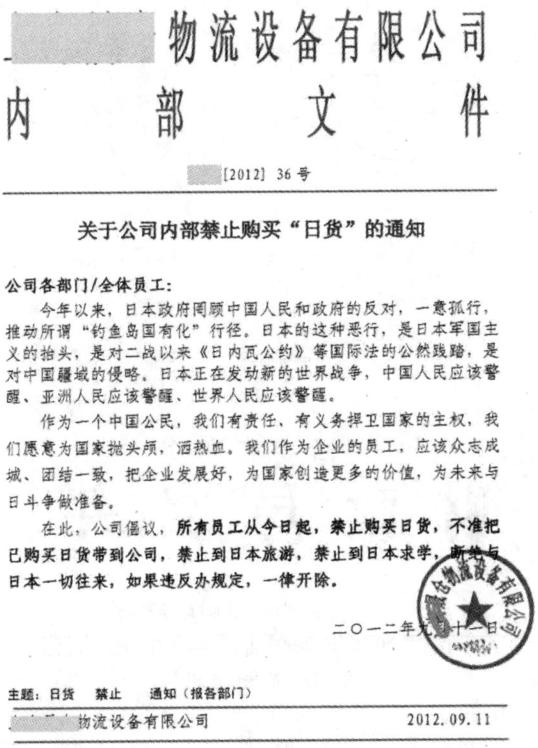
[redacted]物流设备有限公司
内　部　文　件

[redacted][2012] 36 号

关于公司内部禁止购买“日货”的通知

公司各部门/全体员工：

今年以来，日本政府罔顾中国人民和政府的反对，一意孤行，推动所谓“钓鱼岛国有化”行径。日本的这种恶行，是日本军国主义的抬头，是对二战以来《日内瓦公约》等国际法的公然践踏，是对中国疆域的侵略。日本正在发动新的世界战争，中国人民应该警醒、亚洲人民应该警醒、世界人民应该警醒。

作为一个中国公民，我们有责任、有义务捍卫国家的主权，我们愿意为国家抛头颅，洒热血。我们作为企业的员工，应该众志成城、团结一致，把企业发展好，为国家创造更多的价值，为未来与日斗争做准备。

在此，公司倡议，**所有员工从今日起，禁止购买日货，不准把已购买日货带到公司，禁止到日本旅游，禁止到日本求学，断绝与日本一切往来，如果违反办规定，一律开除。**

二〇一二年九月十一日

主题：日货　禁止　通知(报备部门)

[redacted]物流设备有限公司　2012.09.11

图 6-2

图 6-3 是 3 个单位联合行文的公文截图，我们看到的是跟图 6-1 一样的公文页面，只是少了“附件说明”要素。不客气地说，这个公文的办理人员几乎不懂公文格式。图 6-3 存在的主要问题有：标点符号不合规范，“2、”应该是“2. ”；“特此通告”上空行是不需要的；成文日期不规范(应该是 2018 年 1 月 25 日)；发文机关署名(含印章)排列不规范，印章与成文日期无关联(联合行文时最后一个印章必须关联成文日期，即俗称的“骑年盖月”)。

图 6-4 应该是带红头的公文首页套印的，出现了错位(套印内容上提了 3 行)。公文首页即红头页，一般机关单位都是事先印制好的，印制公文时套打套印，但因此导致格式要素错位的情况很常见，要引起注意，套打套印时务必认真、细致，避免出现差错。

本例中套印套打的不认真我们暂且不管，它还有“不可饶恕”的格式错误：版头的红色分隔线中间有五角星，这是党机关文件的标识，财政局是行政机关政府机关的组成部门；该文应用六角括号“〔〕”的都错用成方括号“【】”“[]”了；结束语“特此通知”单独占行，却顶格了(应左空2字)；发文机关署名与结束语处于同一行；印章叠压正文文字；领导签字项纯属多余。

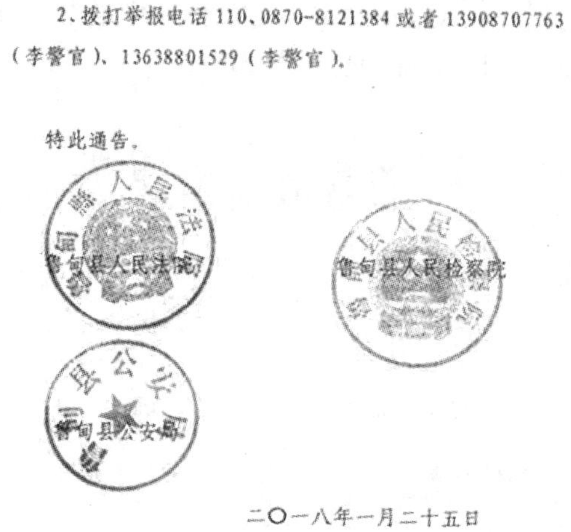

2、拨打举报电话110、0870-8121384或者13908707763（李警官）、13638801529（李警官）。

特此通告。

二〇一八年一月二十五日

图 6-3

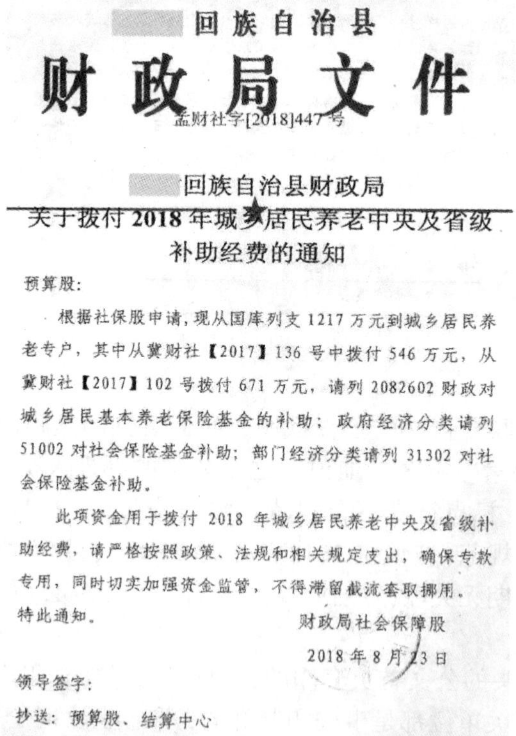

回族自治县

财政局文件

孟财社字[2018]447号

回族自治县财政局
关于拨付2018年城乡居民养老中央及省级补助经费的通知

预算股：

根据社保股申请，现从国库列支1217万元到城乡居民养老专户，其中从冀财社【2017】136号中拨付546万元，从冀财社【2017】102号拨付671万元，请列2082602财政对城乡居民基本养老保险基金的补助；政府经济分类请列51002对社会保险基金补助；部门经济分类请列31302对社会保险基金补助。

此项资金用于拨付2018年城乡居民养老中央及省级补助经费，请严格按照政策、法规和相关规定支出，确保专款专用，同时切实加强资金监管，不得滞留截流套取挪用。

特此通知。　　　　财政局社会保障股

2018年8月23日

领导签字：

抄送：预算股、结算中心

图 6-4

【内容与进程】

请大家一定结合2012年“公文条例”（该条例第三章为“公文格式”），认真研读。这里我们略去印制装订等方面的要求，重点提示格式要素及其编排规范。

一、公文用纸幅面尺寸及版面要求

1. 幅面尺寸

公文用纸采用《GB/T 148—1997 印刷、书写和绘画纸幅面尺寸》中规定的A4型纸，其成品幅面尺寸为：210mm×297mm。

2. 版面

公文用纸天头（上白边）为37mm±1mm，公文用纸订口（左白边）为28mm±1mm，版心尺寸为156mm×225mm。

如无特殊说明，公文格式各要素一般用3号仿宋体字。特殊情况可以作适当调整。

一般每面排22行，每行排28个字，并撑满版心。特殊情况可以作适当调整。

如无特殊说明，公文中的文字颜色均为黑色。

二、公文的格式要素

公文一般由份号、密级和保密期限、紧急程度、发文机关标志、发文字号、签发人、标题、主送机关、正文、附件说明、发文机关署名、成文日期、印章、附注、附件、抄送机关、印发机关和印发日期、页码等组成。这些就是公文的格式要素，页码位于版心外。

版心内的公文格式各要素划分为版头、主体、版记三个部分。公文首页红色分隔线以上的部分称为版头；公文首页红色分隔线（不含）以下、公文末页首条分隔线（不含）以上的部分称为主体；公文末页首条分隔线以下、末条分隔线以上的部分称为版记。

1. 版头

图6-5和图6-6分别为下行文和上行文（联合行文）版头图式。

（1）份号。

份号指公文印制份数的顺序号。涉密公文应当标注份号。

如需标注份号，一般用6位3号阿拉伯数字，顶格编排在版心左上角第一行。如第99份，标注为000099。

（2）密级和保密期限。

公文的秘密等级和保密的期限。涉密公文应当根据涉密程度分别标注“绝密”“机密”“秘密”和保密期限。

如需标注密级和保密期限，一般用3号黑体字，顶格编排在版心左上角第二行；保密期限中的数字用阿拉伯数字标注。

（3）紧急程度。

公文送达和办理的时限要求。根据紧急程度，紧急公文应当分别标注“特急”“加急”，电报应当分别标注“特提”“特急”“加急”“平急”。

如需标注紧急程度，一般用3号黑体字，顶格编排在版心左上角；如需同时标注份号、密级和保密期限、紧急程度，按照份号、密级和保密期限、紧急程度的顺序，自上而下分行排列。

(4)发文机关标志。

由发文机关全称或者规范化简称加“文件”二字组成，也可以使用发文机关全称或者规范化简称。

发文机关标志居中排布，上边缘至版心上边缘为35mm，推荐使用小标宋体字，颜色为红色，以醒目、美观、庄重为原则。

联合行文时，发文机关标志可以并用联合发文机关名称，也可以单独用主办机关名称。如需同时标注联署发文机关名称，一般应当将主办机关名称排列在前；如有“文件”二字，应当置于发文机关名称右侧，以联署发文机关名称为准上下居中排布。

(5)发文字号。

由发文机关代字、年份、发文顺序号组成。联合行文时，使用主办机关的发文字号。编排在发文机关标志下空二行位置，居中排布。年份、发文顺序号用阿拉伯数字标注；年份应标全称，用六角括号“〔〕”括入；发文顺序号不加“第”字，不编虚位(即1不编为01)，在阿拉伯数字后加“号”字。

上行文的发文字号居左空一字编排，与最后一个签发人姓名处在同一行。

(6)签发人。

上行文应当标注签发人姓名。由“签发人”三字加全角冒号和签发人姓名组成，居右空一字，编排在发文机关标志下空二行位置。“签发人”三字用3号仿宋体字，签发人姓名用3号楷体字。

如有多个签发人，签发人姓名按照发文机关的排列顺序从左到右、自上而下依次均匀编排，一般每行排两个姓名，回行时与上一行第一个签发人姓名对齐。样式见图6-6。

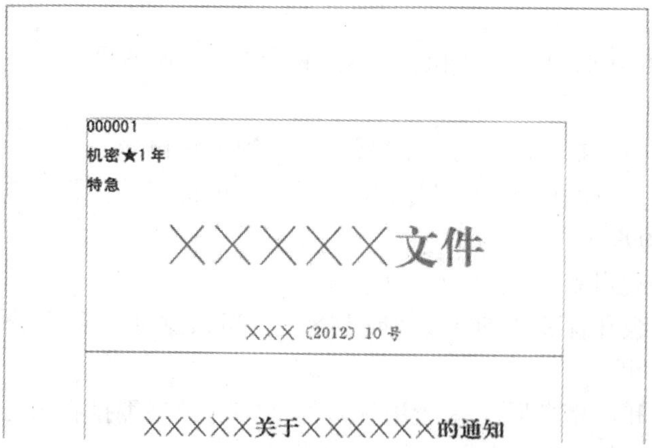

图6-5

000001
机 密
特 急

××××××
×　×　×
××××××

签发人：×××　×××
×××〔2012〕10号　　×××

××××××关于××××××××的请示

图 6-6

教　　　育　　　部
中　　央　　编　　办
国家发展改革委
民　　　政　　　部
财　　　政　　　部　文件
人力资源社会保障部
自　然　资　源　部
住房和城乡建设部

教发〔2021〕9号

教育部等八部门关于规范公办学校举办或者参与举办民办义务教育学校的通知

各省、自治区、直辖市教育厅（教委）、党委编办、发展改革委、民政厅（局）、财政厅（局）、人力资源社会保障厅（局）、自然资源厅、住房和城乡建设厅，新疆生产建设兵团教育局、党委编办、发展改革委、民政局、财政局、人力资源社会保障局、自然资源局、住房和城乡建设局：

近年来，公办学校（含其附属学校、校办企业、学校基

— 1 —

图 6-7

(7)版头中的分隔线。

发文字号之下4mm处居中印一条与版心等宽的红色分隔线。

注意：图6-5、图6-6的外框边线是A4纸幅面，内框为版心(并不印出)。图6-6、图6-7分别是上行文联合行文版头、下行文联合行文首页，注意版头的主要区别(上行文发文机关标志后不加“文件”二字，有“签发人”要素项)。

2. 主体

公文主体各格式要素及编排要求见图6-8。

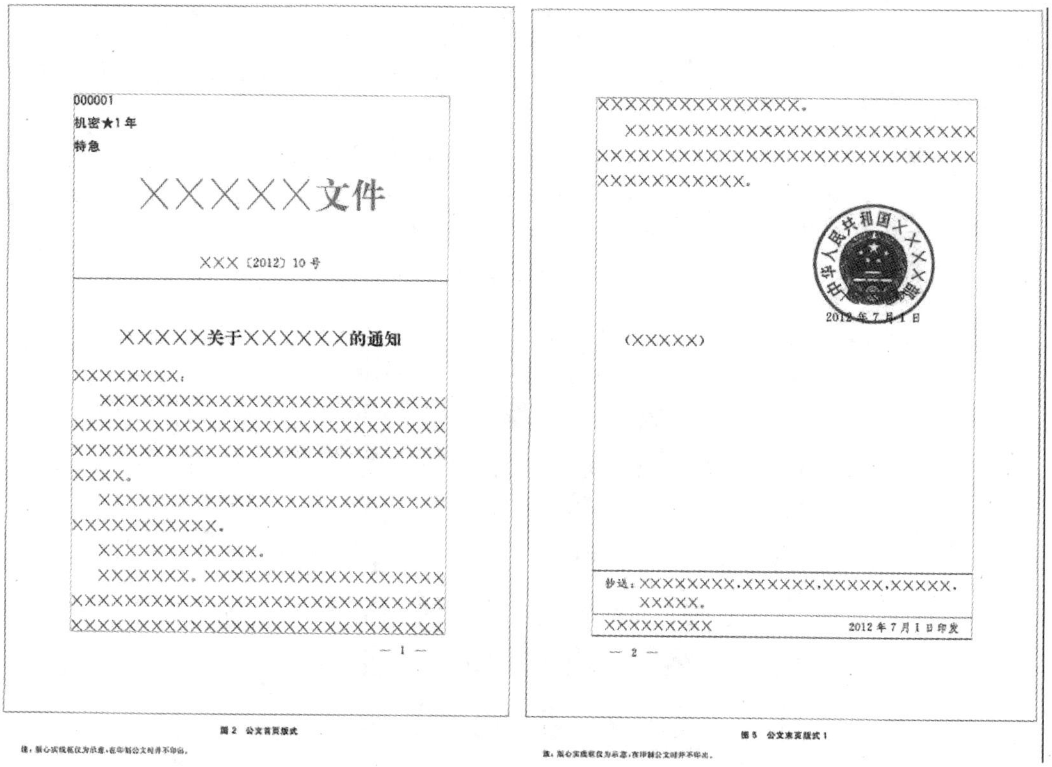

图6-8

(1)标题。

公文的标题由发文机关名称、事由和文种组成。一般用2号小标宋体字，编排于红色分隔线下空二行位置，分一行或多行居中排布；回行时，要做到词意完整、排列对称、长短适宜、间距恰当，标题排列应当使用梯形或菱形。

(2)主送机关。

主送机关是公文的主要受理机关，应当使用机关全称、规范化简称或者同类型机关统称。

主送机关编排于标题下空一行位置，居左顶格，回行时仍顶格，最后一个机关名称后标全角冒号。如主送机关名称过多导致公文首页不能显示正文时，应当将主送机关名称移至版记(编排要求参见后文)。

(3)正文。

正文是公文的主体，用来表述公文的内容。

公文首页必须显示正文。一般用 3 号仿宋体字，编排于主送机关名称下一行，每个自然段左空二字，回行顶格。文中结构层次序数依次可以用“一、”“(一)”“1.”“(1)”标注；一般第一层级用黑体字、第二层级用楷体字、第三层级和第四层级用仿宋体字标注。

联合行文机关过多、主送机关名称过多时，可能导致主页不能出现正文，要注意将主送机关移至版记。图 6-9 就是没有注意这个问题，导致主页不能显示正文，部分主送机关也排到了第二页。

广东省人力资源和社会保障厅
广东省发展和改革委员会
广东省教育厅
广东省科学技术厅
广东省工业和信息化厅
广东省财政厅
广东省农业农村厅
广东省商务厅
广东省人民政府港澳事务办公室
广东省人民政府台湾事务办公室
共青团广东省委员会
广东省妇女联合会
广东省残疾人联合会
中国邮政储蓄银行广东省分行

粤人社函〔2019〕1726 号

关于举办 2019 年广东“众创杯”创业创新大赛的通知

各地级以上市人力资源和社会保障局、发展改革局（委）、教育局、科技局（委）、工业和信息化局、财政局、农业农村局、商务主管部门、

港澳办（局）、台办、团委、妇联、残联，中国邮政储蓄银行广东省分行辖内各二级分行，各普通高校、技工院校、中职学校，各有关单位:

为贯彻落实党的十九大关于创新创业决策部署，深入实施《粤港澳大湾区发展规划纲要》，推进乡村振兴、人才引进、粤菜师傅等重点工作，充分激发科技人员、大学生、技能人才、异地务工人员、新型农民、残疾人等各类群体的创业创新热情，促进创业项目与创投资本、创业政策、创业服务的有效对接，在广东掀起

图 6-9

（4）附件说明。

如有附件，在正文下空一行左空二字编排“附件”二字，后标全角冒号和附件名称，即用公文附件的顺序号和名称加以说明。

如有多个附件，使用阿拉伯数字标注附件顺序号（如“附件：1. ×××××”）；附件名称后不加标点符号。附件名称较长需回行时，应当与上一行附件名称的首字对齐。附件说明编排格式如图 6-1、图 6-15 所示。

（5）发文机关署名、成文日期和印章。

这三项俗称落款，是生效标识域，但 2012 年“公文条例”和 2012 年“公文格式国标”都是分列签署三项要素（名、日、章）。单独行文和联合行文有区别，示意图见图 6-10。

发文机关署名，署发文机关全称或者规范化简称。成文日期，署会议通过或者发文机关负责人签发的日期。联合行文时，署最后签发机关负责人签发的日期。公文中有发文机关署名的，应当加盖发文机关印章，并与署名机关相符。有特定发文机关标志的普发性公文和电报可以不加盖印章。

①加盖印章的公文。

成文日期一般右空四字编排，印章用红色，不得出现空白印章。

单一机关行文时，一般在成文日期之上、以成文日期为准居中编排发文机关署名（署发文机关全称或者规范化简称，下同），印章端正、居中下压发文机关署名和成文日期，使发文机关署名和成文日期居印章中心偏下位置，印章顶端应当上距正文（或附件说明）一行之内。

联合行文时，一般将各发文机关署名按照发文机关顺序整齐排列在相应位置，并将印章一一对应、端正，然后居中下压发文机关署名，最后一个印章端正、居中下压发文机关署名和成文日期，印章之间排列整齐、互不相交或相切，每排印章两端不得超出版心，首排印章顶端应当上距正文（或附件说明）一行之内。

②不加盖印章的公文。

单一机关行文时，在正文（或附件说明）下空一行右空二字编排发文机关署名，在发文机关署名下一行编排成文日期，首字比发文机关署名首字右移二字，如成文日期长于发文机关署名，应当在成文日期右空二字处编排，并相应增加发文机关署名右空字数。

联合行文时，应当先编排主办机关署名，其余发文机关署名依次向下编排。

③加盖签发人签名章的公文。

单一机关制发的公文加盖签发人签名章时，在正文（或附件说明）下空二行右空四字加盖签发人签名章，签名章左空二字标注签发人职务，以签名章为准上下居中排布。在签发人签名章下空一行右空四字编排成文日期。

联合行文时，应当先编排主办机关签发人职务、签名章，其余机关签发人职务、签名章依次向下编排，与主办机关签发人职务、签名章上下对齐；每行只编排一个机关的签发人职务、签名章；签发人职务应当标注全称。

签名章一般用红色。很多地方忌讳姓名用红字，改用蓝色或黑色，是不符合目前 2012 年“公文格式国标”的。

④成文日期中的数字。

用阿拉伯数字将年、月、日标全，年份应标全称，月、日不编虚位(即 1 不编为 01)。

⑤特殊情况说明。

当公文排版后所剩空白处不能容下印章或签发人签名章、成文日期时，可以采取调整行距、字距的措施解决。

(6)附注。

公文印发传达范围等需要说明的事项。如有附注，居左空二字并加圆括号编排在成文日期下一行。

(7)附件。

公文正文的说明、补充或者参考资料。

附件应当另面编排，并在版记之前，与公文正文一起装订。“附件”二字及附件顺序号用 3 号黑体字顶格编排在版心左上角第一行。附件标题居中编排在版心第三行。附件顺序号和附件标题应当与附件说明的表述一致。附件格式要求同正文。

如附件与正文不能一起装订，应当在附件左上角第一行顶格编排公文的发文字号并在其后标注“附件”二字及附件顺序号。

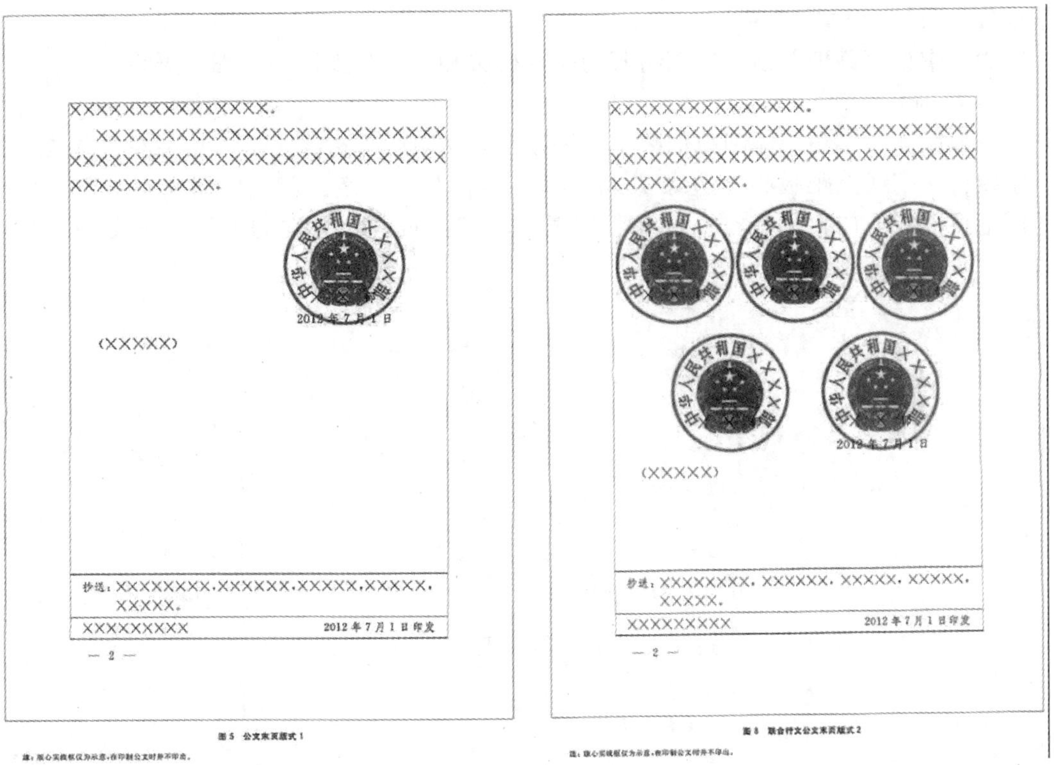

图 6-10

3. 版记

版记格式要素及编排规范见图 6-11。

（1）版记中的分隔线。

版记中的分隔线与版心等宽，首条分隔线和末条分隔线用粗线（推荐高度为0.35mm），中间的分隔线用细线（推荐高度为0.25mm）。首条分隔线位于版记中第一个要素之上，末条分隔线与公文最后一面的版心下边缘重合。

（2）抄送机关。

除主送机关外需要执行或者知晓公文内容的其他机关，应当使用机关全称、规范化简称或者同类型机关统称。如有抄送机关，一般用4号仿宋体字，在印发机关和印发日期之上一行、左右各空一字编排。“抄送”二字后加全角冒号和抄送机关名称，回行时与冒号后的首字对齐，最后一个抄送机关名称后标句号。

如需把主送机关移至版记，除将“抄送”二字改为“主送”外，编排方法同抄送机关。既有主送机关又有抄送机关时，应当将主送机关置于抄送机关之上一行，之间不加分隔线。

（3）印发机关和印发日期。

公文的送印机关和送印日期。

印发机关和印发日期一般用4号仿宋体字，编排在末条分隔线之上，印发机关左空一字，印发日期右空一字，用阿拉伯数字将年、月、日标全，年份应标全称，月、日不编虚位，后加“印发”二字。

版记中如有其他要素，应当将其与印发机关和印发日期用一条细分隔线隔开。

（4）页码。

一般用4号半角宋体阿拉伯数字，编排在公文版心下边缘之下，数字左右各放一条一字线；一字线上距版心下边缘7mm。单页码居右空一字，双页码居左空一字。公文的版记页前有空白页的，空白页和版记页均不编排页码。公文的附件与正文一起装订时，页码应当连续编排。

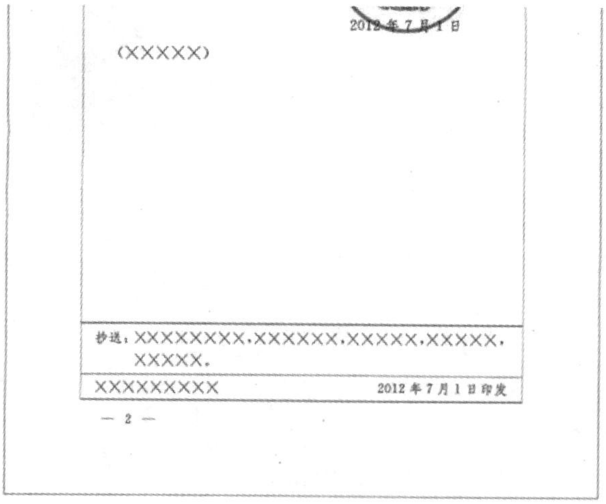

图5 公文末页版式1

注：版心实线框仅为示意，在印制公文时并不印出。

图6-11

三、公文的特殊格式

1. 信函格式

发文机关标志使用发文机关全称或者规范化简称，居中排布，上边缘至上页边为30mm，推荐使用红色小标宋体字。联合行文时，使用主办机关标志。

发文机关标志下 4mm 处印一条红色双线(上粗下细)，距下页边 20mm 处印一条红色双线(上细下粗)，线长均为 170mm，居中排布。

如需标注份号、密级和保密期限、紧急程度，应当顶格居版心左边缘编排在第一条红色双线下，按照份号、密级和保密期限、紧急程度的顺序自上而下分行排列，第一个要素与该线的距离为 3 号汉字高度的 7/8。

发文字号顶格居版心右边缘编排在第一条红色双线下，与该线的距离为 3 号汉字高度的 7/8。

标题居中编排，与其上方最后一个要素相距二行。

第二条红色双线上一行如有文字，与该线的距离为 3 号汉字高度的 7/8。

首页不显示页码。

版记不加印发机关和印发日期、分隔线，位于公文最后一面版心内最下方。版式如图 6-12 所示。

中华人民共和国XXXXX部

000001　　　　XXX〔2012〕10号

机　密

特　急

XXXXX关于XXXXXXX的通知

XXXXXXXX：

XXXXXXXXXXXXXXXXXXXXXXXXX
XXXXXXXXXXXXXXXXXXXXXXXXXXX
XXXXXXXXXXXXXXXXXXXXXXXXXXX
XXXXXXXXXXXXXXXXXXXXXXXXX。

XXXXXXXXXXXXXXXXXXXXXXXXX
XXXXXXXXXXXXXXXXXXXXXXXXXXX
XXXXXXXXXXXXXXXXXXXXXXXXXXX
XXXXXXXXXXXXXXXXXXXXXXXX。

XXXXXXXXXXXXXXXXXXXXXXXXX
XXXXXXXXXXXXXXXXXXXXXXXXXXX
XXXXXXXXXXXXXXXXXXXXXXXXXXX
XXXXXXXXXXXXXXXXXXXXXXXXXXX
XXXXXXXXXXXXXXXXXXXXXXXXXXX
XXXXXXXXXXXXXXXXXXXXXXXXXXX
XXXXXXXXXXXXXXXXXXXXXXXXX。

图 6-12

2. 命令(令)格式

发文机关标志由发文机关全称加“命令”或“令”字组成，居中排布，上边缘至版心上边缘为20mm，推荐使用红色小标宋体字。

发文机关标志下空二行居中编排令号，令号下空二行编排正文。

签发人职务、签名章和成文日期的编排见前文“发文机关署名、成文日期和印章”。

命令(令)版式如图6-13所示。

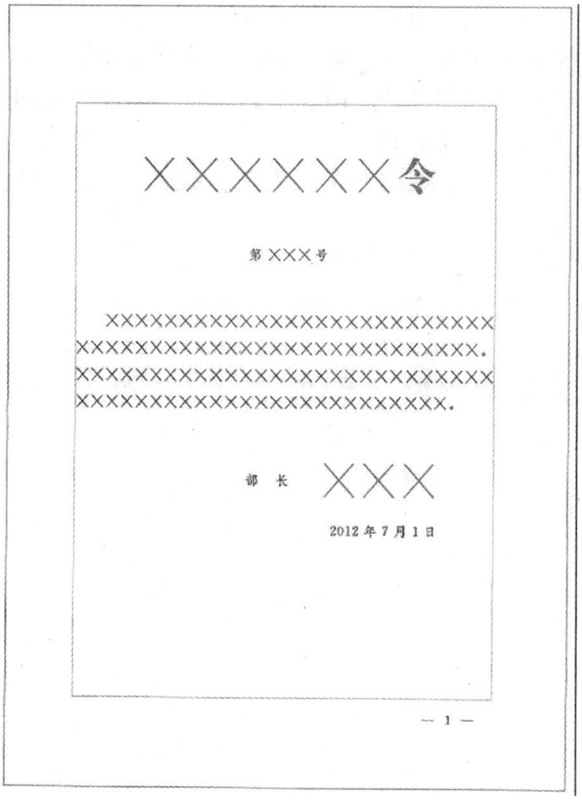

图6-13

3. 纪要格式

纪要标志由“×××××纪要”组成，居中排布，上边缘至版心上边缘为35mm，推荐使用红色小标宋体字。

标注出席人员名单，一般用3号黑体字，在正文或附件说明下空一行左空二字编排“出席”二字，后标全角冒号，冒号后用3号仿宋体字标注出席人单位、姓名，回行时与冒号后的首字对齐。

标注请假和列席人员名单，除依次另起一行并将“出席”二字改为“请假”或“列席”外，编排方法同出席人员名单。

纪要格式可以根据实际制定。

【拓展与思考】

◎ 2012 年“公文条例”和 2012 年“公文格式国标”，是一定都要遵守的吗？

前者是党政机关公文处理法规，条例、规定、办法等都属于法规或规章；后者是 GB/T 国家标准。遵照执行原本不应该有疑问的，可能因为这两项规定都明确了“党政机关公文”，导致大家另有他想：非党政机关公文，可以不受其制约。

看 2012 年“公文条例”附则：

> 第三十九条　法规、规章方面的公文，依照有关规定处理。外事方面的公文，依照外事主管部门的有关规定处理。
>
> 第四十条　其他机关和单位的公文处理工作，可以参照本条例执行。

这里说得非常清楚，其他机关和单位“参照本条例执行”。

2012 年“公文格式国标”前言中也明确了“本标准根据中共中央办公厅、国务院办公厅印发的《党政机关公文处理工作条例》的有关规定对 GB/T 9704—1999《国家行政机关公文格式》进行修订”。

一般来说，非特殊领域，尤其是该行业领域最高层领导机关并未制定自己的公文处理工作条例和公文格式标准的，均应参照执行 2012 年“公文条例”和 2012 年“公文格式国标”。一些大型企业、大公司，考虑到实际需要，通常会有自己的公文处理规章，但要注意自觉对接 2012 年“公文条例”和 2012 年“公文格式国标”，避免严肃的公文处理工作出现五花八门乱象。

图 6-14 是《解放军报》2017 年 7 月 17 日头条截图，能带给我们公文处理条例是法规的直观信息。

中央军委主席习近平签署命令

发布新修订的《军队机关公文处理工作条例》

本报北京7月16日电　日前，中央军委主席习近平签署命令，发布新修订的《军队机关公文处理工作条例》（详见第三版），自2017年10月1日起施行。

《军队机关公文处理工作条例》是一部重要的军事法规，是指导军队各级机关公文处理工作的基本依据。对现行条例进行修订完善，是着眼实现党在新形势下的强军目标，贯彻依法治军、从严治军方针，加强军队正规化建设的重要举措。

《条例》共设8章40条，对军队机关公文处理工作原则、公文的种类和格式、行文规则、办理程序和管理要求等作出新的规定，吸收了军队和党政机关公文处理工作的研究成果和新鲜经验，反映了新体制下军队机关公文处理工作与时俱进的发展要求，使军队机关公文处理工作更具科学性、指导性和适用性。

《条例》的发布施行，有利于提高军队机关公文处理工作的质量和效率，推动机关公文处理工作进一步科学化、制度化、规范化，对于保证党中央、中央军委决策指示的贯彻落实，保证各级机关有效履行职能，更好地[illegible]事斗争准备服务，具有重[illegible]的作用。

图 6-14

军队公文的特殊性大家应该比较好理解，其按照国家军用标准《军队机关公文格式》执行。即便是这么特殊的专用领域公文，也在对接 2012 年“公文条例”和 2012 年“公文格式国标”。《军队机关公文处理工作条例》(2017) 第一条就是“为了深入贯彻依法治军、从严治军方针，适应深化国防和军队改革需要，保证各级机关有效履行职能，提高军队机关公文处理工作科学化、制度化、规范化水平，依据《党政机关公文处理工作条例》和其他有关法规，结合军队工作实际，制定本条例”。显然，它“是在保持军队机关公文自身特点的基础上，借鉴党政机关公文的经验做法，与国家标准《党政机关公文格式》对接，使军队机关公文格式与党政机关公文格式总体趋于一致，既有利于军队机关内部工作需要，又有利于与党政机关工作相互协调”。①

公文处理工作是严肃的、严谨的、规范的，若各行其是、五花八门，势必影响公文运行和实际工作进展。企业、公司发到政府机关的公文，政府机关发到企业、公司的公文，若各穿各衣各戴各帽，各依各章各走各道，那么如何顺利沟通行文意图、有效协调工作？特殊行业、领域，可以有切合实际需要的考虑，但并非特需的通用文种及其适用范围、行文规则，以及常规公文格式，应该对接2012年“公文条例”和2012年“公文格式国标”。中央军委发布的《军队机关公文处理工作条例》(2017)在公文处理工作一盘棋方面作出了很好的示范。

◎ 公文用印要“骑年盖月”，具体要求是什么？

图6-1的用印很标准。看图6-15应该就能明白，这个公文格式也很规范。正文下空一行左空二字标注附件说明，附件名称回行规范。成文日期右空(离右版心边线)4字，发文机关署名在成文日期上行居中，印章端正、居中，发文机关署名位于印章下半部，印章下弧穿过年份数字，盖住月份，印章上沿离上一行文字距离在一行之内(不可叠压上行文字)，属于标准的“骑年盖月”。

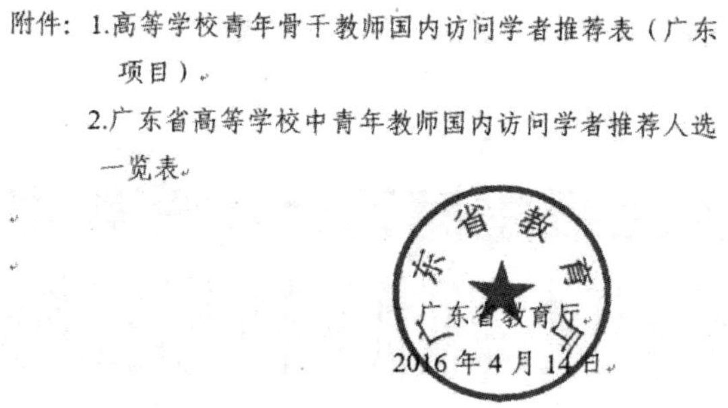
附件：1.高等学校青年骨干教师国内访问学者推荐表（广东项目）

2.广东省高等学校中青年教师国内访问学者推荐人选一览表

广东省教育厅

2016年4月14日

图6-15

要提醒注意的是，在联合行文中用印时，机关署名和印章要对应，最后一个机关署名要与成文日期、印章形成图6-15这种关系。

在联合行文中用印时应平行排列，每行最多排布三个，如图6-10所示。不用印的话，联合行文的机关署名应该上下同列。用印时，像图6-16这样上下同列排布视觉感

① 饶水波．浅析《军队机关公文处理工作条例》中机关公文格式的变化[J]．应用写作，2017(11)：25-27.

不好，应该如图 6-17 平行排布。机关署名太长时，可以使用规范化简称，还可以分行，这样至少可以同行排布两枚印章(两个机关署名)。三个机关单位联合行文，但一行排不下三个机关署名和印章时，第三个应在下行，第三枚印章关联成文日期。

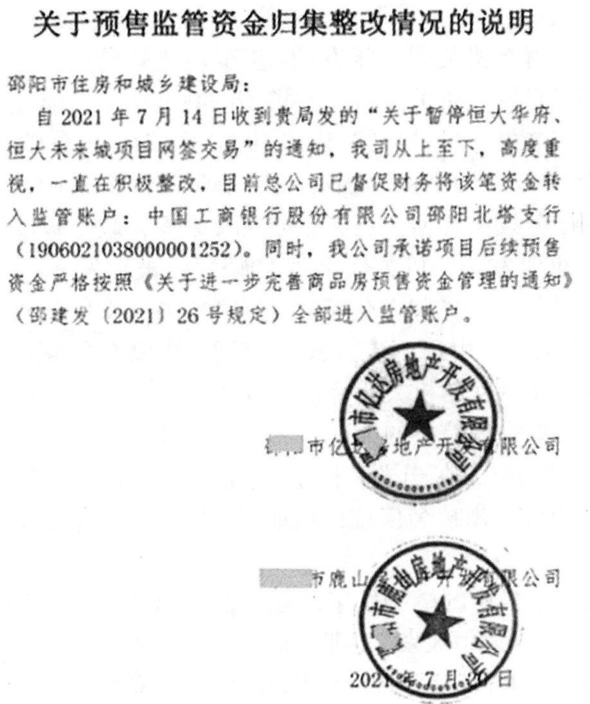

关于预售监管资金归集整改情况的说明

邵阳市住房和城乡建设局：

自 2021 年 7 月 14 日收到贵局发的“关于暂停恒大华府、恒大未来城项目网签交易”的通知，我司从上至下，高度重视，一直在积极整改，目前总公司已督促财务将该笔资金转入监管账户：中国工商银行股份有限公司邵阳北塔支行（1906021038000001252）。同时，我公司承诺项目后续预售资金严格按照《关于进一步完善商品房预售资金管理的通知》（邵建发〔2021〕26 号规定）全部进入监管账户。

[redacted]市亿达房地产开发有限公司

[redacted]市鹿山房地产开发有限公司

2021 年 7 月 16 日

图 6-16

图 6-17

◎ 实际工作中，公文发文字号存在的问题不少。下面的图 6-18，能看出格式要素问题吗？

发文字号由发文机关代字、年份、发文顺序号组成。这类似于一个公文的身份标识，看到它就能知道是哪个机关哪一年发的(甚至还能知道是哪个领域哪类工作)第几号文。发文机关代字，是发文机关及其文件类型的减缩文字，能代指该发文机关及其发文类别。比如由国务院文件库目录导航(图 6-19 左)可知，国务院和国务院办公厅的文件，机关代字分别为“国发”“国函”“国办发”“国办函”等，国、国办指代机关，令、发、函、发明电等则区分发文类型。从国务院发文来看，政令政策性发文，机关代字为“国令”；主动发文、重要发文，机关代字为“国发”；被动发文、一般性文件机关代字为“国函”。国务院办公厅文件的机关代字也是这样(国办文件的机关代字无“国办令”，是综合管理部门职权所限)。由河南省人民政府网站的文件检索类型目录(图 6-19 右)可知除令号外其他类发文字号的机关代字。实际工作中，不少单位文件的机关代字有工作性质、类别之分，比如高等院校的人事、后勤、科技、学生、保卫等。

图 6-18 的发文字号问题，在于机关代字。“校”，这个机关指代不明确，任何一所学校都可以称“校”，应该写出校名信息，比如“北大校发”“北大发”，肯定比“校发”指代明确。

实际工作中，发文字号中的机关代字问题不少，歧义频出，笑话颇多。中南大学、中北大学发文，机关代字为“中大发”，那中山大学怎么办？北京、南京有很多所大学，如果都这么随意，那么机关代字就可能都是“北大发”“南大发”。明发电文，机关代字都叫“发电”“明发电”，如何标识、区分发文机关？上海吊车厂(公司)发文，机关代字为什么一定要是“上吊”呢，“沪吊”不好吗？我国国内有好几所海洋大学，如果都简单应付，机关代字岂不都是“海大发”？因此，秘书部门一定要认真审慎处理机关代字。

图 6-18 的机关代字“校人事”，还有一个问题，学院更名不属于人事工作。从内容看，应该是校方行文通知校属“各单位、部门”，机关代字应为“×校发”。

校人事〔2019〕43号

关于农学院更名为滨海农业学院的通知

各单位、部门：

根据专业、学科发展需要，经学校校长办公会、党委常委会研究，决定将农学院更名为滨海农业学院。

特此通知。

图 6-18

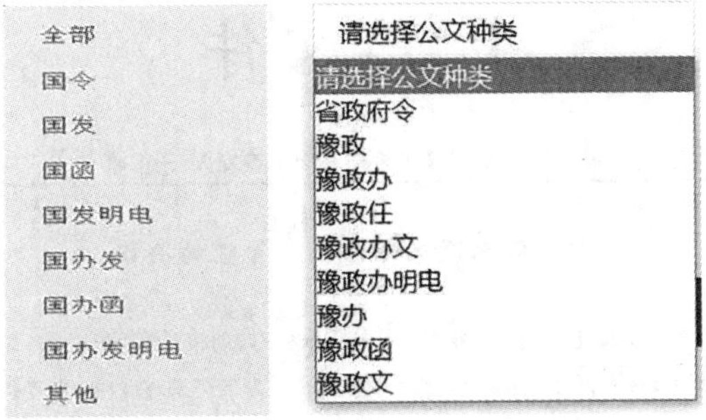

（左）　　　　　　（右）

图 6-19

◎ 接触到一些企业公文，发现企业公文格式规范方面问题不少。是不是企业公文格式可以自行其是、自己定？

可以参考本章“拓展与思考”第一部分。公文是处理公务的，不管什么类型、什么性质的单位(外企、驻华外籍机构除外，公文处理各依各法)，总要与其他机关单位发生公务联系和公文往来，公文处理和公文格式保持基本一致，才有利于公务处理。

事实上，大型企业、国企央企，基本上是由总部、总公司参照 2012 年“公文条例”制定公文处理办法，公文格式自然也执行 2012 年“公文格式国标”。民企、私企可能在这方面自由灵活一些，考虑自身和内部多一些，多少会有一些自行其是的做法。但即便这样，民企、私企内部的公文处理规范还是应保持一致，不可能没有规则。

图 6-20 是网上传出的华为 EMT 文件(给文字加框可能是网友处理的，我们在这里仅将其作为格式案例，不对真实性负责)。所谓的 EMT，指的是经营管理团队(Executive Management Team)。根据华为的公司治理规章，EMT 是华为日常经营的最高责任机构，受董事会委托执行华为的日常管理。华为 EMT 构成群体决策的民主机构，推行轮值主席制，由不同的副总裁轮流执政，EMT 在华为具有最高决策权，成员每月定期商讨公司战略决策。

像这样的企业内部文件，如果格式能更规范一些，文件的权威性、约束力、严肃庄重感都会更强。比如版头标志“华为公司 EMT 文件”字体保持一致，发文字号中年份用六角括号“〔〕”，发文字号和签发人不要挤到一起，顺序号不标虚位 0，主送机关标注在抬头位置，印发机关明确到秘书机构(由 EMT 团队来印制公文也说不通)，版记上方两行文字(即生效、解释事宜)应该是正文“4. ”的内容，成文日期应改为阿拉伯数字并居右即可。

华为公司

EMT文件

华为EMT决议【2020】007号　签发人:任正非

关于智能汽车部件业务管理的决议

华为董事常委会决议【2018】139号《关于应对宏观风险的相关策略的决议》明确：华为不造车，但我们聚焦ICT技术，帮助车企造好车。这两年来，尽管外部环境在不断变化，但我们要清楚，打造ICT基础设施才是华为公司肩负的历史使命，越是在艰苦时期，越不能动摇。因此公司再一次重申：华为不造整车，而是聚焦ICT技术，帮助车企造好车，造好车，成为智能网联汽车的增量部件提供商。为了增强智能汽车部件业务与智能终端业务的技术、资源的互动，经公司总裁批准，就智能汽车部件业务的管理做出如下决定：

1、将智能汽车解决方案BU（IAS BU）的业务管辖关系从ICT业务管理委员会调整到消费者业务管理委员会，同时任命汪涛为消费者业务管理委员会成员。

2、重组消费者BG IRB为智能终端与智能汽车部件IRB，将智能汽车部件业务的投资决策及组合管理由ICT IRB调整到智能终端与智能汽车部件IRB。任命余承东为智能终端与智能汽车部件IRB主任。

3、以后谁再建言造车、干扰公司，可调离岗位，另外寻找岗位。

智能终端与智能汽车部件IRB和消费者业务管理委员会要坚持华为不造车的战略，且无权改变此战略。

本文从发文之日起生效，有效期为3年。
本文件管理责任人是当值轮值董事长，由其负责解释和维护。

报送：董事会成员、监事会成员

主送：ICT业务管理委员会、消费者业务管理委员会、ICT IRB、CBG IRB

华为公司经营管理团队　　二〇二〇年十月二十六日

图 6-20

◎ 很多时候我们能看到一些公文版记下有二维条码，很多公文没有，这是为什么？

办公现代化、无纸化办公，是趋势，但真正实现无纸化办公尚待时日。目前公文制发、公文处理基本上是纸质文件流和电子文件流并存运行。为了公文电子传输和管理工作规范化、制度化，确保公文电子传输和管理的安全有效，2005 年两办制发了《机关公文二维条码使用规范》。根据《中共中央办公厅秘书局　国务院办公厅秘书局关于印发〈机关公文二维条码使用规范〉的通知》(中秘文发〔2005〕56 号)、国家标准《机关公文二维条码使用规范》(GB0626—2005)及相关文件规定，为进一步推进公文处理工作的科学化、规范化，提高公文运转效率，机关单位的各类公文，均须印制公文二维条码。

通过将条码技术引入公文管理中，生成含有文件信息的二维条码，从而实现纸质文件和文件的电子信息同步，有助于提高公文收发处理、流转传输、阅读、立卷归档、管理和保密的质量、效率，可使公文处理更便捷、准确、安全。根据中秘文发〔2005〕56号文件精神，各地党政机关综合管理部门都制发了规范细则。具体规范和要求，大家可去查看两办“规范”及各地(省、自治区、直辖市)“规范细则”，从事办公室工作的人，应该熟悉电子公文处理流程及规范。基本上，各地从2008年起都要求各市、县(市、区)和省直属各单位报送省委、省政府及省委、省政府办公厅的公文，须印制符合规范要求的公文二维条码。报送中共中央、国务院及两办的公文，则自2006年起就要求有二维条码。

目前大致情况是，同时进入电子公文流程运行的公文一般印制二维条码，不进入电子公文流程运行的公文，有些没有印制二维条码。

对于没有版记的公文，条码印制在公文最后一页的版心右下角位置(以版心右下角为参照点)；如公文带有版记，条码则印制在版记下方右侧，与版记空开3mm，与版心右边缘空开5mm。如果公文不需要批量印刷，可以将条码打印在公文的右下角或打印出条码标签贴在公文的右下角；电子公文随版式一并生成，具体位置同上。

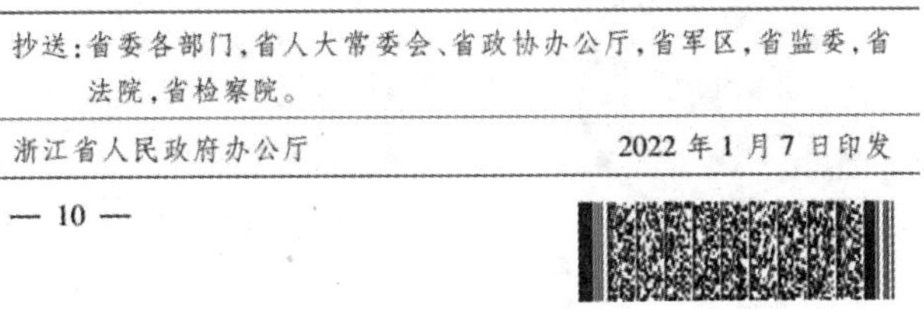
抄送：省委各部门，省人大常委会、省政协办公厅，省军区，省监委，省法院，省检察院。

浙江省人民政府办公厅　　2022年1月7日印发

— 10 —

图6-21

◎ 找出图6-22的格式问题并改正。

图6-22虽文字不清晰，但无碍我们分析处理其格式问题，它是某航空科技有限公司考虑到新冠疫情情况，给员工发出的春节留岗建议函，格式问题不少。从局部截图看，基本段前无空格，且段间有多余空行；“此致全体员工”“谢谢!”纯属重复多余，应删除；印章上弧离上一要素距离太大(应在一行之内)；印章没关联上发文机关署名和成文日期，印章不顾“骑年盖月”常识，“三位一体”变成“各自独立”了。目前一些企业、社会团体的公文格式问题比较突出，格式五花八门，各种问题都有，应引起重视。

◎ 图6-23文件格式有什么问题?

如图6-23所示，首页无正文。这种情况下，应该将主送机关移到版记的抄送机关上一行(不加分隔线)。

工作安排。我们身为航空业工作人员，更应该认识到"文明与病毒之间，只隔了一个航班的距离。面对人类共同的危机，唯有团结协作才能战胜这一公共卫生安全挑战，只要我们同舟共济、守望相助，就一定能够彻底战胜疫情，迎来航空业发展更加美好的明天！

为了巩固来之不易的防疫成果，我公司现决定：

企业单位职工以及非在职外来工程建设人员，可与本函发出即日起向人事部进行春节留岗报备（附一次性奖金申请）。公司将给予奖励人民币：20218.88 元/每人，于一月二十日统一发放至工资卡。

春节期间基本工资按三倍结算。

特此希望员工留郑过年

此致全体员工

谢谢！

河南省[illegible]科技有限公司

2021 年 1 月 15 日

图 6-22

国家旅游局
国家发展和改革委员会
工业和信息化部
公安部
财政部
国土资源部
环境保护部
住房和城乡建设部
交通运输部
国家工商总局
国家体育总局
文件

旅发〔2016〕148 号

关于促进自驾车旅居车旅游发展的若干意见

各省、自治区、直辖市、新疆建设兵团旅游委（局）、发展改革委、工业和信息化委（厅、局）、公安厅（局）、财政厅（局）、国土资源厅（局）、环境保护厅（局）、住房城乡建设厅（建委）、交通运输厅（局）、工商局（市场监督管理部门）、体育局：

— 1 —

图 6-23

第七章　公文的主送与抄送

【问题与任务】

一个公文主送哪些机关，要抄送哪些单位，怎么确定？主送机关、抄送机关有多个单位的话，次序怎么排？刚开始接触公文写作，可能面对这类问题比较为难。主送、抄送，不仅仅是公文发送到哪些单位的问题，就公文写作、文稿起草来说，也是下笔开头难的问题。当公文有明确的受理、送达机关时，跟写信一样，写下公文标题后，就要写明是给谁的。如果这都不清楚，自然就“开头难”了。

公文写作教学，训练量大，给材料时一般会明确要求“请代×机关起草给××机关一份公文文稿”，从而降低训练难度。但如果只给基本材料（本机关想要什么、安排什么工作、出台什么措施等），让学生自己确定主送机关，学生就容易一头雾水。

【重点与难点】

确定公文主送、抄送机关是重点，准确编排主送、抄送机关有一定难度。

【情景与案例】

看图 7-1 到图 7-3，框里是什么内容？试着找找有什么规律。

图 7-4 和图 7-5 都是公文的版记部分，页码的要素是一样的吗？

国务院关于在海南博鳌乐城国际医疗旅游
先行区暂停实施《医疗器械监督管理条例》
有关规定的决定

国发〔2018〕10号

各省、自治区、直辖市人民政府，国务院各部委、各直属机构：

为进一步支持海南省试点发展国际医疗旅游相关产业，国务院决定在海南博鳌乐城国际医疗旅游先行区暂停实施《医疗器械监督管理条例》第十一条第二款的规定，对先行区内医疗机构临床急需且在我国尚无同品种产品获准注册的医疗器械，由海南省人民政府实施进口批准，在指定医疗机构使用。请国家药品监督管理局、海南省人民政府会同有关部门制定具体管理办法，规范批准条件和程序，细化相关进口医疗器械的使用规范、不良事件监测、进口口岸等内容，明确监管责任，确保进口医疗器械使用安全，切实维护人民群众健康和生命安全。

国务院

2018年4月2日

（此件公开发布）

图 7-1

中共中央办公厅　国务院办公厅
关于印发《党政机关公文处理
工作条例》的通知

各省、自治区、直辖市党委和人民政府，中央和国家机关各部委，解放军各总部、各大单位，各人民团体：

《党政机关公文处理工作条例》已经党中央、国务院同意，现印发给你们，请遵照执行。

中共中央办公厅

国务院办公厅

2012 年 4 月 16 日

（此件发至县团级）

— 1 —

图 7-2

广东省教育厅等五部门转发《教育部等五部门
关于完善安全事故处理机制维护学校
教育教学秩序的意见》的通知

各地级以上市教育局、中级人民法院、人民检察院、公安局、司法局，各普通高校，省属中小学校：

现将《教育部等五部门关于完善安全事故处理机制维护学校教育教学秩序的意见》转发你们，请结合各地实际抓好贯彻落实。

各地、各有关部门要以习近平新时代中国特色社会主义思想为指导，牢固树立学校安全工作的底线托底思想，立足学校安全事故处理的重点难点问题，广泛开展宣传教育，深入排查整治涉

图 7-3

发至：学生处、招生与就业指导中心、保卫处、教务处、财务处、校团委、海洋与气象学院、农学院、图书馆、校医院、学生公寓服务管理中心。

[redacted]大学校长办公室　　2017年10月19日印发

图 7-4

抄送：XXXXXXXX，XXXXXX，XXXXX，XXXXX，XXXXX。

XXXXXXXXX　　2012 年 7 月 1 日印发

— 2 —

图 7-5

【内容与进程】

一、公文的主送机关

从图 7-1 到图 7-3 来看，标题之下正文之前的框里的内容，类似书信称呼、抬头的文字标识，是公文的主要受理机关、收文机关，或者说送达机关，即对公文负主办或答复责任的机关，也就是公文主送机关。

1. 公文标题之下、正文之前标注主送机关

公文行文应当根据公文的内容及发文、收文机关的行文关系及职权范围确定主送机关。主送机关名称应当使用机关全称、规范化简称或者同类型机关统称。

从图 7-1 到图 7-3，我们看到列出了相对明确具体的主送机关范围。有时候机关单位内部行文，需送达其所有二级单位，主送机关通常就是概括、泛称，如图 7-6 黄框所示(本例主送机关标“校属各单位、部门”更妥当些)。

关于举办干部素质与能力提升培训的通知

各单位、部门：

为贯彻落实习近平新时代中国特色社会主义思想和党的十九大、十九届四中全会和省委十二届八次全会精神，深入开展“不忘初心、牢记使命”主题教育，切实提升我校干部业务能力和综合素养，提升学校管理服务工作水平，根据《关于贯彻落实<2018-2022年全国干部教育培训规划>的实施意见》（教党[2019]20号）要求，结合我校干部培训工作安排，决定举办干部素质与能力提升培训。现将有关事项通知如下：

图 7-6

2. 并非所有公文都必须标注主送机关

非上行文、普发性的公文，传达范围广、不能确定或不宜确定主送机关时，不标注主送机关。公告，一些决议、决定、意见、通告、通报等，比如 1981 年 6 月党的十一届六中全会通过的《关于建国以来党的若干历史问题的决议》(见图 7-7)、1984 年 10 月党的十二届三中全会通过的《中共中央关于经济体制改革的决定》以及《中共中央关于加强新时代检察机关法律监督工作的意见》(2021 年 6 月 15 日)、《中共中央国务院关于优化生育政策促进人口长期均衡发展的决定》(2021 年 6 月 26 日)等，就是不标注主送机关的。

3. 主送机关次序

主送机关的顺序一般按照重要程度，先外后内地分层次排列。同类型机关内同级机关之间用顿号分隔，不同类型(或不同层级)机关之间使用逗号分隔，最后一个主送机关之后标全角冒号。按重要程度，先外后内地分级分层，即：把同是下一级的机关(比如各地方党委、政府)放在前，本机关的职能部门放在后；依党政军群之先后顺序，比如图 1-5 印发 2012 年“公文条例”的通知，主送机关是“各省、自治区、直辖市党委和人民政府，中央和国家机关各部委，解放军各总部、各大单位，各人民团体”大家可仔细体会分级分层依据及标点符号用法。

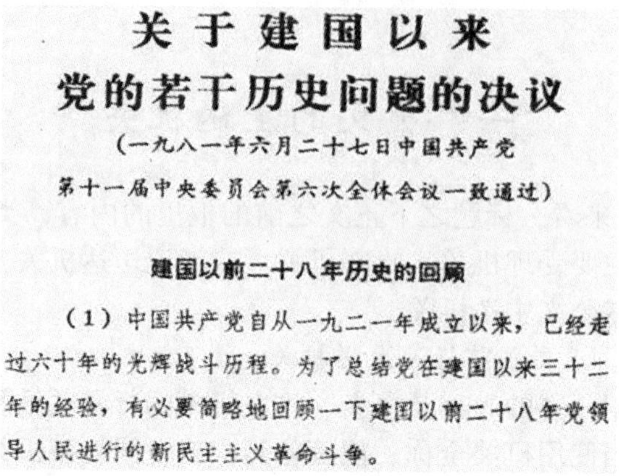

关于建国以来
党的若干历史问题的决议

（一九八一年六月二十七日中国共产党
第十一届中央委员会第六次全体会议一致通过）

建国以前二十八年历史的回顾

（1）中国共产党自从一九二一年成立以来，已经走过六十年的光辉战斗历程。为了总结党在建国以来三十二年的经验，有必要简略地回顾一下建国以前二十八年党领导人民进行的新民主主义革命斗争。

图 7-7

需要注意的是：

非上行文一些文种不标注、一些文种有时不标注主送机关，均属无需或不宜标注情形，不等于可任意不标注，更不等于没有主送机关。

上行文原则上主送机关只能有一个，不能多头主送，不能越级行文。受双重领导的机关向上级机关行文，应当根据公文内容，即针对具体公务活动的职权归属分清主送机关和抄送机关。

下行文主送机关可以是一个层级或多个层级。比如图 7-1 主送机关是一个层级，图 7-3 主送机关就涉及多个层级。

关于主送机关的次序，可概括为：重要次序，系统区分，内外有别，高低有序。整合起来就是：类别分明，层次清晰。

主送机关过多，尤其是联合行文机关也多时，可能导致公文主页不能出现正文，需要将主送机关移至版记中，在抄送机关之上，与抄送机关间不加分隔线。比如图 7-8 主送机关就很多，好在联合行文机关不多，应该不至于导致首页不能出现正文（截图来自国家税务总局网页版公文），否则就要移至版记中了。

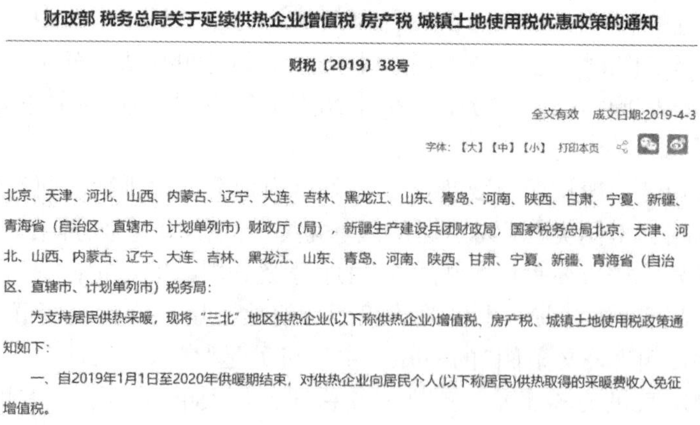

财政部 税务总局关于延续供热企业增值税 房产税 城镇土地使用税优惠政策的通知

财税〔2019〕38号

全文有效 成文日期:2019-4-3

字体：【大】【中】【小】 打印本页

北京、天津、河北、山西、内蒙古、辽宁、大连、吉林、黑龙江、山东、青岛、河南、陕西、甘肃、宁夏、新疆、青海省（自治区、直辖市、计划单列市）财政厅（局），新疆生产建设兵团财政局，国家税务总局北京、天津、河北、山西、内蒙古、辽宁、大连、吉林、黑龙江、山东、青岛、河南、陕西、甘肃、宁夏、新疆、青海省（自治区、直辖市、计划单列市）税务局：

为支持居民供热采暖，现将“三北”地区供热企业(以下称供热企业)增值税、房产税、城镇土地使用税政策通知如下：

一、自2019年1月1日至2020年供暖期结束，对供热企业向居民个人(以下称居民)供热取得的采暖费收入免征增值税。

图 7-8

二、公文的抄送机关

抄送机关是指除主送机关外，需要执行或知晓公文的其他机关。公文主送受理机关，要根据实际情况和实际需要，抄送相关机关。比如广东省教育厅、省发展改革委、省科技厅、省工业和信息化厅、省财政厅联合印发《高等教育“冲一流、补短板、强特色”提升计划实施方案》（粤教科〔2018〕119）的通知，主送“各地级以上市教育局、发展改革局（委）、科技局（委）、财政局，有关普通本科高校”，需抄送“地级以上市政府”。

抄送机关标注在版记中，如图 7-5 所示，抄送机关名称应当使用机关全称、规范化简称或者同类型机关统称。

1. 应当抄送的情况

本机关的重要行文，应当同时抄送直接上级机关。比如本机关单位给予某员工纪律处分、本机关印发中长期事业发展规划、本机关调整年度预算，等等，均属重要行文，应抄送直接上级。

受双重领导的机关向一个上级机关行文，必要时抄送另一个上级机关。

上级机关向受双重领导的下级机关行文，必要时应当抄送该下级机关的另一个上级机关。

下级机关因特殊情况必须越级向上级机关行文时，应抄送被越过的上级机关。

上级机关越级向下级机关行文时，可以抄送受文机关的直接上级机关。

公开方式：主动公开

抄送：市委各部委办，市人大常委会办公室，市政协办公室，
市纪委办公室，市中级法院，市检察院，中央、省驻
湛有关单位，各人民团体，各大专院校，各新闻单位。

3

图 7-9

图 7-9 来自《××市人民政府办公室关于开展防空警报试鸣活动的通知》，主送机关是“各县（市、区）人民政府（管委会）、市府直属有关单位”，抄送机关标注如图所示（注意这个版记不完整，缺印发机关、印发日期、分隔线），注意体会“需要执行或知晓”的抄送机关及其次序、分级分层规则。

2. 不应当抄送的情况

向上级机关行文，根据需要同时抄送相关上级机关和同级机关，不抄送下级机关。

接受抄送公文的机关不应再向其他机关转抄、转送。

不抄送与公文办理无关的机关单位。

【拓展与思考】

◎ 由图 7-10 我们知道了联合行文的发文机关，清楚了主送机关，想想看，它的抄送机关应该有哪些？

图 7-10 是对等(职能)机关转发。《关于促进自驾车旅居车旅游发展的若干意见》(旅发〔2016〕148 号)是国家旅游局等 11 部委(转发机关与 11 个原发机关对等)发的，该文件主送机关是“各省、自治区、直辖市、新疆建设兵团旅游发展委员会(局)、发展改革委、工业和信息化委(厅、局)、公安厅(局)、财政厅(局)、国土资源厅(局)、环境保护厅(局)、住房城乡建设厅(建委)、交通运输厅(局)、工商局(市场监督管理部门)、体育局”，并未主送地方政府。因此，这个转发通知宜抄送省政府、地级以上市政府或市政府办公厅、地级以上市人民政府办公室，政府机关或其综合管理部门应该知晓。

粤旅办〔2017〕97 号

广东省旅游局　广东省发展和改革委员会　广东省经济和信息化委员会　广东省公安厅　广东省财政厅　广东省国土资源厅　广东省环境保护厅　广东省住房和城乡建设厅　广东省交通运输厅　广东省工商行政管理局　广东省体育局　关于转发国家旅游局等有关部委关于促进自驾车旅居车旅游发展若干意见的通知

各地级以上市旅游局、发展改革局（委）、经济和信息化主管部门、公安局、财政（税）局、国土资源主管部门、环境保护主管部门、住房城乡建设局（委）、规划局（委）、交通运输局（委）、工商局（市场监管部门）、体育局：

现将国家旅游局、国家发展和改革委员会、工业和信息化部、

— 1 —

图 7-10

◎ 回到本章开头的问题，请思考：图 7-4 和图 7-5 第一栏要素一样吗？

两图抄送机关标识域的要素性质不一样。图 7-5“抄送：”领起的是抄送机关，“××”代抄送机关名称。图 7-4“发至：”领起的其实是主送机关，可能因为主送机关多，便移至版记了。研读过 2012 年“公文格式国标”就知道，根据情况(比如主送机关多，标题文字多，可能导致公文首页不能显示正文)，主送机关可以移至版记。但图 7-4 的处理是不严谨的，主送机关移至版记，是版记第一栏“主送：”领起，排完主送机关后，另起行，不加分隔线地排“抄送：”领起抄送机关，格式如图 7-5 所示。

◎ 如何理解哪些是“需要执行或知晓公文的其他机关”？

认真研读图 7-9 中《××市人民政府办公室关于开展防空警报试鸣活动的通知》列出的抄送机关。该通知主送机关是市政府下级机关，但通知事项、公文内容是辖区各类机关单位都需要知晓的，以抄送处理。

图 7-11 是将该通知的抄送机关信息截图贴到一起了。省教育厅办公室转发省禁毒办所转发的大赛通知，原通知是公安部、教育部、全国总工会、国家禁毒办等 7 部门联合行文。注意体会，图 7-11 中列出的抄送机关，是需要知晓这篇公文的机关。

粤教保办函〔2017〕13 号

广东省教育厅办公室转发关于
举办首届全国禁毒微视频摄影大赛的通知

各地级以上市及顺德区教育局，各普通高校，省属中职学校：

根据省禁毒办《转发关于举办首届全国禁毒微视频摄影大赛的通知》（粤禁毒办〔2017〕74 号）转发给你们，提出如下意见，请一并贯彻。

公开方式：依申请公开

抄送：教育部基础教育司，省禁毒办。

— 2 —

图 7-11

◎ 图 7-12 是网页公文截图（不深究版面格式），认真看看图中的主送机关，[①] 有问题吗？

图 7-12 的主送机关排列，因为标点符号使用不当，表意混乱，不能区分类别（系统）、层级。《住房和城乡建设部等 8 部门关于持续整治规范房地产市场秩序的通知》（建房〔2021〕55 号）也有同样的问题，主送机关是“各省、自治区、直辖市及新疆生产建设兵团住房和城乡建设厅（委、管委、局）、发展改革委、公安厅（局）、自然资源主管部门、市场监管局（厅、委）、银保监局、网信办，国家税务总局各省、自治区、直

① “新疆生产建设兵团”为国家实行计划单列的特殊社会组织，接受中央政府和新疆维吾尔自治区双重领导，非省级建制但享有省级的权限（由中央政府有关部门对口管理）。兵团设有行政机关和政法机关，自行管理内部行政、司法事务。兵团是一个“准军事实体”，设有军事机关和武装机构，沿用兵团、师、团、连等军队建制和司令员、师长、团长、连长等军队职务称谓，涵养着一支以民兵为主的武装力量。

辖市和计划单列市税务局，国家税务总局驻各地特派员办事处”。多类型机关联合行文时，容易出现这类错误。

2021-05-24 15:23 国家文物局官网

中央宣传部 国家发展改革委 教育部 科技部民政部 财政部 人力资源社会保障部 文化和旅游部 国家文物局印发《关于推进博物馆改革发展的指导意见》的通知

文物博发〔2021〕16号

各省、自治区、直辖市党委宣传部、发展改革委、教育厅(教委)、科技厅(局)、民政厅(局)、财政厅(局)、人力资源社会保障厅(局)、文化和旅游厅(局)、文物局，新疆生产建设兵团党委宣传部、发展改革委、教育局、科技局、民政局、财政局、人力资源社会保障局、文化体育广电和旅游局：

《关于推进博物馆改革发展的指导意见》已经中央文化体制改革和发展工作领导小组第9次会议审议通过，现予印发，请结合实际认真贯彻落实。

中央宣传部　国家发展改革委　教育部

科技部　民政部　财政部

人力资源社会保障部　文化和旅游部　国家文物局

2021年5月11日

图 7-12

图 7-12 的主送机关“各省、自治区、直辖市党委宣传部、发展改革委、教育厅(教委)、科技厅(局)、民政厅(局)、财政厅(局)、人力资源社会保障厅(局)、文化和旅游厅(局)、文物局，新疆生产建设兵团党委宣传部、发展改革委、教育局、科技局、民政局、财政局、人力资源社会保障局、文化体育广电和旅游局”，第一个逗号出现之前的机关与机关间都使用了顿号，这样一来各省、自治区和各厅、局等成了同类同级并列关系，显然不符原意。

可以这样处理以区分类别、层级：各省(自治区、直辖市)党委宣传部、发展改革委、教育厅(教委)、科技厅(局)、民政厅(局)、财政厅(局)、人力资源社会保障厅(局)、文化和旅游厅(局)、文物局，新疆生产建设兵团党委宣传部、发展改革委、教育局、科技局、民政局、财政局、人力资源社会保障局、文化体育广电和旅游局。

如果兵团机关名称是对应一致的，也可以这样处理：各省、自治区、直辖市及新疆生产建设兵团党委宣传部，各省(自治区、直辖市)及新疆生产建设兵团……因为兵团没有文物局，不能概括进各省、自治区、直辖市同类机关，兵团机关单列。再区分党政系统的话，主送机关项就更复杂了。

主送机关、抄送机关涉及面较广时，一定注意准确标识类别和层级，同类同级并列编排的机关名称间为顿号(先排党的机关、部门)，不同类和不同级的机关应该用逗号分开编排(先排党的机关、部门)。根据本例实际情况，我们给出的处理方式是，区分省、市、自治区与新疆生产建设兵团为不同类，不再区分党政机关，即党政机关同级并列。如再区分党、政机关类别，则相对复杂一些：各省(自治区、直辖市)党委宣传部、新疆生产建设兵团党委宣传部，各省(自治区、直辖市)发展改革委、教育厅(教委)、科技厅(局)、民政厅(局)、财政厅(局)、人力资源社会保障厅(局)、文化和旅游厅(局)、文物局，新疆生产建设兵团发展改革委、教育局、科技局、民政局、财政局、人力资源社会保障局、文化体育广电和旅游局。

在实际工作中，公文同时主送同一级别党政机关，也有不按党政机关排序的，但这应该都是党政机关联合行文，是根据联合行文机关次序排列，行政机关是主办机关(公文处理的主要是行政事务)，比如图 7-13 中“党委宣传部”排在最后。

财税〔2016〕31 号

财政部 国家税务总局 中宣部关于印发
《人民铁道》报社等6家中央所属
转制文化企业名单的通知

北京市财政局、国家税务局、地方税务局，党委宣传部：

按照《财政部 国家税务总局 中宣部关于继续实施文化体制改革中经营性文化事业单位转制为企业若干税收政策的通知》(财税〔2014〕84号)的规定，《人民铁道》报社等6家中央所属文化企业已被认定为转制文化企业，可按照财税〔2014〕84号文件规定享受税收优惠政策。同时，将《中国能源报》社从《财政部 国

— 1 —

图 7-13

图 7-14 的主送机关并不多，用了三个逗号区分四类(当地政府机关、相关政府部门、公安管理部门、企业主体)，也明确了公文事项关联度(重要性)，处理上比较规范(但该标题不能准确表达公文主旨，后续请大家尝试处理好)。

关于《[redacted]海湾大桥暂停收费后相关问题解决
方案　（征求意见稿）》意见的函

[redacted]区政府、市发改局、市财政局、市国资委，市交警支队，市交投集团公司：

根据 2021 年 2 月 19 日市委副书记、市长[redacted]主持召开[redacted]区重点项目建设推进会和市政府重点工作事项先行交办表（督<专>W 21001）精神，8 月 12 日，市政府[redacted]常务副市长主持召开[redacted]海湾大桥暂停收费后相关问题解决方案会议，对我局提交的方案进行研究，并提出修改意见。现根据会议精神，重新起草了《[redacted]海湾大桥暂停收费后相关问题解决方案（征求意见稿）》。现请各单位提出修改意见，书面将修改意见于 8 月 19 日前报到我局。

图 7-14

第八章　公文的主旨及其表达

【问题与任务】

公文是用来处理公务的，必须清楚准确地传达制文机关的意图和主张，这是毋庸置疑的，否则就无法达成行文的目的。一个公文要表达、传达什么要求或主张，撰拟者必须心中有数。怎么准确传达要求或主张？像这样行文表达清楚、准确了吗？对于公文写作新人来说，这些问题很多时候不见得能有把握。

【重点与难点】

明确公文写作“直接显露主旨”的要求及其达成途径（表达方式），是本章重点。公文写作中，如何通过合适、有效的表达方式，实现、达成“直接显露主旨”这一目的，是本章难点。

【情景与案例】

图 8-1 中这个公文是用来干什么的？主旨是什么？主旨表达跟一般文章相比有什么特点？结合前面讲的公文格式规范，看看格式上有什么问题？

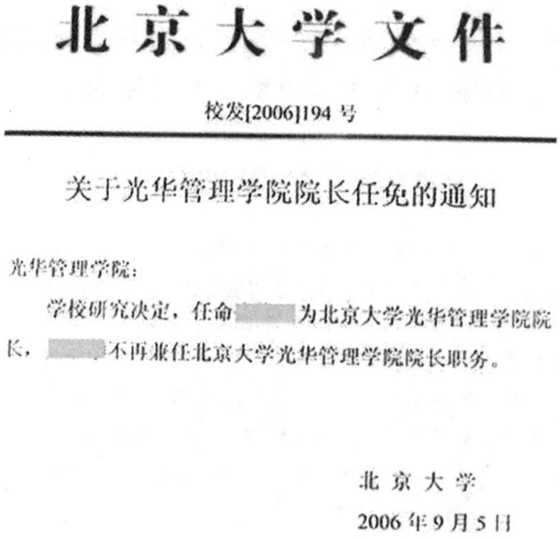

北京大学文件

校发[2006]194号

关于光华管理学院院长任免的通知

光华管理学院：

学校研究决定，任命[redacted]为北京大学光华管理学院院长，[redacted]不再兼任北京大学光华管理学院院长职务。

北京大学

2006年9月5日

图 8-1

学到这里，大家应该有公文格式敏感性了，图 8-1 中没加盖公章，发文机关署名应在成文日期上居中，发文字号中年份没用六角括号，这些都是问题。

当然，“职务任免”这个主旨是直接明确的，但表达上有欠缺。

[illegible]人民政府办公室关于授予市民政局
等10个窗口单位2017年度[illegible]市标兵
窗口单位荣誉称号的通报

各县（市、区）人民政府（管委会），市府直属有关单位：

2017年，全市政务服务工作坚持围绕“依法审批、深化改革、创新服务、提升形象”的思路，以全面深化“三集中三到位”改革为核心，不断深化政务服务改革，创新服务举措，有效提升审批效率和服务质量，为我市经济社会发展提供良好的政务环境。为发扬成绩，激励先进，市政府决定授予市民政局、市人力资源社会保障局、市国土资源局、市住房城乡建设局、市交通运输局、市安全监管局、市食品药品监管局、市质监局、市住房公积金管理中心、市国地税联合办税厅10个窗口单位2017年度[illegible]市“标兵窗口单位”荣誉称号。

希望被授予荣誉称号的窗口单位再接再厉，再创佳绩。全市各单位要以先进为榜样，求真务实，主动作为，不断创新，进一步提高行政效能和服务质量，为决胜全面建成小康社会、加快建设北部湾中心城市和省域副中心城市，打造广东新的增长极而努力奋斗。

[illegible]市人民政府办公室
2018年1月21日

图 8-2

图 8-2 中(该文为网络版公文，大家不要深究格式问题)这篇公文的主旨是什么？主旨表达上有什么特点？

图 8-2 是表扬通报，授予荣誉称号的表扬性通报，也是直接明确主旨的。

关于举办第七届中国国际“互联网+”大学生创新创业大赛的通知

各单位、各部门：

为积极响应“大众创业、万众创新”的号召，扎实做好“六稳”工作，全面落实“六保”任务，进一步激发高校学生创新创业热情，提高高校在校学生就业竞争力，展示我校创新创业教育成果，促进“互联网+”新业态，形成创新引领创业氛围，培养造就更多新时代优秀人才，搭建大学生创新创业项目与社会投资对接平台，更好地筹备参加第七届中国国际“互联网+”大学生创新创业大赛(广东省赛以及全国总决赛，以下简称“省赛”“国赛”)，现将有关工作通知如下：

一、大赛目的与任务

（一）以赛促学，培养创新创业生力军。大赛旨在激发学生的创造力，激励广大青年扎根中国大地了解国情民情，锤炼意志品质，开拓国际视野，在创新创业中增长智慧才干，把激昂的青春梦融入伟大的中国梦，努力成长为德才兼备的有为人才。

图 8-3

图 8-3 中公文(该文为网络版公文)的主旨是什么？公文主旨准确表达出来了吗？赛事通知篇幅较长，我们只截取了开头部分，但已能反映问题，请大家认真看看，认真思考一下。

从标题看，这是要“举办”全国赛甚至国际赛(中国举办，境外大学生也可参加)的意思。但正文首段的信息却显示这是校内赛或“参加”(不是举办)第七届中国国际“互联网+”大学生创新创业大赛(首段行文逻辑上也有致命缺失)。一所大学发出这样的公文，真是贻笑大方。此例既有标题拟制问题，也有主旨表达问题，还有行文逻辑问题，问题不少。

【内容与进程】

一、公文的主旨

秘书写作、公文写作的主旨，实际上与一般文章写作的“主题”“中心”相同，是指一篇文书的制写目的和中心思想。这里我们不称“主题”而改称“主旨”，是着眼于秘书写作、公文写作的主旨与一般文章写作的主题的区别。主旨与主题虽然本质相同，有着共同的作用(是文章的核心、灵魂和统帅)，但也有明显区别。

一般文章或者文学作品，主题是指主要内容、中心思想或中心问题，是一个包涵着过程在内的宽泛的范围，也就是我们通常说的“通过……反映(或表现)……”

题，本意是“题目”，指的是一个范围。对社会生活进行有过程的理解，是主题的主体内容，即“内容”是主题的主体。秘书写作、公文写作的主旨，指的是主要用意、目的、意义(“旨”的本意是意义、用意、目的)，与主题相比，主旨所指只能算是一个“点”了，根本的含义是“观点”。很显然，“观点”与“内容”区别甚大。一般文章或文学作品，反映、表现主题的内容和过程是至关重要的；而秘书写作、公文写作的主旨，强调的是“观点”或“目的”(通常表现为具体的措施、办法、意见)。

一般文章写作或文学创作，最忌主题直露，失去艺术性；而秘书写作、公文写作，则应直接显露主旨，最忌主旨不明白、不直露。需要读者去揣摩、发掘主旨的秘书写作、公文写作，是失败的写作。

在公文写作中，确立主旨的原则，是符合大政方针、符合制文意图、符合客观实际。也就是说，秘书写作、公文写作的主旨，必须合法合意合理。在这个基础上，秘书写作、公文写作又应该直接显露主旨，既不能模糊不清、藏而不露，又不能峰回路转、柳暗花明。提倡什么、反对什么，应该怎么做、不应该怎么做以及为什么要这样做，要解决什么问题、达到什么目的等，要直截了当地予以明确。

公文写作要求直接显露主旨(结合图8-1、图8-2认真体会)，这通常包括主旨专一、主旨鲜明、主旨居要。

主旨专一，是指主旨要集中、单一、贯穿始终。写作中要紧紧围绕一个主旨，不能多主旨齐头并进以至于“意多乱文”，也不能有所偏移以至于“模糊不清”。

主旨鲜明，是指主旨要明确、直接地显露出来，不含糊其辞也不拐弯抹角、藏头露尾。要准确无误地将主旨传达和表现出来。

主旨居要，是指主旨要在文章显要、突出的位置明确表现出来。或通过标题揭示主旨，或通过篇首提要语句、段首提要语句揭示主旨，方法多种多样，目的只有一个：突出主旨。

符合大政方针、符合制文意图、符合客观实际的主旨，才是正确的主旨；专一、鲜明、居要的主旨，才是直接显露的主旨。这是秘书写作公文写作中确立和表现主旨的特殊要求。主旨的提炼、确立，还有一些与一般文章写作提炼和确立主题相同的方法与要求，比如要深刻、新颖等，这里不再赘述。

二、表达方式

文章的表达方式，有叙述、描写、抒情、议论、说明、对话等。在写作实践中，表达方式既要适合表现内容和传达主旨的需要，又要能够很好地将内容和主旨表现、传达出来，表达方式的好坏(是否合适、有效)直接关系到内容的表现和主旨的传达。通常我们说文章缺乏表现力，就是指表达方式不甚合适，没有很好地、有效地表现和传达出文章的内容和主旨，如叙述不清楚，描写欠生动传神，缺乏必要的解释说明，议论没有逻辑、缺乏力量等。

秘书写作、公文写作中，由写作的实用目的，直接显露主旨的原则，合理合法合意的写作要求，简明准确、平实庄重的语体特征(参见本书第九章)所决定，表达方式以叙述、说明和议论为主，使用抒情和描写的表达方式要特别慎重，一般不用“对话”。而且，秘书写作中，叙述、说明、议论的使用还有着独具的特点和要求，与一般文章写作区别明显。

1. 直接明确的叙述

秘书写作、公文写作中，使用叙述这一表达方式时多是直接明确的，讲究平铺直叙，忌曲折波澜和铺垫、曲笔。直接明确是秘书写作、公文写作中的叙述特色。

叙述，作为一种基本的、使用最广泛的表达方式，在记叙、说明、议论等各体文章写作中都要用到。叙述的具体方法，有顺叙、倒叙、插叙、补叙和分叙(也称并叙或平叙)等。依详略的区别，叙述又可分为概括叙述和具体叙述(详述)。

在秘书写作、公文写作中，叙述主要用于介绍人物、概括事实、述说缘由、交代情况、综合事迹等，或介绍某一人物的经历和事迹，或交代某一事件发生发展的过程，或提供具体事例，或介绍有关情况。秘书写作、公文写作中的叙述，有以下特点：

首先，秘书写作、公文写作中的叙述，多是顺叙。在秘书写作、公文写作中，或按照事件发生发展的进程进行叙述，或按时间先后次序进行叙述，或按事物的因果逻辑关系及提出问题、分析问题、解决问题的逻辑顺序进行叙述，这些都是顺叙法。秘书写作中一般不使用倒叙、插叙、补叙、分叙等叙述方法，颠倒过程和结局的位置或将某一突出片断提前，叙述中又插进另一有关事件的叙述，叙述到一定阶段又补充前面的某些事实和事件，“花开两朵，各表一枝”的并列(平行)分别叙述等，一般不宜使用。使用倒叙、插叙、补叙(或称追叙)、分叙等，容易产生艺术效果，也容易使结构层次不清、头绪纷乱，与秘书写作公文写作“直接显露主旨”的要求、“简明准确、平实庄重”的文体特征是背道而驰的。

秘书写作、公文写作中的顺叙，准确地说，是单一性的顺叙，叙述的顺序是顺应时序、进程、因果逻辑的，叙述的对象又是单一的。

其次，秘书写作、公文写作中的叙述多是概括叙述，即不求细致、详细的叙述。概括叙述，是一种“扼要”的叙述法，不宜注重繁复的现象、繁琐的过程，宜直接概括本质，着重于整体的简明扼要。如调查报告中关于调查对象的介绍、交代调查工作的基本情况，注重的就是给人整体的把握和认识、给人大致轮廓，无需叙述对象方方面面的详细而具体的情况，也无需叙述调查工作的细枝末节。一般记叙文和叙事性文学作品，讲究概括叙述与详细(具体)叙述相结合，注重整体和细节相得益彰，既不失于空泛也不失于琐碎。秘书写作、公文写作，则更多的是使用概括叙述。

概括叙述，也包括综述，即抓住同类若干事物的共同特征进行综合概括，叙述全面的现象或过程(同类若干事物共有的)。这是叙述对象不是具体的个人或单一事件时较常用的叙述方法。如概括叙述某一系统的工作成绩，广泛性、普遍性的社会现象，若干单位共同的经验等。

在秘书写作、公文写作中，多用顺叙、概述、综述，目的是直接呈现给读者明确的内容和主旨，避免曲折委婉或含蓄、繁复的表述。秘书写作中的叙述，是直接明确的叙述，这一特点也可概括为“叙述的直陈性”(直接陈述)。

2. 平实质朴的说明

秘书写作、公文写作的说明，是平实质朴的，不求形象化和艺术感，也不掺杂个人主观情感因素(要有客观态度)，要求用简明扼要的文字把事物的形状、性质、特点、成因、功能及内在规律等解说清楚。

说明这一表达方式，广泛运用于公文及事务文书、日常生活文书、各专业文书的写作中，公文中的规范性公文(如条例、规定)更是完全采用说明这一表达方式。

在秘书写作、公文写作中，平实质朴的说明，既要求内容真实客观，也要求说明主体(作者)的态度真实客观和文字平实简朴。秘书写作、公文写作中常用的说明方法，有定义说明、概括说明、分类说明、对比说明、举例说明、数字说明、图表说明、分解说明和分析说明等，这些说明方法的含义及使用要求，在一般的基础写作专著、教材中有详细介绍，这里从略。

在秘书写作、公文写作中，说明主要用于说明事物的性质和特点、说明事物的范围、说明事物的类别、说明制文意图、说明开展公务活动的措施和方法、说明事物的优劣等。平实质朴，是秘书写作公文写作中说明的总的要求，即使是偶尔用到比喻说明，也要求贴切、简明、朴素。

3. 简约概括的议论

议论，是作者对事物发表见解，以表明自己的观点和态度。一段完整的议论，包括论点、论据和论证三部分，即提出主张、看法和观点，用正确的理论和确凿具体的事实加以证明。

秘书写作、公文写作中的议论，具有简约概括的特点，不具备议论的完整形式，往往只是作者对事物的评价和论断。这也是秘书写作、公文写作直接显露主旨的原则决定的，无论是分析问题产生的原因、提出意见和要求，还是提出解决问题的措施和办法、明确注意事项或者阐述行文的必要性、解决问题的可能性和建议的可行性，都要求直截了当，注重的是观点和态度而不是逻辑推理过程。简约概括的议论，是一种直截了当的原则性的表述。“言之成理”的逻辑过程是无需反映在书面文字上的。秘书写作、公文写作中的议论，常常是用简约的文字直截了当地明确赞成什么、反对什么、为什么要做、要做什么、能不能做等内容，或一针见血，或画龙点睛，或一语道破，有时甚至是简要总结性的结论。

简约概括的议论，也是一种客观的、感情色彩平淡的议论，无论是正面阐述自己的观点和态度，还是反驳错误的观点和态度，都只是原则性表述事理。

议论的方法多种多样，公文写作中较常用的有演绎法（主要是“三段论”推理）、归纳法（由个别前提归纳出一般性结论）、引证法、对比法、喻证法、例证法、因果法等。

4. 慎用描写和抒情

文章的六种基本表述方式中，秘书写作、公文写作中最少使用对话，也较少用到描写和抒情。使用描写、抒情、对话这三种表达方式要特别慎重，既不能影响到“讲究实效”的写作目的，也不能影响到“直接显露主旨”的原则，还不能有损于秘书写作文体的基本特征。也就是说，在少数文书写作（如调查报告、简报、讲话稿、新闻宣传文书的消息、通讯、广告等）中，可适当使用描写、抒情甚至对话，以增强文稿的生动性和感染力，但一定要注意使用的场合和时间，并且要能使表意更清楚明确、更便于读者理解和接受，同时又不至于影响到行文的平实和庄重。

一般来说，各种讲话稿较常有描述和抒情文字。

【拓展与思考】

◎ 图 8-4 的公文主旨是什么？表述准确吗？

关于追回[redacted]博士学位证书的决定

[redacted]，男，1965 年 10 月生，我校有色金属冶金专业博士研究生，学号[redacted]6，于 2010 年 12 月 27 日被我校授予工学博士学位。

经查实，[redacted]以同等学力身份报考我校博士研究生时所提交的本科学历证书、学士学位证书造假，违反国家招生规定。

为严肃校纪、教育本人、警示他人，根据《普通高等学校学生管理规定》（教育部令第 21 号）第三十八条规定，经[redacted]大学第六届学位评定委员会第 6 次会议表决通过，决定追回[redacted]博士学位证书（编号 1053322[redacted]），并报教育行政部门宣布证书无效。

学生若对本决定有异议，可在收到本决定之日起 10 日内，向学校申诉处理委员会办公室提出书面申诉。逾期提出申诉申请的，学校不予受理。

中南大学

2020 年 12 月 29 日

图 8-4

图 8-4 是某大学 2020 年发的文，决定追回某博士生学位证书，主旨应该是鲜明的。存疑的是，行文依据的教育部令第 21 号（2006 年）由于《普通高等学校学生管理规定》（教育部令第 41 号）的施行，已于 2017 年 9 月 1 日废止。2020 年的文件，尽管处理的是 2010 年授予的学位，但依据已废止的法规，肯定是不对的。按照教育部第 41 号令（2017）第 37 条规定，“对违反国家招生规定取得入学资格或者学籍的”，已发的学历、学位证书应“依法予以撤销”。公文主旨应该是“撤销”该学生博士研究生学历及学位证书，而不是“追回”博士学位证书。

◎ 任免职用到的公文（见图 8-1）和印发文件的公文（见图 8-5），可能是最能有效说明公文主旨及其表达特点的。图 8-5 是关于印发通知的公文，其主旨就是“发文”，对吗？

不算错，但不全对。因为这类通知（批转、转发、印发）发文不是最终目的或完全主张，行文的核心意图、真实目的是“请认真贯彻执行”。

需要说明的是，发文通知（批转、转发、印发）所发之文，不是附件，也是该发文通知的内容，要与发文通知一起装订，连续编页码，所以通知的主体部分没有“附件说明”这个格式要素。

国务院关于印发
“十四五”数字经济发展规划的通知
国发〔2021〕29号

各省、自治区、直辖市人民政府，国务院各部委、各直属机构：
现将《“十四五”数字经济发展规划》印发给你们，请认真贯彻执行。

国务院
2021年12月12日

（此件公开发布）

“十四五”数字经济发展规划

图 8-5

◎ 图 8-6 中通知的主旨是什么？表达上有什么问题吗？

这个通知的主旨应该是比较模糊的，主张存疑。从标题看，是知会工作布置安排（对秘书学专业开设情况进行统计）的下行文；从正文内容看，又像是商请有关高校填表反馈信息，是平行文。

高等教育学会秘书学专业委员会给高校发下行文通知布置工作，显然不妥。“我们”（秘书学专业委员会）在开展（进行）什么工作，知会“你们”（有关高校）要做些什么，是其行文意图，所以发文机关觉得应该使用通知，但这里显然忽视了秘书学专业委员会与有关高校的行文关系。

标题和附件说明，都强调统计“秘书学专业开设情况”，正文要求填的却是“秘书学专业情况统计表”，开设情况和情况，显然二者不是完全对等的。这又直接导致公文主旨不清。就图 8-6 中的事项而言，更适宜、更准确的文种应该是“函”，商请协助完成这项工作，才是这篇公文的主旨。

此例问题不少，且都很有代表性，最后一章我们再综合处理。

关于对普通高等学校

秘书学专业开设情况进行统计工作的通知

各有关高校:

根据《中国高等教育学会加强分支机构管理办法》的要求，我会为进一步掌握各地高校开设秘书学专业的基本情况，并便于联系沟通和建立互相交流学习的平台，以更好地为开设秘书学专业的院校提供服务，请各有关高校根据本单位的实际情况填写《普通高等学校秘书学专业情况统计表》(附件)，于 2019 年 12 月 31 日前发送学会邮箱 bjmsxh@163.com.

附件:《普通高等学校秘书学专业开设情况统计表》

中国高等教育学会秘书学专业委员会

2019年11月20日

图 8-6

◎ 标题不能准确有效地表达公文主旨，是常见的主旨表达问题，大家要结合第十章“公文的标题拟制”认真学习和处理。

图 8-3 是一个典型案例，其标题不能准确有效地表达公文主旨。

第七章中的图 7-14 更甚，这是某市交通运输局《关于〈××海湾大桥暂停收费后相关问题解决方案(征求意见稿)〉意见的函》，从标题看，应该是交通运输局用“函”来反馈对“方案”的意见，公文主旨是“反馈意见”。但看正文，公文主旨却是“征求意见”，要求反馈意见。一不小心就完全弄错了，这种情况在实际工作中并不少见，务必高度重视。

图 8-7 也是病例。从公文标题看，其主旨就是推荐评选奖状和奖章。若望文生义的话，会误认为是推荐、评选哪个奖状、哪个奖章设计得好，让人啼笑皆非。

其实，要推荐的，应该是作出突出贡献的先进单位、先进职工吧？怎么是推评“奖状”和“奖章”呢？所以，标题中必须有指向“获得者”义项。

再者，推荐、评选是不同的工作程序、工作环节、工作权限，结合主送机关看，评选权限存疑。推荐评选，可以称为“推评”，可作推荐参评解释。

关于推荐评选2021年广东省
五一劳动奖状和五一劳动奖章的通知

各地级以上市总工会、省级各产业工会、省直机关工会、中央驻穗有关单位工会、省直有关单位：

2021年是实施“十四五”规划、乘势而上开启全面建设社会主义现代化国家新征程的第一年，也是中国共产党成立100周年。省总工会决定，今年“五一”国际劳动节前评选表彰一批为我省经济社会发展作出突出贡献的先进集体和先进职工，授予广东省五一劳动奖状、五一劳动奖章。现将有关事项通知如下。

图 8-7

◎ 从图 8-8 的标题看，是印发通知，在公文主旨表达上有问题吗？

图 8-8 中的公文处理成印发通知，办文方式存疑(截图不全，但只漏了下页正文一

新农农〔2021〕137号

关于印发江门市新会区茶叶加工设备改造
升级补助项目申报指南的通知

各镇（街）农业农村办公室：

根据江门市财政局《关于提前下达2021年市级涉农专项转移支付资金（第一批）的通知》（江财农〔2020〕167号）的要求，为加快现代农业强市发展，推进江门市茶业供给侧结构性改革，扶持新会区茶叶加工环节提升，以保证新会陈皮茶和新会柑茶质量，我局制定了《新会区茶叶加工设备改造升级补助项目申报指南》，现印发给你们，请按照《申报指南》要求，认真组织辖区符合申报条件的主体申报。项目申报主体于2021年10月8日前将项目申报书、实施方案（纸质资料一式3份，以及电子文档）

图 8-8

行文字)。从正文看，这个事项应该是布置安排申报工作，《申报指南》是工作依据。也就是说，《申报指南》是工作通知的附件。显然，主旨表达上本末倒置了，“布置工作”被轻描淡写地处理成“印发文件”。

第九章　公文正文的结构形式与行文逻辑

【问题与任务】

万事开头难，文章开头更难，公文开头怎么写？开头一般要写什么内容？公文正文一般有哪几个部分？内容的展开和推进，有无规律可循？上行文、下行文结尾肯定有差别的吧？接到公文写作任务后，如何下笔，如何布局谋篇，这个内容在这一部分是否合适，这样结尾是否妥当，种种问题就都来了。

【重点与难点】

了解、掌握公文正文的外在结构形式，做到行文完整，是本章重点。弄清楚公文的内在结构逻辑，做到行文逻辑清晰、层次分明，难度不小，要下苦功。

【情景与案例】

公文的正文结构，是有规律可循的。了解、掌握规律，是公文写作快速上手的有效途径之一。

我们看几个公文截图(为截图方便，选用的是正文简短的公文)，大家尝试把握正文的外在结构形式和内在结构逻辑。

图 9-1 和图 7-2 中的公文正文都特别简短，正文只有一二行文字，一段话。这就是我们常说、常见的“篇段合一”的正文。

图 7-2 是秘书工作者和熟悉公文写作的人非常熟悉的“两办”印发的通知。这个通知提到的 2012 年“公文条例”，篇幅比较大，第一章是总则，第八章是附则，中间还有六章涉及公文种类、公文格式、行文规则、公文拟制、公文办理、公文管理。思考一下，2012 年“公文条例”的正文与图 7-2 这个印发通知的正文结构有相似性、一致性吗？

图 9-2 中含有两个公文正文。一是令的正文，只有一句话，或者说一行，属于“篇段合一”；二是令所发的决定的正文，足够简短，但显然有多段。开头段最后有一个承转过渡句，下接决定的内容(具体事项)，正文最后有一个结束句。

认真读解后我们会发现，短到只有一行的令和长到有八章的条例，正文结构是相似的，有一致性。这就体现了公文正文结构的一般程式。

湖南省人民政府办公厅关于印发
《湖南省“十四五”服务业发展规划》的通知

湘政办发〔2021〕40号

各市州、县市区人民政府，省政府各厅委、各直属机构：

《湖南省“十四五”服务业发展规划》已经省人民政府同意，现印发给你们，请认真贯彻落实。

湖南省人民政府办公厅

2021年8月12日

（此件主动公开）

图 9-1

中华人民共和国国务院令

第747号

现公布《国务院关于废止部分行政法规的决定》，自公布之日起施行。

总理　李克强

2021年9月9日

国务院关于废止部分行政法规的决定

为了适应我国人口与经济社会发展的新形势，优化生育政策，促进人口长期均衡发展，根据2021年8月20日第十三届全国人民代表大会常务委员会第三十次会议通过的关于修改人口与计划生育法的决定，国务院决定废止以下行政法规：

一、计划生育技术服务管理条例（2001年6月13日中华人民共和国国务院令第309号公布　根据2004年12月10日《国务院关于修改〈计划生育技术服务管理条例〉的决定》修订）

二、社会抚养费征收管理办法（2002年8月2日中华人民共和国国务院令第357号公布）

三、流动人口计划生育工作条例（2009年5月11日中华人民共和国国务院令第555号公布）

本决定自公布之日起施行。

图 9-2

【内容与进程】

一、公文正文的外在结构形式

通用公文的形成和使用有着明确的实用目的，通用公文的实用价值需要通过一些程式来实现，这其中就包括正文结构程式。在长期的撰拟、制发过程中，人们已经摸索和总结出了通用公文的正文结构程式(或称模式)。掌握和利用正文结构模式，对于提高写作效率和方便公文处理，更好地实现制文意图，促进公文写作和公文处理的规范化、科学化，有着明显的积极意义。

“主旨是文章的灵魂，材料是文章的血肉，结构则是文章的骨架。”①公文写作要合理安排正文结构，也就是说要掌握并且结合公文内容善用这些结构模式。公文与其他一般文章或文体不同，它不是供人欣赏的，在结构上别出心裁或者花样迭出、充分表现个性，只会有碍制文意图的传达和接受，影响公文效用。公文正文结构的合理与否，好与不好，被人称赏或受人指责，是以是否为人们所熟见和惯用，以及是否能让人们易于理解和接受为前提的。

这里要介绍的包括两个方面的内容：正文结构形式与结构逻辑，即外在形式与内在逻辑。正文的外在结构形式，有一个通用模式或程式，那就是“三分模式”。也就是说，大量的公文正文，都是由三大块内容构成的，即开头、主体和结尾三部分(或称三段)。这三部分不是指三个自然段，而是三个意群或三个层次。

(1)开头。三分模式的开头，也称“依据或目的”“行文缘由”，即通常都是交代行文的目的或依据，表明行文用意。公文的开头，通俗地说是简要明确根据或依据什么、基于什么实际情况、为达到什么目的、为处理何种事务或问题而制发这个公文。

开头的方法可以多种多样，或交代行文背景，或交代行文原因，或交代行文目的，或交代行文根据，或概括行文内容，但必须开门见山、不绕圈子，这是公文写作的特殊要求。诸如文学作品中的比兴、寓意、抒情、象征、千里伏线等形形色色的开头，在公文写作中都应绝对避免。公文开头常用的有这样几种形式或方法：

直接交代行文依据。如以“根据……”“按照……”“遵照……”等起句，交代行文依据的法规、政策精神或已有公文；以“目前”“最近”“鉴于……”“由于……”等起句，交代行文的事实依据。

直接阐明事项意义。如以“……是……是……”起句。这种开头多为陈述句式，如“粮食问题关系到国民经济全局。做好粮食工作，对……至关重要”。

直陈其事。这也是陈述式开头，如“省政府同意……(公文)，现转发你们……”“你单位×发〔2021〕31号文收悉”等。

直接交代行文目的。如以“为了……”起句，以“特……”承启，形成完整的开头。

(2)主体。正文主体也称“引申或说明”“事项内容”，是对开头依据、目的、意图的具体而详细的说明或引申，用来阐述主旨。主体是正文内容的核心，或叙事实，或论理，或具体表明目的和要求，依制文意图和公文内容而定，文字繁简不一，要求有内在的结构逻辑。因文种性质不同，各文种主体部分的内容各有侧重。

主体内容项，在表述上一定要注意行文逻辑。除篇段合一的简短公文外，公文正文主体通常都有数项，甚至数十项，分条列项不可随意，更不能随性而为，要注意符合事

① 叶黔达，柯世华．现代公文写作与处理最新规范·观念·技巧[M]．成都：四川人民出版社，2016：203-204.

理、逻辑清晰。比如组织安排活动，基本上会涉及活动主题、组织领导机构、时间和场地、人员对象、活动内容与环节、注意事项、保障措施等。布置开展工作，一般会涉及指导思想、原则要求、主要任务、完成时限、考核与激励措施等。规范约束事项，要统一认识，加强组织领导，明确职能职责，清楚具体规范和约束性措施，说明事项的解释权属等。通知安排活动，若首先写注意事项、后勤保障措施，其次写时间地点、参加人员，最后明确活动主题和组织机构，就不合事理，失了逻辑。出台规范性约束性措施，安排重要工作，一般要先写统一思想认识，加强组织领导，再强调原则要求，然后明确具体工作任务，先务虚后务实。这并不是因为公文是“八股文”，而是事理和思维逻辑的要求。

(3)结尾。正文的结尾也称“归结或主张”“结束语”。常见的结尾形式有：要求、号召、希望、祈请、强调等。上行文、平行文多用祈请式结语，如“请审议”(议案)、“请回复”(函)、“以上请示，请予批准”(请示)、“特此报告”(报告)等。下行文多有贯彻执行要求，也多用号召式、希望式或强调式结束语，如“特此通知”“请认真贯彻执行”“希遵照执行”“此复”“我们相信”等。

当然，简单说或单纯记忆“开头—主体—结尾”这种三分结构，对公文写作来说，没有什么意义。建议大家从行文逻辑来理解和记忆，即公文正文的三分结构模式，是“依据或目的—引申或说明—归结或主张”。这样我们才更清楚公文正文开头通常是写什么，主体是什么内容，结尾通常写什么。

图 9-2 的决定正文，三分结构基本体现在文面形式上。“为了……句”，是明确目的；“根据……”句，是提供做出决定的根据或依据；过渡句“国务院决定废止以下行政法规”明确了行文意图。下文的一、二、三，是具体引申、说明“目的和依据”关联的要废止的行政法规。最后的独句段“本决定自公布之日起施行”，是“归结或主张”。

篇段合一的简短正文，文面形式上只有一句或一段，从语义层看，通常也是由“依据或目的—引申或说明—归结或主张”构成的。图 9-1、图 8-6 中的正文，图 9-2 中的正文都是如此。以图 7-2 的通知正文为例，“《党政机关公文处理工作条例》已经党中央、国务院同意”是依据，是事实依据、指示精神；“现印发给你们”是具体明确印发通知的行文意图；“请遵照执行”是归结、主张。

正文的三分结构模式，是公文的基本结构形式。无论文字多么丰富的公文，都离不开这一模式。如“条例”等规范性公文，条款再多，也是由总则、分则和附则构成。比如 2012 年“公文条例”，第一章是总则，第二到第七章属于分则，第八章是附则。

由三分结构模式变化而成，正文外形结构还有一分式结构、二分式结构和四分式结构三个模式。

一分式结构实际上是篇段合一的结构形式。某些公文因内容集中单一、文字少，形式上不分段，篇段合一，但从内容看仍有依据或目的(开头)、引申或说明(主体)、归结或主张(结尾)三项。如“命令(令)”中的颁布令、任免令，“批复”，一些发文“通知”等。

二分式结构是三分结构模式去掉“归结或主张(结尾)”后的形式，即二分式结构的正文只有开头和主体两部分。二分式结构的形成，是因为有些公文不需要结尾，有些公文结尾的内容已在行文中糅合进主体部分。这种形式的公文俗称“秃尾”。如图 9-3 所示，文面形式上是二分式，“主张”已糅合进主体部分。如补全为三分式，则最后一句另起段写“特此函复”。前有“现函复如下”，再出现“特此函复”，显然没必要，加上后反而显得重复啰唆，有悖于公文语体要求。

一般来说，结束语单纯只是“归结”惯用语（如特此通知），通常可以省略不具，所以现在两分式结构较为多见。

国务院办公厅关于同意建立
反不正当竞争部际联席会议制度的函

国办函〔2020〕107号

市场监管总局：

你局关于建立反不正当竞争部际联席会议制度的请示收悉。经国务院同意，现函复如下：

国务院同意建立由市场监管总局牵头的反不正当竞争部际联席会议制度。联席会议不刻制印章，不正式行文，请按照《中华人民共和国反不正当竞争法》相关规定和有关文件精神，认真组织开展工作。

附件：反不正当竞争部际联席会议制度

国务院办公厅

2020年11月12日

（此件公开发布）

图 9-3

图 9-3 是对请示的答复，为什么不用批复？如果是市场监管总局向国务院请示，国务院作出答复的话，用批复。本例是国务院的综合管理部门——国务院办公厅获授权答复，不是上级机关答复下级机关的请示事项。国务院办公厅与市场监管总局不相隶属。

四分式结构是三分结构模式的主体（引申）部分一分为二后形成的结构形式。四分结构，是指公文正文由起、承、转、合四部分组成，其中起、合对应于三分结构的开头和结尾，承、转对应于三分结构的主体部分。如某单位因工作失误或重大事故受到处分，要向上级机关递交“检讨报告”，这份报告通常就有起、承、转、合四个部分。起，即开头，需表明递交这份报告的原因；承，需认识错误；转，需表明接受处分的态度；合，即结尾，通常还要表示接受教训改进工作，呼应开头。

二、公文正文的内在结构逻辑

正文内容的组织安排，有一定逻辑，层次与层次之间、部分与部分之间有一定的逻辑关系。公文写作，其正文的逻辑结构也有一定规律可循。一般情况下，领导关系中的下行文和管理关系中的管理者向被管理者行文，多为演绎型逻辑结构，即通常是从一般原则和精神推出具体的措施、要求和办法。而领导关系中的上行文和管理关系中的被管理者向管理者行文，则多是归纳型逻辑结构，即通常是通过若干个别事物归纳出总结论。而平行文，正文的逻辑结构比较灵活，演绎型、归纳型都有，甚至有两型并用的，很难说哪种逻辑结构类型更常见。当然，这并不是说所有的下行文或上行文都只有一个固定的逻辑结构模式。实际工作中演绎型的逻辑结构使用频率最高，这可能与下行文文种较多有直接联系。

正文内在的结构逻辑，也有其外在表现形式，也就是说，正文内容的逻辑关系总是表现在层次组织安排的形式上。

结构逻辑的外在表现形式不外乎以下三类。

第一类表现形式是纵式层次结构，即各层次间是递进关系。包括按时间先后次序、事物发展进程、事物的内在联系三种层次组织形式。公文内容涉及的对象有阶段性特点（如非短期工作安排部署）时，适合按时间先后次序安排层次；涉及的事物有一个发展过程（如通报好人好事或关于事故的报告）时，适合按事物的发展过程安排层次；涉及的对象内部各方面有内在联系（如关于一项复杂工作的指示或具体安排牵涉这项工作的各个方面）时，适合按事物的内在联系层层深入地安排层次。这三种形式，可以是演绎型内在逻辑，也可以是归纳型内在逻辑或者两者合一。如汇报工作的“报告”，既可以按工作进程逐项汇报最后小结（归纳），也可以先概述然后逐项汇报（演绎），还可以前有概述后有小结（演绎→归纳）。

比如《中共中央国务院关于完整准确全面贯彻新发展理念做好碳达峰碳中和工作的意见》（2021 年 9 月 22 日），主体层次是：

一、总体要求
二、主要目标
三、推进经济社会发展全面绿色转型
四、深度调整产业结构
五、加快构建清洁低碳安全高效能源体系
六、加快推进低碳交通运输体系建设
七、提升城乡建设绿色低碳发展质量
八、加强绿色低碳重大科技攻关和推广应用
九、持续巩固提升碳汇能力
十、提高对外开放绿色低碳发展水平
十一、健全法律法规标准和统计监测体系
十二、完善政策机制
十三、切实加强组织实施

不难看出，事项涉及面广，千头万绪，是纵式层次结构，演绎型，包括做什么—做到什么程度（目标）—怎么做（步骤措施）。递进关系也体现在步骤措施上：推进全面绿色转型—调整产业结构—构建能源体系—建设低碳运输体系—提升发展质量—加强科技攻关和推广应用—提升碳汇能力……事情（工作）有大小、有先后、有轻重缓急，牵涉面有宽有窄，有前提条件或因果关系，行文层次结构要体现或受制于这些事理、逻辑关系，才能做到层次清晰、逻辑严谨。

《国家能源局综合司关于做好今冬明春电力行业火灾防控工作的通知》(国能综通安全〔2021〕108号)的主体层次是按“目标—任务—步骤—要求”推进的：

一、工作目标
二、重点任务
(一)防范电力领域高风险和敏感场所火灾事故
(二)预防和减少电力企业小单位小场所亡人火灾事故
(三)防范电力新业态新领域消防安全风险
(四)强化重大活动和重要节点电力消防安全风险管控
(五)强化电力消防安全宣教培训
三、时间步骤
四、工作要求

图9-4是《国务院办公厅关于2022年部分节假日安排的通知》(国办发明电〔2021〕11号)的事项部分，很明显，它是按时序排列的，是纵式层次结构。

一、元旦：2022年1月1日至3日放假，共3天。

二、春节：1月31日至2月6日放假调休，共7天。1月29日（星期六）、1月30日（星期日）上班。

三、清明节：4月3日至5日放假调休，共3天。4月2日（星期六）上班。

四、劳动节：4月30日至5月4日放假调休，共5天。4月24日（星期日）、5月7日（星期六）上班。

五、端午节：6月3日至5日放假，共3天。

六、中秋节：9月10日至12日放假，共3天。

七、国庆节：10月1日至7日放假调休，共7天。10月8日（星期六）、10月9日（星期日）上班。

图9-4

第二类表现形式是横式层次结构，即正文各层次间不存在从属关系而是并列的。包括条款条文式、块状式、纵横交错式三种层次组织形式。如条例、规定、办法等规范性公文，正文就是条款式的，章与章之间、条款与条款之间没有从属关系，是并列的；告晓性公文如通知、通告、通报等多为条文式。再如“纪要”等多将完整的主旨分成几个部分来表述，成块状结构形式。纵横交错式，多是总体上为横式，而具体到每一个内容项或层次却也有纵向考虑。如汇报工作的报告，可以按几个方面的主要成绩分块，同时每一块的内容又需要提供时序或进程。当然，纵横交错式也存在总体上呈纵式而纵式的各层次内容却呈横式组织的情况。完全可以依据制文意图和公文的具体内容灵活安排层次结构。

《国务院关于稳定消费价格总水平保障群众基本生活的通知》(国发〔2010〕40号)的事项部分就是横式层次结构，是按工作涉及面展开的，这些方面是并列关系，结构框架如下：

一、大力发展农业生产
二、稳定农副产品供应
三、降低农副产品流通成本
四、保障化肥生产供应
五、做好煤电油气运协调工作
六、发放价格临时补贴
七、建立社会救助和保障标准与物价上涨挂钩的联动机制
八、继续落实规范收费的各项规定
九、积极稳妥推进价格改革
十、规范农产品经营和深加工秩序
十一、加强农产品期货和电子交易市场监管
十二、健全价格监管法规
十三、加强价格监督检查和反价格垄断执法
十四、完善价格信息发布制度
十五、切实落实“米袋子”省长负责制和“菜篮子”市长负责制
十六、建立市场价格调控部际联席会议制度

《国家能源局综合司关于做好今冬明春电力行业火灾防控工作的通知》(国能综通安全〔2021〕108号)，正文主体是纵式结构，“二、重点任务”的几项重点任务是并列关系，横式结构，下位层级小标题如下：

二、重点任务
(一)防范电力领域高风险和敏感场所火灾事故
(二)预防和减少电力企业小单位小场所亡人火灾事故
(三)防范电力新业态新领域消防安全风险
(四)强化重大活动和重要节点电力消防安全风险管控
(五)强化电力消防安全宣教培训

大结构的纵向推进和小结构的横向展开都是符合事理、符合逻辑的，或者说，是由事项、实情实际决定的。公文要逻辑严谨、层次清晰，并不仅指大结构，而是指整个行文，包括小结构，也包括局部语段语句(参见本章“拓展与思考”)。这里提醒大家注意，上述并列的五项重点任务，先写哪项后写哪项，也是不可随意处理的，同样要分大小、轻重、缓急、先后、主次等。本例首先说“高风险和敏感场所”，其次说“小单位小场所”，再次说“新业态新领域”，又次说“重要活动和节点”风险管控，最后说“宣教培训”(既是“任务”之一，也是做好前述工作、完成前述任务的重要前提和保障)，顺理成章，思路清晰，逻辑顺畅。

第三类表现形式是总分式层次结构，即正文逻辑结构呈“总分”“分总”或“总分

总”的层次组织形式。可以是先总后分或先分后总，也可以是先总述再分述最后再总述。

多数公文的正文结构，整体上是总分式层次结构。依据或目的、行文缘由，可以看作是总起；引申或说明、事项内容，可以看作是分述；归结或主张、结束语，可以看作是总收。

比如《国务院关于稳定消费价格总水平保障群众基本生活的通知》（国发〔2010〕40号），开头的依据或目的、行文缘由是：

> 今年以来，按照党中央、国务院关于处理好保持经济平稳较快发展、调整经济结构和管理通胀预期关系的要求，各地区、各部门积极采取措施，发展生产、保障供应、强化监管，保证了市场供应和价格总水平基本稳定。7月份以来，受国内外多种因素影响，以农产品为主的生活必需品价格上涨较快，价格总水平逐月攀升，加大了城乡居民特别是中低收入群体的生活负担。为切实维护广大人民群众根本利益、保持社会和谐稳定，各地区、各部门要充分认识稳定市场价格的重要性和紧迫性，按照“立足当前、着眼长远，综合施策、重点治理，保障民生、稳定预期”的原则，及时采取有力措施，坚持扶持生产、保障供应与抑制不合理需求相结合，实施短期应急措施与建立长效机制相结合，理顺价格关系与保障群众基本生活相结合，维护企业正常经营活动与打击价格违法行为相结合，以经济和法律手段为主，辅之以必要的行政手段，进一步做好价格调控监管工作，稳定市场价格，切实保障群众基本生活。现就有关问题通知如下：

最后的“归结或主张”是：

> 各地区、各部门要在2010年11月底前将贯彻落实本通知的情况报告国务院。国务院将组织督察组赴各地调查了解各项政策措施的落实和市场物价情况。

结合前面列出的“引申说明”、通知事项的结构框架，不难看出，整体结构是“总—分—总”。

而《中共中央国务院关于完整准确全面贯彻新发展理念做好碳达峰碳中和工作的意见》（2021年9月22日），开头的依据或目的、行文缘由是：

> 实现碳达峰、碳中和，是以习近平同志为核心的党中央统筹国内国际两个大局作出的重大战略决策，是着力解决资源环境约束突出问题、实现中华民族永续发展的必然选择，是构建人类命运共同体的庄严承诺。为完整、准确、全面贯彻新发展理念，做好碳达峰、碳中和工作，现提出如下意见。

上述意见中的要求已分散在前面的条项中，文面形式上没有独立的“归结或主张”，是“秃尾”，整体结构是“总—分”。

公文的正文结构，无论是外在结构形式还是内在结构逻辑，都是有规律可循的。了解和熟悉这些规律，有利于在撰拟公文时合理安排结构。

正文结构，究其实质，是思路的体现。“文章的结构和作者对客观事物的观察、理解、认识以及思想脉络是紧密相关的。因此，结构实质上就是作者认识客观事物的思想脉络在文章构造上的反映，是作者思路的体现。……公文的结构，通常是作者思路的直接体现。”①想清楚了，思路理顺了，才能写清楚。所以，认真完成思考，是写作的根本。

史蒂芬·平克在《风格感觉：21世纪写作指南》②中有一句名言是：写作之难，在于将网状的思想，通过树状的句法，用线性的文字展开。网状思想线性文字展开，依赖的就是逻辑。

想清楚，既是解决问题，也是理顺逻辑。

合理安排正文结构，有一个总的要求，即正文结构应符合事理，能较好地适应内容的需要，有利于准确地表现和传达制文意图。能达到这一要求的正文结构就是合理的。说到底，人们摸索和总结公文正文结构的外形模式和内在逻辑结构的规律，正是为了使结构符合表现内容的需要，符合准确表现主旨的需要。

三、注意理顺行文逻辑

行文逻辑，指语言组织、文章运行的逻辑，既包括文章的构段顺序和方式，也包括组句次序和方式。顺序、次序，说的都是谁前谁后，是语段语句的先后次序问题；方式，是段与段、句与句的组合关系，也是内在逻辑。

我们前面讨论的结构逻辑，主要关注内容的展开，即正文的组织结构关系，侧重在内容单元之间的逻辑关联；这里说的行文逻辑，主要关注的是语言文字的展开，即语句语句之间的内在联系，语句之间的逻辑关联。

主次、先后、大小、轻重、总分、并列、递进、因果、顺承、转折、归纳、分类等逻辑关系，或反映事物内在联系，或反映(符合)人们认知思维一般规律，公文写作中务必认真对待。只有理顺行文逻辑，我们的语言文字表述才能与事理逻辑和人们认识事物的一般规律保持协调一致。前言不搭后语、颠三倒四的文字，是不可能准确传达公文主旨和机关制文意图的。

我们看湖南省公安厅官网“政府信息公开”栏的这个通告：

---

① 叶黔达，柯世华．现代公文写作与处理最新规范·观念·技巧[M]．成都：四川人民出版社，2016：204.

② 参见：[美]史蒂芬·平克．风格感觉：21世纪写作指南[M]．王烁，王佩，译．北京：机械工业出版社，2018.

湖南省公安厅关于依法打击涉疫违法犯罪行为的通告

为全力做好新型冠状病毒肺炎疫情防控工作，有效维护人民群众生命安全和身体健康，确保社会大局持续稳定，根据《中华人民共和国刑法》《中华人民共和国治安管理处罚法》《中华人民共和国传染病防治法》《中华人民共和国突发事件应对法》等法律法规，依法打击涉疫违法犯罪行为，现通告如下：

一、依法打击擅自设卡拦截、断路阻断道路通行，扰乱交通秩序的行为。

二、依法打击非法猎捕、杀害、收购、运输、出售、加工野生动物或者其制品的行为。

三、依法打击制售假冒伪劣药品和口罩、护目镜、防护服、消毒药水等防疫物资，或者囤积居奇、哄抬物价等严重扰乱市场秩序的行为。

四、依法打击明知已经感染或者疑似感染新型冠状病毒，仍进入人员密集的公共场所，或者隐瞒情况故意与他人及不特定群体密切接触等以危险方式危害公共安全的行为。

五、依法打击进入车站、地铁、港口、机场、商场、超市等公共场所拒不配合疫情防控工作，阻碍相关人员执行职务，或者以其他方式扰乱公共秩序、妨碍传染病防治的行为。

六、依法打击虚假制售医疗防疫物资，虚假募捐，或者以其他方式骗取财物、实施诈骗的行为。

七、依法打击在微信、微博、QQ 等社交媒体上编造传播与疫情相关的虚假信息，严重扰乱公共秩序的行为。

八、依法打击旅馆不如实查验登记、不实时上传住宿人员身份信息和住宿信息，冒用他人身份证登记住宿，房屋出租人不实名登记租户信息的行为。

九、依法打击殴打伤害医务人员，使用暴力、威胁或者其他方式扰乱医疗机构、隔离观察点和医疗器械生产企业正常秩序，妨碍医疗救护、疫情防疫等工作人员正常工作的行为。

十、依法打击拒不执行县级以上人民政府在紧急状态下依法发布的决定、命令，实施扰乱疫情防控和社会秩序的行为。

湖南省公安厅

2020 年 2 月 6 日

通告开头的“依据目的”部分，若将“根据《中华人民共和国刑法》《中华人民共和国治安管理处罚法》《中华人民共和国传染病防治法》《中华人民共和国突发事件应对法》等法律法规”提到“为……”句前，行文逻辑是不是更顺畅？“依法打击涉疫违法犯罪”句，与前面“根据……法规”句有重复，且不相顺承，应该承接在“确保社会大局持续稳定”之后。

当然，这个通告的正文主体部分有十条，像随意排列的，行文逻辑也有待理顺。

三、六条有互含关系，显然分类有点“剪不断理还乱”；五、八条“出行”“住宿”是关联项或近类项，行文逻辑链上却被六、七条割裂了；一、二条为最前两条也理由不足，显然不是打击的重中之重。

正文开头“依据目的”部分行文逻辑欠顺畅的问题，可能是由于惯性思维模式，导致“根据……法规”句后置，另一份公安厅通告中也同样存在这一问题：

关于依法严厉打击妨害国(边)境管理违法犯罪的通告

为严厉打击妨害国(边)境管理违法犯罪活动，有效防范境外疫情通过非法出入境途径输入境内，坚决捍卫国家政治安全，全力维护社会稳定，根据《中华人民共和国刑法》《中华人民共和国刑事诉讼法》《中华人民共和国治安管理处罚法》《中华人民共和国出境入境管理法》《最高人民法院　最高人民检察院关于办理妨害国(边)境管理刑事案件应用法律若干问题的解释》等相关法律法规，现将有关事项通告如下：

……

如此，行文逻辑就变成了“根据法律法规进行通告”，这显然与公文主旨和制文意图不相符。

【拓展与思考】

◎ 读解分析图 9-5 和图 9-6 的正文结构。

转发广东省教育厅关于进一步加强高校疫情防控工作的通知

各单位、部门：

现将《广东省教育厅关于进一步加强高校疫情防控工作的通知》（粤教体函〔2021〕16号）转发给你们，请各单位（部门）认真阅文，组织本单位（部门）人员学习并逐条对照落实，进一步抓紧抓细抓实各项防控措施。

附件：广东省教育厅关于进一步加强高校疫情防控工作的通知

学校新冠肺炎疫情防控领导小组办公室

2021年7月3日

图 9-5

国务院办公厅关于2022年
部分节假日安排的通知

国办发明电〔2021〕11号

各省、自治区、直辖市人民政府，国务院各部委、各直属机构：

经国务院批准，现将2022年元旦、春节、清明节、劳动节、端午节、中秋节和国庆节放假调休日期的具体安排通知如下。

一、元旦：2022年1月1日至3日放假，共3天。

二、春节：1月31日至2月6日放假调休，共7天。1月29日（星期六）、1月30日（星期日）上班。

三、清明节：4月3日至5日放假调休，共3天。4月2日（星期六）上班。

四、劳动节：4月30日至5月4日放假调休，共5天。4月24日（星期日）、5月7日（星期六）上班。

五、端午节：6月3日至5日放假，共3天。

六、中秋节：9月10日至12日放假，共3天。

七、国庆节：10月1日至7日放假调休，共7天。10月8日（星期六）、10月9日（星期日）上班。

节假日期间，各地区、各部门要妥善安排好值班和安全、保卫、疫情防控等工作，遇有重大突发事件，要按规定及时报告并妥善处置，确保人民群众祥和平安度过节日假期。

国务院办公厅

2021年10月25日

图 9-6

图 9-5 的正文是篇段合一的结构，但从语义层分析，依然是三分式结构模式。本例是转发通知，转发、要求对照落实，是行文意图、公文主旨。“现将《广东省教育厅关于进一步加强高校疫情防控工作的通知》(粤教体函〔2021〕16 号)转发给你们”是行文缘由，“转发”是事项，“请各单位(部门)认真阅文”“对照落实”是主张、要求。

图 9-6 的正文是多段落，语义逻辑上也是三分结构。第一自然段是行文依据、行文缘由；第一到第七条，通知事项，是对行文依据、行文缘由中国务院批准的 2022 年法定节假日放假调休安排的具体说明；最后一段是归结和主张。

◎ 图 9-7 是网络资料截图，请读解三个小标题的逻辑关系。

1. 落实规划设计“三高”要求，进一步提升城乡规划水平。
2. 落实建设施工“三化”要求，进一步提升城乡建设水平。
3. 落实管理经营“三精”要求，进一步提升城乡管理水平。

图 9-7

从“规划设计”，到“建设施工”，再到“管理经营”，这三个小标题是依事理、工作进程(时序)推进的，是纵式层次结构。如果 1、2、3 的次序乱了，行文、层次结构就失了逻辑。

◎ 图9-8是何剑文先生《公文写作思维方法与实战》一书的案例，[①] 图中上半部分是原文，下半部分是何剑文先生的修改稿，认真体会原标题的问题和修改稿的逻辑。

原标题：

二、加强党风廉政制度建设，营造勤政廉政工作氛围

1. 开展反腐倡廉学习教育

2. 严格落实反腐倡廉制度

3. 切实保障党员权益

（上）

二、加强党风廉政制度建设，营造勤政廉政工作氛围

一是开展反腐倡廉教育，强化“不想贪”的意识

二是落实反腐倡廉制度，扎牢“不敢贪”的笼子

三是切实保障党员权益，营造“敢干事”的氛围

（下）

图9-8

图9-8（上）的第二层级小标题，并没有很好落实第一层级小标题题旨，何剑文先生说这是有“总”无“结”的残缺型小标题，诊断精准。他修改好的图9-8（下）第二层级小标题，不仅落实了上位层级小标题题旨，也加强了因果链，完善了纵式逻辑结构，突出了工作思路和亮点。推荐大家阅读何剑文先生的《公文写作思维方法与实战》一书，其中的“逻辑原理”“方法应用”两章尤其有助于训练公务文书写作的行文逻辑，大家要认真学习。

◎ 认真体会图9-9的行文逻辑，调整好图9-10三个公文开头（“依据或目的”部分）a、b、c、d的语序，体会公文行文逻辑的局部、细节体现。

坚持协同发展。加强协作配合和工作联动，明确责任分工，实现跨地区、跨层级、跨部门整体推进，做好制度衔接，为“互联网+政务服务”提供制度和机制保障。

坚持开放创新。鼓励先行先试，运用互联网思维，创新服务模式，拓展服务渠道，开放服务资源，分级分类推进新型智慧城市建设，构建政府、公众、企业共同参与、优势互补的政务服务新格局。

图9-9

图9-9中的两段文字，跨地区、跨层级、跨部门，是不宜错乱的；运用、创新、拓

① 何剑文．公文写作思维方法与实战[M]．北京：清华大学出版社，2021：98-99.

展、开放也是不宜错乱的。这里都涉及行文逻辑。公文正文不仅层次、整体构架要合事理、合逻辑，局部、细节、语段语句也必须严谨周密。

调整abcd语句顺序，理顺行文逻辑：“根据a优化服务、b放管结合、c简政放权、d协同推进的改革要求，……进一步明确和落实政府相关部门责任，加强事中事后监管，保障建设工程防雷安全，现作出如下决定：”

调整abcd语句顺序，理顺行文逻辑：“与互联网对政府治理的要求相比，与人民群众的期待相比，一些地方和部门仍存在a回应效果不理想、b工作机制不完善、c工作理念不适应、d舆情回应不到位等问题。”

调整abcd语句顺序，理顺行文逻辑：“二、完善诉讼活动法律监督工作机制。a全省各级人民检察院、人民法院、公安机关，b国家安全机关、c司法行政机关、d应当加强联系，进一步完善法律监督工作机制。”

图 9-10

上述三段文字的a、b、c、d，正确的语序分别应该是c、b、a、d，c、b、d、a和c、b、a、d。

第一段文字要注意递进关系和前提条件，先有简政放权，才谈得上放管结合，协同推进事关前面三项，肯定是放在最后的。第二段文字也是，理念是思想认识层面，是大前提，因为回应不到位，所以效果不理想，有因果链。第三段文字主要考虑分类归纳概括以及与事项“法律监督工作机制”的关联度大小、机关层次级别差异。

第十章　公文的语体特征

【问题与任务】

有时候好不容易完成了公文初稿，交给办公室长辈或领导，人家说：一看你这语言，你这文字表达，就不是公文。其实不用别人说，自己看自己的公文练习稿，也会觉得不像公文。很多人在学习、练习公文写作时可能都有这样的困窘和困惑。

很多有经验的公文写作老师都会建议学生诵读经典公文、规范公文，训练、培养公文写作“语感”。通过诵读，感觉、品味语体特征，加强语言文字感知能力，是提高写作水平的有效途径。

【重点与难点】

理解、掌握公文“简明准确、平实庄重”的语体特征是本章重点。通过有效的表达，恰当使用模糊语言、惯用语，规范数字用法，把握分寸，是掌握公文语体特征的基本途径。大家应勤写勤练。

【情景与案例】

我们先看几个公文截图，试着读几句，体会其语言文字表述与一般文章文体有什么不一样，或者其语言文字表述是否合适、有什么问题，看看大家读的时候关注点在哪里。

图 10-1，可能有人能看出来，首句“今年是……大喜日子”有点别扭，日子，一般不会以年为单位计算的，用“天”还说得过去。

图 10-2 中的“此函”，不就是“这个函”吗？最后说一句“此函”是什么意思，要表达什么？

图 10-3，大家可能觉得没问题，有人会说“收悉”用得很好，但其实我们一般只会用“收到”。

图 10-4，大家会关注到第一个句号用得不对，因为这句话没说完。语言文字的准确表述，包括准确使用标点符号。

图 10-5 是网页版截图，首行文字不完整，但不影响大家的关注点：落款不对，“特此发函!”也比较刺眼。

关于做好迎接国庆70周年校园环境治理工作的通知

各单位、部门：

今年是庆祝中华人民共和国成立70周年的大喜日子，举国上下将迎来一系列纪念活动。根据湛江市爱卫会〔2019〕21号文的要求，为了营造隆重、洁净祥和的欢乐氛围，学校号召各单位（部门）和全体师生员工，以主人翁精神迅速行动起来，搞好校园环境卫生，以干净整洁、美丽舒适的校园环境迎接中华人民共和国的生日。现将有关事项通知如下：

一、按照“谁使用、谁负责，谁管理、谁负责”的原则，各单位（部门）于9月26日组织本单位（部门）对管辖区域的环境卫生进行一次大扫除，并做好每日保洁工作。

图 10-1

[redacted]市工业和信息化局关于推荐2020年全省企业情况综合数据采集工作表现突出人员的函

省工业和信息化厅：

根据《广东省工业和信息化厅关于推荐 2020 年全省企业情况综合数据采集工作表现突出人员的通知》（粤工信运行综合函〔2021〕2 号）的要求，经所在单位推荐和我局研究，推荐[redacted]等五位同志为 2020 年全省企业情况综合数据采集工作表现突出人员。

此函。

附件：[redacted]市 2020 年全省企业情况综合数据采集工作表现突出人员推荐表

[redacted]市工业和信息化局

2021 年 1 月 31 日

图 10-2

辽政〔2021〕13 号

辽宁省人民政府关于同意辽宁广播电视大学等三所学校更名的批复

省教育厅：

你厅《关于辽宁广播电视大学等三所学校更名为开放大学的请示》（辽教〔2021〕6 号）收悉。现批复如下：

一、同意辽宁广播电视大学更名为辽宁开放大学，沈阳广播电视大学更名为沈阳开放大学，大连广播电视大学更名为大连开放大学。三所学校更名后，其隶属关系、管理体制以及原有的学历、非学历教育办学权等保持不变，业务接受国家开放大学指导和管理。主要职责为服务全省全民终身学习，推进全省开放教育体系建设，探索高等教育、职业教育

图 10-3

关于开展迎国庆节环境卫生大扫除的通知

2015-09-28 11:12:39 作者：后勤管理处 来源：后勤管理处 浏览次数：176 网友评论 0 条

各单位、部门：

2015年国庆节将到，为营造整洁、舒适、喜气、祥和的节日氛围，干干净净迎国庆。现根据湛江市“五城同创”执行指挥部文件，湛五创办[2015]7号《关于开展迎中秋国庆节环境卫生大扫除的通知》，学校定于本月29日在全校范围内开展环境卫生大扫除活动，现将责任分工及工作要求通知如下：

图 10-4

关于新增行政审核（审批）事项的函

时间：2012-12-08 11:52:03　来源：本网　【打印】【字体：大 中 小】

关于新增行政审核（审批）事项的函

市行政服务中心：

根据《典当管理办法》和《中华人民共和国无线电管理条例》及广东省经济和信息化委员会网上办事大厅审核和审批项目的有关规定，我局拟新增典当变更审核、无线电频率审批、无线电台（站）设置使用和呼号指配审批等三个审核（审批）项目进入市行政服务中心我局窗口。

特此发函！

市经济和信息化局

2012年10月12日

图 10-5

这些都涉及语体问题。

【内容与进程】

一、公文语体及其特征

语体，指的是不同文体语言运用和语言表述的基本特征或风格。文体不同，语体特征各异，如文艺作品的语体以生动形象为基本特征，科技文书的语体以准确严谨为基本特征。

公文语体，即公文写作中语言运用和语言表述的基本特征或风格，就是要做到简明难确、平实庄重。因秘书这一职业的“泛化”和秘书写作领域的不断扩大，秘书写作的语体呈现出多样化的特征。如秘书写作中涉及多种专业文书写作，法律文书写作和新闻宣传文书(尤其是广告、海报)写作的语体特征是互有区别的。前者客观严肃、准确严密，后者直观简明、艺术形象。不同的文体，有着不同的语言运用和语言表述方面的特点和要求，明确语体特征，掌握语言运用和语言表述的各种规定性，是写好各类型文体文章的关键，公文写作自不例外。

秘书写作涉及多种语体，最基础、最核心的是公文语体，因为公文写作在秘书写作中是最基础、最核心的写作活动。

①简明，是指语言简洁明快、文字精练、表意明确、简明扼要，言简而意明。

公文写作的语言尚简，讲究文字精练、节奏明快、浅显易懂，但也不是一味求简，要求言简而意明。文字精练，要求词义简明、无歧义，要选用最能表达某一义项的最合适的语词，如“违反纪律”就不宜写成“违犯纪律”，“败坏党风”就不宜说成“破坏党风”。节奏明快，要求句式简洁、流畅，过渡自然，不啰唆、不拖沓，如“要在总结经验的基础上努力建立、健全和改革各项基本制度”是共成分句，不宜分成三个句子分别表述。浅显易懂，要求避免使用冷僻词语，避免艰涩和不合大众接受心理的表述形式，尽量做到语言表述的“大众化”，以平易为基础遣词造句。表意明确，要求词义明确、语义(句意)明确，从而达到段意明确和主旨明确。简则简矣，却什么意思也没有表述出来，这不是公文语体的“简明”。简与明，是相辅相成的，明是目的，简是手段，简明即简要明确。简而不明或明而不简，都不是公文的语体特征。

②准确，是指用词正确、贴切，表意真实准确。

用词准确、造句恰当、语法规范、逻辑严密，才能达到表意的真实准确。公文写作中常要用到修饰、限定成分很多的长句式，正是表意准确的需要。如“为了使普及九年制义务教育的工作在我省能有计划、有步骤、有保障地顺利进行”，“应对学制、入学年龄、师资、经费、办学条件等重大问题，提出切合我省实际情况的、明确的、具体的要求。”句中既有长定语，又有长状语，这种典型的长句式，在公文写作中常用、常见。

但不要因此而误解，为求准确难免顾不上简明，在公文写作中，简明和准确是一体的，要在简明中求准确。

③平实，是指语言平正朴实、质朴无华。

公文写作忌词辞藻华丽，忌空话大话、套话以及一切消极的修辞，要求不生造词语、非必要不使用专业性强的词语，自然、质朴、实实在在地将意思表述出来。因此，公文写作中很少有渲染、描绘、铺垫类的语词、语句。

但不能因此就说公文写作不求文采、不讲究文采。避免使用生僻艰涩的成语、典故和可有可无的修辞，使用耳熟能详的成语、俗语、典故和恰当的修辞，不会有损公文的“平实”。“平实”并不是土气、粗俗，而是大智慧。在这方面，习近平总书记公务文书中的用典①和平易近人，就堪称典范，中央广播电视总台《百家讲坛》特别节目《平“语”近人——习近平总书记用典》可供大家学习。

④庄重，是指秘书写作的语言要端庄、慎重、严肃，不虚浮、不油滑、不用方言土话、口语和庸俗的网络用语。

这看起来似乎与前面提到的通俗易懂、平实、大众化相矛盾，实际上，公文写作是平实中求庄重、通俗中求典雅，追求的是既不失平实又不失庄重的语言特色和表述效果。

“庄重”这一语体特征决定了公文写作应使用规范的书面语言，既通俗易懂又不粗俗，既庄重文雅又不艰涩。秘书写作、公文写作，毕竟是一种书面表述，适当的书卷味、书卷气应该是其本色。正如请柬中的“敬备薄酌”不能写成“管酒管饭”或“有酒喝有饭吃”一样，秘书写作、公文写作的语体是不能有失庄重和典雅的，礼仪类文书写作尤其应以典雅为上。

简明准确、平实庄重，题中应有之义是语言文字基本功要过关。下面是某大学一篇公示通知的首段文字内容：

> 根据《×××大学教师教学质量评价与管理办法（试行）》（校教务〔2015〕6号）文件精神和《关于开展第十三届教学质量优秀奖评选工作的通知》（校教务〔2021〕89号），学校组织了第十三届教学质量优秀奖推荐的评审工作。经个人申请、单位推荐、职能部门审查、专家评审和学校教学指导委员会审议等程序，拟对王××等30名教师为第十三届教学质量优秀奖获奖人员，现予公示。

这段文字的首句和尾句都有问题。行文依据的“办法”关联了“文件精神”，“通知”应关联“要求”。“拟对王××等30名教师为……获奖人员”，怎么读都不通，“拟对”应为“拟确定”。语言文字基本功欠缺，简明准确、平实庄重无从谈起。

当然，我们说公文写作的语体特征是简明准确、平实庄重，并不意味着公文写作就不求生动活泼。只是公文写作求生动活泼，是必须以简明准确、平实庄重为前提的。材料的典型性、主旨的新颖性，必然会形成秘书写作公文写作“生动”的内容；长短句式的交错运用（句式富于变化）、表意的流畅自然，语言的多元组合（文字、数字、图表）以及表述的详略变化，也必然会使秘书写作、公文写作的语体生动活泼。

要使公文写作的语言运用和语言表述达到简明准确、平实庄重，方法和途径很多。比如，可恰当地使用成语、古语（古汉语语词）、惯用语、缩略语及结构简单的句式等，达到“言简意赅”的效果；可通过多用词的本意、使用必要的模糊语、炼词炼句等达到

① 参见：人民日报评论部．习近平用典［M］．北京：人民日报出版社，2015.

“表意准确”；可通过不用生僻词语、不滥用专业术语、去雕饰少做作等达到“文风平实”；可通过回避土语方言和日常口语、善用名言警句及成语熟语、多用惯用词语和惯用句式等达到“行文庄重”。

简单地说，公文写作的话体特征，基本的要求是：简明，文字、语句、语义都应让人一目了然、清楚明白；准确，表意贴切、周严、无歧义；平实，浅显易懂，不粗俗、不油滑、不虚妄，端庄慎重。

二、必要的模糊语言运用

公文写作的语言，要求语义鲜明、表意准确，但这并不是说公文写作的语言只能是精确语言。在对象无法或无需予以精确表达的时候，公文写作中又不可避免地使用到模糊语言。比如对象本身就是不十分确定的，或无法定性定量(有时也许是人们暂时还无法认识清楚、准确)，就难以用精确的语言进行表述，必须使用到内涵和外延都不确定的模糊语言。实际上，公文写作的语体特征中的“准确”，是精确与模糊的统一。

必须明确的是，公文写作中使用模糊语言，其目的仍是为了表意鲜明、准确，尽量准确或者相对准确。如表时间的模糊语，像当前、最近、近年来、长期以来、超前、年初、几周前等；表数量的模糊语，像数百、一批、许多、极少数、若干等；表趋向的模糊语，像提高、增强、减少、降低、加快等；表程度的模糊语，像十分、非常、特别、显著、从宽、从严等；表性状的模糊语，像恶劣手段、非常事件、紧急情况、急剧变化等；表范围的模糊语，像局部、个别、一般、以外、附近、以后、以上等，这些模糊语在秘书写作中使用频率很高，都有尽量求准的目的。

公文写作中模糊语言的运用，是表达的特殊需要。如“农业生产条件有了较大改善”“国民生产总值有较大增长”，是为了概括的需要，无需明确、具体；如“尽快抓紧落实”“必须有相应的措施”，是为了留有随机应变、灵活处理的余地，不宜规定得太死、太实；如“依法从严从重从快严厉打击刑事犯罪分子”，是有意虚化语义，以求虚中见实，既体现出震慑力、威严感，也便于操作。三例中加点的模糊语，追求表意准确(尽量准确或相对准确)、科学的用意是很明显的。“尽快抓紧落实”如果换成“明天就要落实好”，也许就显得过于武断、不切实际，也就不够准确、科学。

再如，“现在离香港回归祖国的日子已不足一年”，不如“现在离香港回归祖国还有363天”准确，但相对“香港回归祖国的日子已越来越近了”或“香港回归祖国的日子已不远了”却要准确一些、精确一些。同样地，“三天前”比“几天前”要相对准确，“最近两周”比“最近一段时间”要相对准确，“提前了六天左右”也比“提前了些”要相对准确。在无法或无需、不宜准确表述时，使用必要的模糊语言也能突出地反映出不同的行文风格。如前述关于香港回归的四句，就各有用意、各有个性。

总的来说，在公文写作中恰当地使用模糊语言，是表述对象无法或无需、不宜准确具体时语言运用方面的特殊要求，是为了达到语言表述的理想效果，其根本目的仍是“准确”(贴切、周严)。必要的模糊正是为了达到相对的准确。

当然，能够或者需要(必须)、适宜准确具体地表述对象(或表明意向)时，是不能滥用甚至乱用模糊语言的。

三、灵活得体的惯用语

秘书写作、公文写作，在长期的写作实践中形成了一些较为固定的惯用语词和惯用句式。掌握并善用这些惯用语，能提高撰稿速度，更好地体现出公文写作的语体特征，并使公文写作更趋规范化。

秘书写作、公文写作中常用的惯用语，一般在文章的开头、结尾和承转过渡处。

开篇起首的惯用语，较常见的有："根据……""遵照……""按照……""顷奉(接)……""兹将(因、有、介绍、证明、就、派)……""为了……""现将……""关于……""随着……""敬悉……""得悉……""经与……"，等等。

终篇收束的惯用语，较常见的有："此令""此复""此致敬礼"("祝词+颂词"形式，还有"顺颂……""即颂……")，另有"请予……""特此……""望予……""盼予……""恳请……""妥否，请……""当否，请……""以上……如无不当请……""谨呈，……为要、……为盼、……为荷、……为感"，等等。

文中承转过渡处的惯用语，根据语义和性质的区别，可以分成不同的种类。用于承转过渡的情形也多种多样，或用于层次、段落过渡，或用于语义承转过渡。

秘书写作、公文写作中的惯用语，除用在开头、结尾和承转过渡处外，还有一些散见于文中各处，且并无承转过渡的作用，有时表强调(如必须、务求、务请、必要、悉数、当务之急等)，有时表谦敬(如承蒙、谨奉、拜读、拜会、拜托、见教、莅临等)，有时表称呼(如贵单位、本局、该校、你处、我委等)，有时表时限(如届时、当即、即日、当前、最近、日内等)，有时表态度(如不宜、不得、严禁、均系、不妥、不符、均应、责成、准予、为宜等)，此外还有很多。

秘书写作、公文写作的惯用语，有一个基本的使用原则，即要灵活得体。首先，得体是指要根据实际需要使用，并不是凡写作必有惯用语，要讲究"实用性"或"有效性"。即使用惯用语是为了行文简洁、准确、平实、庄重，既要体现公文写作的语体特征，又必须是常用的、规范的语词语句。其次，得体也指一定要适合不同文体的需要(合体)，比如请示的结尾惯用"请指示""请批准"等期请语，写成"此致敬礼"或"此请""特此函达"就不合体。同时，因行文方向不同，惯用语的使用也有区别。比如"复函"，上级回复下级，尾语常用"此复"或"特此函复"；级别低的机关回复级别高的机关，则应用"专此函复"。灵活，则是指不可拘泥古板，开头、结尾、承转过渡虽常用惯用语，但并不是固定的严格的格式要求。灵活得体地使用惯用语，是秘书写作、公文写作的一大特色，既是语言文字方面也是表述方面的特色。与秘书写作、公文写作的实用性相联系，公文写作中惯用语的使用也是"务实"的。如果仅仅把惯用语当成一种形式或格式的东西来使用，虽能"得体"，却是很难"灵活"的。这一点应该引起注意。秘书写作、公文写作有许许多多的规范和要求，这些规范和要求存在的基础和前提，是秘书写作、公文写作的“实用性”，正因为秘书写作、公文写作讲究实效，才有这些规范和要求。因此，秘书写作、公文写作的所有规范、要求包括惯用语及其使用，也必须讲究实效，适应实际需要，有实际效果。

四、讲究语言的分寸感

公文写作的语言，要求适度、得体、恰如其分，既要符合事实情理，又要符合语法规范、语法逻辑。这一要求，受公文写作的语体特征制约，也与公文写作的实用目的和直接显露主旨的特点密切相关。

公文写作讲究实效，该严格禁止的就不能有所姑息或有意睁一只眼闭一只眼，该明确具体的就不能含混或者有意模糊，该批评的就不能全盘肯定，该详细的就不能一味简略，该一笔带过的就不能大书特书，应严肃果断的就不能委婉平缓，应友好协商的就不能主观武断和简单命令……总之，事情的是非成败、轻重缓急、利弊得失以及事物的时限、范围、数量、程度、主次等，均应恰如其分、恰到好处地予以反映和表现，言不逮意或不切实际、夸大其词、隔靴搔痒、文过饰非、虚情假意、卖弄做作都是无法达成秘书写作、公文写作的目的的，不可能有预期实效甚至可能适得其反。至于起草公文，提出措施和要求，空泛的条文、过高的不切实际的要求，不得力的措施，都会影响到公文效用，甚至使其成为“一纸空文”。

上述种种，并不仅仅是语言的分寸感问题，还涉及主旨、材料、表达等多方面。但不管怎么说，秘书写作、公文写作要做到“适度、得体、恰到好处”，是必须依赖并通过语言表达和反映出来的。语言的适度、得体、恰到好处，是文辞简明、表意准确贴切、文风平实、行文庄重的前提。

语言的分寸感(适度、得体、恰到好处)，是要求根据目的对象、内容和文体的需要，恰当地运用语言以达到“为用而作”的实用目的。这里既包括遣词造句要准确贴切，也包括表述方式要得体、表意要准确贴切，还包括语气要得体。

公文写作中，概念是否准确、判断是否正确、分析是否中肯、推理是否严密、表意是否贴切、说理是否透彻、叙述是否清晰准确等，都与语言的分寸感密切相关。语言失了分寸，或过之，或不及，均达不到预期的效果、目的。比如写决定、决议，语气应严肃果断，写请示、报告，语气应谦恭委婉；写函，语气应平缓温和。这些地方都有一个“语气得体”的问题，即要适应文体、对象、内容和目的的需要。决定、决议是下行指挥性公文，内容都涉及重大问题和重大事项，是上级机关的议决、决断意见，要求下级机关严格遵照贯彻执行，如果写得平缓、委婉、有可商量的余地，决定、决议的指挥功能是无法实现的。请示和报告是上行报请性公文，是下级向上级请求指示、批准以及向上级汇报工作、反映情况、答复上级机关询问等，期望得到上级指示、批准或引起上级机关的足够重视、便于上级机关及时了解情况、作出决策，如果以指挥、命令的口吻行文，显然有失体统，一味求委婉、恭敬以至于奉承、媚上同样也是不得体的。

语言的分才感，并不是虚幻和玄妙的，只要真正做到合意(目的)、合体(文体)、合理(内容)并适合不同的受文对象，达到运用和表述的“适度、得体、恰如其分(或恰到好处)”并不是难事。但如果以为这是一个很简单的问题，显然也是自欺欺人。同其他写作活动一样，秘书写作、公文写作中语言问题也是一个关键问题，秘书人员尤其是从事文书撰写的，必须在这方面下一番苦功，认真钻研并熟练地掌握“语言”这一表情达意的工具，否则是无法写出高水平、高质量文书的。

五、注意数字用法规范

秘书写作、公文写作的语言组合是多元的，除文字外，还广泛使用数字、表格、图形等特殊语言。其中数字的使用尤为经常、广泛。

公文写作中，数字的用法应该规范，这也是公文写作的一项规范和要求。2012 年“公文条例”第十一条规定“公文使用的汉字、数字、外文字符、计量单位和标点符号等，按照有关国家标准和规定执行”。目前执行的数字用法规范是国家标准 GB/T 15835—2011《出版物上数字用法》，公文中的数字用法规范以此为准，遵循“得体原则”和“局部体例一致原则”(也常称“同类别同形式”)。

旧版“数字国标”和“公文格式国标”都倾向于使用阿拉伯数字——凡是使用阿拉伯数字而且又很得体的地方，均应使用阿拉伯数字。新版的两个“国标”不再强调这种倾向性。

①得体原则，考虑的是行文表意得体。求简洁醒目，可用阿拉伯数字；求庄重典雅，则要用汉字数字。如北京时间 2016 年 9 月 22 日 19 时 18 分，用阿拉伯数字显得简洁醒目；“十一届全国人大第一次会议”不宜写成“11 届全国人大第 1 次会议”，“六方会谈”不宜写成“6 方会谈”，否则有失庄重典雅。

②同类别同形式(局部体例一致)，指同一篇公文中，同一种性质、类型的表述，数字用法应保持一致。比如，“第一章”的“一”是汉字数字，之后各章都像这样使用汉字数字；第一章的第一个层级，如果用“1. 1”，那么再下位层级是 1. 1. 1，同类别同形式，后续第二章的下位层级序号也应该是 2. 1，2. 1. 1，以此类推。但章标题中用汉字数字“一”“二”，不代表其下位层级序数必须用汉字数字。

另如，公文的结构层次一般分四级，依次标识的数字书写形式为：一、(一)、1. 、(1)。这里也能看出，汉字数字和阿拉伯数字，标识层级序数时时混用的，但一定注意，同层级的数字标识要一致。比如，第一部分层级标识是一、(一)，后面部分不能换成二、1. 或者三、1. ，因为这样一来第二层级序数就混用、不一致了。

公文中的数字用法，这几方面要注意：

1. 公文中应使用汉字数字的情形

已定型的含汉字数字的词语，具有修辞色彩的语句中的数字应使用汉字数字。这也包括不是一组数字、不表计量和不具统计意义的一位数，应用汉字。如“一个人”“四种产品”“读了九遍”中的数字，不是一组数字，不能写成“4 种产品”“读了 9 遍”等；“一律”“十滴水”等定型的词，不能写成“1 律”“10 滴水”；“八国联军”“四氧化三铁”“二万五千里长征”“第三世界”“五省一市”“十月革命”等词组、惯用语、缩略语不能写成“8 国联军”“4 氧化 3 铁”“2 万 5 千里长征”“第 3 世界”“5 省 1 市”“10 月革命”等；“相差十万八千里”“白发三千丈”等语句中的数字具有修辞色彩，不能写成“相差 10 万 8 千里”“白发 3 千丈”。

星期几及夏历、中国清代以前的历史纪年（非公历纪年）必须用汉字数字。如星期六、正月初八、清咸丰十年九月二十日。

邻近的两个数字并列连用表示概数，含“几”的概数，应用汉字数字（且两个数字间不用间隔号）。如：二五天、十八九岁、七八十种、一千七八百元、十之八九等。

引用古籍标注版次、卷次、页码，数字应与所据版本一致。如：①许慎，《说文解字》，四部丛刊本卷六上，第九页。

除上述必须使用汉字的几种情形以外，公文写作中的数字，遵循“得体原则”和“局部体例一致原则”，可使用阿拉伯数字。要注意的是：年份不能简写，如“2010 年”不能写成“10 年”，“2000—2008”不能写成“2000—08”；4 位及以上的数字，采用三位分节法，节与节之间空半个阿拉伯数字的位置；5 位以上尾数多零的数字，可改写为以万、亿作单位的数，如 345000000 公里可改写成“3.45 亿公里”或“34500 万公里”，但不能写成“3 亿 4500 万公里”或“3 亿 4 千 5 百万公里”；一个用阿拉伯数字书写的多位数不能移行。

2. 汉字数字、阿拉伯数字两可的情况

表计量或编号，用到的数字个数不多，使用汉字数字和阿拉伯数字，简洁性、辨识度、清晰性差别不大，两可。如 17 号楼（十七号楼）、3 倍（三倍）、80 周年（八十周年）、下午 4 点 10 分（下午四点十分）……

避免相邻的两个阿拉伯数字造成歧义。如：高三 3 个班，高一 2 班。

功能不同或层级不同，两可。如：第二章，下一层级可标 2.1。

3. 根据行文表意需要选择中西文数字

为求简洁醒目，可用阿拉伯数字；为求庄重典雅，可用汉字数字。比如：北京时间 2016 年 9 月 22 日 19 时 18 分，用汉字数字的话，就不简洁醒目了。

如前文所述，十三届全国人大第一次会议，六方会谈，如果写成 13 届全国人大第 1 次会议、6 方会谈，就有失庄重典雅。

【拓展与思考】

◎ 图 10-1 的语言文字表述上还有什么问题？

首段的表意有重复，不够简洁。通知事项是搞好环境卫生，逻辑关联是“洁净舒适”，但无关“隆重欢乐”，“为了营造隆重、洁净祥和的欢乐氛围”多余，可删。

◎ 图 10-2 和图 10-5 的函，语体上有什么问题？

图 10-2 是市工信局和省工信厅之间的上下级行文关系，宜用报告而不是函。即便用函是对的，结束语(归结或主张)“此函”也坏了语体。总结说一句“此函”不仅生硬，也莫名其妙，如果大家换成惯用语“特此函达”再读，语体语感就对了，且显得简明准确、平实庄重。

图 10-5 是网页版公文截图，可能与实际格式不一样，姑且不究其格式问题，但其正文语体问题突出。不相隶属机关之间的行文，无论是告知、商洽、审批和答复，都应该是商洽的语气才合适，才“合体”。就该函的文字来看，语言生硬冰冷，还有点指挥命令之嫌，没有做到有话好好说。“特此发函!”无异于在吼对方。一般结束语发出号召、郑重提出希望时，才使用感叹号。很多人乱用感叹号，胡乱加重语气，效果适得其反，这就是一例。“特此函达”“特此函告”(可不用标点符号，要用也是用句号)，加上感叹号后客气庄重的惯用语被弄成了“一声吼”。

◎ 图 10-6 是 2018 年网络传播的一份防台风通知。语体问题严重。

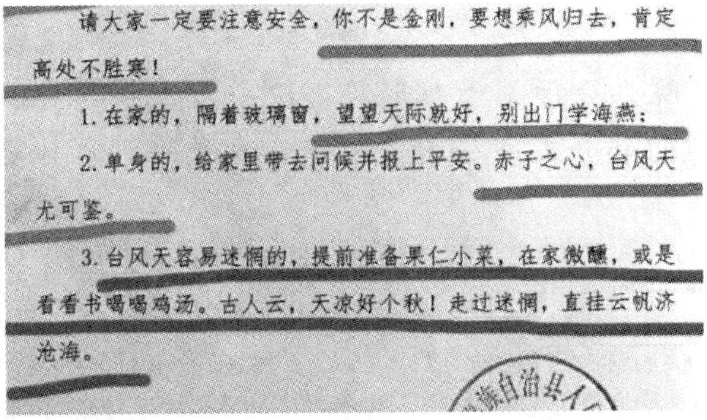
请大家一定要注意安全，你不是金刚，要想乘风归去，肯定高处不胜寒！

1. 在家的，隔着玻璃窗，望望天际就好，别出门学海燕；

2. 单身的，给家里带去问候并报上平安。赤子之心，台风天尤可鉴。

3. 台风天容易迷惘的，提前准备果仁小菜，在家微醺，或是看看书喝喝鸡汤。古人云，天凉好个秋！走过迷惘，直挂云帆济沧海。

图 10-6

作者原本可能想写得活泼一点，但显然过了，与“简明准确、平实庄重”的公文语体相距遥远，只能是一个笑话。大家要引以为戒。

◎ 图 10-7 这个通知是明确、规范工伤保险待遇核定基数统一执行标准的，言简意赅，一句多余的话都没有，处理得特别干净利落，值得学习借鉴。

事由只需要明确界定标准，说重要性、意义、目的的，纯属多余。“核定时”“涉及 2020 年职工月平均工资”，针对实情；“按照……执行”句，明确了依据和主张。“特此通知”这类惯用结束语(归结句)，在极简短的公文中完全不必要。全文一个多余的字都没有，简明准确、平实庄重。

湖南省人力资源和社会保障厅文件

湘人社规〔2021〕23号

关于明确工伤保险待遇核定基数的通知

各市州人力资源和社会保障局，各有关单位：

核定工伤保险待遇时，涉及湖南省2020年度职工月平均工资的，按照湖南省统计局发布的湖南省2020年城镇非私营单位在岗职工月平均工资6863元执行。

湖南省人力资源和社会保障厅

2021年11月29日

图10-7

◎ 图10-8是《国务院办公厅关于新形势下进一步加强督查激励的通知》(国办发〔2021〕49号)的部分文字截图，大家认真读一读，体会公文语体语感。

一、对实施创新驱动发展战略、营造良好创新生态、提升自主创新能力、强化企业创新主体地位、加速推进科技成果转化应用等方面成效明显的省（自治区、直辖市），在分配中央引导地方科技发展资金时给予一定奖励，优先支持其行政区域内1家符合条件且发展基础较好的省级高新技术产业开发区升级为国家高新技术产业开发区。（科技部、财政部负责）

二、对推动“双创”政策落地、促进创业带动就业、加强融通创新、扶持“双创”支撑平台、构建“双创”发展生态、打造“双创”升级版等方面成效明显的区域“双创”示范基地，优先支持创新创业支撑平台建设，在中央预算内投资安排等方面予以重点倾斜；对区域内符合条件的创新创业项目，优先推介与国家新兴产业创业投资引导基金、国家级战略性新兴产业发展基金、国家中小企业发展基金等对接。（国家发展改革委负责）

三、对知识产权创造、运用、保护、管理和服务工作成效突出的省（自治区、直辖市），优先支持开展地理标志专用标志使用核准改革试点，优先支持建设知识产权保护中心、知识产权快速维权中心、知识产权专题数据库，在专利转化专项计划实施中予以倾斜支持。（国家知识产权局负责）

四、对促进工业稳增长、推动先进制造业集群发展、实施产业基础再造工程、保持制造业比重基本稳定等方面成效明显的市（地、州、盟），在传统产业改造提升、智能制造示范工厂等试点示范工作中给予优先支持。（工业和信息化部负责）

五、对推进质量强国建设工作成效突出的市（地、州、盟）、县（市、区、旗），在质量工作改革创新试点示范、国家质量基础设施布局建设、质量提升行动重点帮扶、参与国际标准和国家标准制定等方面给予倾斜支持。（市场监管总局负责）

图10-8

公文语体特征是“简明准确、平实庄重”，要求文字简明、平实、庄重，语义清晰明确，表意准确，层次分明，逻辑周严。任何模棱两可的文字、不必要的重复、一句话分两句说的冗余、并非必需的议论、缠绕交叉的分类概括、颠三倒四的逻辑错乱，都是有损公文语体的。图 10-8，从一到五，每一项内容都很丰富，涉及“督查激励”事项的很多方面，但简洁精练、平实庄重、表意准确。长句分类明晰，层次清晰。行文大逻辑(从一到五)、小逻辑(顿号串列的短句)都很周严，概括力强。建议大家进入国务院门户网站，进文件库，认真读解一些国务院和国务院办公厅的文件。笔者跟踪十余年来，对国务院网站文件库“国发”“国函”“国办发”“国办函”等文件的示范性意义深有体会。在办文方式、行文关系处理、格式规范、行文逻辑和语体等方方面面，上述四类机关代字的文件，都是典范。

第十一章　公文文种辨用

【问题与任务】

制发公文处理事务时，具体选用哪个公文文种，如何选准用对文种，有一定难度。实际工作中，很多时候，一个事项一项工作，不同情况不同阶段，可能要用到多个公文。比如以下公文都是关涉同一个事项(工作)：

《……关于×××× ××联合开展2022年度创优争先活动的意见》
《……关于开展××××2022年度创优争先活动的请示》
《××××关于开展2022年度创优争先活动的通知》
《×××× ××关于联合开展2022年度创优争先活动的函》
《×××× ××联合开展2022年度创优争先活动沟通协调会纪要》
《××××关于2022年度创优争先活动的情况通报》
《××××关于2022年度创优争先活动的报告》
《××××关于表彰2022年度创优争先活动先进集体和先进个人的决定》

当然，这个事项还会用到策划案或策划书、工作计划与总结等事务文书。应用写作、公务文书写作，无处不在。

机关、单位大院内有基建工程在施工，要发一份公文(并张贴)告知车辆行人注意事项、安全事宜，你会选用哪个文种？

年终本机关、单位表彰年度先进集体和个人，给予相应的奖金，发文传达并号召向先进学习，你会选用哪个文种？

【重点与难点】

熟悉常用公文文种的功能、用途、适用范围，是公文写作的必修课，也是核心和重点，要下功夫。能辨析清楚、准确选用易混易错文种，是本章难点。

【情景与案例】

看下面几篇公文，思考相关问题。

图11-1使用公告文种，合适吗？

图 11-2 为什么不使用通知文种？

图 11-3 和图 11-4 都是处理请示的公文，为什么一个用的是通知文种，另一个用的是批复文种？哪个公文文种用错了？

图 11-5 的标题是“通知”，归结和主张句写的是“通告”，哪里出错了？

告诉大家，图 11-1 使用公告不合适；图 11-2 不宜使用通知，用通告是对的；图 11-3 和图 11-4 在文种选用上都没有问题，都是对的；图 11-5 标题“通知”应改为“通告”。至于为什么，大家认真学习和思考，并完成文种辨用后，就会明白的。

[illegible]县人民政府

公　　告

近期，我县城镇部分区域集中供热效果不好，一些居民反映强烈。主要原因是，原计划热电扩建工程 11 月底完工，由于设备订购、加工、组装没有及时跟进，技术人员、施工人员力量不足，扩建资金筹措困难，受天气变化影响施工等因素，导致工程进度缓慢，没有如期完工。

县委、县政府高度重视，成立了工程指挥部；在热电厂扩建项目建设过程中，多次召开会议，研究工程建设中出现的问题，采取一系列措施，研究解决办

图 11-1

陕政发〔2021〕19 号

陕西省人民政府关于县级以上人民政府统一行使行政复议职责有关事项的通告

为落实党中央国务院关于行政复议体制改革的决策部署，按照《陕西省行政复议体制改革实施方案》要求，现将我省县级以上人民政府统一行使行政复议职责有关事项通告如下：

一、自 2022 年 1 月 1 日起，除实行垂直领导的行政机关、税务和国家安全机关外，全省行政复议职责集中至省、市、县级人民政府，一级人民政府只保留一个行政复议机关，统一管辖以本级人民政府派出机关、本级人民政府部门及其派出机构、下一级人民政府以及有关法律、法规授权的组织为被申请人的行政复议案件，并以本级人民政府名义作出行政复议决定。杨凌示范区

图 11-2

国务院办公厅关于批准
湛江市城市总体规划的通知

国办函〔2017〕60号

广东省人民政府：

你省关于报请审批湛江市城市总体规划的请示收悉。经国务院批准，现通知如下：

一、国务院原则同意《湛江市城市总体规划（2011—2020年）》（以下简称《总体规划》）。

湛江是东南沿海重要的港口城市，北部湾中心城市之一。《总体规划》实施要深入贯彻党的十八大和十八届三中、四中、五中、六中全会及中央城镇化工作会议、中央城市工作会议精神，认真落实创新、协调、绿色、开放、共享的发展理念，认识、尊重和顺应城市发展规律，坚持经济、社会、人口、环境和资源相协调的可持续发展战略，提高新型城镇化质量和水平，统筹做好湛江市城乡规划、建设和管理的各项工作，逐步把湛江市建设成为经济繁荣、和谐宜居、生态良好、富有活力、特色鲜明的现代化城市。

图 11-3

国务院关于同意设立
中国（海南）自由贸易试验区的批复

国函〔2018〕119号

海南省人民政府、商务部：

你们关于设立中国（海南）自由贸易试验区的请示收悉。现批复如下：

一、同意设立中国（海南）自由贸易试验区。

二、中国（海南）自由贸易试验区实施范围为海南岛全岛。相关土地、海域开发利用要严格遵守国家法律法规和海南省“多规合一”总体规划，并符合节约集约用地用海的有关要求。涉及无居民海岛的，要严格按照《中华人民共和国海岛保护法》等有关规定办理。

三、中国（海南）自由贸易试验区内的海关特殊监管区域的实施范围和税收政策适用范围维持不变。

四、海南省人民政府、商务部要会同有关部门做好《中国（海南）自由贸易试验区总体方案》的组织实施工作。

国务院

2018年9月24日

图 11-4

关于[illegible]校区南门及广场维修期间禁止出入的通知

各单位、部门：

由于学校[illegible]校区南门及广场维修，2021 年 7 月 23 日至 2021 年 8 月 28 日禁止车辆和人员通行，期间进出学校的车辆和人员请绕道西一门通行，谢谢配合。

特此通告。

基建处

2021 年 7 月 26 日

图 11-5

【内容与进程】

一、正确选用公文文种的基本步骤

通用公文共有 15 个文种，它们共同承担指挥、指导、布置、规范、晓谕、协调、商洽、报请等多种功能，是各法定组织及其法人依法行使职权、发挥管理效能的重要工具和手段。但每一个文种的性质、功能、适用范围、制发权限及撰制要求等又各有区别。撰拟和制发过程中要做到准确、规范地使用各文种，不是件容易的事情。实际工作中，文种使用不当的现象大量存在。如决定与决议不分；请示与报告互用，或混用成“请示报告”；决定与通报错用；公告滥用，通知与通报、公告错用，通告与通报不分；决定与通知、意见错用；批复与意见、函以及通知错用；该用平行文种“函”却用了上行文文种或下行文文种，等等。

文种使用不当，直接影响到公文效用的实现和制文意图的传达。制文机关无法通过文种不当的公文有效地进行社会管理，有效地行使法定职权，这是不言自明的。

要做到文种使用规范、准确，需要从多方面进行努力，既要把握准行文关系和行文方向，又要理解透文种的性质和功能，要明确每一文种的制发权限和适用范围。同时，根据制文意图、公文内容、行文目的的差异选用文种，也是至关重要的。很多文种需要进行反复的辨识，才能真正明白容易混淆的文种之间的差别，很难一步到位地选准用对。因此，秘书人员，尤其是主要从事文稿撰拟工作的秘书人员，掌握一些文种选用的基本途径与方法，是十分必要的。学术理论界关于文种选用问题的探讨一直在进行，随着探讨的深入，文种选用的规律、文种选用的途径与方法等越来越明确。如周森甲先生关于“文种关系网”的揭示、文种选用规律的探讨以及文种选用要求与方法的明确，① 就极有启发性和参考价值。

文种的选用，是一项很复杂的工作，也是有一定难度的。如果我们能将这项工作分步骤完成，结合实际进行探讨，正确选用和使用文种也不是永久性的难题。

第一步，根据行文关系和行文去向，初步确定文种范围。

公文的行文关系，包括以组织系统内级别高低为根据的领导关系和以职权范围为依据的指导关系、管理关系，以及不相隶属机关间的协作关系，共六种主要行文关系。前面“公文的行文关系”部分我们已经介绍过了，“五服”关系之外是协作关系。

“领导关系”下的行文，其去向正如我们所熟知的常说的，是上行、平行、下行。而“指导关系、管理关系”下的行文，其去向是斜行。上行、平行、下行、斜行共同构成通用公文的完整行文关系和行文去向。

领导关系下的行文，发文机关和受文对象（主送机关）之间的关系，情况并不复杂，要么是上下级关系，如某省的县人民政府与该省人民政府之间的行文；要么是同级即平级关系，如 A 县与 B 县人民政府之间的行文。

---

① 参见：周森甲．揭示文种关系网——试探文种选用规律之一［J］．秘书，1994（1）；周森甲．把握文种选用的要求与方法［J］．秘书，1994（6）．

指导关系、管理关系下的行文，是撇开了领导关系而言的，行文关系比较复杂，发文机关与受文对象(主送机关)可能是平级的，也可能级别有高低，斜向行文。引用斜向行文这一概念，有助于我们理解指导、管理关系下那些特殊行文现象。比如，级别低的机关向级别高的机关行文时，使用下行文，即"逆向行文"现象。在领导关系下考察这一现象，它属于不正确的违反规则的行文，但在指导关系、管理关系下，它却是正常的、必要的。指导关系、管理关系中的管理者，无论比被管理者级别高还是低，都取得了领导关系中的"上级机关"地位，被管理者必须服从管理者。管理者与被管理者之间的行文，称平行、上行或下行时，都容易与领导关系下的行文混淆不清，或者一些行文现象让人不好理解、难以接受，引入斜向行文的概念是必要的也是可行的。如《长沙市天心区人民政府关于在全区范围内开展卫生大检查的通知》，发到长沙理工大学，就是管理关系下的斜向行文，区政府级别低于大学，但使用的是下行文。在领导关系下，无法解释这一现象，但在管理关系下，这份通知可以主送到区域内的任何单位，即便逆向也是顺理成章的。

也就是说，根据行文关系和行文去向大致确定文种范围，必须同时明确领导关系、指导关系和管理关系。

领导关系、指导关系下，如是下行文，文种选择的范围有：命令(令)、公报、决议、决定、指示、批复、意见、会议纪要、公告、通告、通知、通报、条例、规定、办法。即如果是下行文，可在这15个文种中进行选择。

如果是上行文，下级机关向上级(领导或指导)机关的行文，只在报告、请示和意见(意见既可下行也可上行)中作选择。

如果是平行文，发文单位与受文对象(主送机关)是平级，只有两个文种可供选择：议案、函。

如果是向不相隶属的机关行文(没有直接的领导与被领导关系)，或向有关主管部门请求批准，不用选择，只能用函。这里的"有关主管部门"指的不是上级机关，而是有关机关中的某个部门。领导关系下，这两类情况使用函，是斜向行文。

管理关系下的行文，是斜向行文。如是管理者向被管理者行文，在下行文中选择文种；被管理者向管理者行文，一般不宜在上行文中作选择，而是取不相隶属的平行文文种。比如监督与被监督，属地化管理关系的统管与被统管，还有机关内的综合管理与被管理，前者可以向后者发下行文，后者不宜选用上行文文种向前者行文。像各级政府、事业单位和党委的办公厅(室)与其他二级单位之间，公司或企业的总裁办、总经办、厂办与其他二级单位之间，是综合管理与被管理关系，承担综合管理职责的办公厅(室)可以给其他二级单位(部门)发下行文，但其他二级单位(部门)不宜给办公厅(室)发上行文。监督与被监督、统管与被统管关系中，也是这样。我们以大学为例，校长办公室和校党委办公室可以给校内各部(处)、学院等二级单位发下行文，但后者不能给前者发上行文。因为校内各部(处)、学院的上级机关是校行政、校党委，行政办、党委办只是上级机关的综合管理部门。学校的土地使用、治安保卫、医疗卫生、户籍、财税等事务，要接受所在地(属地)的政府机关及其相关职能部门的管理，后者在自己属地管理职权范围内可以给学校发下行文(无论级别低多少)，但学校不能给有相应属地管理职权的机关、部门发上行文，而应用不相隶属关系的平行文文种函。

没有管理与被管理关系的机关之间的行文，不在管理关系下考虑其特殊性，包含在领导关系下的行文关系与去向当中。发文者与受文对象(主送机关)之间是否存在管理关系，是以职权范围为依据的。也就是说，秘书人员撰拟通用公文时，必须明确本机关单位与受文单位各自的职权范围，以免错用文种、出现越权行为。

公文的行文规则中，不相隶属机关之间的行文，商洽工作、询问和答复问题、请求批准和答复审批事项是用函。但我们不能据此将不相隶属机关之间的行文关系和行文去向定为“平级平行”。因为“不相隶属”只是没有直属领导与被领导关系，可能两个机关是平级的，也可能一高一低。两个不相隶属的机关，级别有高低时，它们之间的行文关系及去向，也宜称斜行或斜向。当然，将不相隶属关系中的行文理解成平行，这是大家能接受的常规做法，也没有太大问题。引入斜向、斜行概念是为了便于我们更好地理解行文关系和准确选用文种。

根据行文关系和行文去向选用文种，还只能明确可供选用的文种范围，大部分文种都无法具体落实。但这是正确选用文种的第一步，是应该完成也必须完成的工作，尤其是初次撰拟通用公文的秘书人员，认真做好这项工作至关重要。毕竟在通用公文撰拟、制发过程中，行文关系及行文去向是必须明确的。

第二步，根据制文意图和文种性质，进一步确定文种。

机关制文意图，是确定文种的重要依据。不少文种的选用，一旦明确了制文意图，文种也就自然确定下来了。如，要通知召开会议自然用通知；国家主席或国务院要发命令，自然是用命令(令)。如能综合起制文意图和文种性质两方面因素考虑，则绝大多数文种的正确选用就不成问题了。

公文文种分类，各种应用(实用)写作、公文写作著作和教材中常见的是，根据性质的区别通用公文可分成六大类：指挥性公文、规范性公文、告晓性公文、报请性公文、商洽性公文和记录性公文。这六大类，是按文种的主要性质归类的，有些文种还兼具其他属性，如表 11-1 所示。

表 11-1

性　质	文　　种
指挥性公文	命令(令)、决议、决定、批复、意见、 [公报]、[纪要]、[通知]、[函]
规范性公文	条例、规定、办法、 [通知]、[通告]、[意见]、[函]
告晓性公文	公告、通告、通知、通报、公报、[函]、[纪要]
报请性公文	议案、报告、请示、[意见]、[函]
商洽性公文	函、[意见]
记录性公文	纪要

加“[ ]”号的，是兼具某种属性；加阴影的，是不在2012年“公文条例”中的非法定公文文种。

也就是说，公报、纪要、通知、函是兼具指挥性或指导性的；通知、通告、函是兼具规范性的；上行文中的意见，国务院办公厅规定按请示性公文的程序和要求办理；函还兼具告晓性和报请性。兼具某些属性，是指某一文种在运行过程中，因公文内容和制文机关的特殊性而具备了除主要属性之外的其他属性。如通知属于告晓性公文，但上级机关用于向下级机关布置工作时，则是具有指挥性的。再如函属于商洽性公文，但《国务院办公厅关于悬挂国徽问题给××省人民政府办公厅的复函》却是具有明确的指挥性和规范性的；用于向不相隶属机关请求批准的函，是具有报请性的。

意见、函是典型的多向性(可上行平行下行)多属性公文。所以我们前面对公文进行分类的时候，列出指挥性、规范性、告晓性、报请性、多属性多向性五大类。分五类还是六类，并不是分类问题的核心，分类是为了我们更好理解不同文种的性质、功能和作用。分六类，突出强调函的商洽性和纪要的记录性，但可能忽视两个文种很重要的兼有属性。比如纪要，虽然2012年”公文条例”界定为“适用于记载会议主要情况和议定事项”，但它并非纯粹的记载、记录功用；情况要传达告晓，议定事项要贯彻落实和遵照执行，只关注记载可能误解公文运行的真正效用、目的。事实上，所有文种都有记载、记录和传达公文主旨、制文意图的基本功能，记录不应是纪要的根本目的。认定函为商洽性公文，也可能忽视“请求批准和答复请批事项”的用途。比较起来，我们更推荐分成五类的分类方法。

分类，是为了更好读解、理解、把握不同文种的用途。

根据制文意图和文种性质选用文种，第一步即根据行文关系和行文去向尚不能完全确定下来的文种，这时就基本上能够确定下来了。至少，缩小了文种选择范围。

一些行文去向一致，主要属性相同的文种，这时也能区别开来。如同是下行告晓性的通告和通报，用于传达精神和情况时可能会互相错用，但只要明确了通告兼具指挥性和规范性，而通报只具告晓性，根据制文意图就能正确选用这两个文种。另如公告和通告也能在这一步大致确定，因通告兼具规范性，如果在要求周知的同时还要求遵守，就只能用通告。

当然，完成这一步工作并不能全部解决文种选用的难题。公文撰拟、制发以及文种选用过程中，明确制文意图和文种性质，是最基本的要求。

第三步，根据文种功能和适用范围，最终选定文种。

这是文种选择的最后环节，也是最关键的。它要求严格区分每一个文种的功能和适用范围，严格按2012年“公文条例”规定的文种用途正确选用文种。

通常情况下，这是一项基础性工作，因为从事公文撰拟时，必须清楚每一个文种的用途，否则无从起笔。这里讲的根据文种功能和使用范围选用文种，是针对一些文种不好区分、容易错用而言的。也就是说，经过前两个步骤仍不能完全确定的文种，或者因去向一致性质又相同甚至功能也大致相近的文种，就需要认真仔细地探讨以至于最终明确其功能和使用范围，最终达到正确选用文种的目的。

如公告和通告，前者传达范围是“国内外”，后者是“一定范围”；前者告晓的事项有重要性和法定性要求，后者没有强调这个，但明确了“遵守”的要求。

图 11-6 列出了非法定公文文种：条例、规定、办法。三者都是规范性下行文，去向、制文意图和性质都相同。但三者的功能和适用范围仍然有区别。条例的规范要系统、全面一些，办法是针对具体工作作具体规范，规定则处于两者之间，既不如条例系统全面，也不如办法详细具体。而且 2001 年 11 月 16 日朱镕基总理签署第 321 号国务院令公布施行的《行政法规制定程序条例》(2002 年 1 月 1 日起施行)规定：国务院各部门和地方人民政府制定的规章不得称“条例”。

尽管《行政法规制定程序条例》对每一文种的功能和适用范围都有比较明确的规定，实际工作中错用、混用、滥用文种的现象还是大量存在。因此我们觉得对行文去向、文种性质、功能及适用范围进行比较辨别是十分必要的，错用文种的根本原因正是没有认真对待这一工作或者没有很好地完成这一步骤。

二、议决用文种辨析：决定与决议

决定和决议可以说是实际工作中最难准确区别选用的两个文种，因为它们都用于决断、议决事项，其权威性的指挥功能和强制性的约束力相当。

实际上，它们的文种功能还是有区别的。

决议必须是经会议讨论通过的，这个“会议”多指组织机关、权力机关的代表大会或全体大会；决定则不一定是会议讨论通过的，即使与会议有关，这个“会议”也多指日常工作会议。决议不是行政公文的主要文种，行政机关较少使用，它是党的文件、人大文件的主要文种。“经会议讨论通过的重大决策事项”用决议；对重要事项作出决策和部署、安排的，用决定。从这里也可以看出决议与决定的细微差别，一个是“重大”事项，另一个是“重要”事项，“重大”事项都“重要”，“重要”事项不一定都“重大”，“重大”比“重要”牵涉面更广、影响更深远；决议的指导性强(决策)而决定的“安排”操作性强(部署，具体一些)，也就是公文内容的表现形式有差别。概括起来，主要区别在于：

首先，形成方式不同。决定和决议近在“决”字上，即两者都是上级用于安排及决策重要事项的。但形成决议，是必须经特定重要会议(法定会议)讨论通过的；而形成决定，则不一定经会议讨论通过，可与会议有关，也可与会议无关(领导研究决定)。这也就是说，决定的适用范围更广，各类机关单位、团体都可以用。

其次，内容有区别。决议是用于“决策”重要事项的，侧重贯彻执行的指导性，提供开展工作处理事务的原则、精神、方向等；而决定是用于“决断”重要事项、安排重要行动的，侧重贯彻执行的约束力，提供开展工作处理事务的措施、方法、要求等(部署)。“决策”与“决策和部署”不是等义的，前者的行为是策略性的，后者的行为是规范性、安排性的，一个重在“议”，另一个重在“断”，两者的效用也就各有不同。

表现在公文内容中，决议显得原则性些、概括些，多涉及全局性工作；而决定详尽些、具体些，多决断具体或特定工作。前者要求贯彻精神，后者要求(落实)执行措施，即因内容有别，两者的效用及处理要求也各有区别。

再次，表现形式不同。除内容的表现形式有别之外，文面形式区别也很明显。所有的决议都必须标注“会议全称及通过日期”(甚至不能略去“通过”二字)，且文尾都不落款，文面形式严格、单一。而决定的文面形式受内容及制文意图制约，显然相对灵活，会议通过的标注“会议全称及通过日期”，不落款，除此以外的决定均编发文字号且有落款。而且，决议正文前都没有主送机关，决定视具体情况可在正文前标注主送机关。

最后，两者的写作要求也有区别。决议的写作，多要求表述的原则性与概括性，有理论色彩。决定的写作，多要求表述具体、详尽、明确，有可操作性。决议写作中较多用到议论的表达方式；而决定写作中多用叙述、说明，较少用到议论的表达方式。

当然，决定、决议的区别都是相对而言的，两者之间的共同点也很多。这正是造成错用文种的原因。一般来说，我们认为行政公文还是不用决议为好，针对重大行政事项党政联合行文可用决议。至于到底什么情况下可用决议或决定，可简单概括为：凡经重要特定会议(法定会议)讨论通过的，涉及全局性、原则性的议决事项(决策事项)，用决议；凡有具体明确的执行要求，内容具体、特定或虽事关全局但有具体要求的决断事项，用决定。

中国共产党中央委员会

关于建国以来党的若干历史问题的决议

（1981 年 6 月 27 日中国共产党第十一届中央委员会第六次全体会议一致通过）

中共中央关于党的百年奋斗重大成就和历史经验的决议

（2021 年 11 月 11 日中国共产党第十九届中央委员会第六次全体会议通过）

图 11-6

看图 11-6 两个决议，大家应该就能很好理解“经会议讨论通过的重大决策事项”之“重大决策”。将图 11-7 的决定，与图 11-6 的决议进行比较，大家应该能区分“重大”与“重要”、“决策”与“决策和部署”的差异。

全国人民代表大会常务委员会

关于授权国务院在部分地区开展房地产税

改革试点工作的决定

（2021年10月23日第十三届全国人民代表大会常务委员会第三十一次会议通过）

为积极稳妥推进房地产税立法与改革，引导住房合理消费和土地资源节约集约利用，促进房地产市场平稳健康发展，第十三届全国人民代表大会常务委员会第三十一次会议决定：授权国务院在部分地区开展房地产税改革试点工作。

一、试点地区的房地产税征税对象为居住用和非居住用等各类房地产，不包括依法拥有的农村宅基地及其上住宅。土地使用权人、房屋所有权人为房地产税的纳税人。非居住用房地产继续按照《中华人民共和国房产税暂行条例》、《中华人民共和国城镇土地使用税暂行条例》执行。

二、国务院制定房地产税试点具体办法，试点地区人民政府制定具体实施细则。国务院及其有关部门、试点地区人民政府应当构建科学可行的征收管理模式和程序。

三、国务院按照积极稳妥的原则，统筹考虑深化试点与统一立法、促进房地产市场平稳健康发展等情况确定试点地区，报全国人民代表大会常务委员会备案。

本决定授权的试点期限为五年，自国务院试点办法印发之日起算。试点过程中，国务院应当及时总结试点经验，在授权期限届满的六个月以前，向全国人民代表大会常务委员会报告试点情况，需要继续授权的，可以提出相关意见，由全国人民代表大会常务委员会决定。条件成熟时，及时制定法律。

本决定自公布之日起施行，试点实施启动时间由国务院确定。

图 11-7

三、报请用文种辨析：报告与请示

请示与报告，是通用公文中仅有的两个上行文正式文种，而且都是报请性的。实际工作中混用现象严重，甚至将两个文种合为“请示报告”的现象也时有发生。早些时候(1990年以前)出版的公文写作、实用写作类著作及教材，有不少在报告中列出了“请示报告”类型；新近出版的同类著述则大多对请示与报告进行了辨析，遗憾的是，在请示文例中选用“以上报告，请指示”作结束语的报告而不指出错误，在请示文例中选用“以上请示如无不妥，请批转各部门执行”作结束语的请示，而不指出错误，客观上又模糊了二者的界限，向实际工作妥协了。

造成报告与请示不分的原因是多方面的。一是性质相近，二者都是上行文，都是报请性的；二是历史原因，现代公文史上，曾有“请示报告”这一文种，惯性思维导致人们理解不清；三是部分内容相近，各类请示中都可能要陈述情况，讲缘由，也有“汇报”的成分，请中有报。

但请示与报告的本质区别还是相当明显的，无论是本质特征、承办方式、用途及行文时限、个体及群体存在形态、效用空间等都有区别。

首先，请示是“问文”，具有求答性与回归性统一的本质特征；报告是“呈文”，具有汇报性与呈递性统一的本质特征。前者求指示、批准，后者只是呈报。

其次，请示的承办方式只能是“批复”(由上级机关的综合管理部门答复时使用“通知”“函”或“意见”，请参考图11-3和图11-4)，并且有请必有复，回复到原请示机关落实、执行，可抄送(或以公开发布的方式)其他机关要求参照执行；报告则为“阅知”。

再次，请示用于请求指示、批准，必须事先行文，不能先斩后奏；报告主要用于汇报，既可在事前行文，也可在进行中或事后行文。

实际工作中，选择使用这两个文种，可从三个方面进行：

一是弄清各自的处理方式，凡需上级作出答复的，用请示行文；凡只需上级阅知的，用报告行文。

二是分辨各自的执行方式，凡经批示后需回归本机关执行的(即便也要求其他机关参照执行，也是上级机关的决断，不是请示机关的行文意图)，用请示；凡呈递而已不需批示的，用报告。

三是明确各自的内容性质，凡对上级机关有所要求，为解决本机关及下属单位问题、事项的，用请示行文；凡向上级机关汇报工作、反映情况，用报告行文。

将“请求批转”也看成请求批准性一类请示的行文目的及用途，这是很长时间里一种普遍的认识和做法。各种公文写作、文秘写作、实用(应用)写作著述，或明确请示可用于请求批转，或选用请求批转的请示文例，能很好地说明理论上的“共识”和实际应用的普遍性。实际上，这是一种误识和误用，有必要在这里说明。

我们认为，请示是不能用于请求批转的，也不能被批转。作为一种“问文”，请示具有求答性(呈请)与回归性相统一的本质特征，上级机关无论是对请示事项作出指示还是给予解决、批准，原则上只能将处理意见或结果回复给原请示机关。下级机关的请示事项在上级批准以后，需要其他机关和部门共同贯彻执行的，由上级机关决定抄送还是公开发布，传达到其他机关；请示事项经批准后，需要由原请示机关的下属机关单位执行或办理，则应由原请示机关在接到答复以后再往下行文，将上级机关的答复意见作为这一下行文的重要依据(经上级机关批准同意)。

至于在本机关的职责权限内负责办文(拟文)，需要上级机关批转其他机关贯彻执行的，用意见。下级机关对某项工作某一问题的安排或处理意见，不能用报告呈报上级机关批准转发，报告没有"提出意见或建议"用途的，应用上行的意见。

四、请批用文种辨析：请示与函、议案

在"请批"功能上，请示适用于下级机关向上级机关请求指示、批准；函适用于不相隶属机关之间请求批准，两者功能和适用范围界定得很清楚。

但实际工作中，请批函与请示相互错用的现象比较严重。一些同志总以为请求批准时使用"函"显得随便，发文单位觉得不足以表示谦恭、会影响问题的解决；而受文单位似乎也嫌对方没有敬意、小看了受文机关。这样本该以请批函行文的，都有意用成了请示。另外，错用函与请示，也有分辨不清到底该用什么文种的原因。因此，有必要明确，必须按行文规则，根据各自的用途和功能，正确使用请示与请批函。

请示与请批函的区别主要有三个方面。

一是文种不同、性质及行文对象有别。请示是报请性上行文；请批函作为函的一种，是商洽性的平行文或斜行文。请示的行文对象是"上级机关"，请批函的行文对象则是不相隶属的"有关主管部门"。上下级机关，指具有行政隶属关系和业务隶属关系(垂直关系)的上下级机关。前者如省政府与县政府之间，省政府与其所属的委、局、处、办之间是上下级关系；后者如省教育厅与县教育局，行政上虽分属省政府与县政府的下级机关，但业务上县教育局又是省教育厅的下级机关。这两种关系下，下级向上级行文，用报请性上行文。不相隶属的"有关主管部门"，有同级的和非同级的两种情况(或关系)，前者如下一级政府与上一级政府的同级别职能部门之间(斜向平级)，或同级的政府各部门之间(平行平级)；后者是彼此间没有行政或业务隶属关系，级别高低又不一致，如市教育局与县国土局之间(斜向非平级)。在这两种情况下，彼此之间请求批准，用商洽性平行文函。

除了下级机关因隶属关系和职责权限要请示其上级机关，无隶属关系的机关之间也因职责权限问题存在诸多请批事项。比如一级政府机关的财政部门负责、主管这级政府的财政工作，国土资源、教育、环保、医药卫生等部门也都负责、主管相关工作和业务，这就是我们说的不相隶属的主管部门。这些机关机关之间、部门部门之间，即便无组织或业务的垂直隶属关系，但也有涉及对方主管的事务需要请求对方批准，这就是请批函的适用范围。

请示和请批函的辨用，为了直观，可用图 11-8 示下(以省、县级之间为例，两列关系矩阵大家可以置换成其他领域的两级机构，比如总公司和分公司，或者总局和分局)：

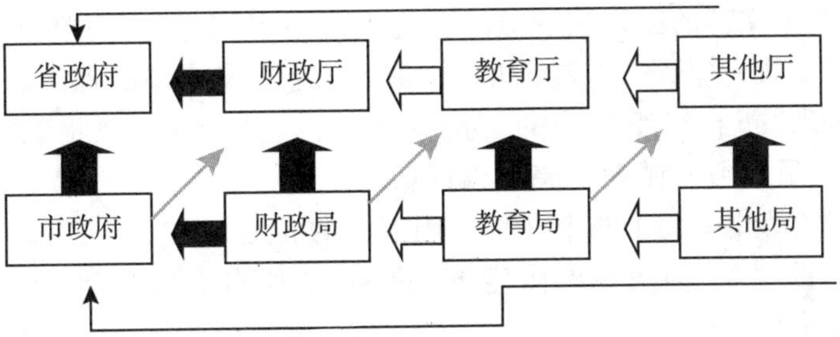

图中深色箭头所示，用请示行文
浅色箭头所示，用函（请批函）行文

图 11-8

图 11-8 中平行及垂直方向深色箭头所示行文方向的请批，用请示；斜向以及矩形框的单位之间的浅色箭头（反斜向的浅色箭头省略了）所示行文方向的请批，用函。

二是请示与请批函的作用及功能有区别。请示可用于请求指示、批准；请批函只请求批准，不能用于请求指示。

三是请示与请批函的回复方式、文种不同。上级机关答复下级机关请示的复文用批复，请批函的复文仍是函（可写成“复函”）。批复是指挥性公文，而复函是函的一种，属多属性多向性的商洽性公文（有时可能有指挥或规范作用，但文种主要属性不变）。如前所述，如请示不由上级机关直接答复，而是授权行文的上级机关综合管理部门答复，则不能用批复，可用函、意见（上级机关综合管理部门与下级机关是平级、不相隶属的行文关系）或通知（行使综合管理职责，受权回复，图 11-3 即是）。

议案，适用于各级人民政府按照法律程序向同级人民代表大会或其常务委员会提请审议事项。议案不能用于各级各类机关，是纯粹的行政公文，只用于政府机关（不包括政府机关组成部门）向同级人大提请审议事项，其他单位、团体不用（比如提请政协会议、单位的职代会双代会审议事项，用的是非法定非正式公文文种“提案”），“同级”提示我们，是平行文。尽管这个文种也是用于请批（请批准、请审议）的，但应该不至于用错。

五、奖惩用文种辨析：命令（令）、决定与通报

工作中，单位、集体或个人作出了成绩、贡献，或出现了问题、错误，要行文表彰奖励或批评处理，用决定还是通报？这是令初学公文写作甚至有三两年办公室工作经验的秘书工作者非常头疼的一个问题。通过辨析，让大家在了解命令（令）、决定与通报功能用途的基础上，理解这三个文种在嘉奖、奖惩、表扬、批评用途上的差异，准确选用文种，是个有难度的任务。

命令（令）可用于“嘉奖有关单位和人员”，即“嘉奖令”，不用于惩处。但命令（令）制发权限较高，级别高的军队机关、行政机关才会用到，一般机关单位不可能用到，“嘉奖令”的错用情况少见。只有极少数企业（公司）、组织法人代表随意乱用令。笔者

曾在一所民办学校校长的办公室见过该校长的令，只能说是“无知者无畏”。

决定和通报两个文种的区别很明显。决定，可用于“奖惩有关单位和人员”；通报，适用于“表彰先进、批评错误”。这是两个文种的功能容易混淆的点。决定，重在“决”，即作出奖惩的决断，重在组织机关的结论性意见；通报，重在“报”，即传达、晓谕，以便更多单位和人员学习、诫勉，突出教育功能。

2012 年“公文条例”中关于两个文种适用范围的界定，在“事项”和“精神”“情况”前都有修饰限定词“重要”，但决定的限定词“重要”在所有事项之前，通报的限定词“重要”在表彰、批评事项之后。

用词、词意上，奖惩，比表彰、批评的程度要重，嘉奖，又比奖励的程度重。

综合起来，用决定奖惩的对象，其成绩、贡献、先进事迹或过错、问题、错误事实，要比通报对象的重，程度有区别。

通常是，比较好的成绩、事迹或一般性的过错、问题，使用通报；大的成绩、突出贡献或重大问题(事故)、严重错误，使用决定。决定的奖惩(奖励、惩处)层级，高于表彰、批评。从表彰奖励、处分处理的层级看，通报表彰、通报批评本身就是一种表彰、处分结论。

可以这样理解：在通报中，被通报对象受到的处分、奖励，就是“通报批评”或“通报表扬”，一般的诫勉。在决定中，相关单位和人员受到的奖励通常区分等级(比如特等奖，一、二、三等奖)，涉及现金物资奖励、荣誉称号，或涉及纪律处分(比如记过、警告、开除)，而不是一般的诫勉。

图 11-9 和图 11-10 分别是表彰通报和奖励决定的不完全截图，大家认真体会通报和决定的区别。

国务院办公厅关于对国务院第八次大督查
发现的典型经验做法给予表扬的通报

国办发〔2021〕44号

各省、自治区、直辖市人民政府，国务院各部委、各直属机构：

为进一步推动中央经济工作会议部署和《政府工作报告》提出的目标任务落到实处，国务院部署开展了第八次大督查。从督查情况看，各有关地区在以习近平同志为核心的党中央坚强领导下，以习近平新时代中国特色社会主义思想为指导，认真贯彻党中央、国务院重大决策部署，统筹推进新冠肺炎疫情防控和经济社会发展，扎实做好“六稳”工作、全面落实“六保”任务，各项工作取得积极成效。在对16个省（自治区、直辖市）开展实地督查时发现，有关地方围绕减税降费助企发展、扩内需保就业保民生、深化“放管服”改革优化营商环境、推进创新驱动发展等方面，结合本地实际，迎难而上，勇于创新，创造和形成了一批好的经验做法。

为表扬先进，宣传典型，进一步调动和激发各方面真抓实干、改革创新的积极性、主动性和创造性，推动形成干事创业、竞相发展的良好局面，经国务院同意，对北京市坚持“一抓三保五强化”推动实现更加充分更高质量就业等48项典型经验做法予以通报表扬。希望受到表扬的地方珍惜荣誉，再接再厉，充分发挥模范表率作用，不断取得新的更大成绩。

图 11-9

国务院关于2020年度
国家科学技术奖励的决定
国发〔2021〕22号

各省、自治区、直辖市人民政府，国务院各部委、各直属机构：

为深入贯彻落实习近平新时代中国特色社会主义思想，全面贯彻党的十九大和十九届二中、三中、四中、五中全会精神，坚定实施科教兴国战略、人才强国战略和创新驱动发展战略，国务院决定，对为我国科学技术进步、经济社会发展、国防现代化建设作出突出贡献的科学技术人员和组织给予奖励。

根据《国家科学技术奖励条例》的规定，经国家科学技术奖励评审委员会评审、国家科学技术奖励委员会审定和科技部审核，国务院批准并报请国家主席习近平签署，授予顾诵芬院士、王大中院士国家最高科学技术奖；国务院批准，授予“纳米限域催化”等2项成果国家自然科学奖一等奖，授予“面心立方材料弹塑性力学行为及原子层次机理研究”等44项成果国家自然科学奖二等奖，授予“超高清视频多态基元编解码关键技术”等3项成果国家技术发明奖一等奖，授予“良种牛羊卵子高效利用快繁关键技术”等58项成果国家技术发明奖二等奖，授予“嫦娥四号工程”等2项成果国家科学技术进步奖特等奖，授予“400万吨/年煤间接液化成套技术创新开发及产业化”等18项成果国家科学技术进步奖一等奖，授予“厘米级型谱化移动测量装备关键技术及规模化工程应用”等137项成果国家科学技术进步奖二等奖，授

图 11-10

六、任免用文种辨析：决定与通知

机关单位的人事任免，要用到任免决定与任免通知，两个文种在选用上也存在一定困难。

整体上，用决定行文的，其事项都有重要性要求，职务任免也不例外。也就是说，重要的人事任免适用决定。通知发布、传达的事项，并无重要性要求，可为重要事项，多用于一般性事项，一般的职务任免适用通知。

任免文件行文的前提，都是组织、机关作出了任免职决定，正式行文予以明确和传达。“经研究决定”或“根据……（常为会议议决结果或组织规章）”，谁任某职或免去谁的什么职务，是任免职决定和任免职通知的主旨和内容。

在实际工作中，任免通知多用于中下层机关及机关单位内部传达和告知人事任免，任免决定多用于中层机关决断人事任免，一个重在“传达和告知”，另一个重在作出决断。

从实际使用看，党的各级领导机关负责人的领导职务任免，一般用决定。

级别更高的机关人事（行政）任免，还要用到令。如任命林郑月娥为中华人民共和国香港特别行政区第五任行政长官，就是国务院总理李克强签署的国务院第678号令。

七、告晓用文种辨析：公告与通告、通知、通报

1. 公告和通告

公告之“公”、通告之“通”，都重在普遍、公开。在实际工作中存在公告滥用现象和通告避用现象，即该用通告行文的大多用上了公告。这就是没有真正辨明两个文种不

同的功能和适用范围的典型表现，将两个文种的用途都简单等同于“向公众告知”。

像《××省财政厅科研基地2021年度一般课题结题及评奖情况公告》《关于××省省级乡村振兴示范创建村名单的公告》，都是乱用、滥用了公告。

实际上，公告是适用于“向国内外宣布重要事项或者法定事项”的，它的适用范围有两项要求：一是宣布的范围为“国内外”，二是宣布的事项必须是重要的或者法定的，这两项要求又合为一体、缺一不可。

显然，诸如告晓基建施工区车辆行人注意事项、商场开业信息或者某街道路段交通规范事宜等，都不能使用公告。而且，公告一般也不能于户外张贴，主要是通过新闻媒介（报纸、广播、电视等）向国内外发布。上述三个事项只分别适用通知、启事、通告，其中“商场开业”不宜使用通用公文文种。而宣布中国将在某海域进行发射火箭试验、宣布全国人大会议选举结果等，则应用公告，不宜用通告。

公告、通告，都是普遍告知，但通告是用于“在一定范围内公布面应当遵守或者周知的事项”，“一定范围”与“国内外”的普遍告知是有明显区别的，而且通告的事项也没有明确强调“重要或法定”的要求。

2. 通告与通知

因为通告与通知都有一个“通”字，当通知用于“传达要求下级机关办理和有关单位周知或者共同执行的事项”时，容易与通告互相错用。

实际上，通知的传达范围是下级机关和有关单位，比通告的“一定范围”（国内）要窄小得多。通告之“通”，是普遍；通知之“通”，是“传达”。即通告是要传达到制文机关一定范围内的所有单位和个人，而通知只需传达给那些“有关”的单位和个人，前者是一定范围内知晓的人越多越好，而后者却不需那些无关的单位和个人知晓，约束的范围和传达的范围都有明显区别。通告的受文对象（主送）是普遍的、比较广泛的，无法也不需明确的；通知的受文对象（主送），是相对确定、具体的。

另外，通知传达的事项，除周知外，还有办理、执行要求；通报公布的事项没有“办理”“执行”要求，而是要求“遵守”。

3. 通知与公告、通告

宣布、传达的事项有区别。通知传达和告晓的事项没有重要性限制，公告宣布的是重要或法定事项；通报虽宣布的是一般性事项却往往有专业性特点。

告晓、传达的范围不同。虽然都是普遍告知，公告是同时向“国内外”宣布，通告是向社会“一定范围”公布，通知则只传达到有关单位及人员，是向确定性对象告知。即通知的传达范围最小，通告次之，公告传达的范围最广。

约束力不一样。公告、通告具有法规性和行政约束力，但没有贯彻执行要求；除一般事务性通知只具告晓性外，布置安排工作、规范事项的通知，既有行政约束力，也要求贯彻执行。

4. 通报与公告、通告、通知

通报用于“传达重要精神和告知重要情况”时，可能与其他告晓性公文混用错用。

通报的适用范围，2012年“公文条例”中并未明确。但从公告明确了“国内外”、通告明确了“一定范围”、通知明确了“下级机关和有关单位”来看，通报的传达范围应该小于公告，大于通知，重合于通告的“一定范围”。与通告的区别在于，通告的事项，“一定范围”的单位和人员知道得越多越好，而通报的事项，传达范围是“一定范围”的一定单位和人员。

虽然都可用于传达、告晓事项或情况，但公告宣布的是“重要事项或者法定事项”；通告传达和要求应当遵守的是特定事项；通报传达的是重要精神或情况；通知传达的是指示、安排、规范，告知的是一般事项。

通报可用于表彰先进和批评错误。通报传达、告知“重要精神”“重要情况”的目的是使一定范围内的单位或个人从中受到启发和教育，以提高认识、改进工作。其他告晓性公文则没有这一“教育”“晓谕”用途。教育性，这是通报区别于其他告晓性公文甚至其他所有公文的根本点，明确了这个行文意图，传达、告知事项时我们就不会错用成其他告晓性公文文种。

图 11-11 的两张图显然是滥用公告了。公告因为传达范围是“国内外”，是不宜也无法确定主送机关的。上图主送“广大市民群众”更是奇怪(做不到)，用告启类事务文书即可(归结与主张句即结束语用了“！”号，也是常见错误)。图 11-11 中的公文应选用通告。

关于调整南朗镇政务服务大厅对外服务时间的公告

广大市民群众：

按照全市统一部署，从2021年2月18日起，南朗镇政务服务大厅对外服务时间统一调整为“工作日9:00-12:00，13:30-17:00”，请有需要办理业务的群众调整好时间，不便之处，请谅解。

村居党群服务中心对外服务时间维持原有对外服务时间：工作日8:30-12:00,14:30:-17:30。

特此公告！

南朗镇公共服务办公室

2021年2月7日

关于对长沙市开展生态环境保护督察回头看的公告

字体大小：A⁺ A A⁻　来源：长沙市政府门户网站　发布时间：2020-10-26 10:58

经省委、省政府批准，省第一生态环境保护督察组定于2020年10月26日至11月9日对长沙市开展生态环境保护督察“回头看”。根据省委、省政府要求和督察组职责，督察“回头看”期间，省生态环境保护督察组主要受理长沙市生态环境保护方面的来信来电举报。其他不属于受理范围的信访问题，将按规定交由被督察地区处理。

图 11-11

图 11-12 使用公告是合适的。

图 11-13 使用“通知”不妥当，因为事项不仅有“遵守”要求，而且传达范围也不是“下级机关和有关单位”，而是通告的“一定范围”。

国家税务总局关于修订部分税务执法文书的公告

国家税务总局公告2021年第23号

全文有效　成文日期:2021-7-16

字体：【大】【中】【小】　打印本页

为贯彻落实中办、国办印发的《关于进一步深化税收征管改革的意见》，严格规范税务执法行为，并与新修订实施的《中华人民共和国行政处罚法》等法律规定相衔接，国家税务总局修订了部分税务执法文书，现将修订后的税务执法文书式样予以公布。

本公告自2021年8月11日起施行。《国家税务总局关于印发全国统一税收执法文书式样的通知》（国税发〔2005〕179号）、《国家税务总局关于发布〈税务稽查执法文书式样〉的公告》（2012年第2号）、《国家税务总局关于发布〈社会保险费及其他基金规费文书式样〉的公告》（2015年第98号）、《国家税务总局关于修订税务行政处罚（简易）执法文书的公告》（2017年第33号）中附件对应的文书同时废止。

特此公告。

附件：修订后的税务执法文书式样

国家税务总局

2021年7月16日

图 11-12

绥防指发〔2020〕7号

关于实施全市小区封闭管理的通知

绥芬河镇、阜宁镇，各相关单位：

为进一步加强新冠肺炎疫情防控期间小区管控工作，严格做好“内防扩散、外防输出”，切实保障全市人民健康安全，坚决打赢疫情防控的人民战争、总体战、阻击战。按照省委、牡丹江市委和绥芬河市委相关要求，于4月8日上午6:00起，对全市所有小区实行封闭管理，严守小区大门、楼道单元门和居民家门，现将具体内容通知如下：

一、加强组织领导

1. **完善指挥体系。**建立市级统筹协调、两镇牵头抓总、社区

图 11-13

八、回复用文种辨析：批复与(复)函、通知

接到对方的来函，要作出回复，一般不会有问题，我们会选用“函”来回复，回复函标题中常会出现“复函”(注意文种是函而不是复函，复是表示回复行为)。请到请示批准的函，也是以函回复，标题会出现“复函”。

但接到请示，我们看到回复用文种有时是函，有时是通知，有时是意见。这是由行文关系、职责权限决定的，也与回复公文的内容(主旨)相关。

批复，是与请示对应的有往来公文关系的文种，适用于上级机关答复下级机关的请示事项，图 11-14 就是。

但请示与批复，并不是一一对应的。我们说“有请必复”，是有请示必有答复，而不是必有批复。

国务院关于“十四五”海洋经济发展规划的批复

国函〔2021〕131号

国家发展改革委、自然资源部：

你们《关于报送〈“十四五”海洋经济发展规划〉（送审稿）的请示》（发改地区〔2021〕1148号）收悉。现批复如下：

一、原则同意《“十四五”海洋经济发展规划》（以下简称《规划》），请认真组织实施。

二、《规划》实施要以习近平新时代中国特色社会主义思想为指导，深入贯彻党的十九大和十九届历次全会精神，坚持稳中求进工作总基调，立足新发展阶段，完整、准确、全面贯彻新发展理念，构建新发展格局，推动高质量发展，以深化供给侧结构性改革为主线，以改革创新为根本动力，以满足人民日益增长的美好生活需要为根本目的，坚持系统观念，更好统筹发展和安全，优化海洋经济空间布局，加快构建现代海洋产业体系，着力提升海洋科技自主创新能力，协调推进海洋资源保护与开发，维护和拓展国家海洋权益，畅通陆海连接，增强海上实力，走依海富国、以海强国、人海和谐、合作共赢的发展道路，加快建设中国特色海洋强国。

图 11-14

国务院办公厅关于同意广东省县际间海域行政区域界线的通知

国办函〔2013〕62 号

广东省人民政府，国土资源部、海洋局：

《国土资源部关于报请批准广东省县际间海域行政区域界线的请示》（国土资发〔2013〕25号）收悉。经国务院同意，现通知如下：

一、国务院同意广东省汕头市南澳县和潮州市饶平县间等38条县际间海域行政区域界线。

二、广东省人民政府要按照《行政区域界线管理条例》和海洋管理法律法规的规定，落实管理责任，依法加强海域行政区域界线管理，健全维护涉界海域社会稳定的协调机制，及时妥善处理涉海界线纠纷，合理开发利用海洋资源，保护和改善海洋生态环境，促进界线附近海域社会稳定和海洋经济可持续发展。

三、国家海洋局要加强对广东省人民政府海域行政界线管理工作的指导和协调，做好相关督促检查工作

图 11-15

下级机关的请示事项，不是由上级机关直接答复，而是由上级机关的综合管理部门(受权)回复请示，这时行文关系就不是“领导关系”中的上下级了，不能使用批复，可选文种是函、通知、意见。因为上级机关的综合管理部门与原请示机关是平级、不相隶

属的关系；作为上级机关的综合管理部门，它又有授权行文的职责权限，可以代行上级机关职权。

从国务院办公厅代国务院回复请示时的文种选用看，有所要求、布置、安排，或回复范围不仅限于原请示机关，常用“通知”回复，如图 11-15 所示；直接表明态度，常用“函”回复，如图 11-16 所示；若回复更多在指示、精神层面，则用“意见”（但少见）。在实际工作中，这也是综合管理部门受权回复请示的惯常做法。

这里要提醒注意的是，综合管理部门受权以函回复请示，标题中不宜表述为“复函”，以区别于答复来函的复函。图 11-17 的标题处理是示范。

图 11-18 从行文看，应该是对请批函的回复。

国务院办公厅关于同意建立推动道路货运行业高质量发展部际联席会议制度的函

国办函〔2021〕94号

交通运输部：

你部关于建立推动道路货运行业高质量发展部际联席会议制度的请示收悉。经国务院同意，现函复如下：

国务院同意建立推动道路货运行业高质量发展部际联席会议制度。联席会议不刻制印章，不正式行文，请按照党中央、国务院有关文件精神认真组织开展工作。

附件：推动道路货运行业高质量发展部际联席会议制度

国务院办公厅

2021年9月28日

图 11-16

国务院办公厅关于同意河北、浙江、湖北省开展行政备案规范管理改革试点的复函

国办函〔2021〕68号

河北、浙江、湖北省人民政府：

你们关于申请开展行政备案规范管理改革试点的来函收悉。经国务院同意，现函复如下：

一、国务院同意河北、浙江、湖北省（以下称三省）开展行政备案规范管理改革试点。试点期限为1年，自2021年7月1日起至2022年6月30日止。试点范围为省级、设区的市级、县级人民政府部门实施的全部行政备案事项（参加试点的设区的市级、县级人民政府由省级人民政府确定）。原则同意三省有关试点方案，请认真组织实施。

二、试点工作要坚持以习近平新时代中国特色社会主义思想为指导，全面贯彻党的十九大和十九届二中、三中、四中、五中全会精神，落实党中央、国务院关于深化“放管服”改革、优化营商环境的决策部署，完善行政备案管理制度，全面梳理、严格规范行政备案事项，确保事项合法、程序规范、服务优质，进一步减轻企业和群众办事负担，更大激发市场主体活力，为全国行政备案规范管理改革积累可复制可推广的经验。

图 11-17

图 11-18 以复函处理请示不妥，因为原请示机关六安市国土资源局是安徽省国土资源厅的下级机关(业务指导上下级关系)，上级答复下级请示，应用批复。该例标题拟制还有其他问题，请尝试自行处理好。

安徽省国土资源厅

皖国土资函〔2009〕925 号

对六安市国土资源局《关于土地登记有关问题的请示》的复函

六安市国土资源局：

你局《关于土地登记有关问题的请示》(六国土资〔2009〕42 号)悉，经研究，函复如下：

国土资源部和国家工商行政管理总局 2008 年发布的《国有建设用地使用权出让合同》(示范文本)项下的基本单元是"宗地"及约定的上下空间范围。原国家土地管理局 1995 年发布的《土地登记规则》第五条规定：土地登记以"宗地"为基本单元。因此，某

图 11-18

九、部署用文种辨析：决定、意见、通知

从文种功能用途看，决定可用于对重要事项作出决策和部署，下行意见用于对重要问题提出见解和处理办法，通知用于传达要求下级机关执行或有关单位共同执行的事项，都有所部署、安排，要求贯彻落实、执行，有选用难度。

用决定来部署、安排工作，是针对重要事项。"部署"相对更具原则性，不如意见、通知那样具体，强调的往往是政策层面、落实指示精神。"决策和部署"往往是政策性的。从图 11-19 两个决定的不完全截图中，大家应该也能体会到其原则性、政策性特点。

用意见提出见解和处理办法，要求下级机关贯彻落实、执行，是针对重要问题、新情况新问题，强调的是指导性。"处理办法"尽管比"部署"更具体落实一些，但即便是"实施意见"，也不如通知安排具体。图 11-20 的两个意见原则性较强，侧重务虚，但针对重要问题、新情况新问题的特点鲜明。

用通知布置安排工作，要求下级机关执行或有关单位共同执行，事项并无重要性要求，针对的通常是常规性工作、一般事项，但比决定、意见更具体，可操作性更强。图 11-21 是布置、安排工作的通知。

全国人民代表大会常务委员会关于加强经济工作监督的决定

（2000年3月1日第九届全国人民代表大会常务委员会第十四次会议通过
2021年12月24日第十三届全国人民代表大会常务委员会第三十二次会议修订）

为更好地履行宪法和法律赋予全国人民代表大会及其常务委员会的职责，贯彻落实党中央决策部署，进一步加强经济工作监督，切实增强监督实效，推动高质量发展，推进国家治理体系和治理能力现代化，结合实践经验，作如下决定：

一、全国人民代表大会常务委员会依法对国务院经济工作行使监督职权。全国人民代表大会财政经济委员会和有关专门委员会在全国人民代表大会及其常务委员会领导下，承担有关具体工作。国务院及其有关部门应当做好协助和配合。

二、全国人民代表大会常务委员会开展经济工作监督，应当坚持中国共产党的领导，坚持以马克思列宁主义、毛泽东思想、邓小平理论、“三个代表”重要思想、科学发展观、习近平新时代中国特色社会主义思想为指导，坚持以人民为中心，坚持和完善社会主义基本经济制度，保障和促进市场在资源配置中起决定性作用和更好发挥政府作用，立足新发展阶段，贯彻新发展理念，构建新发展格局，推动高质量发展。

国务院关于加快培育和发展
战略性新兴产业的决定
国发〔2010〕32号

各省、自治区、直辖市人民政府，国务院各部委、各直属机构：

战略性新兴产业是引导未来经济社会发展的重要力量。发展战略性新兴产业已成为世界主要国家抢占新一轮经济和科技发展制高点的重大战略。我国正处在全面建设小康社会的关键时期，必须按照科学发展观的要求，抓住机遇，明确方向，突出重点，加快培育和发展战略性新兴产业。现作出如下决定：

一、抓住机遇，加快培育和发展战略性新兴产业

战略性新兴产业是以重大技术突破和重大发展需求为基础，对经济社会全局和长远发展具有重大引领带动作用，知识技术密集、物质资源消耗少、成长潜力大、综合效益好的产业。加快培育和发展战略性新兴产业对推进我国现代化建设具有重要战略意义。

图 11-19

国务院关于进一步做好稳就业工作的意见
国发〔2019〕28号

各省、自治区、直辖市人民政府，国务院各部委、各直属机构：

就业是民生之本、财富之源。当前我国就业形势保持总体平稳，但国内外风险挑战增多，稳就业压力加大。为全力做好稳就业工作，现提出以下意见。

一、总体要求

以习近平新时代中国特色社会主义思想为指导，全面贯彻党的十九大和十九届二中、三中、四中全会精神，坚持把稳就业摆在更加突出位置，强化底线思维，做实就业优先政策，健全有利于更充分更高质量就业的促进机制，坚持创造更多就业岗位和稳定现有就业岗位并重，突出重点、统筹推进、精准施策，全力防范化解规模性失业风险，全力确保就业形势总体稳定。

二、支持企业稳定岗位

（一）加大援企稳岗力度。阶段性降低失业保险费率、工伤保险费率的政策，实施期限延长至2021年4月30日。参保企业面临暂时性生产经营困难且恢复有望、坚持不裁员或少裁员的失业保险稳岗返还政策，以及困难企业开展职工在岗培训的补贴政策，实施期限均延长至2020年12月31日。

（二）加强对企业金融支持。落实普惠金融定向降准政策，释放的资金重点支持民营企业和小微企业融资。鼓励银行完善金融服务民营企业和小微企业的绩效考核激励机制，增加制造业中小微企业中长期贷款和信用贷款。对扩大小微企业融资担保业务规模、降低小微企业融资担保费率等政策性引导较强的地方进行奖补。发挥各级政府中小企业工作领导小组的协调作用，支持中小企业发展，增加就业。发挥各级金融监管机构作用，鼓励银行为重点企业制定专门信贷计划，对遇到暂时困难但符合授信条件的企业，不得盲目抽贷、断贷。

中共中央关于加强新时代检察机关法律监督工作的意见

（2021年6月15日）

2021年08月03日08:27　　来源：人民网－人民日报

人民检察院是国家的法律监督机关，是保障国家法律统一正确实施的司法机关，是保护国家利益和社会公共利益的重要力量，是国家监督体系的重要组成部分，在推进全面依法治国、建设社会主义法治国家中发挥着重要作用。党的十八大以来，在以习近平同志为核心的党中央坚强领导下，各级检察机关认真贯彻党中央决策部署，依法忠实履行法律监督职责，为促进经济社会发展作出了积极贡献。进入新发展阶段，与人民群众在民主、法治、公平、正义、安全、环境等方面的新需求相比，法律执行和实施仍是亟需补齐的短板，检察机关法律监督职能作用发挥还不够充分。为进一步加强党对检察工作的绝对领导，确保检察机关依法履行宪法法律赋予的法律监督职责，现就加强新时代检察机关法律监督工作提出如下意见。

图 11-20

校招生就业〔2019〕12号

关于做好广东省2020届高校毕业生供需见面会暨高成长企业校园招聘会（粤西地区专场）工作的通知

各单位、部门：

根据广东省教育厅、广东省工业和信息化厅的统一安排，我校将承办广东省2020届高校毕业生供需见面会暨高成长企业校园招聘会（粤西地区专场）。为做好本次供需见面活动各项工作，现将有关事项通知如下：

一、举办时间：2019年11月23日（星期六）9:00—16:00为供需见面会时间。11月22日用人单位报到，11月24日离会。

二、地点：湖光校区东区体育场、篮球场和排球场。

三、参会对象：用人单位及2020届高校毕业生。

四、承办方式：广东省工信厅和我校分别邀请用人单位参会，为高校毕业生和用人单位提供双向选择的机会与平台。我校提供招聘展位及宣讲会场地给用人单位，组织用人单位与毕业生见面洽谈，进行双向选择。

五、用人单位的邀请

（一）广东省工业和信息化厅通过省内各地级市的工业和信息化局，组织部分

图 11-21

【拓展与思考】

◎ 对于本章“问题与任务”“情景与案例”中告晓事项的文种选用疑问可以消除了吧？

本章“问题与任务”中提到：机关、单位大院内有基建工程在施工，要发一份公文（并张贴）告知车辆行人注意事项、安全事宜，你会选用哪个文种？现在大家应该清楚了吧？用通告。因为这类事项，要传达到“一定范围”，不仅限于本机关的下级机关和有关单位；而且除了“周知”外，还要求“遵守”。

同理，图 11-2 是关于县级以上人民政府统一行使行政复议职责事项的，不仅事关

制文机关职权范围内的下级机关和有关单位，也有“一定范围内”周知和“遵守”的要求，公众要知晓(周知)行政复议机构及职责，否则可能不明白找谁申诉。用通知布置、安排工作不是很妥当，用通告更合适。图 11-5 属于文种选择错误，标题中的通知应改为“通告”。“周知”“遵守”是行文意图(主旨)，校门及门前广场维修施工期间，禁止人员车辆出入，不仅限于本单位，同样事关外来人员和车辆通行，事关“一定范围”，通告正是“适用于在一定范围内公布应当遵守或者周知的事项”。

图 11-1 使用公告不合适，县域城镇部分区域供热不好，有什么原因，既不是重要事项或法定事项，也不需要国内外知晓，一定范围周知即可，可用通告。即便一定要说冬季供热是大事、很重要，属于告知“重要情况”，也就是情况通报，但这个事项，通过新闻媒体发布情况说明即可，使用一般事务性文书，不必正式行文(制发公文)。

◎ 图 11-3 和图 11-4 都是回复请示的，为什么一个用通知，另一个用批复？

前述两个文例，原请示的主送机关都是国务院。图 11-4 是国务院的回复，属于批复的适用范围，即“答复下级机关请示事项”。图 11-3 是由国务院的综合管理部门受权答复，不属于“答复下级机关请示事项”，国务院办公厅与广东省政府是平级、不相隶属的行文关系，可选用文种有函、通知或意见。参见本章“回复用文种辨析：批复与(复)函、通知”。

◎ 图 11-22 和图 11-23 都是用于“批评错误”的批评性通报，对吗？

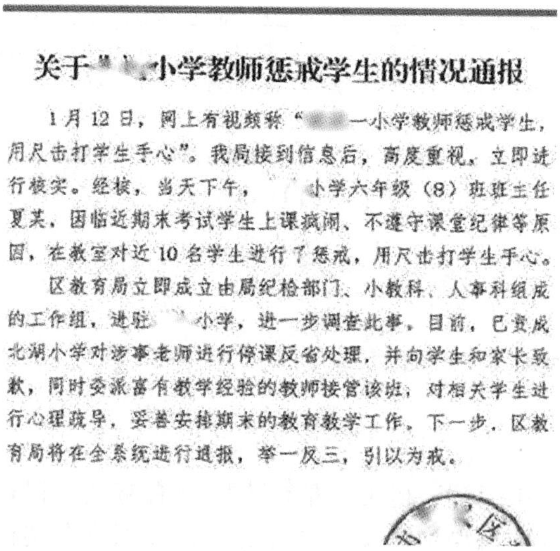

关于“[illegible]小学教师惩戒学生的情况通报

1月12日，网上有视频称“[illegible]一小学教师惩戒学生，用尺击打学生手心”。我局接到信息后，高度重视，立即进行核实。经核，当天下午，[illegible]小学六年级（8）班班主任夏某，因临近期末考试学生上课疯闹、不遵守课堂纪律等原因，在教室对近10名学生进行了惩戒，用尺击打学生手心。

区教育局立即成立由局纪检部门、小教科、人事科组成的工作组，进驻[illegible]小学，进一步调查此事。目前，已责成北湖小学对涉事老师进行停课反省处理，并向学生和家长致歉，同时委派富有教学经验的教师接管该班，对相关学生进行心理疏导，妥善安排期末的教育教学工作。下一步，区教育局将在全系统进行通报，举一反三，引以为戒。

图 11-22

国务院办公厅关于部分债务沉重地区
违规兴建楼堂馆所问题的通报

国办发〔2021〕39号

各省、自治区、直辖市人民政府，国务院各部委、各直属机构：

严格控制党政机关办公楼等楼堂馆所建设，是加强党风廉政建设、落实过紧日子要求的重要内容，党中央、国务院对此高度重视。习近平总书记多次强调，要发扬艰苦奋斗、勤俭节约优良作风，坚决反对铺张浪费；党政机关要坚持过紧日子，严肃财经纪律，把各方面资金管好用好。李克强总理指出，各级政府要过紧日子，把每一笔钱都用在刀刃上、紧要处；严禁新建扩建政府性楼堂馆所和搞豪华装修。韩正副总理等国务院领导同志多次对相关工作提出要求。

党中央、国务院明确要求，高负债地区除必要的基本民生支出和机关有效运转支出外，要大力压减基本建设支出，筹措资金化解债务风险。《机关团体建设楼堂馆所管理条例》规定，机关、团体不得建设培训中心等各类具有住宿、会议、餐饮等接待功能的场所和设施。近期，审计署审计发现，一些地区不顾自身财力状况，在政府债务沉重、风险突出的情况下，违反财经纪律和管理制度兴建楼堂馆所。为进一步严肃财经纪律，严格楼堂馆所建设管理，经国务院同意，现将有关情况通报如下：

图 11-23

这两个通报尽管都有“诫”的行文意图，但不是批评性通报(可结合后续文种写作的相关内容来理解)。从图 11-22 的内容看，事情尚在进一步调查之中，并不是处分、处理结论，应该是重在通报相关情况，回应舆情。图 11-23 原文较长，大家可去国务院网站查看，后面还有三部分具体内容“一、部分地区违规建设楼堂馆所情况”“二、存在的突出问题”“三、工作要求”。图 11-23 通报具体违建情况和问题时，明确提到“执纪问责等工作正在进行中”，也不是重在处分。所以都是情况通报。

提醒大家注意，通报“适用于表彰先进、批评错误、传达重要精神和告知重要情况”，传达、告知精神和情况时，也有诫勉的行文意图，只不过用于表彰先进、批评错误时，行文意图、主旨是明确表彰决定或处分结论，并诫勉。

这个拓展与思考，是向大家示范如何认真读解公文文种功能用途、适用范围。

◎ 图 11-24 和图 11-25 都事关新冠疫情防控工作，一个是通知，另一个是通告，哪个文种用错了？

两个文种都没用错。图 11-24 是布置、安排工作，重在“要求下级机关执行和有关单位周知或者执行”；图 11-25 重在“一定范围内”周知并要求遵守。

但必须说明的是，图 11-25 中，虽然版头发文机关标志撑满版心，但因发文机关名称过长而省略标题结构要素，导致标题只有文种“通告”二字，有敷衍之嫌，不应该。有 8 项遵守、周知事项要求，正文篇幅长、内容多，标题中不准确概括、明确事由，读者一看文字这么多又无法判断事项及其重要性，势必会出现放弃阅读的情况，当然就会影响到行文目的的有效达成。

宁防办〔2021〕40号

关于进一步推进全县新冠疫苗接种工作的通知

各乡镇党委（人民政府）、街道党工委（办事处），县各单位：

为有效阻断新冠疫情传播，切实做好疫情常态化防控，加快推进新冠疫苗接种，尽快建立我县全民免疫屏障，现将有关事项通知如下：

一、根据国家疫情防控工作要求，接种新冠疫苗是每一位公民应尽的义务和责任。凡年满18周岁以上（户籍不限）无疫苗禁忌症人员均属于“应接尽接”人群，均须接种新冠病毒疫苗。

图 11-24

北流市新型冠状病毒肺炎疫情防控工作领导小组指挥部办公室

通 告

当前全球新冠肺炎疫情仍然处于高位流行，德尔塔(Delta)变异病毒株已在92个国家和地区传播，造成多国严重疫情。变异毒株潜伏期短、传播力强、病毒载量高、病情发展快，疫情防控任务更加严峻艰巨。为切实做好我市新冠肺炎疫情常态化防控，尽快建立全民免疫屏障，有效落实“外防输入”，现将有关事项通告如下：

一、凡年满18周岁以上(户籍不限)且无疫苗禁忌症的人员均须接种。7月31日前，请未接种人员持本人身份证到我市疫苗接种点完成第一针接种，8月22日前完成第二针接种。接种禁忌证明由各接种点执业医师出具，并加盖接种单位公章。

二、7月15日起，全市机关企事业单位、医疗机构、车站、景区景点、养老院、学校、托幼机构、托育机构、宾馆、酒店、商场超市、银行、农贸市场落实健康码查验，在查验健康码的同时检查新冠疫苗接种记录(广西健康码含疫苗接种标识：完成全程接种为金色边框、已接种第一针灭活苗为粉色边框)，并对未接种人员信息进行登记，动员及时接种。

三、7月31日前，全市党政机关、企事业单位干部职工和广大党员(有禁忌症除外)实现全员接种。公共服务行业单位业主或经营管理者承担从业人员“应种尽种”的主体责任，未“应种尽种”的由行业主管部门纳入疫情防控重点监管。

四、8月1日起，原则上未接种人员(有禁忌症除外)不得参加市级组织的重大活动。

图 11-25

第十二章　公文的标题拟制

【问题与任务】

题好一半文，公文也不例外。

很多时候，我们能听到这样的说法：看标题这就不是有水平的公文；从标题看这就不像公文。看到一篇公文，我们最先想了解的就是：这是哪种公文(什么单位发的、关于什么事项的、什么文)。虽然版头提供了发文机关信息，但我们最想了解的具体信息都在标题中。

起草公文文稿，版头版记及其格式要素，通常跟写作过程无关，比如带版头的公文首页通常是事先印制好的文件首页纸，制发公文时套打套印，审核签发后、印制前才会补充必要的格式要素，比如紧急程度、发文字号、签发人及其姓名等。文稿起草时，要处理的主要是从标题开始的主体部分。

相信很多人都有过为一个公文标题抓耳挠腮的体验，有折腾来折腾去总也处理不好一个公文标题的苦恼。

可以试一试，接到上级机关转发来的一个通知，再转发到本机关的下级机关，公文标题怎么处理？

你真的能准确拟制公文标题吗？

【重点与难点】

了解公文标题的结构形式和拟制要求，是本章重点。准确、规范拟制公文标题，是难点。建议多找些公文标题实例研究、训练，尤其是公文标题病例诊断与救治，通过反复训练，落实公文标题拟制的规范与要求。

【情景与案例】

先看几个公文标题实例，思考一下，看到这些标题时，你有疑问吗？

相信大家看到图 12-1～图 12-4 的公文标题都会有些疑问。比如，图 12-1 和图 12-2 是哪个单位发的文？图 12-3 的标题需要这么多“关于转发”和“的通知”吗？图 12-4 中，怎么是广东省教育厅发文开展全国高校的活动？

关于保留（取消）部分研究生新生2019年入学资格的决定

各单位、部门：

我校2019年共录取博士研究生23人，全日制硕士研究生338人，非全日制硕士研究生60人。截止9月24日，博士生报到23人，全日制硕士生报到334人（含保留入学资格2人），非全日制硕士研究生报到59人（含保留入学资格1人）。

图 12-1

当前位置 首页 > 公示公告 >

转发关于做好广东省教育厅办公室关于推荐广东省第四届突发事件应急管理专家的通知

图 12-2

沪教纪〔2003〕8号

★

中共上海市教育纪律检查工作委员会关于转发《中共上海市纪委、监察委关于转发〈中共中央纪委、监察部关于转发〈北京市纪委、监察局关于严明纪律确保非典型肺炎防治工作顺利进行的紧急通知〉的通知〉的通知》的通知

各高校及有关单位党委、纪委：

根据教育党委的意见，现将《中共上海市纪委、监察委关

图 12-3

广 东 省 教 育 厅

粤教师函〔2017〕77号

广东省教育厅关于开展全国高校黄大年式教师团队创建活动的通知

各省属、市属高等学校：

根据《教育部关于创建黄大年式教师团队创建活动的通知》（教师〔2017〕7号,详见附件）要求，教育部将组织开展“全国

图 12-4

认真细心的人，可能还发现了别的问题。比如图 12-2 的标题“……做好……专家的通知”是什么意思？图 12-1 中，那些被取消资格的研究生新生 2020 年入学没问题吧？因为从标题来看，决定取消的是他们 2019 年入学资格，而不是这些 2019 年新生的入学资格。

没错，以上这些都是问题。

【内容与进程】

一、公文标题结构形式

前面“公文的格式规范”一章已经介绍过，公文标题由发文机关名称、事由、文种三项组成，要求简明准确地反映出公文的主要内容。这段话不存在理解正确与否的问题，文字表述相当清晰。但要在实际工作中真正做到准确拟制公文标题却不是一件容易的事情。

主要问题在于，很多人对“发文机关名称、事由、文种”这“公文标题三项”及其结构关系缺乏深刻认识。

一般来说，正式行文运行的公文，“公文标题三项”不可或缺。完整的公文标题，应该让受文对象知道：什么单位关于什么事项发的什么文。户外张贴或其他形式公布的公文，视情况可省略某些要素项。比如张贴的简短的通知，有时标题只有“通知”二字。

“公文标题三项”中的“发文机关名称”不要轻易省略，这是公文处理、公文归档管理、文献检索利用所需要的。机关名称使用规范化简称后，能处理好标题回行和首页无正文问题的，都不宜轻易省略标题中的发文机关名称。特殊情况，比如事由项中含有发文机关名称，或标题过长影响回行处理甚至可能导致公文首页不能出现正文的，可以省略发文机关名称。联合行文机关较多(三个及以上)的，公文标题中可以不具发文机关名称，因为机关名称即便使用规范化简称，也可能导致公文首页不能出现正文。上行文中，不要省略标题中的发文机关名称。

也就是说，视情况而定，“公文标题三项”可以有所省略，但无论如何，文种项不可或缺。让受文对象或读者、受众知道这是一个什么文，是公文标题必需的信息。

公文标题结构，如图 12-5 所示。介词“关于”关联事由项，作文种的定语，与文种构成一个偏正结构；发文机关名称+这个偏正结构，构成一个大的偏正结构。

公文标题结构示意图

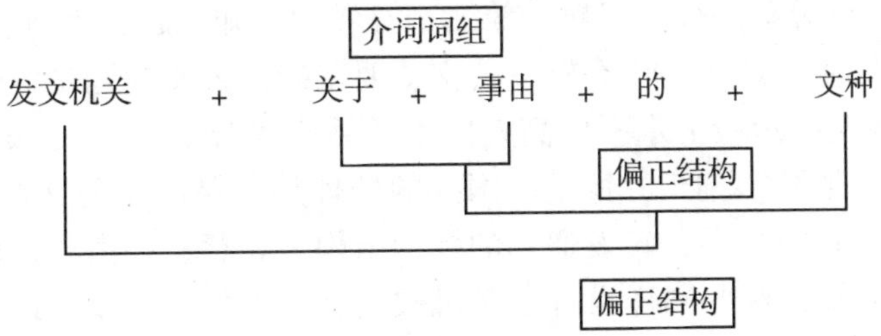

图 12-5

公文标题是偏正结构，文字简明、文种准确、事由明确、表意确切、符合语法规范，这是拟制公文标题的基本标准和要求。

国务院办公厅关于全面加强新时代
语言文字工作的意见

国办发〔2020〕30号

国务院办公厅转发国家发展改革委
关于推动生活性服务业补短板上水平
提高人民生活品质若干意见的通知

国办函〔2021〕103号

图 12-6

国务院办公厅转发国家发展改革委等部门
关于推动城市停车设施发展意见的通知

国办函〔2021〕46号

各省、自治区、直辖市人民政府，国务院各部委、各直属机构：

国家发展改革委、住房城乡建设部、公安部、自然资源部《关于推动城市停车设施发展的意见》已经国务院同意，现转发给你们，请认真贯彻落实。

国务院办公厅

2021年5月7日

（此件公开发布）

关于推动城市停车设施发展的意见

国家发展改革委　住房城乡建设部　公安部　自然资源部

城市停车设施是满足人民美好生活需要的重要保障，也是现代城市发展的重要支撑。近年来，我国城市停车设施规模持续扩大，停车秩序不断改善，产业化发展逐步深入，但仍存

图 12-7

公文标题中，发文机关名称和事由项之间的介词“关于”是否必需，什么情况下一定要有、什么情况可以没有这个“关于”，不能一概而论。看是否影响表意、是否符合语法规范。图 12-6 的两个标题，发文机关名称之后的“关于”二字有无，都没有问题。第一个是常规的完整规范的公文标题。第二个是转发通知标题，因所转发的公文标题有“关于”介词，转发通知“事由项”是转发公文，要明确原公文标题是“国家发展改革委关于推动生活性服务业补短板上水平提高人民生活品质的若干意见”，如国务院办公厅后再加“关于”，就出现了“关于”的重复。国办的处理是，保留原公文标题的“关于”，删去“若干意见”前一个“的”字，转发通知的标题结构、表意、事由项、语法都没有问题。图 12-7 也是转发通知，标题同样没有发文机关名称后的“关于”。当然，两个转发通知标题也可以这样处理：

国务院办公厅关于转发国家发展改革委推动生活性服务业补短板上水平提高人民生活品质若干意见的通知

国务院办公厅关于转发国家发展改革委等部门推动城市停车设施发展意见的通知

这样处理后的标题，更符合公文标题结构形式。但表意上可能有些欠缺：这样一来，“若干意见”“意见”不一定是公文了，因为关联文种“意见”的介词“关于”没有了、被省略了，原公文标题在这里成了陈述性的内容(事项)，国家发展改革委等就成了“推动”的主体。这显然偏离了原文原意。所以建议大家，转发通知标题，还是按国务院办公厅的方式处理为好。

二、准确拟制公文标题

我们先看两个标题实例：

《×××大学关于加强宿舍管理工作的通知》

《××电业公司工作协调会议纪要》

这两个标题，格式是规范的，但表意却不准确，受文者从这两个标题是难以明确公文主要内容的。两个标题都犯了同样的错误，指事不具体，让人疑惑。“宿舍管理工作”所指太宽泛，是侧重加强某一方面管理工作(如安全管理、卫生管理等)还是各方面管理都要加强？是加强教职工宿舍管理还是加强学生宿舍管理或者是都要加强管理(很显然高校师生宿舍管理工作的范围和要求都是不同的)？标题无法解答这些疑问。而公文正文的内容应该是具体而明确的，只是标题没能反映出来。第一个公文标题，若将事由项换成“加强学生宿舍安全管理工作”或其他指事具体的内容(根据正文内容而定)，问题就解决了。同样，第二个标题中的“工作协调”也太空泛笼统，因为电业公司各部门、各单位需要协调、统筹的工作是很多的，一次协调会议不可能面面俱到地全都协调一番，任何工作都是有重点的。而《××电业公司基建工作协调会议纪要》则是准确的公文标题。

准确反映公文的主要内容，是公文标题的目的和真正用途。实际工作中很容易在这方面出现失误，而且远不止实例反映出的这一种形式。

再看以下标题实例：

《关于印发××同志在全省×××工作会议上关于AAABB问题所作的题为“……”的讲话的通知》

《××县关于认真做好表彰2020年度先进集体和先进生产者的通知》

《×部关于同意引进×××设备给ABBC研究所的复文》

这三个标题也是有问题的。第一个标题极不简明，且省略了发文机关，若补充上去标题就更繁琐了。第二个标题，动词“做好”后缺宾语“工作”，有语法错误，无法与“关于”组成介词结构。第三个标题，缺文种，公文标题中的文种是不可或缺的，而实例中的“复文”不是通用公文文种。这三个标题实例各自存在的问题都很有代表性。

另外，《A省劳动人事厅关于转发〈A省劳动人事厅××××办法〉的通知》这个标题，“转发”一词使用不当，应改为“印发”(原公文为本机关制文)。而《关于请拨基建专项资金的报告》这个标题则出现了错用文种的问题，文种应为“请示”。

《关于开展2021年度“最美基层高校毕业生”遴选工作的通知》，可能出现“基层高校”的误读误解，这问题应该不在公文标题拟制上，而在思维、管理上。通常“毕业生”概念只适用于当年或近年毕业的学生，毕业时间长了再这样归类概称并不合适。《关于公示我校第二届教学创新大赛拟推荐省赛人选名单的通知》，因事由项中有“我校”而略去发文机关名称，很不妥当，“我校”无确指；“人选名单”不仅重复，公示名单也存在表意疑问，需要公示的是事项(人选确定程序、过程、结果)而不光是一个名单。改成“×校关于公示第二届教学创新大赛拟推荐省赛人选的通知”，并不增加字数，公示“人选”也内含选拔流程，表意无疑问，也符合公文标题规范。但实际工作中确有不少人或不少公文处理不好这类本无难度的问题，未认真对待公文拟制。

再如，《关于对拟聘用人员孟……等进行公示的公告》，这个标题是读不通的。实际工作中，公文标题的“对……”句搭配不当，导致标题不通，是很常见的病误。我们随意在几所大学的官方网站搜索，“关于对《……办法(还有细则、规划、方案等)》征求意见的通知”“关于对……(推荐项目或人选)进行公示的通知(还有用公告的)”等标题结构形式，比比皆是。

综合上述内容，我们认为公文标题拟制的基本要求是：文字简明、指事具体、结构规范、符合语法、文种正确、用词准确、表意清晰。

三、公文标题排版与回行

公文标题在红色分隔线下空二行位置，2号小标宋体字居中排布。

标题回行应不割裂词意语义，保持词意完整。应梯形或菱形排布，排列对称，长短、间距适宜。

公文标题需分行排列时，应呈梯形或菱形排布，实际工作中基本是能够注意到的，错例不多见。但回行点不妥当的多见。如图12-8所示，“污水处理”分开在两行显然不妥。

应补充发文机关名称，这样梯形排布：

(发文机关)关于岭北工业园区和洋青工业园区
非居民污水处理收费标准的批复

关于岭北工业园区和洋青工业园区非居民污水处理收费标准的批复

县工业园区管委会：

你单位《关于要求制定岭北工业园区和洋青工业园区污水处理收费标准的函》收悉。根据国家发展和改革委员会、财政部、住房和城乡建设部《关于制定和调整污水处理收费标准等有关问题的通知》（发改价格〔2015〕119号）规定，经成本监审、测算，

图 12-8

遂府〔2018〕3号

[illegible]县人民政府关于加强建筑安装企业税收管理的通知

各镇人民政府，县府直属各单位：

为规范建筑企业税收管理，贯彻落实全面推开营改增相关政策，现就建筑企业工程项目税收管理有关事项通知如下：

图 12-9

图 12-9(发文机关名称作模糊处理)也有回行欠妥的问题，“建筑安装企业”不宜割裂开，应改为：

×××县人民政府
关于加强建筑安装企业税收管理的通知

【拓展与思考】

◎ 图 12-10 的标题拟制有什么问题？

认真读这个标题，会发现请示事项不明，“要求调整……农户情况”，不知何意。看后文，才明白是要替换 48 户，这个事由项在标题中完全没有概括出来。上行文，标题中省略发文机关名称是极不妥当的，“要求”一词也不符合请示的语体要求。一个请求批准的请示，请示什么事项，若标题中都不能明确，标题拟制就失败了。

关于要求调整2017年农村危房改造未能按期开工竣工农户情况的请示

湛江市住房和城乡建设局：

根据《广东省住房和城乡规划建设厅 广东省财政厅 广东省扶贫开发办公室关于下达我省2017年农村危房改造任务和明确补助标准的通知》（粤建村函〔2017〕2030号）和《关于印发

－1－

（上）

截止11月10日，我县农村危房开工进度为95.87%，未能达到省、市的要求。经我局组织各镇对未能按时开工的农户进行逐户调查核实，我县还有48户改造对象因农村风俗没动工日子、无法落实宅基地和亲人死亡等因素无法按期完成改造任务。现根据市住建局工作部署和要求，特向贵局申请对该48户对象进行调整，将各镇原安排2018年进行危房改造已动工的其中48户农户调入2017年度进行替换，以确保2017年遂溪县1890户农村危房改造任务全部按期竣工。（调整名单详见附件1、2）

妥否，请批示。

（下）

图12-10

◎ 图12-11的标题还可以怎么完善？

教高司函〔2021〕13号

教育部高等教育司关于公布2021年国家级大学生创新创业训练计划项目和重点支持领域项目名单的通知

各省、自治区、直辖市教育厅（教委），新疆生产建设兵团教育局，有关部门（单位）教育司（局），部属各高等学校，部省合建各高等学校：

根据《国家级大学生创新创业训练计划管理办法》（教高函〔2019〕13号），30个省（自治区、直辖市）的地方教育行政部门审核并上报了2021年国家级大学生创新创业训练计划项目。

图12-11

图 12-11 标题回行不妥，“大学生”三字不能割裂开来。标题排布效果也不理想，前两行基本是方正的，第三行突出为“名单”的通知，多少有点影响表意。通过、公布的应该是“项目”而不是“名单”。由正文可知，各省级教育行政部门审核并上报的是 2021 年国家级大学生创新创业训练计划项目(含重点支持领域项目)，通知中也并未列出重点支持领域项目类别和数目：

各省、自治区、直辖市教育厅(教委)，新疆生产建设兵团教育局，有关部门(单位)教育司(局)，部属各高等学校，部省合建各高等学校：

根据《国家级大学生创新创业训练计划管理办法》(教高函〔2019〕13 号)，30 个省(自治区、直辖市)的地方教育行政部门审核并上报了 2021 年国家级大学生创新创业训练计划项目。

现将各省级教育行政部门审核并上报的 2021 年国家级大学生创新创业训练计划项目(含重点支持领域项目)汇总名单予以公布。其中，创新训练项目 32667 项，创业训练项目 4256 项，创业实践项目 1569 项。各单位可登陆国家级大学生创新创业训练计划平台网站(http：//gjcxcy. bjtu. edu. cn/)进行查询。

请省级教育行政部门加强本区域大学生创新创业训练计划运行和管理，结合区域经济社会发展特点，深化大学生创新创业教育工作。请各高校充分发挥国家级大学生创新创业训练计划项目实施和管理的主体地位，加强项目组织管理、落实相关激励政策、提供稳定支持服务、搭建展示交流平台。

教育部高等教育司(印)

2021 年 8 月 24 日

既然项目是“含”的关系，而不是“和”的关系，标题这样处理或许更妥当(而且标题中有“重点支持领域项目”，正文却并无相关信息，就有题文不符之嫌了)：

教育部高等教育司关于公布 2021 年
国家级大学生创新创业训练计划项目的通知

◎ 图 12-12 的公文标题有什么问题？

图 12-12 的标题问题比较严重。这个文是不能独立运行的，这个标题缺少文种。因为“细则”不是可单独行文的正式公文文种，需要印发通知来运行，即应与印发通知构成复体公文运行。即便是作为被印发的“细则”，标题也有严重问题：以发文字号代指事由项，事项不明确，看标题无法知晓事由。由“通知”印发、运行的这个细则，标题可为“××市住房和城乡建设委员会关于进一步加强房地产市场调控工作的实施细则”，

或“××市住房和城乡建设委员会房地产市场调控工作实施细则”。

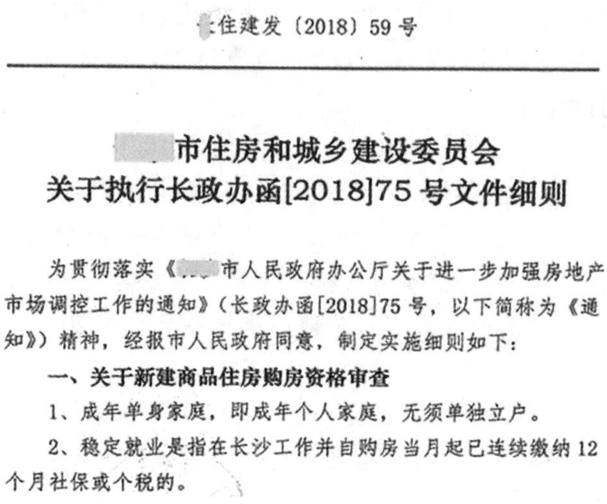

住建发〔2018〕59号

市住房和城乡建设委员会
关于执行长政办函[2018]75号文件细则

为贯彻落实《市人民政府办公厅关于进一步加强房地产市场调控工作的通知》（长政办函[2018]75号，以下简称为《通知》）精神，经报市人民政府同意，制定实施细则如下：

一、关于新建商品住房购房资格审查

1、成年单身家庭，即成年个人家庭，无须单独立户。

2、稳定就业是指在长沙工作并自购房当月起已连续缴纳12个月社保或个税的。

图 12-12

◎ 尝试处理好本章“情景与案例”中四个截图的标题。

图 12-1 的公文标题问题，一是缺发文机关名称，二是“2019 年”位置不对。正确写法是：“（发文机关名称）关于取消（保留）部分 2019 年研究生新生入学资格的决定”，或是“（发文机关名称）关于取消（保留）2019 年部分研究生新生入学资格的决定”。“2019 年”不应该用来修饰限定“入学资格”，而是用来限定学生年届的。否则你取消了他们 2019 年的入学资格，他们 2020 年来入学就没有问题了？这显然与主旨不符。

图 12-2 的公文标题，一是缺发文机关名称，二是标题不通，有语法和表意问题。转发通知标题，“做好”二字多余；做好推荐工作的通知，是布置安排工作，“转发”二字多余。关于做好……关于推荐……专家的通知，语句不通。应该是：

（发文机关名称）转发广东省教育厅办公室关于推荐广东省第四届突发事件应急管理专家的通知

或者处理成指示性通知（正文主旨就不是“转发”，而是布置安排推荐工作）：

（发文机关名称）关于做好广东省第四届突发事件应急管理专家推荐工作的通知

图 12-3 的冗长标题是“层层转发”的办文陋习导致的。在转发公文标题时，被转发公文标题直接成为事由项，转发层次超过一个，势必就会出现“关于转发”的多次重复；如被转公文也是通知，则“的通知”的多次重复也就难以避免。

出现这类通知标题的根源在办文方式。我们的建议是：

一是只转发源头公文，图 12-3 的标题就变成：

> 中共上海市教育纪律检查工作委员会转发北京市纪委、监察局关于严明纪律确保非典型性肺炎防治工作顺利进行的紧急通知的通知

二是只转收到的来文，即离自己最近的这级(上级、平级或不相隶属机关)来文。如最近这级也是转文，则加“所转发的”予以明确。这样比直转源头公文要少些存疑点(源头不相隶属机关的公文，有它的传达范围，怎么到你这里的?)，同时标题中只有一个转发机关，相对简明。那么，图 12-3 的标题就变成：

> 中共上海市教育纪律检查工作委员会转发中共上海市纪委、监察委所转发的关于严明纪律确保非典型性肺炎防治工作顺利进行的紧急通知的通知

三是，不要照抄照转来文，要吃透原文精神，结合本单位实际，重新发文。这样就不是单纯转发文件了，而是布置安排工作。这是解决冗长转发通知标题的最好办法，也是办文办事应有的尽职担责的态度。

转发通知标题拟制一定要认真，不可因为处理原公文标题为事由项，而罔顾公文标题结构，甚至将原公文标题改错。图 12-13 标题用书名号标识被转公文标题，为避免“的通知”重复，丢掉了被转公文文种“通知”。如不看正文，还真以为被转公文标题原本就是错的呢。类似的错误，实际工作中并不少见，如图 12-14、图 12-15 所示。

校人事〔2021〕37号

转发《广东省教育厅办公室关于做好省直事业单位工作人员岗前公共科目培训工作》的通知

各单位、部门：

现将《广东省教育厅办公室关于做好省直事业单位工作人员岗前公共科目培训工作的通知》转发给你们，请各单位、部门根据省厅文件要求，将本单位（部门）自2020年1月1日至2021年11月2日，经公开招聘、交流或政策性安置新聘用至本单位（部门）在编在岗的工作人员（领导人员除外）名单（按照要求认真填写《省直事业单位工作人员岗前公共科目培训报名表》，附件3），于11月15日中午12点前报人事处教师发展中心（行政楼317室），纸质版需单位（部门）负责人、填表人签字、单位盖章；电子版文件（文件格式“单位名称+岗前公共科目培训报名表”）发送至

图 12-13

转发关于推荐“中德青年农业实用人才交流项目（AEP）”候选人员的函

各市（区）农业农村局，蓬江区、江海区农业农村和水利局：

现将《关于推荐“中德青年农业实用人才交流项目（AEP）”候选人员的函》转发给你们。为推动两国间在数字化智慧农业领域的互动、合作，各市（区）如有符合条件的优秀农业青年人才，请按照要求向我局推荐并将相关资料的电子版于5月16日前发送至我局（科技交流科），同时准备好纸质原件，邮寄时间、地点另行通知。

附件：《关于推荐“中德青年农业实用人才交流项目（AEP）”候选人员的函》

图 12-14

转发广东省工业和信息化厅关于组织推荐2021年省中小企业示范平台示范基地推荐工作的通知

各县（市、区）工业和信息化主管部门：

根据《广东省工业和信息化厅关于组织推荐2021年省中小企业示范平台示范基地推荐工作的通知》（粤工信服务函〔2021〕35号）文件精神，请积极发动示范平台示范基地按通知要求自愿申报，并于11月2日前将纸质版（一式四份，加盖公章）和电子版（刻录光盘）一并报送我局中小企业（民营经济）服务科。

附件：广东省工业和信息化厅关于组织推荐2021年省中小企业示范平台示范基地推荐工作的通知（粤工信服务函〔2021〕35号）

图 12-15

图12-14中，标题的“函”是被转公文文种，此转发公文标题缺文种。图12-15标题

不通，粗看会以为是被转公文标题有错误，附件说明列出的被转公文标题被“篡改”了，“组织开展”被改成“组织推荐”，导致“组织推荐……推荐工作”的病句。原被转公文如图 12-16 所示。

广东省工业和信息化厅

粤工信服务函〔2021〕35 号

广东省工业和信息化厅关于组织开展 2021 年省中小企业示范平台示范基地推荐工作的通知

各地级以上市中小企业行政主管部门，省有关单位：

根据《广东省工业和信息化厅中小企业公共服务示范平台认定管理办法》（粤工信规字〔2019〕6 号）和《广东省工业和信息化厅小型微型企业创业创新示范基地认定管理办法》（粤工信规字〔2019〕5 号），我厅拟开展 2021 年广东省中小企业公共服务示范平台（以下简称“示范平台”）和小型微型企业创业创新

图 12-16

图 12-4 的通知正文有教育部通知信息，可知教育部组织开展全国高校“黄大年式教师团队”创建活动，各省、市、自治区教育行政部门接到通知，自然要有相应的布置安排。但广东省教育厅通知开展这项工作，哪能涉及“全国高校”？这属于越权了。在标题中删去“全国”二字即可。

第十三章　公文的提要与承转

【问题与任务】

生活和实际工作中，相信很多人都听到过这样的说法，说谁的文章写得好，谁谁谁的公文很厉害，绝对是“笔杆子”，甚至还说某某是某机关单位的“第一支笔”。

想想看，就公文写作来说，这是说某人的公文格式非常规范吗？是说他文字优美、能妙笔生花吗？其实不用想，肯定不是。

公文要求主旨鲜明、突出，最好是一眼看过去就能抓住。但大多数公文不是只有一两句的简短正文，其行文意图、主旨要通过一个一个段落层次来逐步明确、落实（即引申或说明），前有行文缘由，后有归结或主张，有一定篇幅。公文高手，是指他能驾轻就熟，拟写的公文文稿文字精练，主旨明确、居要，层次清晰，行文逻辑顺畅，结构严谨。

新手写公文，有人说最头疼公文格式和规范，但我们认为最可怕的是：主旨淹没在长篇文字的汪洋大海之中，语句和段落前言不搭后语，凌乱不堪。

【重点与难点】

学习公文写作，要求有基础写作（普通写作学）知识、一般应用文写作训练和知识积累，所以“公文写作课”有“基础写作”“一般应用文写作”等先修课程。“基础写作”中会讲主题与材料、构思与布局、文章写作的一般过程、常用的表达方式、起草与修改等，接触到公文写作时，这些已经不是重点和难题了。对公文写作来说，要注意准确的概括、提要，有效的承转过渡，这是重点，也有一定难度。

【情景与案例】

我们一起先看几个案例截图。图 13-1 和图 13-2 的正文开头段，即公文正文的“依据和目的”，与正文主体部分，即“引申和说明”（只截图到“一、……”）是如何关联起来的。

图 13-1 的“以下实施意见”及图 13-2 的“有关事项通知如下”，承转过渡，非常顺畅。

浙政办发〔2021〕88 号

浙江省人民政府办公厅关于
加强养老服务综合监管促进养老服务
高质量发展的实施意见

各市、县(市、区)人民政府,省政府直属各单位:

为深入贯彻落实《国务院办公厅关于建立健全养老服务综合监管制度促进养老服务高质量发展的意见》(国办发〔2020〕48号)精神,建立健全养老服务综合监管制度,促进全省养老服务高质量发展,经省政府同意,制定以下实施意见。

一、突出重点,严格实施综合监管

图 13-1

湖南省人力资源社会保障厅

关于统一全省公共就业服务标识的通知

各市州人力资源和保障局:

为贯彻落实《基层公共就业服务平台能力提升行动计划(2020-2024 年)》(湘人社发〔2020〕16 号)要求,更好塑造公共就业服务社会形象,培树就业专项活动品牌,传递公共就业服务理念和文化精神,面向社会建立起统一鲜明认知,推进公共就业服务标准化建设。现就在全省统一规范使用公共就业服务标识有关事项通知如下:

一、标识构成

(一)内涵层面

图 13-2

图 13-3 是《国务院办公厅关于做好跨周期调节进一步稳外贸的意见》(国办发〔2021〕57 号)的局部截图。大家看看,文面上有什么特殊的地方。

三、稳市场主体保订单

（十）巩固提升出口信用保险作用。在依法合规、风险可控前提下，进一步优化出口信保承保和理赔条件，强化产品联动，支持内外贸一体化发展，积极拓展产业链承保，扩大对中小微外贸企业承保的覆盖面和规模，加大对中小微外贸企业、出运前订单被取消风险等的保障力度以及对跨境电商、海外仓等新业态的支持力度。（财政部、商务部、银保监会、中国出口信用保险公司按职责分工负责）

（十一）持续培育发展短期险项下的保单融资业务。鼓励引导银行机构结合外贸企业需求创新保单融资等产品，重点缓解中小微外贸企业融资难、融资贵问题。有条件的地方可利用“再贷款+保单融资”等方式向小微外贸企业提供融资支持。（各地方人民政府，财政部、商务部、人民银行、银保监会、中国出口信用保险公司按职责分工负责）

（十二）抓实抓好外贸信贷投放。发挥各类金融机构作用，在依法合规、风险可控前提下，开展产品服务创新，按照市场化原则进一步加大对外贸企业特别是中小微外贸企业的信贷支持力度。（财政部、商务部、人民银行、银保监会、开发银行、进出口银行按职责分工负责）鼓励大型骨干外贸企业向金融机构共享信息，加强合作，推动大型骨干外贸企业为上下游企业增信，在真实交易的背景下，引导金融机构向大型骨干外贸企业的上下游企业提供供应链金融产品。（各地方人民政府，财政部、商务部、人民银行、银保监会、进出口银行、中国出口信用保险公司按职责分工负责）

（十三）提升外贸企业应对汇率风险能力。保持人民币汇率在合理均衡水平上基本稳定。鼓励银行机构在依法合规、风险可控前提下，对符合条件的小微外贸企业根据客户资信

图 13-3

图 13-3 中，（十）到（十三）前面都有一个短句。“三、稳市场主体保订单”，我们知道，这是层次小标题，四个段落前的短句是什么？

图 13-4 是《国务院办公厅关于促进内外贸一体化发展的意见》（国办发〔2021〕59 号）的局部截图。“（二）基本原则”下有三段文字，段前也都有一个短句，是什么？

（二）基本原则。

坚持政府引导、市场为主。充分发挥市场在资源配置中的决定性作用，更好发挥政府政策引导和公共服务作用，充分调动企业积极性，提升市场主体内外贸一体化经营能力，激发内生发展动力。

坚持改革开放、规则衔接。加快制度型开放，推动制度和模式创新，循序渐进推进体制机制改革，不断破除内外贸一体化发展面临的制度障碍，促进制度规则衔接，优化内外贸融合发展环境。

坚持系统观念、统筹推进。强化对内外贸一体化发展的顶层设计和统筹谋划，立足当前，着眼长远，突出重点，以点带面，完善内外贸一体化发展的制度体系、工作体系和评价体系，全面协调持续推进内外贸一体化发展。

图 13-4

【内容与进程】

一、公文的承转

正文上下句之间的承接、语意之间的逻辑关联、段落层次的组织结构，都属于“承转”这个话题。上句与下句之间、前言与后语之间、段落与段落之间、层次与层次之间，关系顺不顺，逻辑通不通，最能反映公文写作水平。行云流水的文字，密不透风的文字，顺畅的公文，这方面是容不得“疙瘩”的。

公文的承转，也是行文逻辑问题，请结合本书第九章全面认识。这里我们主要通过一些公文实例，看公文正文开头与主体部分的承转问题。因为这是公文写作实际中很扎眼的问题，在此单独讨论，提醒大家注意和重视。

图 13-5 是一份监督抽查结果通报。抽查工作结束了，结果如何，需要传达、通报，这是本通报“诫勉”的行文意图。这样说大家应该明白了，工作完成了，要(有)总结，相关情况要传达，这个通报应该可以从“总结”改造而来。所以，填报的开头部分，跟“总结”开头的基本情况概述，大同小异。

湖南省农业农村厅办公室

关于 2021 年“治违禁　控药残　促提升”
监督抽查结果的通报

各市州农业农村局、厅机关相关处室：

按照《湖南省农业农村厅关于开展 2021 年“治违禁　控药残　促提升”监督抽查工作的通知》（湘农办函[2021]317 号）要求，10 月至 11 月，我厅委托湖南省农产品质量检验检测中心、湖南省兽药饲料监察所和农业农村部渔业产品质量监督检验测试中心（长沙）在全省开展了蔬菜、畜禽产品和水产品质量安全监督抽查，共抽查样品 300 批次，合格 286 批次，不合格率为 4.7%。现将结果通报如下：

图 13-5

为什么要监督抽查？“治违禁、控药残、促提升”。

根据什么文件精神、按照什么要求开展工作？省农业农村厅开展这项抽查工作的通知。

什么时间进行和完成？10 月至 11 月。

谁抽查？省厅委托的三个部门。

查了什么？蔬菜、畜禽产品和水产品。

整体情况如何？共抽查样品 300 批次，合格 286 批次，不合格率为 4. 7%。

各类具体情况如何？“如下”，即请看下文。

工作依据是文件精神要求，通报开头“依据”则是实情依据——开展并完成了这项工作，有结果、有结论了。这个通报的开头文字简练、准确，承转非常有效，通畅且有力。这是顺畅、有效承转的一个示范。

图 13-6 是关于做好培训工作的“意见”，开头“依据和目的”部分，文字也很简洁精练，“现就乡村振兴致富带头人培训工作提出如下意见”，承转毫不拖泥带水。遗憾的是，这句话之前的句号用错了，“为……全面推进乡村振兴”这是未完的半句话。半句话后面不应出现句号，这可能是因为前面句子长，顾头不顾尾了。公文写作实际中，这样错误使用句号的情况不少见，笔者收集到无数这类病误文例。如果不是句号而是正确的逗号，这个承转就完美了，但句号一用，就无法承转了。

湘振局联〔2021〕2 号

湖南省乡村振兴局 湖南省财政厅
关于做好乡村振兴致富带头人培训工作的
实施意见

各市州、县市区乡村振兴局、财政局：

为贯彻落实省委、省政府关于实现巩固拓展脱贫攻坚成果同乡村振兴有效衔接的有关文件精神，进一步加强乡村振兴人才队伍建设，助力全面推进乡村振兴。现就乡村振兴致富带头人培训工作提出如下意见：

一、总体思路

2021-2025 年过渡期内，以发展带动、强村富民为切

图 13-6

图 13-7 的通知，乍一看，跟图 13-6 犯的是同样的错误，前面是半句话，却用了句号。但认真看，图 13-7 的问题要严重得多。图 13-6 只需改句号为逗号即可有效承转，图 13-7 却不行。后者行文逻辑链有缺环，承转过渡句“现将相关事项通知如下”，缺乏针对性和指向性，无法承转，因为“做什么”没说。一个布置安排工作的通知，“做什么”即工作不明确，“相关事项”又能相关谁呢？除了改句号为逗号，还必须将“现将”改为“做什么”——“近期将开展我校二级单位(部门)网站迁移至学校网站群系统工作，现将相关事项通知如下”。改过后，大家再比较一下，就能更清楚原通知承转句存在的问题。公文写得“疙疙瘩瘩”，怎么看、怎么读都不顺，很多时候存在逻辑链缺环，行文逻辑不畅，前言不搭后语。

图 13-8 到图 13-11 四个通报的局部截图，都是官方网站上的网页版公文，大家先不深究格式问题，关注公文开头部分“依据和目的”与主体部分“引申和说明”之间的承转过渡。

关于开展二级单位（部门）网站迁移至学校网站群系统的通知

各单位（部门）：

为贯彻落实《中华人民共和国网络安全法》、《信息安全等级保护管理办法》等文件精神，提高我校二级单位（部门）网站的安全性、稳定性以及全面支持IPv6访问，实现站点统一管理。现将相关事项通知如下：

一、迁移对象

本次迁移工作主要针对校内所有二级单位（部门）门户网站，迁移后学校教育信息

图 13-7

石家庄市人民政府
关于专项巡视整改情况的通报

来源：河北省纪委监察厅网站　发布时间：2016-01-29 09:21:00

根据省委统一部署，2015年4月中旬至6月中旬，省委第七巡视组对石家庄市规划、建设、园林、供水系统进行了专项巡视。2015年7月28日反馈了巡视意见。按照政务公开原则和巡视工作有关要求，现将巡视整改情况予以公布。

一、把整改落实作为一项重要政治任务来抓

图 13-8

中共广州市黄埔区委关于巡视整改进展情况的通报

来源：南粤清风网　日期：2021-11-24 10:00:00　分享到：

根据省委统一部署，2020年10月16日至12月13日，省委第八巡视组对广州市黄埔区进行了巡视。2021年1月26日，省委巡视组向黄埔区委反馈了巡视意见。根据《中国共产党巡视工作条例》和《中国共产党党内监督条例》有关规定，现将巡视整改进展情况予以公布。

一、认真学习贯彻习近平总书记关于巡视工作重要论述，坚决扛牢政治责任，切实增强抓好巡视整改的思想自觉、政治自觉、行动自觉

图 13-9

中共河北省委关于巡视整改进展情况的通报

2018年10月28日09:54　来源：河北日报

原标题：中共河北省委关于巡视整改进展情况的通报

根据中央统一部署，2018年2月23日至5月23日中央第十五巡视组对河北省委进行了巡视。2018年7月18日，中央巡视组向河北省委反馈了巡视意见。根据《中国共产党巡视工作条例》和《中国共产党党内监督条例》有关规定，现将巡视整改进展情况予以公布。

习近平总书记关于巡视工作的重要讲话，充分体现了党中央推进全面从严

图 13-10

中共广东省委关于巡视整改进展情况的通报

2018年10月30日15:08　　来源：中央纪委国家监委网站

原标题：中共广东省委关于巡视整改进展情况的通报

根据中央统一部署，2018年2月23日至5月23日，中央第十二巡视组对广东省委进行了巡视。2018年7月16日，中央巡视组向广东省委反馈了巡视意见。根据《中国共产党巡视工作条例》和《中国共产党党内监督条例》有关规定，现将巡视整改进展情况予以公布。

广东省委深入学习贯彻习近平总书记关于巡视工作的重要讲话精神，严格

图 13-11

上述四个通报，正文开头“依据和目的”几乎就是一个模板，都用了三个句号，用得都对，“现将巡视整改(进展)情况予以公布”承转过渡。通报的行文依据充分吗？能顺利、有效承转过渡到整改工作吗？存疑。

应该说，四个通报的实情依据、政策(文件)依据交代得非常准确、清楚，行文也简洁明快，惯用过渡语句也没有问题。但是，承转过渡句的“巡视整改”无依托，未关联整改工作。根据统一安排部署，什么时间段、第几巡视组、巡视了谁、何时反馈了巡视意见，这个陈述完全没有问题。但意见反馈后是否开展、进行甚至完成了整改呢？接到反馈意见就直接根据有关规定通报情况？事理逻辑不通。应该交代一句“(机关或组织)进行了(或完成了)认真整改”，再接“根据……有关规定，现将巡视整改情况予以公布”。这样逻辑链才完整。

先交代做了，然后才能承转做的情况(具体做了什么、做得怎么样、怎么做的)，尤其是情况前还有“进展”二字，更需要先交代工作，才能有效承转到“公布”情况，这才符合一般思维逻辑。没做的话，公布什么呢？

这四个通报(公开信息能查到的巡视整改通报，差不多90%是这样)的承转问题，跟图 13-7 类似，逻辑链缺环，都没有关涉、指向具体工作。

公文尚简崇简，但不能为了文字简明丢失逻辑链环节。这方面务必引起重视。很多时候，公文的行文逻辑力量弱，都是承转无效、无力导致的。

二、公文的提要

公文要求主旨及主张鲜明、突出、居要，一看就能让人抓住、明白，除了必须有简明的文字准确表述，也需要在文面形式上凸显出来，这样才便于公文的处理、落实和执行。

将主张、观点、重要内容、内容要点(也可以说信息要件)准确概括并突出、醒目地标识出来，就是公文的“提要”，这些被突出、醒目标识出来的文字，就是公文的提要语。

跟一般书籍、文章的"内容提要""摘要"构件要素不同，我们这里说的公文"提要"，是概括、提炼、标识出"要"(即要点)来，是一种写作思维活动在文字和文面形式上的呈现。一本书，总会有目录，长点的文章也会有目录，它是书籍或文章的"纲要"，我们在正文内容之前会看到章节目录或层次小标题目录，它是书籍或文章纲要、结构的前置。一般公文没有前置目录，但行文中也会有章条项(如章程、条例)小标题、层次小标题，这种小标题的作用就是"提要""指要"。这是公文提要的一种常见形式，同时标识层级序数，"一""(一)""1.""(1)"等层级序数(对应的字体分别为黑体、楷体、仿宋体、仿宋体)后面带的短句，就是公文的提要语。

公文层次，这部分、这一项是什么内容，标上层级序数后，我们好理解，小标题也就是指要，是提要语。图 13-3 是《国务院办公厅关于做好跨周期调节进一步稳外贸的意见》(国办发〔2021〕57 号)局部截图，"三、稳市场主体保订单"是第三部分的小标题，第三部分内容的指要、提要语，概括的是第三部分无数项内容的共同指向。下面看到的(十)到(十三)项楷体字短句，是下位层级小标题，下位层级内容的指要、提要语，概括的是该段文字内容之"要"。

图 13-4"(二)基本原则"(第二层级，楷体)这个小标题下有三段文字，每段前面也有一个短句(仿宋体，第三层级)，但没标序数，这是另一形式的提要语——段首提要语，分别概括各段文字内容之"要"。

图 13-12 和图 13-13 是同一份公文的两个截图，我们一眼看过去，公文主旨、主张是不是就明确、突出、居要了？如果我们删去黑体字的提要语，哪怕还保留序数一、二、三、四，一段一段的文字到底是讲什么内容，还能把握住吗？那得让阅文者去概括、总结、提炼、提要。在公文写作中这是大忌，是不允许的。

标明层次序数的小标题，无论是否单独占行，都是提示层级内容(事项)要点、主张(有顺序)的提要、提要语。不标明层级序数的段首提要语，是概括段落内容(事项)要点(主张)的，尽管顺序可有可无、无关紧要，但依然要注意行文符合事理和一般思维逻辑，区分主次、先后、轻重、大小(整体与局部)等，不可认为无需标识顺序即可不顾逻辑，兴之所至、随意排列。图 13-4 中的基本原则，"坚持政府引导、市场为主""坚持改革开放、规则衔接""坚持系统观念、统筹推进"，虽然没有序号，但有政府引导—规则衔接—统筹推进的内在逻辑。如果变成统筹推进—政府引导—规则衔接，乍一看可能不会觉得不妥，但实际上逻辑乱了，行文逻辑力量就没了。大家要认真学习、细细体会。

当然，公文写作要注意提要，要学会概括，这很重要，理解起来不难，但要准确、有效地概括和提要，做起来难，希望大家下点功夫练习。

其实，这跟一般文章写作也没有太大区别。我们定下一个题(事项)，整篇文章应该就是在分解落实这个题(事项)，各大部分(层次)小标题自然也必须是在分解落实大题(事项)；下位层级小标题，则是在分解落实上位层级小标题，行文必须紧扣指要的小标题，不能横生枝节或环顾左右而言他。各部分、层次、小项之间必须分类清晰，不能互串互含。这是行文构思的基本要求，把握住这一点进行写作思维训练，准确概括、提要，也不是多难的事，更不是不可能完成的任务。

关于加快推进追溯体系和第二代农产品“身份证”试点项目建设的通知

各市州、县市区农业农村局：

为贯彻落实《中共湖南省委办公厅 湖南省人民政府办公厅印发〈关于持续推进六大强农”行动促进乡村产业兴旺的实施意见〉的通知》（湘办发〔2021〕11号）精神，加快推进我省农产品质量安全追溯体系建设和第二代农产品“身份证”管理工作，我厅决定支持洞口县等10个县市区开展农产品质量安全追溯体系建设、33个“湘江源”蔬菜和“安化黑茶”授权企业进行第二代农产品“身份证”试点项目建设。省财政已下达资金指标，现将有关要求通知如下：

一、严格建设标准。各项目单位要严格按照我厅《关于印发<县域农产品质量安全追溯和农产品“身份证”管理体系建设规范>的通知》（湘农发〔2020〕7号HNPR-2020-17001）和《关于申报农产品质量安全追溯体系和第二代农产品“身份证”试点建设储备项目的通知》要求的建设方案、内容、规模组织实施。第二代农产品“身份证”试点项目要按“检验检测+质量追溯+5G技术”建设要求，加快推进项目建设。

图 13-12

二、加快建设进度。各级农业农村部门要提高认识，加强领导，积极督促指导相关项目建设。该项建设已纳入我省全面深化改革动态管理平台和中央转移支付农产品质量安全监管资金绩效监控，请各地加快建设进度，按质按量按时完成项目建设任务，充分发挥资金效益。

三、组织考核验收。坚持“县市自验、市州验收、省级抽验”原则，认真对照建设方案、核对建设内容、核实项目资金使用情况、查阅项目相关资料、查验设备运行状况，验收项目要确保建设任务全部完成、对接追溯平台、达到预期效果。第二代农产品“身份证”试点项目须市州验收合格后，方能拨付资金。请各市州按照《第二代农产品“身份证”试点项目验收评分标准》现场评分，总评分数85分以上且检验检测+质量追溯+5G技术”分值不得低于70分，为验收合格项目。

四、开展绩效评价。根据省财政厅下达的《2021年中央农产品质量安全监管资金绩效目标表》（湘财预〔2021〕206号），今年农产品质量安全监管专项资金要求年内资金使用率100%，年内项目完工率100%，项目验收合格率达到100%，追溯体系建设县商品生产主体进驻率80%以上。各市州农业农村部门要积极加强资金与项目管理，尽快在省农业农村厅资金项目监管平台（http://61.187.51.131:8092/）上将湘财预〔2021〕206号支持农产品质量安全监管的所有项目填报项目实施方案，2022年1月10日前在湖南省农业农村厅资金项目监管平台上填报好绩效自评有

图 13-13

【拓展与思考】

◎ 图13-8、图13-9、图13-10和图13-11的四个通报，是传达告知重要情况的下行文，主送、传达范围是但不限于通报发文机关管辖范围，可以直接抄送自己单位的上级机关吗？

不可以。向上级机关汇报工作、反映情况，要用报告。在实际工作中，依据一份材料可以撰拟（改写）出多个公文。以上述四份通报涉及的事项“巡视整改”为例，整改工作进行到一定阶段或完成了，会有“工作总结”；向二级单位和公众公布相关情况时，会有“通报”；向上级机关汇报工作时，会有“报告”。通报和报告，都可以在总结的基础上加工改写出来。

要注意的是，整改（进展）情况通报，重在“情况”；整改工作报告，重在“工作”，侧重点不一样。前者也会涉及工作，但工作不是重头戏，主体基本构架是：怎么对待反馈意见（态度）—本着什么原则精神去做的（思想认识）—做了什么（简要明确）、哪些完成了哪些未完成—下一步工作安排。后者也要交代清楚情况，但“工作”是重点，主体基本构架是：做了什么、怎么做的、做得怎么样、有何成绩经验或问题教训、后续工作安排，都需要具体落实。这样一看，大家应该清楚了，工作情况通报、工作报告与总结

是一脉相承的。

◎ 图 13-14 是某省人民政府办公厅《关于进一步加强农村住房质量安全监管的通知》(拼接图，以便呈现层级结构)，看看图中出现的提要语是否有问题?

一、坚持科学选址

农村住房建设选址应符合村庄规划和相关保护规划，规避易发生地质灾害、洪涝灾害地段和地下采空区等区域。农村住房的建筑层数、高度应符合县级以上人民政府有关规定、村庄规划和相关保护规划要求。

二、确保施工安全

（一）加强设计服务。农村住房设计图应由有资质的设计单位或有资格的设计人员进行设计。市、县两级住房城乡建设部门负责组织技术力量或采取购买服务的方式因地制宜编制设计图集，免费供村民选用，并向建房村民提供技术咨询和指导服务。乡镇人民政府负责宣传推广设计图集。村民委员会负责协助建房村民选择设计图。

（二）落实全过程公示。乡镇人民政府要严格落实规范村民住房建设公示制度，负责免费制作公示牌，并在开工放线到场之日至竣工验收合格之日期间设立。公示内容应包括建房的基本信息、各方负责人的联系方式，并粘贴乡村建设规划许可证、农村宅基地批准书和建房设计图等复印件，公布监督举报电话及其他联系方式。

（三）强化施工过程监管。县级住房城乡建设部门负责农村住

早制止、早报告。建房村民应委托取得培训合格证书的乡村建设工匠或者有资质的建筑施工企业施工，并签订施工协议。

（四）严格竣工验收。市级人民政府应根据国家有关规定，制定农村住房建设竣工验收办法。房屋竣工后，建房村民应当将竣工验收时间提前告知或者经由村民委员会告知乡镇人民政府，并提出

图 13-14

这个农村住房质量安全监管通知的大层次小标题(层次提要)和段意提要语(分项提要)都比较随意，有失省政府办公厅公文水准。选址、设计、施工是三个环节步骤，设计不是施工的下位层级，上下位层级乱了。应该将“加强设计服务”改到“二”的位置。提要语“(二)落实全过程公示”与上位层级“施工安全”的逻辑关联待斟酌，属于概括、提要不准确，可以改为“(二)严格建设规划许可并全过程公示”，以紧密关联上位层级小标题。

◎ 图 13-15 是某大学 2016 年 6 月份消防安全工作情况通报(加粗字是本书作者处理的，并非原文如此)，“一、主要工作”，后面写的应该是具体工作内容。快速看下面的“(一)”“(二)”“(三)”，我们能很快把握住做了哪几项工作吗？应该不能。笔者有意查了该校多份安全工作情况通报，都是如此。问题出在哪里？怎么处理？

关于2016年6月份消防安全工作情况的通报

各单位、部门：

现将我校6月份消防安全工作情况通报如下：

一、主要工作

（一）根据《2016年广东省教育系统夏季消防检查和专项治理工作方案》（粤教保函〔2016〕65号）和《广东省教育系统2016年“安全生产月”和“安全生产万里行”活动方案的通知》（粤教保函〔2016〕64号）的精神，学校高度重视夏季校园隐患排查工作和今年“安全生产月”活动，制定了《广[redacted]大学2016年夏季消防检查和专项治理暨“安全生产月”活动工作方案》，成立了以[redacted]书记、[redacted]校长为双组长，分管校领导[redacted]副校长为副组长的夏季消防检查工作和“安全生产月”活动领导小组，主要由保卫处牵头负责具体实施工作。目前**夏季消防检查和“安全生产月”**各项工作有序推进，取得了阶段性成效。

（二）根据《广东省教育厅关于在全省教育系统集中开展危险化学品安全专项整治工作的通知》（粤教装备函〔2016〕20号）和《广[redacted]大学实验室安全建设与管理规定》（校资产〔2014〕19号）的精神，按照“全覆盖、零容忍”和“谁主管、谁负责”的要求，为切实加强实验室的安全建设与管理，学校开展了**危险化学品安全专项检查**及暑假前**实验室安全大检查**工作，确保2016年暑假期间教学实验室及仪器设备安全。

（三）为认真贯彻落实《广东省教育系统2016年“安全生产月”和“安全生产万里行”活动方案的通知》（粤教保函〔2016〕64号）的精神，牢固树立安全发展观念，在全校广泛普及安全生产知识和安全生产常识，增强师生安全观念，提高师生安全意识和师生防灾和救灾能力，确保校园安全稳定，保卫处于6月28日上午在湖光校区图书馆**开展了消防安全应急疏散及灭火演练，**[redacted]副校长作现场指导。参加演练的有图书馆全体教职员工以及馆内研习学生和部分

图 13-15

这个通报“一、主要工作”下的每一项工作都没有概括、提要，虽有“(一)”“(二)”“(三)”序数标识、区分工作项，但缺乏提要语，阅文者要从一大段文字中去找“工作”内容，是很费劲的。笔者曾在公文写作教学课堂上将本案例交由学生处理，要求他们分析问题、解决问题。结果他们都知道该通报的问题是缺乏概括、提要，无提要语，但差不多有一半的学生无法准确概括和提要。后来笔者给了提示，即描红指要的文字，他们才恍然大悟。

三项工作应该是：

(一)推进夏季消防安全检查和“安全生产月”活动。根据……
(二)组织危险化学品专项检查和实验室安全检查。根据……
(三)开展消防安全应急疏散及灭火演练。为认真贯彻落实……

这样处理过后，做了哪几项主要工作，就一目了然了。

◎ 图 13-12 是农业农村厅办公室的通知，标题和承转都有问题，请试着处理好。

图 13-12 这份公文写作不太认真。通知标题是《关于加快推进追溯体系和第二代农产品“身份证”试点项目建设的通知》，省略了发文机关，用“和”字关联起两项事由，其中“追溯体系”表意不明，所引用的省委省政府文件标题中的“强农”还掉了半边引号。

从正文开头这段文字看，“追溯体系”是涉及农产品质量安全的，标题事由项应该是：(关于)加快推进农产品质量安全追溯体系和第二代农产品“身份证”试点项目建设。

承转过渡句“省财政已下达资金指标，现将有关要求通知如下”，导致了歧义承转，让人认为是关于资金指标的要求。结合通知标题和图 13-13 内容看，这是因为推进两类项目建设的通知“打架”了。

很显然，承转过渡句前的句号用得不对，句号应该在“资金指标”后。最好是这样处理：“我厅决定支持……试点项目建设(省财政已下达资金指标)。现将有关要求通知如下”。

◎ 图 13-16 是国务院办公厅一份意见的局部截图，大家要认真体会开头“依据和目的”部分与主体“引申和说明”部分之间的承转。

图 13-16 正文首句强调事项的重要性、意义，次句明确目的，以“现就健全重特大疾病医疗保险和救助制度提出以下意见”照应和明确事项、题旨，承转过渡有效且有力。我们能见到不少公文实例，因为前面文字明确了重要性、目的、依据，但并未明确标题中的事由项，就轻率地以“现提出如下意见”(意见文种)、“现就(将)有关(相关)事项通知(通报、通告)如下”(通知通报通告文种)承转过渡，完全不顾及是否能顺利、

有效承转，需要警醒。

国务院办公厅关于健全
重特大疾病医疗保险和救助制度的意见

国办发〔2021〕42号

各省、自治区、直辖市人民政府，国务院各部委、各直属机构：

做好重特大疾病医疗保障，是进一步减轻困难群众和大病患者医疗费用负担、防范因病致贫返贫、筑牢民生保障底线的重要举措。为深入贯彻党中央、国务院关于深化医疗保障制度改革和完善社会救助制度的决策部署，巩固拓展医疗保障脱贫攻坚成果，不断增强人民群众获得感、幸福感、安全感，经国务院同意，现就健全重特大疾病医疗保险和救助制度提出以下意见。

一、总体要求

以习近平新时代中国特色社会主义思想为指导，全面贯彻党的十九大和十九届二中、三中、四中、五中全会精神，坚持以人民为中心，坚持共同富裕方向，坚持应保尽保、保障基

图 13-16

图 13-2、图 13-6、图 13-17 和图 13-18，在“现就……”承转过渡句中明确事项，就处理得很好。而图 13-19“现就有关事项通知如下”承转的有效性就存疑。因为这个通知正文文字提到的“为……提升全省农村住房质量安全监管水平”，与标题事由“加强农村住房质量安全监管”并不一致，一是目的，二是事由项，承转过渡句“有关事项”是与提升监管水平（目的）有关的，并不直接关联“加强监管”（工作）。

湖南省卫生健康委
关于允许医学专业高校毕业生
免试申请乡村医生执业注册有关事项的通知

各市州、县市区人民政府：

为加强我省乡村医生队伍建设，补充和优化乡村医生队伍，提升乡村医疗卫生服务水平，根据《乡村医生从业管理条例》（以下简称《条例》）、《国家卫生健康委关于允许医学专业高校毕业生免试申请乡村医生执业注册的意见》（国卫基层发〔2020〕11号）精神，经报省人民政府同意，现就允许医学专业高校毕业生免试申请乡村医生执业注册有关事项通知如下。

一、县级卫生健康行政部门负责医学专业高校毕业生免试申

图 13-17

陕西省卫生健康委关于进一步
加强医疗卫生事业单位法治建设的通知

各设区市、杨凌示范区卫生健康委（局），西咸新区教育卫体局，韩城市、神木市、府谷县卫生健康局，委机关各处室，省中医药管理局、省保健局，委直委管各单位：

为认真学习贯彻习近平法治思想和习近平总书记来陕考察重要讲话精神，深入推进“法治陕西”“健康陕西”建设，根据《国家卫生健康委办公室关于进一步加强医疗卫生事业单位法治建设的通知（试行）》《医疗机构依法执业自查管理办法》等，现就我省医疗卫生事业单位（包括公立医院、专业公共卫生机构等）法治建设工作提出如下要求：

一、充分认识医疗卫生事业单位法治建设的重要意义

图 13-18

湖南省人民政府办公厅
关于进一步加强农村住房质量安全监管的通知

湘政办发〔2021〕78 号

各市州、县市区人民政府，省直有关单位：

为进一步明确责任，提升全省农村住房质量安全监管水平，确保人民群众生命财产安全，根据《湖南省农村住房建设管理办法》（省政府令第 299 号）及相关法律法规要求，经省人民政府同意，现就有关事项通知如下：

图 13-19

第十四章　指挥性议决性公文写作

【问题与任务】

指挥性议决性公文包括命令(令)、决议、决定、批复、纪要等文种，都是下行文。它是制文机关为实施领导、指挥或指导下级工作而制发的，最具政策性、权威性、指挥性和约束力的公文，下级必须服从并贯彻执行。强指挥或指导功能、强约束力是这类公文的共同特点。记录性公文“纪要”，绝大多数情况下具有潜在的指挥或指导功能，为了章节的紧凑和讨论的方便，我们也在这部分进行介绍。

我国宪法规定，只有全国人大常委会委员长、国家主席、国务院及总理、国务院各部部长和各委员会主任，以及县以上地方各级人民政府，在法律规定的权限内可以发布命令。其他任何机关单位及个人，都无权使用命令这一文种。事实上，地方县及以下人民政府很少使用这一文种。实际工作中作为行业术语的“命令”(如铁路、港口及工厂作业中)以及人事部门常用的“调令”等，都不属命令(令)这一文种。命令(令)，一般机关单位基本用不到，讨论从简。

本章的学习任务是决议、决定、批复、纪要4个文种的写作。拟稿训练，建议选决定(重在部署事项和奖惩类，可不训练法规性的和决策性政策性的)、纪要(以会议记录为本)。

【重点与难点】

决定、纪要写作，是本章重点。要掌握用于部署工作(事项)和奖惩的决定写作规范与要求，认真训练根据会议记录及其他会议文书形成纪要。区别4个文种的议决性，有一定难度，要靠自己在工作实际、写作实际中加深认识。

【情景与案例】

下面是几个公文截图(有些是局部截图)，大家依据截图信息看看这几个公文都是用来干什么的？有什么功能、用途？

第十三届全国人民代表大会第四次会议关于2020年中央和地方预算执行情况与2021年中央和地方预算的决议

（2021年3月11日第十三届全国人民代表大会第四次会议通过）

第十三届全国人民代表大会第四次会议审查了国务院提出的《关于2020年中央和地方预算执行情况与2021年中央和地方预算草案的报告》及2021年中央和地方预算草案，同意全国人民代表大会财政经济委员会的审查结果报告。会议决定，批准《关于2020年中央和地方预算执行情况与2021年中央和地方预算草案的报告》，批准2021年中央预算。

图 14-1

广东省教育厅关于授予湛江市霞山区“广东省推进教育现代化先进区”称号的决定

发布日期：2017-07-11　浏览次数：625　来源：厅督导室

粤教督〔2017〕11号

湛江市霞山区人民政府：

由湛江市人民政府推荐，经省人民政府教育督导室组织专家进行督导验收，霞山区已达到“广东省推进教育现代化先进区”的标准。根据省人民政府授权，决定授予霞山区“广东省推进教育现代化先进区”称号，并颁发牌匾。

希望湛江市霞山区以此作为新的起点，进一步完善区域教育现代化规划，加大投入，整合区域教育资源，加大义务教育优质均衡的推进力度，不断完善现代化教育体系，加强教师队伍建设，提高现代教育治理能力，进一步提升教育信息化应用水平，优化人才培养模式，培育区域教育整体特色。

广东省教育厅

2017年7月6日

图 14-2

中华人民共和国国务院令

第747号

现公布《国务院关于废止部分行政法规的决定》，自公布之日起施行。

总理　李克强

2021年9月9日

图 14-3

国务院关于废止部分行政法规的决定

为了适应我国人口与经济社会发展的新形势，优化生育政策，促进人口长期均衡发展，根据2021年8月20日第十三届全国人民代表大会常务委员会第三十次会议通过的关于修改人口与计划生育法的决定，国务院决定废止以下行政法规：

一、计划生育技术服务管理条例（2001年6月13日中华人民共和国国务院令第309号公布　根据2004年12月10日《国务院关于修改〈计划生育技术服务管理条例〉的决定》修订）

二、社会抚养费征收管理办法（2002年8月2日中华人民共和国国务院令第357号公布）

三、流动人口计划生育工作条例（2009年5月11日中华人民共和国国务院令第555号公布）

本决定自公布之日起施行。

图 14-4

应该不难明确吧，这些公文都是下行文，是指挥性公文，用以议决事项。

【内容与进程】

一、决　　议

(一)决议的适用范围

决议是党的各级领导机关、人大机关、政协机关或党政联合行文时使用的主要文种。决议适用于会议讨论通过的重大决策事项。

从用途看，决议是针对重大的决策事项，“议”(研究、意见)“决”(判断、决断)一体，有贯彻执行要求，而且这一决策事项还必须是经会议讨论通过的。毫无疑问，决议是指挥性、议决性的下行公文，具有权威性的指挥功能和强制性的约束力。决策事项又以“重大”限定，通常是指关系到全局的原则性的重大问题、重大行动和重大事项。而任何一个单位、部门，事关全局的考虑或者说决策，都是必须经过高层次重要会议或特定会议讨论、表决，以法定多数票(三分之二或以上)通过才能生效，才能以决议行文的。也就是说，制发决议必须有“会议讨论通过”这一程序，决议只能是会议的产物。

而且，事关全局的原则性的考虑或者说决策，往往侧重于贯彻执行的指导性，通常是精神、原则、方向的认定或认可，不可能具体到贯彻执行的措施、步骤、方法及要求等。这也是决议与另一种安排及决策重要事项的公文——决定的明显区别。

(二)决议的种类

根据内容和用途的区别，常见的决议有四种类型：

1. 审批性决议

用于表决有关文件或审查批准有关事项，多是直接表明审议批准或同意的态度。如文例 14-1《第十三届全国人民代表大会第四次会议关于国民经济和社会发展第十四个五年规划和 2035 年远景目标纲要的决议》(2021 年 3 月 11 日第十三届全国人民代表大会第四次会议通过)是批准规划和纲要，《第十三届全国人民代表大会第四次会议关于全国人民代表大会常务委员会工作报告的决议》(2021 年 3 月 11 日第十三届全国人民代表大会第四次会议通过)是批准报告。

2. 部署性决议

用于议决重大事项、重大行动的安排部署，设立、撤并重要组织机构，调整行政区划等。《全国人大常委会关于大兴安岭特大森林火灾事故的决议》(1987 年 6 且 23 日通过)，是对大兴安岭特大森林火灾事故这一问题的议决。《第七届全国人民代表大会第一次会议关于建立海南经济特区的决议》(1988 年 4 月 13 日通过)，是用于调整行政区划或者说是部署重大行动、议决重要事项的。

3. 阐述性决议

用于阐述方针政策，讨论决断重大事项。讨论决断重大事项时，阐述性质、目的、意义、原则、方法等，明确范围、内容、要求等，理论色彩浓，与部署性决议或决断事项有明显区别。如《中共中央关于社会主义精神文明建设指导方针的决议》《全国人大常委会关于普法的决议》即属此类。

4. 专门性决议

用于决断专门性重大问题、决策修改法律等，如文例 14-2《中共中央关于党的百年奋斗重大成就和历史经验的决议》(2021 年 11 月 11 日中国共产党第十九届中央委员会第六次全体会议通过)。

决议的类型，也有两分为事项性决议和纪要性决议的。事项性决议，是记录单一重要事项、问题、行动的安排及决策的；纪要性决议则是记录会议对一系列重要问题、事项、行动的安排及决策，集中突出会议对议决事项的原则性意见。如文例 14-3《第十三届全国人民代表大会第四次会议关于政府工作报告的决议》(2021 年 3 月 11 日第十三届全国人民代表大会第四次会议通过)就是一份典型的纪要性决议。

当然决议的分类不论根据什么标准，都只能是大致的分类。因为实际工作中常见的决议，内容并不像我们理解或界定的那样单纯，可能既有表态性的(审议批准报告)内容，也有部署性的内容，前一部分表态，后一部分部署。专门性决议与阐述性决议，也是你中有我、我中有你的。

(三)决议的一般格式及写法

决议一般由标题、会议名称及通过日期、正文三部分组成。

1. 标题

决议的标题有两种结构形式。一是完全式标题，即由发文机关、事由、文种构成。一是省略式标题，即由事由、文种两项构成。前者用于新闻媒介公布的决议，后者用于机关、单位内部下发的决议。有时重大会议期间报纸同版刊载决议、决定多份，也使用省略式标题，但版面上应有通栏总题，如《光明日报》1996 年 3 月 18 日二版刊载八届人大四次会议六个决议，均用省略式标题。

2. 会议名称及通过日期

在标题下方正中央处以括号标注。标题中“发文机关”有会议名称(全称)时，标题下可只括注通过日期；标题中“发文机关”无会议名称或是会议简称的，标题下应括注会议全称及通过日期。这一项不可缺，否则无效。

3. 正文

决议的正文一般包括三项内容：缘由或根据、议决事项、号召或执行要求。第三项内容并不是每个决议都必备的，但前两项都应写明。缘由或根据，是指形成决议的缘因、理由或根据，具体到各类决议中，其表现形式和写法各不相同。如文例 14-1，“审查”“同意”“批准”是决议的行文缘由、根据。而《全国人大常委会关于普法的决议》则是以开展普法活动的意义和目的为形成决议的缘由。议决事项，是指审议意见或讨论通过而形成的意见。针对具体问题、事项、行动进行议决而形成的意见，应以“会议”为主体进行表述。如“会议批准……”“会议同意……”“会议指出……”“会议认为……”“会议建议……”等句式，是决议事项(议决意见)的惯用表现形式，句中主语“会议”不能随意更换。号召或执行要求，是决议正文的最后一项内容。如文例 14-1 的“会议要求……”、文例 14-3 的“会议号召……”，尤其是文例 14-2 的最后一个部分“党中央号召，全党全军全国各族人民要更加紧密地团结在以习近平同志为核心的党中央周围，全面贯彻习近平新时代中国特色社会主义思想，大力弘扬伟大建党精神，勿忘昨天的苦难辉煌，无愧今天的使命担当，不负明天的伟大梦想，以史为鉴、开创未来，埋头苦干、勇毅前行，为实现第二个百年奋斗目标、实现中华民族伟大复兴的中国梦而不懈奋斗。我们坚信，在过去一百年赢得了伟大胜利和荣光的中国共产党和中国人民，必将在新时代新征程上赢得更加伟大的胜利和荣光！”即为“号召或执行要求”部分。

决议正文的三项内容，其结构形式因决议的内容和要求而定。通常，内容单一、文字简短的决议，正文为篇段合一形式，三项内容依次组织在同一段中。而内容繁杂的，除开头、结尾分别以独立的段落或部分表述“缘由或根据”“号召或执行要求”两项内容外，“议决事项”部分往往还要求归纳分项表述（可找到文例 14-2 的原文认真研读）。

（四）决议的写作要求

首先，应该做到把握会议主旨，准确、真实地表达会议的议决事项。决议是会议的产物，是会议成果的反映，决议的内容必须从会议中来，反映出讨论后取得的一致意见。这就要求，在决议写作过程中，既要杜绝主观地想当然，又要防止片面性。悬而未决的事项、有分歧的意见均不能写进决议中，哪怕不同意见很有道理或者未议决一致的事项非常重要。全面掌握会议材料（包括不同意见），准确把握会议主旨，是防止片面性、主观性的首要前提。会议中，有不同意见是正常现象，这也是召开会议的意义和目的，但形成指挥性公文——决议并要求贯彻执行，却必须提供议决一致的意见，否则下级就无法贯彻执行，不但决议的权威性、指挥功能和约束力丧失了，而且可能造成思想混乱。

其次，决议写作还应该注意叙议结合，做到行文既有理论性又有逻辑力量。决议重在议决即讨论决断，强调的是贯彻执行的指导性。它的决策、指挥作用，是统一思想、统一认识后统一行动。这就决定它必须有理论色彩和逻辑力量，不仅要提供议决一致的意见和要求，同时要有必要的分析论述，既明确叙述意见和要求又有阐述，以利于理解和贯彻，激发贯彻执行的自觉性。

最后，要做到行文严谨、庄重，善用决议惯用语以严肃表达集体（会议）意志。以“会议”为主语的系列句式，因表意严肃、语气庄重，在决议中使用较多，是决议惯用语。行文严谨，是前一个要求“叙议结合”的补充要求，即叙述要简要，议论要适度，不能过多过散，表述要准确。

[文例 14-1]

第十三届全国人民代表大会第四次会议关于国民经济和社会发展第十四个五年规划和 2035 年远景目标纲要的决议

（2021 年 3 月 11 日第十三届全国人民代表大会第四次会议通过）

第十三届全国人民代表大会第四次会议审查了国务院提出的《中华人民共和国国民经济和社会发展第十四个五年规划和 2035 年远景目标纲要（草案）》，会议同意全国人民代表大会财政经济委员会的审查结果报告，决定批准这个规划纲要。

会议认为，在以习近平同志为核心的党中央坚强领导下，全党全国各族人民砥砺前行、开拓创新，“十三五”规划目标任务胜利完成，全面建成小康社会取得伟大历史性成就，决战脱贫攻坚取得全面胜利，中华民族伟大复兴向前迈出了新的一大步。这充分彰显了中国共产党领导和中国特色社会主义制度优势，将激励全党全国各族人民再接再厉，向实现第二个百年奋斗目标继续奋勇前进。

会议要求，“十四五”时期要高举中国特色社会主义伟大旗帜，深入贯彻党的十九大和十九届二中、三中、四中、五中全会精神，坚持以马克思列宁主义、毛泽东思想、邓小平理论、“三个代表”重要思想、科学发展观、习近平新时代中国特色社会主义思想为指导，全面贯彻党的基本理论、基本路线、基本方略，统筹推进经济建设、政治建设、文化建设、社会建设、生态文明建设的总体布局，协调推进全面建设社会主义现代化国家、全面深化改革、全面依法治国、全面从严治党的战略布局，坚持稳中求进工作总基调，准确把握新发展阶段，深入贯彻新发展理念，加快构建新发展格局，推动高质量发展，统筹发展和安全，推进国家治理体系和治理能力现代化，实现经济行稳致远、社会安定和谐，为全面建设社会主义现代化国家开好局起好步。

[文例 14-2]

中共中央关于党的百年奋斗重大成就和历史经验的决议①

（2021 年 11 月 11 日中国共产党第十九届中央委员会第六次全体会议通过）

序言

中国共产党自一九二一年成立以来，始终把为中国人民谋幸福、为中华民族谋复兴作为自己的初心使命，始终坚持共产主义理想和社会主义信念，团结带领全国各族人民为争取民族独立、人民解放和实现国家富强、人民幸福而不懈奋斗，已经走过一百年光辉历程。

……

一、夺取新民主主义革命伟大胜利

新民主主义革命时期，党面临的主要任务是，反对帝国主义、封建主义、官僚资本主义，争取民族独立、人民解放，为实现中华民族伟大复兴创造根本社会条件。……

二、完成社会主义革命和推进社会主义建设

社会主义革命和建设时期，党面临的主要任务是，实现从新民主主义到社会主义的转变，进行社会主义革命，推进社会主义建设，为实现中华民族伟大复兴奠定根本政治前提和制度基础。……

---

①　原文太长，只节录出大层次构架。

三、进行改革开放和社会主义现代化建设

改革开放和社会主义现代化建设新时期，党面临的主要任务是，继续探索中国建设社会主义的正确道路，解放和发展社会生产力，使人民摆脱贫困、尽快富裕起来，为实现中华民族伟大复兴提供充满新的活力的体制保证和快速发展的物质条件。……

四、开创中国特色社会主义新时代

党的十八大以来，中国特色社会主义进入新时代。党面临的主要任务是，实现第一个百年奋斗目标，开启实现第二个百年奋斗目标新征程，朝着实现中华民族伟大复兴的宏伟目标继续前进。……

五、中国共产党百年奋斗的历史意义

一百年来，党始终践行初心使命，团结带领全国各族人民绘就了人类发展史上的壮美画卷，中华民族伟大复兴展现出前所未有的光明前景。……

六、中国共产党百年奋斗的历史经验

一百年来，党领导人民进行伟大奋斗，在进取中突破，于挫折中奋起，从总结中提高，积累了宝贵的历史经验。……

七、新时代的中国共产党

不忘初心，方得始终。中国共产党立志于中华民族千秋伟业，百年恰是风华正茂。过去一百年，党向人民、向历史交出了一份优异的答卷。现在，党团结带领中国人民又踏上了实现第二个百年奋斗目标新的赶考之路。时代是出卷人，我们是答卷人，人民是阅卷人。我们一定要继续考出好成绩，在新时代新征程上展现新气象新作为。……

党中央号召，全党全军全国各族人民要更加紧密地团结在以习近平同志为核心的党中央周围，全面贯彻习近平新时代中国特色社会主义思想，大力弘扬伟大建党精神，勿忘昨天的苦难辉煌，无愧今天的使命担当，不负明天的伟大梦想，以史为鉴、开创未来，埋头苦干、勇毅前行，为实现第二个百年奋斗目标、实现中华民族伟大复兴的中国梦而不懈奋斗。我们坚信，在过去一百年赢得了伟大胜利和荣光的中国共产党和中国人民，必将在新时代新征程上赢得更加伟大的胜利和荣光！

[文例 14-3]

第十三届全国人民代表大会第四次会议关于政府工作报告的决议

（2021 年 3 月 11 日第十三届全国人民代表大会第四次会议通过）

第十三届全国人民代表大会第四次会议听取和审议了国务院总理李克强所作的政府工作报告。会议高度评价“十三五”时期我国经济社会发展取得的历史性成就，充分肯定国务院过去一年的工作，同意报告提出的“十四五”时期主要目标任务和 2021 年经济社会发展的总体要求、主要目标和工作部署，决定批准这个报告。

会议号召，全国各族人民更加紧密地团结在以习近平同志为核心的党中央周围，高举中国特色社会主义伟大旗帜，以习近平新时代中国特色社会主义思想为指导，全面贯彻党的十九大和十九届二中、三中、四中、五中全会精神，增强“四个意识”、坚定“四个自信”、做到“两个维护”，坚持稳中求进工作总基调，立足新发展阶段，贯彻新发展理念，构建新发展格局，以推动高质量发展为主题，以深化供给侧结构性改革为主线，以改革创新为根本动力，以满足人民日益增长的美好生活需要为根本目的，坚持系统观念，巩固拓展疫情防控和经济社会发展成果，更好统筹发展和安全，扎实做好“六稳”工作、全面落实“六保”任务，保持经济运行在合理区间，促进经济社会持续健康发展，同心协力、拼搏进取、扎实工作，确保“十四五”开好局起好步，以优异成绩庆祝中国共产党成立100周年。

[**文例 14-4**]

全国人民代表大会常务委员会关于开展第八个五年法治宣传教育的决议

（2021 年 6 月 10 日第十三届全国人民代表大会常务委员会第二十九次会议通过）

2016 年至 2020 年，全国第七个五年法治宣传教育决议顺利实施，取得重要成果，全社会法治观念明显增强，社会治理法治化水平明显提高。当前，我国已开启全面建设社会主义现代化国家新征程，进入新发展阶段，为深入学习宣传贯彻习近平法治思想，使法治成为社会共识和基本准则，夯实全面依法治国的社会基础，有必要从 2021 年至 2025 年在全体公民中开展第八个五年法治宣传教育。通过开展第八个五年法治宣传教育，使公民法治素养和社会治理法治化水平显著提升，形成全社会尊法学法守法用法的良好氛围。特作决议如下：

一、以习近平法治思想引领全民普法工作。坚持习近平新时代中国特色社会主义思想，全面贯彻落实习近平法治思想，在党中央集中统一领导下推进全民普法工作。突出学习宣传习近平法治思想，推动习近平法治思想入脑入心、走深走实，引导全社会坚定不移走中国特色社会主义法治道路。紧紧围绕服务“十四五”时期经济社会发展，推动普法工作守正创新、提质增效、全面发展，为全面建设社会主义现代化国家营造良好法治环境。

二、大力弘扬社会主义法治精神。突出重点内容，深入宣传宪法和宪法相关法，全面落实宪法宣誓制度，加强宪法实施案例宣传，阐释好宪法精神和“中国之治”的制度基础；深入宣传民法典，全面提升民法典普法质量，让民法典深入人心。深入宣传促进科技创新、优化营商环境、加强生态环境保护等与推动高质量发展密切相关的法律法规；深入宣传加强国家安全体系和能力建设、推动更高水平平安中国建设等与社会治理现代化密切相关的法律法规。加强社会主义法治文化建设，弘扬社会主义核心价值观，推动中华优秀传统法律文化创造性转化、创新性发展，坚持依法治国与以德治国相结合，让人民群众感受到正义可期待、权利有保障、义务须履行，引导全社会树立权利与义务、个人自由与社会责任相统一的观念。

三、持续提升公民法治素养。实行公民终身法治教育制度，把法治教育纳入干部教育体系、国民教育体系、社会教育体系，不断提升全体公民法治意识和法治素养。落实国家工作人员学法用法制度，把法治素养和依法履职情况纳入考核评价干部的重要内容，引导国家工作人员树立社会主义法治理念，提高依法办事的意识和能力。重点抓好“关键少数”，发挥领导干部带头示范作用，建立领导干部应知应会法律法规清单制度，让尊法学法守法用法成为领导干部自觉行为和必备素质。大力加强青少年法治教育，全面落实《青少年法治教育大纲》，推动法治教育进课堂，教育引导青少年从小养成尊法守法习惯。

四、推进普法与依法治理有机融合。加强基层组织和部门、行业依法治理，深化法治乡村(社区)建设和依法治企、依法治校、依法治网，加大普法力度，完善预防性法律制度，推动形成办事依法、遇事找法、解决问题用法、化解矛盾靠法的法治环境。开展公共卫生安全、突发事件应急管理等方面的法治宣传教育，提高全社会应急状态下依法治理能力和水平，促进依法行动、依法行事。坚持依法治理与系统治理、综合治理、源头治理有机结合，深入开展多层次多形式法治创建活动，大力提高社会治理法治化水平。

五、着力提高普法工作的针对性和实效性。注重把普法深度融入立法、执法、司法和法律服务全过程，开展实时普法。加大以案普法、以案释法力度，使典型案事件依法处理过程成为全民普法的公开课。充分运用社会力量开展公益普法，健全社会普法教育机制。充分运用新技术新媒体开展精准普法，提高普法产品供给质量，使普法更为群众喜闻乐见。注重分层分类，坚持集中宣传教育与经常宣传教育相结合，重在常态化、制度化，把普法融入法治实践、基层治理和日常生活。

六、加强组织实施和监督检查。落实党政主要负责人推进法治建设第一责任人职责，进一步完善国家机关“谁执法谁普法”等普法责任制，全面落实普法责任清单制度，促进各社会团体、企事业单位以及其他组织履行普法责任，推动形成党委领导下的大普法工作格局。健全和落实媒体公益普法制度，加大融媒体普法力度。推动制定法治宣传教育法，为全民普法工作提供有力法律保障。健全普法工作评估指标体系和奖惩制度，做好中期评估和终期检查，加强检查结果的运用。各级人民政府要积极开展第八个五年法治宣传教育工作，向本级人民代表大会常务委员会报告工作开展情况。各级人民代表大会及其常务委员会要加强对法治宣传教育工作的监督检查，促进本决议有效实施。

二、决　　定

(一)决定的适用范围

决定是实际工作中使用频率很高的一种指挥性公文。2012 年“公文条例”中对它的界定是：“适用于对重要事项作出决策和部署、奖惩有关单位及人员、变更或者撤销下级机关不适当的决定事项”。

分解一下，决定的用途有三：对重要事项作出安排、对重要行动作出安排及决策、对重要问题作出决策。决定绝大多数情况下是对重要具体问题、事项、工作作出安排，也用于决断事关全局的策略或方法。明确这一点对区别决议和决定是有帮助的。

决定既然用于对重要问题、事项或重大行动作出安排及决策，那它的指挥功能、议决性就显而易见了。关于重要事项、问题或重大工作的安排及决策，甚至具体到方法、条理和步骤，决定的约束力也就可想而知。决议因是关于全局性原则性问题、事项或工作的决策，偏重于贯彻执行的指导性；而决定是对具体问题、事项或工作的具体安排，则更偏重于贯彻执行的约束力。说得通俗一点，决议是给下级机关、单位提出方向、原则、精神，而决定则是要求下级机关、单位逐项照办。

(二)决定的种类

根据内容及制文机关意图的区别，常见的决定可分为两大类共七种，包括：知照性决定四种，即奖惩决定、任免决定、审批决定和事项决定；指挥性决定三种，即政策性决定、法规性决定和部署性决定。

1. 知照性决定

这是重在知照决断事项的一类决定，主要是传达上级机关对有关重要事项的决断，要求受文对象知悉，不强调执行的要求。指挥性决定，当然也有周知的要求，但却是重在贯彻执行，要求受文对象严格按发文机关的决断意见和安排认真贯彻执行。

(1)奖惩决定。用于表彰和处分有关人员和事件的决定。授衔授勋的决定也可归入这一类。如《中共中央 国务院关于表彰全国脱贫攻坚先进个人和先进集体的决定》(2021年2月25日)、《国务院关于2020年度国家科学技术奖励的决定》(国发〔2021〕22号)属于奖惩决定中的表彰决定；《××电力学院关于给予×××留校察看一年处分的决定》、《×省电业局电建四公司关于9.19交通事故的处理决定》属于奖惩决定中的处分(理)决定。

(2)任免决定。用于决断有关人员任职或免职的决定。常用于中下级机关，机关、单位内部任免有关人员职务常用通知。

(3)审批决定。用于审议批准有关文件的决定。如《广东省人民代表大会常务委员会关于批准〈广州经济技术开发区条例〉的决定》(1987年1月22日通过)、《全国人民代表大会常务委员会关于批准〈中华人民共和国和智利共和国引渡条约〉的决定》(2021年10月23日第十三届全国人民代表大会常务委员会第三十一次会议通过)。

(4)事项决定。用于决断重要事项，包括关于机构设置、行政区划调整、加入组织或接受组织成员等的决断。如《全国人民代表大会常务委员会关于召开第十三届全国人民代表大会第五次会议的决定》(2021年12月24日第十三届全国人民代表大会常务委员会第三十二次会议通过)、《全国人民代表大会常务委员会关于授权国务院在部分地区开展房地产税改革试点工作的决定》(2021年10月23日第十三届全国人民代表大会常务委员会第三十一次会议通过)等。

2. 指挥性决定

尽管知照性决定不要求读者或受文者采取什么行动，但其指挥功能和约束力并不因此消失或减弱，这一点必须明确。如任免决定，重在周知某同志的任职或免职，从决定作出或下达日起该同志就担任或被免除了某一职务。同样，审批决定重在让大家知晓权力机关或领导机关批准通过了某一文件，履行了审批这一法律程序，自决定下达日起该文件就正式生效了。另如授予某同志荣誉称号或给予某同志处分，决定本身是让大家知道这一事项或情况，但同时该同志也就成了劳动模范或者被开除了。也就是说，"决定"的制文机关的主要意图是周知决断事项，但上级机关的决断对下级机关和有关人员是具有权威性指挥功能和约束力的。

(1)政策性决定。用于决断或阐述党和国家方针政策，以指导、规范工作。政策性决定多是最高领导机关和权力机关才使用的，中下级机关不用。中下级机关是贯彻落实方针政策的中介机关，它传达贯彻方针政策以指导或规范工作，使用的是另一种指挥性决定——部署性决定。政策性决定，决断的是全党全国具有全局性、方向性、政策性的重要事项、重大问题或重大行动。如《中共中央关于经济体制改革的决定》(中国共产党第十二届中央委员会第三次全体会议 1984 年 10 月 20 日通过)、《中共中央　国务院关于优化生育政策促进人口长期均衡发展的决定》(2021 年 6 月 26 日)等。《国务院关于实施动产和权利担保统一登记的决定》(国发〔2020〕18 号)、《国务院关于授权和委托用地审批权的决定》(国发〔2020〕4 号)，理解为政策性决定或部属性决定两可，既是工作部署安排，也是政策。

(2)法规性决定。用于决断法律法规的修改、调整或决断会议的召开等。决断重要节日如 9 月 10 日为教师节，也属于这一种。这种决定，可以说它本身就是法规。如《全国人民代表大会常务委员会关于修改〈中华人民共和国工会法〉的决定》(2021 年 12 月 24 日第十三届全国人民代表大会常务委员会第三十二次会议通过)是决断修改、调整(补充)法律法令的。一些会议的召开(如人大会议)必须依据法律程序作出决定，这种决定也如同法规。另如一些授权决定，如《全国人民代表大会常务委员会关于授权上海市人民代表大会及其常务委员会制定浦东新区法规的决定》(2021 年 6 月 10 日第十三届全国人民代表大会常务委员会第二十九次会议通过)，因为是决断授权制定法规和规章，也属于法规性决定。

(3)部署性决定。用于决断重大行动或部署重要工作。如《国务院关于进一步治理淮河和太湖的决定》(国发〔1991〕62 号)、《×县人民政府关于增加冬季农业试点区、乡的决定》《全国人民代表大会常务委员会关于加强经济工作监督的决定》(2000 年 3 月 1 日第九届全国人民代表大会常务委员会第十四次会议通过 2021 年 12 月 24 日第十三届全国人民代表大会常务委员会第三十二次会议修订)等，均属部署性决定。

上述指挥性决定或阐述政策，或规范事项，或布置工作，均有较为具体的步骤、方法、措施、要求等。对于这类决定，受阅对象不能只知晓了事，必须遵照上级决断认真贯彻执行。

应该说明的是，我们区分知照性决定与指挥性决定，是依据决定内容及制文意图的不同侧重点而定的，是为了便于读者理解、把握制文意图，在秘书工作实际中正确撰拟和处理"决定"这种使用广泛的重要公文。实际上，知照和指挥、约束功能在决定中并不是截然可分的，而且任何一种运行公文上行下达，都固有知悉的要求，否则指挥、指导、联系、商洽、安排、布置、贯彻执行等就无从谈起。明确两大类七种决定的不同侧重点，可以使我们更准确地完成决定的撰拟和处理工作，以免在知照类决定中提不适当的贯彻执行要求或者在指挥类决定中不提供具体要求、措施，导致无法达到、实现制发决定的意图或目的。

(三)决定的一般格式及写法

决定一般由标题、发文字号(或通过、形成日期)、正文和落款四大部分组成。有些决定正文前有主送机关(如表彰决定)，大多数情况下决定的受文对象标在文尾部分的“抄送”栏。

1. 标题

常见形式同决议，一般情况下决定的标题要求是完整形式，省略形式“关于……的决定”一般不用。机关单位内部下发的决定，有眉首(俗称文头)时可使用省略式标题。

2. 发文字号

决定的发文字号标识域，现行标注形式复杂。行政公文的决定，一般标注发文字号；党委、人大、政协及党政联合行文的决定，标题下括注形成或通过日期居多。所以我们至少看到三种形式，有些决定因是重要特定会议通过(如人代会、党代会、职代会等)，标题下需同决议一样加括号标注“会议全称及通过日期”；有些决定是在标题下括注“形成日期”(通过日期)；有些决定标题下是发文字号。还有些决定标题下既有发文日期也有发文字号。发文字号标识域的标注形式复杂多样，显然有悖于公文处理的标准化和规范化要求。我们认为，将决定的发文字号标识域的标注形式规范为两种比较合适，即特定重要会议通过的一律括注“会议全称及通过日期”，其他的均标发文字号。当然，以正式文头行文时，决定的发文字号应标注在文头的规范位置。

3. 正文

决定的正文通常包括三项内容，即决定根据、决断事项、希望号召或执行要求。

决定根据，指作出决断的根据、原因或目的、意义。决断事项即决定的具体事项、内容。提出希望或发出号召，在知照性决定中只有奖惩决定具备这项内容。而指挥性决定中的法规性决定，一般不具备第三项内容。指挥性决定中的政策性决定，第三项内容通常是“希望号召”，而部署性决定则多为“执行要求”。正文的三项内容，因文字繁简有别而呈现出不同的文面形式，内容单纯、文字简短的决定多为篇段合一，内容丰富、篇幅较长的决定则多为条文式或块状式。另外，内容单纯、文字简短的决定，二分式结构形式也较为多见。具体来说，审批决定，事项决定以及用于授权或决断节日、会议召开的法规性决定，文面形式通常是篇段合一的。奖惩决定、任免决定、决断法律法规修改或调整的法规性决定，正文多为二分式结构。政策性决定、部署性决定以及少数奖惩决定，块状式或条文式的正文结构较为多见。

决定正文的三项内容，在不同决定中，因制文意图不同，写法和要求也有区别。一般来说，知照性决定(除奖惩决定外)的“决定根据”都是简短的一两句话直接概括，“决断事项”也是直接明确，不作阐述或论析，也不写“希望号召或执行要求”部分。如开头常为“经研究决定”或“×届××会议第×次会议决定”，以“研究”或“会议”作为决定根据，之后直接明确决定的具体内容。法规性决定也都是这种写法，常以“为了……”“根据……”或“……会议决定”一句交代作出决定的根据(法律或政策)或目的，之后直接明确决定的具体内容。这种写法，可称为“决断认定式”，即对决断事项直接表态(通过、批准、认可)，不作解释、阐述或论理，明确决断事项即结束正文。但知照性决定类的奖惩(表彰或处分)决定，通常以“情况概述”开头(有定性)，接政策文件或“经研究”作为“决定根据”；“决断事项”写完后一般还有希望或号召式的文字。这种写法，与政策性决定和部署性决定的写法接近。政策性、部署性决定，一般在开头部分要提供充分的“决定根据”，或有事实、政策依据，或有目的、意义的阐述。如《中共中央国务院关于加强职工教育工作的决定》(1981 年 2 月 20 日)开头以三个自然段论述职工教育的重要性、必要性和紧迫性，提供作出决定的充分理由，然后以“为了加强职工教育工作，中共中央和国务院持作如下决定”过渡到“决断事项”(共九大项)。而政策性、部署性决定正文的“决断事项”的部分，通常或分部分或分条列项，每一项每一条每一部分均有必要的分析论述。“决断事项”之后往往有“希望号召或执行要求”。《国务院关于进一步治理淮河和太湖的决定》(国发〔1991〕62 号)的最后一段文字“淮河流域和太湖流域各级政府和全体人民要进一步发扬……精神，不失时机地……，认真完成进一步治理淮河和太湖的各项任务”既有号召和希望，也有执行要求。政策性、部署性决定正文的这种写法，可称为“决断论述式”，既要具体明确决断事项，也要有必要的阐述、分析、论理，以便受阅对象统一思想认识，明确上级决断的目的、缘由及意义，提高贯彻执行的自觉性。

决定正文的三部分内容，其中“希望号召或执行要求”分散在“决断事项”中的写法现在也比较常见，尤其是“执行要求”与“决断事项”合而为一的写法。也就是，正文分两大部分：第一部分(开头)写“决定根据”；“决断事项”无论是分条列项还是内容分块，整体上都是一个部分，每一个内容项都包含有“执行要求”，或者在这第二部分最后一项再总提“希望号召”。

4. 落款

包括发文机关、成文日期及印章。落款的要求与其他公文相同。要说明的是，并不是每份决定都必须有落款。

一般来说，重要特定会议通过的，即标题下括注“会议名称及通过日期”的决定，不需要落款。报纸上刊载这类决定时，有时在正文后括注“新华社发”等字样，这不能算决定的落款。至于编发文字号下发或公布的决定，则是必须有落款的。一般来说，标题下标注决定形成或通过的日期，不管是否由重要特定会议通过，一般不落款(再具发文机关署名和成文日期并加盖印章的比较少见，因为“日期”已在标题下，会议不是机关也无公章)。

(四)决定的写作要求

首先应该明确的是，撰拟决定必须注意并提供决断事项的法律或政策依据。也就是说作者必须明确作出决定的根据、理由、目的或意义，写得有理有据。决定是具有很强政策性和约束力的指挥性公文，决断事项既要依据党和国家的方针政策、法律法令，同时决断事项的目的也正是为了贯彻落实党和国家的方针政策、法律法令。

其次，决断事项又不能离开具体实际，作决定总是为解决实际问题的，撰拟决定必须做到将政策精神和实际情况结合起来，只有这样才能真正实现制发决定的目的和意图。这就要求，决断事项必须切合实际，提出的步骤、措施和方法要切实可行，要有可操作性。不切实际的措施和要求不仅在实际工作中行不通、达不到，也是毫无意义的。

最后，还应注意观点鲜明、表述准确。决定是要求贯彻执行的，如果要做什么以及应该怎么做、不能怎么做这些问题在决定中模糊不清或者表述不准确，贯彻执行也就成了一句空话。即使是众所周知的知照性决定，若观点模糊，表述不准确，受众便无法知悉上级的决断意见，制文意图也就无法实现。

当然，表述准确这一要求，自然包括正文结构的层次、条理清晰要求在内。简短的决定，依“决定根据”→“决断事项”→“希望号召或执行要求”的顺序明确表述即可。内容丰富、篇幅较长的决定，应合理安排好正文的层次、结构，分条逐项表述明确、清晰，各部分各层次的内容不要混串。要遵循一般的逻辑顺序进行归纳或分类，照顾到各部分各层次间的逻辑联系。一般的做法是，先写原则、精神或思想认识的内容，后写措施、方法和要求；先写主要事项、关键环节，后写次要事项、一般环节；先写总的决断，后写局部要求。

[文例 14-5]

全国人民代表大会关于完善香港特别行政区选举制度的决定

（2021 年 3 月 11 日第十三届全国人民代表大会第四次会议通过）

第十三届全国人民代表大会第四次会议审议了全国人民代表大会常务委员会关于提请审议《全国人民代表大会关于完善香港特别行政区选举制度的决定（草案）》的议案。会议认为，香港回归祖国后，重新纳入国家治理体系，《中华人民共和国宪法》和《中华人民共和国香港特别行政区基本法》共同构成香港特别行政区的宪制基础。香港特别行政区实行的选举制度，包括行政长官和立法会的产生办法，是香港特别行政区政治体制的重要组成部分，应当符合“一国两制”方针，符合香港特别行政区实际情况，确保爱国爱港者治港，有利于维护国家主权、安全、发展利益，保持香港长期繁荣稳定。为完善香港特别行政区选举制度，发展适合香港特别行政区实际情况的民主制度，根据《中华人民共和国宪法》第三十一条和第六十二条第二项、第十四项、第十六项的规定，以及《中华人民共和国香港特别行政区基本法》、《中华人民共和国香港特别行政区维护国家安全法》的有关规定，全国人民代表大会作出如下决定：

一、完善香港特别行政区选举制度，必须全面准确贯彻落实“一国两制”、“港人治港”、高度自治的方针，维护《中华人民共和国宪法》和《中华人民共和国香港特别行政区基本法》确定的香港特别行政区宪制秩序，确保以爱国者为主体的“港人治港”，切实提高香港特别行政区治理效能，保障香港特别行政区永久性居民的选举权和被选举权。

二、香港特别行政区设立一个具有广泛代表性、符合香港特别行政区实际情况、体现社会整体利益的选举委员会。选举委员会负责选举行政长官候任人、立法会部分议员，以及提名行政长官候选人、立法会议员候选人等事宜。

选举委员会由工商、金融界，专业界，基层、劳工和宗教等界，立法会议员、地区组织代表等界，香港特别行政区全国人大代表、香港特别行政区全国政协委员和有关全国性团体香港成员的代表界等五个界别共1500名委员组成。

三、香港特别行政区行政长官由选举委员会选出，由中央人民政府任命。

行政长官候选人须获得选举委员会不少于188名委员联合提名，且上述五个界别中每个界别参与提名的委员不少于15名。选举委员会以一人一票无记名投票选出行政长官候任人，行政长官候任人须获得选举委员会全体委员过半数支持。

四、香港特别行政区立法会议员每届90人。通过选举委员会选举、功能团体选举、分区直接选举三种方式分别选举产生。

五、设立香港特别行政区候选人资格审查委员会，负责审查并确认选举委员会委员候选人、行政长官候选人和立法会议员候选人的资格。香港特别行政区应当健全和完善有关资格审查制度机制，确保候选人资格符合《中华人民共和国香港特别行政区基本法》、《中华人民共和国香港特别行政区维护国家安全法》、全国人民代表大会常务委员会关于《中华人民共和国香港特别行政区基本法》第一百零四条的解释和关于香港特别行政区立法会议员资格问题的决定以及香港特别行政区本地有关法律的规定。

六、授权全国人民代表大会常务委员会根据本决定修改《中华人民共和国香港特别行政区基本法》附件一《香港特别行政区行政长官的产生办法》和附件二《香港特别行政区立法会的产生办法和表决程序》。

七、香港特别行政区应当依照本决定和全国人民代表大会常务委员会修改后的《中华人民共和国香港特别行政区基本法》附件一《香港特别行政区行政长官的产生办法》和附件二《香港特别行政区立法会的产生办法和表决程序》，修改香港特别行政区本地有关法律，依法组织、规管相关选举活动。

八、香港特别行政区行政长官应当就香港特别行政区选举制度安排和选举组织等有关重要情况，及时向中央人民政府提交报告。

九、本决定自公布之日起施行。

要提醒注意的是，奖惩决定正文，先进事迹（或错误事实）或情况即“决定根据”，应简明扼要，力戒繁琐。作出决定的依据，包括政策、文件或“经研究决定”，也包括事实或情况，务必清楚、确切。对先进事迹或错误事实，一定要定性，写作实际中这点容易被疏忽。若没有定性分析（不是长篇大论，简要明确即可），作出奖励、惩处的依据就不充分。

奖惩决定，包括对个体（个人）或对群体（同类型同性质个人，或单位）两种。对群体的奖惩决定，避免突出个人；对个人的奖惩决定，一般应包括被惩者的身份、主要先进事迹或错误事实、成绩贡献或问题错误的性质分析。

处分决定的写作，对人、对事有区别。关于事件的处理决定，开头应写明事件概况，然后分析问题的性质及其产生原因、应当吸取的教训，然后写明依据什么给出处理意见即具体决定。对个人的处分决定，还应该有本人对所犯错误的认识这个内容。

奖惩决定的写作，应注意先进事迹、错误事实或情况的叙述要准确、实事求是；对成绩贡献或问题错误的定性分析及对犯错误者的评价要准确、中肯，作出具体处分决定的依据要充分。

三、批　　复

(一)批复的适用范围

批复适用于答复下级机关的请示事项。它的撰拟、制发是以下级机关的“请示”为条件的，与“请示”形成往来公文关系，没有“请示”就不可能有“批复”。

批复的指挥性议决性是由行文关系及文种用途决定的，上级机关经过研究或根据政策法规对下级机关的请示事项作出答复，无论持何意见，对下级机关来说都是具有政策性和权威性的，下级机关必须按批复意见执行。批复有可能跟后面要介绍的函(复函)错混不清，请注意分辨(请回到前面文种辨用的相关内容)。

概括地说，批复具有三个方面比较明显的特点：行文的被动性、回复的针对性、效用的指挥性。批复不可能主动制发，总是下级有请示时上级才作答复，而且上级的回复不可能离开下级的请示事项而言他。上级未对请示事项作出答复之前，下级机关只能按兵不动；而一旦有了回复，下级就必须依照执行，不能违逆。“批复”，从字面上理解也有“批示回复”之意，指挥、指导作用是显而易见的。

(二)批复的一般格式及写法

批复的一般格式没有什么特殊要求，我们只介绍标题拟制、主送机关标识及正文的写法等。以下关于各种公文的一般格式及写法，也依此处理，只在必要时明确格式及写法上需要注意的其他问题。

1. 标题

常见的标题形式有两种，一种是规范的三要素标题，另一种是较常用的四要素标题。前者由发文机关、批复事项和文种依次组成，如《国务院关于长沙市城市总体规划的批复》；后者则在批复事项和文种之间加入“受文对象”，如《国务院关于将辽宁蛇岛、老铁山列为国家重点自然保护区给辽宁省人民政府的批复》(1980 年 8 月 6 日)。要注意，批复标题中的“发文机关”不能随便省略。

2. 主送机关

一般就是限于原请示机关。因为批复与请示是往复公文，对甲的请示事项的批复不能主送给乙。如下级原请示事项具有普遍性，批复可抄送有关单位，或将上级批复意见另用“通知”行文转发，图 14-5 即为此类用法。至于批复内容需要更多方面知悉的，将批复“公开发布”(主动公开)。

广东省人民政府转发国务院关于全国高标准

农田建设规划（2021—2030年）

批复的通知

粤府函〔2021〕303号

各地级以上市人民政府，省政府各部门、各直属机构：

《全国高标准农田建设规划（2021—2030年）》（以下简称《规划》）已经国务院原则同意、由农业农村部印发。现将《国务院关于全国高标准农田建设规划（2021—2030年）的批复》（国函〔2021〕86号）转发给你们，并提出以下要求，请结合《规划》一并贯彻落实。

一、根据《规划》，我省高标准农田建设任务为：到2025年累计建成2670万亩、累计改造提升213万亩，统筹发展高效节水灌溉31万亩；到2030年累计建成2720万亩、累计改造提升575万亩，统筹发展高效节水灌溉56万亩。各地各有关部门要充分认识高标准农田建设的重要意义，提高政治站位，强化责任担当，加大工作力度，坚决落实落细，确保完成我省建设任务，为保障国家粮食安全作出贡献。

图 14-5

有时可能两个下级机关的请示事项相同或大体相同，也有同时主送的用法，如《国务院办公厅关于深圳特区私人建房问题给广东省人民政府办公厅并福建省人民政府办公厅的批复》。或者，请示事项涉及两个或两个以上机关单位(非请示机关)，批复存在多主送机关。但即便实际工作中存在这类情况，我们认为“同时主送”的方式还是应予否定的，以抄送其他下级的方式处理更为合适。

3. 批复的正文结构及写法

批复的正文一般由批复依据、批复内容和结束语三部分组成。批复是用于答复请示事项的，其依据显然就是原请示，原请示既是批复的依据也是批复的对象。也就是说，正文的开头部分是应引叙来文以说明批复的依据和对象的，通常要写明来文日期、来文名称或发文字号。批复时有政策或理论依据的，在引叙来文之后明确。引叙来文的方法可以多种多样，但一般要明确来文日期、来文标题、发文字号和请示事项，然后，以“承启语”过渡到批复内容，即用“现批复如下”等过渡。批复意见、批复内容是批复的主体，要针对请示事项作出明确具体的答复。这部分的内容主要是表明批准、同意与否的态度并阐述理由，提出指示性意见。篇幅视请示事项而定，可长可短，但一定要对所有请示事项作出答复，一般分条列项一一作答。要注意的是，写批复事项(即答复)时应复述或概述原请示的相关内容，不能笼统以“同意你们的意见”表述；无论是完全同意、部分同意还是都不同意，均应提出指示性意见或说明理由。至于结束语即“归结主张”部分，则可灵活处理，或以“特此批复”作结，或提出希望和要求。仅用“特此批复”归结时，提倡省略不具。现在，秃尾形式的批复越来越多见，因为相应的指导意见或要求在答复相应事项时已明确，批复事项写完正文便已结束，显得行文简洁、干净利落。

(三)批复的写作要求

首先，应注意标题拟制准确。一般来说，为了准确概括正文的主要内容，完全同意或完全不同意的批复，标题中有表态词“同意”或“不同意”。而部分同意或虽同意但仍有某些指示、意见、要求的，标题中不加表态词。

其次，应注意批复的针对性。既要明确批复事项，对请示事项逐一作复，态度明朗；又要做到批复有理有据，体现出批复的"指导""批示"作用。

再次，应注意行文准确、简明。在表述准确的前提下，尽量做到简明扼要。若表述不准确或有歧义，下级无法真正明了上级态度；若行文拖沓、表述繁杂，自然有悖于批复的回复功能。繁杂而不得要领的回复，即使是在日常交往中也应绝对避免。

[文例 14-6]

国务院关于"十四五"海洋经济发展规划的批复

国函〔2021〕131 号

国家发展改革委、自然资源部：

你们《关于报送〈"十四五"海洋经济发展规划〉(送审稿)的请示》(发改地区〔2021〕1148 号)收悉。现批复如下：

一、原则同意《"十四五"海洋经济发展规划》(以下简称《规划》)，请认真组织实施。

二、《规划》实施要以习近平新时代中国特色社会主义思想为指导，深入贯彻党的十九大和十九届历次全会精神，坚持稳中求进工作总基调，立足新发展阶段，完整、准确、全面贯彻新发展理念，构建新发展格局，推动高质量发展，以深化供给侧结构性改革为主线，以改革创新为根本动力，以满足人民日益增长的美好生活需要为根本目的，坚持系统观念，更好统筹发展和安全，优化海洋经济空间布局，加快构建现代海洋产业体系，着力提升海洋科技自主创新能力，协调推进海洋资源保护与开发，维护和拓展国家海洋权益，畅通陆海连接，增强海上实力，走依海富国、以海强国、人海和谐、合作共赢的发展道路，加快建设中国特色海洋强国。

三、各相关省、自治区、直辖市人民政府要加强组织领导，明确工作责任，创新体制机制，发挥自身优势，坚持陆海统筹，以陆促海、以海带陆，根据《规划》确定的发展方向和重点，结合各自实际细化分地区、分领域的具体措施，确保《规划》提出的目标任务如期完成。

四、国务院有关部门要按照职责分工，加大对《规划》实施的指导和支持力度，在有关专项规划编制、政策措施制定、重大项目安排、体制机制创新等方面予以积极支持，强化协同保障，形成政策合力。《规划》实施中涉及的重大事项、重大政策和重大项目要按程序报批。

五、国家发展改革委、自然资源部要会同有关方面加强统筹协调，按照党中央、国务院关于发展海洋经济推进建设海洋强国的决策部署，进一步发挥促进全国海洋经济发展部际联席会议制度作用，根据《规划》确定的目标任务，提出重点工作安排，明确责任分工，加强跟踪分析，及时开展评估总结，着力协调解决突出问题，重要工作进展和重大问题要及时向党中央、国务院报告。

国务院

2021 年 12 月 15 日

（此件公开发布）

四、纪　要

（一）纪要的适用范围

纪要适用于记载会议主要情况和议定事项，与决议一样，纪要也必须是会议的产物，没有会议，就没有纪要。从用途看，纪要属于记录性公文，但纯粹只有记载用途、功能的纪要是没有的。如前所述，议定事项对与会单位的指挥性、制约性不言自明，即便只是记载会议主要情况，同样需要传达（主送），同样会对会议议题相关单位产生制约和影响。会议本来就是用来议事、断事的，所以议决性才是纪要的本质属性。

（二）纪要的类型

根据用途及功能的区别，纪要可分为三种类型：情况性纪要、指示性纪要和议决性纪要。

1. 情况性纪要

情况性纪要是记载和传达会议情况的，主要起沟通信息及记载凭证作用，以便各与会单位在会后如实传达会议情况。这类纪要多与指示性纪要合为一体，单独使用的情况不多见。但在会议最终未能决断事项也未能明确精神的前提下，这次会议纪要就只能是情况性纪要，也确是有必要行文的，其可为下次会议议题的准备以及工作研讨、探索提供方便。

2. 指示性纪要

指示性纪要是记载和传达会议精神的，主要记载会议对某一问题、工作进行的探讨以及趋于一致的政策性措施，以指导与会单位的工作。

3. 议决性纪要

指示性纪要是记载和传达会议议决事项以及结论性意见的，要求各与会单位按纪要传达、贯彻、落实、执行是这类纪要的特点。

从这里可以看出，指示性纪要和议决性纪要都有一定的指挥、指导功能，或指导工作或要求贯彻执行。而情况性纪要虽然只提供会议信息，但这种信息往往反映了一种动态和趋向，同样能对与会单位的工作产生影响。例如某年全国高校毕业生分配与就业工作会议，会上并未出台新的方案，没有关于高校毕业生分配的大举措大动作，也没有形成明确的会议精神，只是一些与会单位介绍了本单位的人才需求情况、一些与会单位介绍了本年度毕业生情况，这个会议纪要就是典型的情况性纪要，但这份纪要无疑会对高校毕业生分配、就业甚至是专业设置和调整、新生招生等工作产生影响，各与会高校都可能会根据这份纪要提供的情况和信息采取相应的措施，以使本校的毕业生更好地适应社会的需要。

纪要的内容有研讨性(会议讨论或议决、通过的事项)特点。

纪要的行文方式通常有：会议召集机关行文(比如机关单位的综合管理部门)、由与会单位联合行文(联席会议)、会议主持单位(上级机关)加按语行文、经上级机关批转或转发(用于指导更大范围内的工作，发至一些非与会单位)等。

(三)纪要的一般格式及写法

纪要由标题、正文、落款三个部分组成。其中的“落款”，只有办公会议纪要具备全部内容(机关全称、成文日期和公章)，一般会议纪要无需其中的“机关全称”，可以不用盖章，甚至无需“落款”。

1. 标题

纪要的标题形式灵活。有完全式标题，如《最高人民法院关于十二省、自治区法院审理毒品犯罪案件工作会议纪要》(法〈刑一〉发〔1991〕38号)，有“会议名称十文种”形式的标题，如《县长办公会议纪要》《中共××市委常委会议纪要》；也有类似完全式的标题(发文机关变为会议范围)，如《全国城市经济体制改革试点工作座谈会纪要》(国家体改委，1985年3月13日，武汉)；也有两行标题式，如《抓住机遇扩大开放——沿长江五市对外开放研讨会纪要》。

2. 正文

纪要的正文一般由三部分构成：会议基本情况、会议主要内容及会议成果、结束语。不管正文的文面形式是一段到底还是分条列项或分类归纳，都应该包括这三部分内容。

会议基本情况，相当于正文的导言，一般要写明召开会议的依据或目的、会议的时间、会议地点、主持人、与会人员构成、会议议题与活动安排等内容，然后以“会议纪要如下”承转过渡。

> 参加会议人员：×××，×××，×××，××××××，×××。
> 列席会议人员：×××，××××××，×××。
> 列席议题讨论人员：×××，××××××，×××。
> 工作人员：×××，××××××。
> 会议记录整理：×××，×××。
> 会议纪要撰写：×××。

会议主要内容及会议成果，是正文的主体部分。一般包括讨论的问题、研究的工作、形成的意见、作出的决定、提出的要求等内容。主体部分是会议重点内容的系统表述，要求有具体的叙述和说明，以及极强的概括性和指导性。通常是先写会议的主要内容再写会议成果，可以按会议进行程序叙述，也可以将会议内容归纳分类，还可以用发言摘要的方式写。多议题的会议，直接按议题纪要，即依议题顺序，以议题为小标题，分项纪要(含要求及责任分工)。

按会议进行程序概述，一般先明确议题，再写围绕议题进行讨论的情况及形成的意见，然后写会议议决事项(经讨论决断了哪些事项，作出了什么决定)，最后写会议要求。

归纳分类，即将会议内容及会议成果按内在联系和逻辑关系归纳为几个方面，分类表述。可简单地以序数标明各部分，也可以给出每部分的小标题。这种形式也可以变化为会议内容(议题)和会议成果(议决事项)两大部分，每一部分都以条文形式表述具体内容。

发言摘要，是将与会者围绕议题所作的发言摘要整理，按发言次序(某一议题的)直录。形式为，先写明议题，再注明发言人姓名，然后摘要记录其发言内容。这种形式多用于内容专门的工作问题讨论、专题讨论、座谈会议等，尤其为学术讨论会座谈会纪要所常用，其他会议一般不用这种形式纪要。

结束语，是正文的结尾部分，通常写会议对与会单位提出的希望和要求。大多数纪要没有结束语，主体部分写完就自然结束，“希望和要求”的内容实际上已分散在主体部分，具体到了每一议决事项上。

有保密要求不公开、不宜挂网的议题，作纪要说明即可。比如正文中或正文最后注明“议题 3 涉密不公开”或“议题 3、议题 5 不挂网”等。图 14-6 是处理实例。

会议要求：一是后勤集团、招标与采购中心要严格按照招投标程序抓紧推进家具家电购置工作；二是后勤集团、基建处和招标与采购中心各负其责，做好相关工作对接协调；校长办公室做好督办工作，确保如期交付使用。

责任单位：后勤集团、招标与采购中心、基建处

议题3、6、7不挂网。

图 14-6

纪要是无“落款”的，即无发文机关署名、成文日期、印章三项。2012 年“公文格式国标”在“公文的特定格式”中列出了信函格式、命令(令)格式和纪要格式，对后者的界定如图 14-7 所示(“公文的格式规范”一章有文字版)。

10.3 纪要格式

纪要标志由“×××××纪要”组成，居中排布，上边缘至版心上边缘为 35 mm，推荐使用红色小标宋体字。

标注出席人员名单，一般用 3 号黑体字，在正文或附件说明下空一行左空二字编排“出席”二字，后标全角冒号，冒号后用 3 号仿宋体字标注出席人单位、姓名，回行时与冒号后的首字对齐。

标注请假和列席人员名单，除依次另起一行并将“出席”二字改为“请假”或“列席”外，编排方法同出席人员名单。

纪要格式可以根据实际制定。

图 14-7

由图 14-7 可知，纪要比其他公文多出来一项内容，正文或附件说明下空一行标注

出席列席等信息，我们可称为“会据”(会议及纪要凭证、案据)。实际工作中，常见的大致是图 14-8 这样(根据实际情况标注相关信息，增减据项；本图“出席”“列席”说明项文字多，不妥；说明项应为黑体字，姓名为仿宋体)。多议题的会议，一些列席人员若只列席某个议题，可在姓名后括注说明，比如“王大(议题 3)”。

参加会议人员：×××，×××，×××，××××××，×××。
列席会议人员：×××，××××××，×××。
列席议题讨论人员：×××，××××××，×××。
工作人员：×××，××××××，。
会议记录整理：×××，×××。
会议纪要撰写：×××。

图 14-8

(四)纪要的写作要求

纪要是会议的产物，是记录性公文，首先应该做到客观纪实，保证纪要的真实性。纪要是会议内容和成果的如实反映，不能走样，即使有所整理，也是客观整理，绝对不能有主观性因素。记录发言尤其应该注意做到“一字不差”。

其次，纪要重在一个“要”字，不是会议的流水账簿，必须注意详略得当、突出重点。这可以说是会议纪要写作的一个关键，既要全面反映会议的主要内容及成果，又不能显得杂乱，不能平均使用笔墨；既要突出重点，纪其要，又不能流于空泛、过于抽象或概括。突出重点，也就是要求紧紧抓住会议的中心议题体现出会议的主要精神。会议要研究、讨论和解决的主要问题以及与此密切相关的意见要写得充分、完整，其他则可以从简；会议取得的一致意见要充分明确，存在分歧、有不同意见是正常的，但不必详述甚至可以略去(学术性研讨性的会议，有不同意见应反映出来)。这也要求纪要的写作，必须全面掌握会议的各方面资料，了解会议的全过程。同时应该注意，详略得当还包括提供议决事项的充分依据，即纪要中列写会议议决事项及明确会议精神时，除“会议讨论通过”或“会议决定”这两项依据外，还应有必要的理论和事实依据。

当然，要注意正文层次清晰、条理分明，做到表述准确、客观(善用“会议……”句式)也是会议纪要写作的基本要求。

[文例 14-7]

××省电力公司基建协调会议纪要

2016 年 2 月 23 日至 25 日，我公司 2016 年度基建工作协调会议在××公司召开。会议由××副局长主持，局属各单位主管基建、后勤工作的主要负责人参加了会议。公司财务处和基建处负责同志分别介绍了本年度我局基建经费预算和应完成的基建工程项目的总体情况。针对本年度全公司基建工程面广项多而基建投资存在一定缺口、施工力量分散、工程进度缓慢的实际情况，与会代表按照“保重点，要进度”的指导思想，就全局各单位基建工作的协调问题展开了热烈讨论。会议确定了本年度的重点基建工程，就协调工作的具体问题达成了一致意见。现将会议主要精神纪要如下：

一、集中施工力量确保×××、×××、××××××××四项重点工程进度。……

二、保证重点工程投资到位和收尾工程的经费投入……

三、会议决定，四公司的×××工程和一公司的××工程暂不上马。……

四、会议要求……

五、我公司今年基建工作任务重，难度大，各单位要……本次会议作出的决定、提出的要求是我局年度基建工作的……各与会代表会后要迅速传达会议愉神。协调工作的具体措施、要求，局属各单位要认真执行。

附件：2016年度基建工程“保重点、要进度”工作方案

出席：……

列席：……

会议记录：×××，××

纪要撰写：××

【拓展与思考】

◎ 想想看，“议案”为什么没在议决类公文中介绍？

议案适用于各级人民政府按照法律程序向同级人民代表大会或者人民代表大会常务委员会提请审议事项，是用于提请审议、发出动议、提请议决的文种，属于报请性公文而不是议决类公文。议案之“议”意为建议、动议、提议而非决议（议案写作通常是由文稿起草班子集体完成的，个人可不训练议案撰拟）。

◎ 2012年“公文格式国标”未提供纪要式样，只说“纪要格式可以根据实际制定”，通常是什么格式？

图14-9~图14-11中的三个截图是手机截屏，版头纪要标志字体跟原文不一样，原文是小标宋体，符合规范。分隔线下无需再有标题。这是纪要的常见格式。

图14-9是以届（党委常委会）为单位连续的会议纪要，文号通常从本届任期起连续编号，也有不少单位处理成“党委常委会（160）”这类形式。图14-10版头有“（5）”，这是按年度编纪要文号的通常做法。图14-11是专项会议、单次会议纪要版头实例，不编纪要文号，专项会议如不仅有1次，可在版头“纪要标志”明确会议序次，如“……工作

第一次会议纪要”。

广东海洋大学党委常委会议纪要

党委常委会第160次会议纪要

广东海洋大学党委办公室　　2021年12月14日

12月14日，校党委书记[redacted]明在湖光校区行政楼四楼会议室主持召开了第四届党委常委会第160次会议。校党委副书记、校长[redacted]，副书记、纪委书记[redacted]、副书记[redacted]，常委、副校长[redacted]，常委、副校长[redacted]，常委、副校长[redacted]，常委、副校长宁涛，常委、副校长[redacted]，常委[redacted]出席会议。会议纪要如下：

图 14-9

校长办公会议纪要

(5)

广东海洋大学校长办公室　　2022年1月16日

1月16日上午，[redacted]校长在湖光校区行政楼五楼会议室主持召开2022年第5次校长办公会。会议纪要如下：

一、研究2022年购置学生公寓家具家电事宜（套会）

受[redacted]副校长委托，后勤集团副总经理[redacted]汇报了2022年购置学生公寓家具家

图 14-10

中俄合作办学工作组2022年整改专项工作会议纪要

广东海洋大学校长办公室　　2022年1月4日

1月4日上午，学校在湖光校区行政楼四楼会议室召开中俄合作办学工作组2022年教育部答辩专项整改工作会议。[redacted]校长参加，[redacted]副校长主持会议，党委办公室、校长办公室、国际交流与合作处、人事处、教务处、研究生院、发展规划处、财务处、审计处、资产与实验室管理处、学生处、海洋工程学院、电子与信息工程学院、海运学

图 14-11

第十五章　报(呈)请性公文写作

【问题与任务】

报(呈)请性公文包括报告、请示、议案三个主要文种。其中，报告和请示是上行文，议案是平行文。现有各种公文写作、秘书写作著述多将议案归入指挥性公文，甚是不妥，因为议案只有经审议通过以后才具有法定权威和贯彻执行的强制性约束力。这正如请示只有得到上级机关的批复以后才能付诸实施一样。报告、请示、议案，或有所陈述、汇报，或有所要求、请求，呈请性、报请性是其共有特点。

实际工作中我们可能碰到过这种情况，向领导要求解决某一问题、处理某一事项，听到的答复大多是“打(写)个报告来”。领导的这个说法对吗？若你单位某项工作需要上级机关解决部分经费，你是写报告还是写请示？

【重点与难点】

熟悉报告、请示、议案的用途和适用范围，掌握其写作要领、规范，是本章重点。设定(虚拟)事项，规定时间内独立完成高质量的报告、请示文稿(可暂不训练议案撰写)，有相当难度，要多训练。

【情景与案例】

报(呈)请性公文的报告、请示是上行文，议案是政府向同级人大或同级人大常委会行文，与其他下行文、平行文相比，报请性公文主送范围小，甚至主送机关单一，不容易看到实际文例。这里提供4个文例截图，大家认真看看。

应该能看出来，图15-1和图15-2是有问题的，出现了“请示报告”这个历史上的公文文种。1957年后(1957年10月3日《国务院秘书厅关于对公文名称和体式问题的几点意见》)“请示报告”就区分成了请示、报告两个文种了。显然这两例都是文种使用错误。

图15-3，大家应该能清楚地看到上行文版头的特点，即多了“签发人”这个格式要素。这个一定要牢记。图15-4给人的提示是，政府向人大及其常委会提请审议、请求批准，不用“请示”和(请批)“函”，用议案。

关于扎赉诺尔博物馆做好可移动文物
预防性保护工作急需经费的请示报告

扎赉诺尔区政府：

2013 年 9 月 14 日，上海博物馆文物保护和考古科学实验室副主任吴来明教授，专程来扎赉诺尔博物馆进行实地调研、现场指导工作。就做好库房文物保护提出了若干建议：

1、库房所有文物建议购置专门囊匣进行保护。

2、柜架上摆放的所有文物急需在下面铺垫无酸纸或用

图 15-1

江市扶贫开发办公室

关于解决 2018 年度“扶贫特惠保”
理赔亏损资金的请示报告

市人民政府：

2018 年我市有建档立卡贫困户 39626 人投保“扶贫特惠保”贫困家庭综合保障保险，共缴纳保费 237.76 万元。其中，贫困户个人自筹 23.78 万元；市财政按照 54 元/人的标准，共补贴保费 213.98 万元。截止 2018 年 12 月 31 日，全市发生理赔案件 1198 件，三家承保机构共赔付资金 309.18 万元，赔付率 130.04%，亏损 71.42 万元（其中，中华联合亏损 21.03 万元、中国人寿亏损 37.19 万元、中国人寿财险亏损 13.2 万元）。根据省扶贫办、省保监局《关于开展“扶贫特惠保”工作的通知》（湘扶办联〔2017〕4 号）文件关于“赔付率超过 100%以上的亏损，由县（市、区）和商业保险公司各承担 50%”的要求，应由市本级财政承担 35.71 万元，特此请示市人民政府予以解决。

附件：　,江市 2018 年“扶贫特惠保”理赔明细表

图 15-2

区住规建〔2017〕353 号　　　　　　签发人：　　卢

宜宾市翠屏区住房和城乡规划建设局
关于审定《开展 2017 年进城农民工公共租赁住房
配租方案》的请示

区政府：

为顺利开展 2017 年进城农民工申请实物配租工作，全面完成实物配租目标任务。根据翠屏区人民政府工作安排，区住建局拟定了《开展 2017 年进城农民工申请公共租赁住房配租方案》并征求区民政局、东城街道等单位意见，现报请区政府审定。

附件：1. 翠屏区住房和城乡规划建设局关于《开展 2017 年进城农民工公共租赁住房配租方案

图 15-3

国函〔2018〕53号

国务院关于提请审议
国务院机构改革方案的议案

全国人民代表大会：

中国共产党第十九次全国代表大会明确要求深化机构和行政体制改革。党的十九届三中全会审议通过了《深化党和国家机构改革方案》，同意将其中涉及国务院机构改革的内容提交第十三届全国人民代表大会第一次会议审议。现将根据《深化党和国家机构改革方案》形成的《国务院机构改革方案》提请第十三届全国人民代表大会第一次会议审议。

国务院总理　李克强

2018年3月9日

图 15-4

【内容与进程】

一、报　　告

(一)报告的适用范围

报告，适用于向上级机关汇报工作、反映情况、答复上级机关的询问。除党政最高领导机关和国家最高权力机关以外，其他各级机关、团体、企事业单位普遍使用这一文种。汇报性或者说陈述性是其本质特征，通俗地说，报告是“陈文”(陈述)。

报告，是为便于上级机关及时了解和掌握情况、指导下级机关工作时有所依据而制发的。实际工作中，报告还用于向上级机关报送文件、物件。反映情况是报告的基本用途，汇报工作必然也是“工作情况”。正是这一基本用途，决定了报告的表达方式是以直接陈述为主，在对情况作必要的分析或提出工作措施办法时也用到议论的表达方式。

需要说明的是，这里介绍的是作为通用公文的“报告”，事务性的调查报告、日常应用性的读书报告、专用性的审计报告及立案报告等均不在此列。

(二)报告的种类

根据报告内容及用途的区别，实际工作中广泛使用的报告可分为工作报告、情况报告、回复报告和递送报告四种类型。不少应用写作、公文写作著作都提到用于“提出意见或建议”的建议报告，我们认为此用途还是用“意见”行文为好。

1. 工作报告

用于向上级机关汇报本机关工作进展情况、工作成绩、经验、存在的问题以及下一步工作安排和设想等。具体又包括综合性的、专项性的工作报告两种。综合性工作报告是同时汇报几方面工作的报告，内容综合、全面，总结性的特点比较明显，且多为定期汇报(如月工作进展报告、季度工作报告、年度工作报告，高等院校的学期或学年工作报告)。专项性工作报告是汇报某一项工作的，内容单一、特定，问题集中，不定期，多是在此项工作开始时、进行中或结束时向上级机关汇报。

2. 情况报告

用于向上级机关反映社会上或本机关工作中出现和存在的有代表性、倾向性的有关情况。情况报告重在“反映情况”，不局限于具体工作，不局限于本机关情况，这是它与工作报告的区别。情况报告所反映的一般是重大情况、特殊情况或者新动向，旨在引起上级机关的注意，以便上级机关及时采取措施，指导工作。这类报告，应对情况作出分析，必要时应有针对性地提出意见或建议，如《××医药公司关于药品积压霉变情况的报告》。

深圳市注册会计师协会
关于注册会计师行业复工复产的情况报告

深圳市财政局：

广东省新冠肺炎防控领导小组（指挥部）决定，自2020年2月24日9时起，我省新冠肺炎疫情防控响应级别由一级响应调整为二级响应，全省即将全面复工复产。为了积极落实深圳市财政局关于统计我市注册会计师行业复工复产情况的工作指示，我会开展“新冠肺炎疫情对注会行业复工复产影响问卷调查”（以下简称问卷调查）工作。情况如下：

一、目前会计师事务所员工返深情况

问卷调查填报截止至2月26日下午4点，采集到229家会计师事务所，员工总人数9177人，返深人员6766人，

图 15-5

赤峰市红山区卫生健康委员会

关于新冠肺炎确诊病例的报告

红山区新冠肺炎防控指挥部：

2020年2月11日晚，红山区卫健委接到赤峰市肿瘤医院电话报告称，该医院患者张艳秋核酸检测阳性，确诊为新冠肺炎病例。经区疾控中心流行病学调查，[illegible]秋，女，48岁，身份证号150[illegible]026，联系电话1[illegible]5，户籍元宝山，现住址为赤峰市松山区河畔骏景小区[illegible]号楼[illegible]。

该病例于2020年2月3日出现发热症状，前往赤峰市医院就诊，用药后症状无明显改变，后于2月9日前往赤峰市肿瘤医院发热门诊就诊，该病例第一次核酸检测结果为阴性。2月11日再次采样复查核酸检测，结果为阳性，赤峰市肿瘤医院上报赤峰市卫健委，经赤峰市卫健委专家组会诊确诊为新型冠状病毒肺炎。目前，流调工作正在开展中。

特此报告

赤峰[illegible]红山[illegible]生[illegible]委员会

2020年2[illegible]日

图 15-6

3. 回复报告

用于答复上级机关的询问，即根据上级的询问和要求所作的答复。从内容看，回复报告或汇报工作，或报告情况，也属于工作报告或情况报告。我们在这里单列“回复报告”一类，是考虑到它具有被动行文的特点，是上级机关先有询问或要求。也就是说，前面说的工作报告和情况报告，是下级机关主动向上级机关汇报工作或情况，行文的主动性与被动性是我们区分工作报告、情况报告和回复报告的标准。即实际工作中的回复报告实际上也是工作报告或情况报告。

4. 递送报告

用于向上级机关递送（报送）文件、物件的报告，是报告中最简单的一类。正文中写清报送的文件或物件的名称和数量即可。“请审阅”“请收阅”（送文件）；“请查收”“请核查”（送物件）等惯用结束语并非必需。递送（报送）报告文例不常见，可参见图15-7（说明一下，版头发文机关标志应不具“文件”二字，标题“备案报告”表意存疑，附件序号后的顿号不对）。

马鞍山市财政局文件

马财规备〔2018〕3号　　　　签发人：[redacted]

关于报送《马鞍山市市级财政预算项目库管理暂行办法》的备案报告

市政府：

现将我局2018年4月24日印发的《马鞍山市市级财政预算项目库管理暂行办法》及起草说明报送备案。

附件：1、正式文件
　　　2、规范性文件起草说明

马鞍山市财政局
2018年5月9日

（联系人：[redacted]元　　联系电话：[redacted]52）

图 15-7

（三）报告的一般格式及写法

报告的主体文部分（行文部分）一般由标题、主送机关、正文、落款等组成。要注意的是，报告的版头部分，发文字号在分隔线左上，同一水平线右侧应标明签发人及其姓名（请示同），发文字号、签发人姓名离左右版心边线均有一个空格。

报告的标题应是完整规范形式的，即由发文机关、事由、文种构成。事由项文字较多时也使用“事由十文种”的省略式标题，但不提倡，尤其内容重要的报告是不能用省略式标题的。报告的主送机关与请示的主送机关一样，只能是一个，需同时报送其他上级机关时以抄送方式处理。

报告的正文多为三分式结构(递送报告除外)，由报告缘由、报告内容、报告用语组成。文面形式上虽然不一定就是三段式，但无一例外都具备这样三大部分内容。

1. 报告缘由

即正文的开头部分。通常是说明报告的目的、原因，概括报告的基本内容或基本情况，一般比较简短。缘由部分的结尾是惯用过渡语，工作报告和情况报告常以“现将有关情况报告如下”引出下文，建议报告则常常要用过渡语明确“意见”“处理意见”“措施”等，回复报告的过渡惯用语则应针对上级的询问或要求。另如，《××医药公司关于药品积压霉变情况的报告》开头部分是“我公司结合企业整顿，开展加强质量管理工作，对公司碎屑批发部进行清仓核资。现将有关情况报告如下”(过渡语前如能加一句“发现药品积压霉变情况比较严重”，报告缘由部分就更完善了。或者也可以在过渡语的“情况”一词前加“药品积压霉变”六个字)。

2. 报告内容

即各类报告正文的主体部分。这个部分是报告正文的核心，有一定的写作难度。回复报告的这部分内容，针对上级机关的询问或要求将有关工作或情况回答清楚即可，不应旁及其他问题，一般分条列项地写，比较简单。报告内容部分，在工作报告、情况报告、建议报告中比较复杂，写法各有区别。

工作报告的正文主体，一般包括四个层次的内容，其结构顺序为：基本情况概述—主要工作及其成绩、经验及做法—存在的问题—今后的工作安排意见或打算。实际写作过程中，第一个层次即主要工作情况的概括叙述，也有上移到“报告缘由”部分的。工作成绩比较突出时，第二层次应写得详细、具体一些；工作中存在的困难或问题比较突出，尤其是失误比较严重时，则应详写第三层次，并对产生问题的原因作出分析。有些工作报告的正文是以所做的几项或几个方面的工作为线索分条列项表述的，这时应注意每一条项中一般也应包括基本情况(某项工作开展情况)、成绩(收效)及具体做法等；至于存在的问题和今后的打算两个层次，则大多在条项表述完以后总起来写，不分散在每个条项中。工作报告，其内容的侧重点应是所做的(或完成的)主要工作、今后的打算。成绩、经验和存在的问题则视实际情况而定，有成绩和经验，应很好地总结；有问题、困难或失误的，应毫不隐瞒地提出来。大多数情况下，工作的主要成绩实际上与完成的主要工作是等义的，写作时大可不必强说成绩。

情况报告的正文主体，一般包括三个层次的内容，结构顺序为：基本情况—问题及原因—办法及措施(意见或建议)。内容的侧重点是“基本情况”，以陈述情况为主，兼及存在的问题及原因、解决问题的意见。如果报告的是事件情况，“基本情况”中应写出事件的起因、经过及结果，“存在的问题及原因”则主要是对造成这一事件的原因进行分析。如果报告的是问题，第一层次“基本情况”中应写清问题的主要表现及影响，第二层次分析产生问题的原因，第三层次提出解决问题的措施和办法。如前述《××医药公司关于药品积压霉变情况的报告》正文主体第一段写积压霉变的药品有多少种、霉变程度、造成的经济损失等，属“基本情况”；第二段写造成积压霉变的原因（“初步分析主要有……”）。第三段文字为：“公司经过清仓核资，深刻认识到管理上应负的责任，认为有必要结合企业整顿在经营管理、购销、仓库管理等方面进行一次彻底的整顿。公司拟责成……进一步改善仓库管理条件，完善规章制度……将严重变质、失去药用价值的药品，分期分批予以销毁。对尚能挽救的药品，组织力量加工整理，这项工作可望近期结束。”

3. 报告用语

即正文的结束语。单独占行。各类不同的报告，正文结尾的报告用语都有各不相同的约定俗成的惯用语。工作报告、情况报告，多用“特此报告”结尾；回复报告，结尾多用“专此报告”。递送报告的结尾已在前文介绍过。

在实际工作中，报告用语错用的现象较多见。最突出的是在工作报告、情况报告的正文结尾写上“以上报告当否，请指示”或“以上报告如有不当，请指正”，这是违反行文规则的，因为报告中是不能夹带请示事项的。

（四）报告的写作要求

首先，应该注意的是报告内容的真实性。报告是下情上达的最重要途径，应绝对保证实事求是，为上级提供真实情况。以求实为前提，注意针对性，严格按照执行或办理的实际情况拟写，忠实于工作、忠实于事实，是报告写作的根本性要求。隐瞒事实、问题或情况，只会给工作造成危害和损失；夸大成绩或缩小过失和问题、提供虚假或子虚乌有的所谓经验同样危害工作和事业。内容的真实性要求，还包括提出的意见、建议、措施和办法应该符合实际、切实可行。

其次，报告的写作应该做到中心突出、重点明确。尤其是综合性的报告，更应该做到报所该报，即应突出：取得显著成绩或重大进展的工作，有重要经验或教训的工作，带倾向性、有代表性的事物或问题，工作中的严重困难、问题或特殊情况等。虽然各类报告大多要摆情况，但应明确工作报告、情况报告、建议报告内容的不同侧重点，避免面面俱到。

再次，要注意，除综合性的报告外，都要遵守一文一事的原则。一份报告应只报告一项或一个方面工作的进行情况，尤其是专项报告更应做到专文专用。若内容繁杂，上级难以弄清所报何事、何情、建议怎么办，势必失去报告的作用和意义。

最后，如前所述，应该注意报告中不要夹带请示事项，要正确、规范地使用报告用语。

当然，组织好正文结构，表述清楚准确，是所有公文写作的要求，报告的写作也不例外。

[文例 15-1]

××市注册会计师协会
关于注册会计师行业复工复产的情况报告①

注协秘〔2020〕6 号　　签发人：××

市财政局：

广东省新冠肺炎防控领导小组(指挥部)决定，自 2020 年 2 月 24 日 9 时起，我省新冠肺炎疫情防控响应级别由一级响应调整为二级响应，全省即将全面复工复产。为了积极落实市财政局关于统计我市注册会计师行业复工复产情况的工作指示，我会开展"新冠肺炎疫情对注会行业复工复产影响问卷调查"(以下简称问卷调查)工作。情况如下：

一、目前会计师事务所员工返深情况

问卷调查填报截止至 2 月 26 日下午 4 点，采集到 229 家会计师事务所，员工总人数 9177 人，返市人员 6766 人，由此推算目前事务所员工总返市率达 73.7%。

二、本周会计师事务所复工情况及影响复工的因素

……

三、目前会计师事务所复工的模式对业务的影响及应对措施

……

四、会计师事务所目前防控措施落实情况

……

五、减轻疫情对行业影响的意见与建议

……

六、会计师事务所下周工作(复工)的模式

参与问卷调查的 229 家会计师事务所，其中下周无复工事务所 2 家，员工均在湖北，其他事务所均复工，以现场办公、在线办公及现场与在线办公同时进行的形式复工。

七、协会秘书处复工复产情况

协会秘书处 30 名员工，29 人已返市。返市人员本周已全部复工。秘书处在复工复产期间的工作情况如下：

……

目前的复工模式，暂时停止办理会员前来协会领证、开具工作证明等直接接触的业务，与行业内外的交流与学习及其他事项造成一定影响。但新冠肺炎疫情防控工作仍很重要，我会在市财政局的领导下、在中注协和省注协的指导下，秘书处领导班子全部上班，及各部门工作人员现场值班，并通过"在线办公""电话办公"等无直接接触的方式正常开展工作。同时，根据疫情变化及相关政策适时调整工作机制，采取切实有效的管理措施，为会员做好服务工作。

① 原文有删节。

特此报告

××市注册会计师协会(印)
2020年2月28日

二、请　　示

(一)请示的适用范围

请示，适用于向上级机关请求指示、批准。作为报请性的上行文，请示实质上是一种“问文”，是下级机关或业务部门请求上级机关对某一工作给予支持或对某一问题作出答复的一种公文。它与批复形成一对一的往来关系。

请示在实际工作中运用相当广泛。凡本机关、单位无权、无力、无法解决的事项，都需要向上级机关请示，然后按上级机关的批复意见开展工作、解决问题。也就是说，请示是必须事先进行的，不能先斩后奏。这一文种的使用最能体现行政隶属关系和组织原则。

应该明确的是，下级机关向上级机关请求指示、批准尽管是必需的、必要的，但也不能凡事都向上级请示。这就涉及请示的原则和请示的适用范围。一般来说，凡属本机关、部门职权范围内的，并且有既定方针、政策可依循的，本机关、部门可以解决的问题或事项，应自行处理，不必请示；本机关、部门无权、无力、无法解决或处理的，则必须请示。这是请示的原则。实际工作中，请示的适用范围即必须请示的事项，大致是这样四种情况：一是因职权范围所限不能解决的问题或上级明确规定经请示批准才能办理的事项，需要请示，如将张家界辟为国家森林公园，湖南省人民政府需向国务院请示；二是因特殊情况不能执行上级的统一规定和安排，需要作变通处理时，要请示；三是因方针政策的规定或依据不明，本机关、单位没有把握处理的新情况新问题，要请示(多是政策性询问)；四是本机关、单位无力(人力、物力、财力)解决或难以解决而又急需解决的问题、事项，要请示。如遇重大紧急情况时请求指示或支援。

(二)请示的类型

上述四类情况下的请示，在实际工作中最常用、常见，但并不意味着只有这四种情形才使用请示这一文种。请示的使用，总的要求是要遵循请示的原则，明确什么情况应该请示、什么情况不必请示的界限。实际工作中使用的请示，从行文目的(制文意图)和请示要求看，不外乎这样三类；请求指示、请求解决、请求批准，尤以后两类为多。

1. 请求指示性请示

即请求上级机关指示该怎么办及询问政策、精神一类的请示。多是下级机关、部门执行政策时有不明白之处或遇到困难、问题需要变通处理而不明政策界限，不知该怎么处理或执行，请求上级给予明确的指示意见。

2. 请求解决性请示

即下级机关遇到自身人力、物力、财力无法解决的困难或问题时请求上级给予帮助或解决的一类请示。如1995年春夏湖南桃江县水灾灾情严重，急需抗洪救灾物资，县人民政府向省人民政府提出《关于解决我县部分抗洪救灾物资的请示》，即属请求解决性请示。某单位《关于请拨会议经费的请示》《关于请配备办公用房的请示》等均属于这一类。

3. 请求批准性请示

即本机关、部门关于某一问题或事项已有处理意见，但因职权所限必须请求上级机关批准、同意。这类请示，主要是呈请上级认定或批准，与前两类请示有明显区别。如某学院《关于增设文秘专业的请示》、某医药公司《关于举办首届药材、药品交流会的请示》、某厂《关于引进彩色电视机生产线的请示》等，都是请求批准性请示。

(三)请示的一般格式及写法

请示的一般格式与同为报请性上行文的报告一致。这里介绍请示的标题、主送机关、正文三项。

1. 标题

请示的标题应为完整规范形式。要注意的是，这一文种的用途决定了标题拟制的一些特殊要求。首先，标题应做到一题一事，指事具体。“一文一事”是请示行文的规则，标题中自然应该避免以“和”“及”连及两事或多事的错误；同时，标题揭示其内容“一事”时，应指事具体，即要明确请示的具体内容，不能笼统含糊。如《×县关于加速我县经济建设的请示》就过于笼统，指事不具体，起不到标题应有的作用；《×学院关于筹建新闻学系以及该系招生工作的请示》就违反了“一文一事”的原则，筹建与招生之间时距太长，不能视作一事。其次，请示的标题应用词准确、表意完整。也就是说，一份请示到底是请示指示、请求解决还是请求批准，标题中就应该反映出来，让上级机关一看标题就能明确请示内容。实际工作中，表意不完整的标题，难以让上级机关弄清真正意图的标题，比比皆是。如《××关于解决双电源工程经费的请示》，甚至《关于双电源工程经费的请示》，就很难让人弄清是请上级拨款还是请批准自筹？是已有解决办法请上级指示或准许？这种标题表意模糊是因为缺了必要的祈求语。拟成《××关于请拨双电源工程经费的请示》或《关于请求解决双电源工程经费的请示》，请求上级拨款的意思就明确、完整地表示出来了。不要以为题尾有“请示”二字，再在事项前加祈求语就显得重复、啰唆。题尾的“请示”是文种，它表述的意思(用途)有请指示、请解决、请批准，事项前再加祈求语是十分必要的，否则无法明确“请示”的具体意图。

2. 主送机关

除联合行文之外，请示的主送机关只能是一个。这是由文种的性质和用途决定的。主送到两个或多个上级机关，容易贻误工作。上级机关互相推诿、不及时批复甚至不批复，上级机关各有批复却无法执行，都达不到请示的行文目的。因此应坚决杜绝请示的多头主送现象，对主送机关以外的有关上级机关可用“抄送”处理(但请示绝对不能同时抄送下级机关)。造成两头主送或多头主送的原因，有的是因为党政不分(如同时主送省委、省政府)，有的是因为职权不明(不清楚到底归谁管)，有的则是因为下级机关故意表尊重、服从。这都是必须避免和改正的。实际工作中，一些事项涉及多机关部门合作，需要联合行文请示，对应上级机关就可能都是主送机关。比如，全国一体化算力网络国家枢纽节点建设，就需要地方发展改革委、网信办、工业和信息化主管部门、通信管理局、能源局通力合作，要联合行文，请示国家发展改革委、中央网信办、工业和信息化部、国家能源局。从国家发改委网站看到，几个答复该事项的“复函”，也相应主送原联合行文请示机关。国家发改委等部门同意启动建设……国家枢纽节点的复函，分别答复：

> 重庆市、四川省发展改革委、网信办、工业和信息化主管部门、通信管理局、能源局《关于报送〈全国一体化算力网络成渝国家枢纽节点建设方案〉的请示》(川发改〔2021〕490 号)
>
> 上海市、江苏省、浙江省、安徽省发展改革委、网信办、工业和信息化主管部门、通信管理局、能源局《关于报送〈全国一体化算力网络长三角国家枢纽节点建设方案〉的请示》(沪发改高技〔2021〕151 号)
>
> 北京市、天津市、河北省发展改革委、网信办、工业和信息化主管部门、通信管理局、能源局《关于呈报〈全国一体化算力网络京津冀国家枢纽节点建设方案〉的请示》(冀发改高技〔2022〕23 号)。
>
> 内蒙古自治区发展改革委、网信办、工业和信息化主管部门、通信管理局、能源局《关于上报〈全国一体化算力网络国家枢纽节点内蒙古枢纽节点建设方案〉的请示》(内发改高技字〔2021〕1057 号)

原请批机关公文标题中的“报送”“呈报”均未准确表达“请批”的行文意图。说明一下，上述 4 例适用“请示/批复”行文(业务上下级行文关系)，用“函”请求批准、以函回复，不妥。同样这一事项，广东(粤府函〔2021〕352 号)、贵州(黔府函〔2021〕103 号)、甘肃(甘政函〔2021〕75 号)是以省政府名义请批(由发文字号可知)的，用函行文合适。

3. 正文

请示的正文是典型的三分式结构，即由请示缘由、请示事项、请示用语三部分或三层意思依次组成。三项内容对应的逻辑结构为：为什么要请示，请示什么，有何要求。也有主张正文应先写事项、再写缘由、再以期请(请示用语)结尾的，认为这样的结构顺序更符合思维逻辑。其实大可不必作这样的调整，一则请示的标题已明确请示事项，正文接着提供“缘由”理所当然，二则请示用语本应针对“事项”而言，改变顺序后却变成针对“缘由”了，问缘由“妥否”或“当否”并要求批复，反而失了逻辑，三则实际工作中已惯用缘由、事项、期请的顺序，没有充足的理由非改变这一惯用格式不可。

(1)请示缘由，即正文的开头部分，需要明确“为什么请示”的问题。一般需要简要陈述情况，写明请示的原因和理由。如《×市关于举行第十五届运动会的请示》(向市人民政府请示)开头为：“经省人民政府批准，我省第十五届运动会于 2016 年举行。为了推动我市青少年和职工体育运动的开展，发现、培养人才，并选拔组织我市代表队，做好参加省十五运会的准备，拟于2022年2月至6月举行我市第十五届运动会。现就有关问题请示如下”。正文的缘由部分，是上级机关作出批复的重要依据，要注意做到情况真实、理由充分；同时，缘由部分也是提出请示事项的依据和立足点，如不真实不充分或欠真实欠充分，请示事项就不能或难以立得住，得到指示、解决或批准的可能性就几乎没有。尤其是请求解决性的请示，缘由部分要尽量写得详尽些。

(2)请示事项，是正文的主体和核心，只能是一个事项，而且要写得具体、明确。这个部分即请示什么(请示的具体内容)，在不同行文目的的请示中，具体内容及写法各不相同。若是请求指示的，事项部分要明确提出问题和要求。如某单位在评定专业技术人员职称时，有同志自己要求本人职称作“评退”(评后即退休)处理，该单位不明政策是否允许，向上级请示时就应该明确提出这一问题，请求上级明确政策界限或作出指示。若是请求解决的，正文主体部分则应明确提出需要上级支持、帮助或解决的具体事项；同时还应充分考虑到解决的必要性和可能性，解决的要求应提得合理、适度。若是请求批准的，主体部分应提供本机关部门具体的意见、措施、方案或行动(做什么)，要避免以决断口吻行文，语气要谦恭。也就是说，写到本机关意见、措施等均应表述为“拟”怎么办，而不能表述为“决定”怎么办。

(3)请示用语，即结尾期请，常另起占行。惯用的请示用语有“当否，请批复”“以上请示，请予审批”“以上请示，如无不当，请批准”等。“以上请示如无不妥，请批转××执行”或“当否，请批转”之类的呈转性用语是不能用作请示的期请(结尾)的，实际工作中误用现象严重，要注意避免。

(四)请示的写作要求

请示的写作，总的要求可概括为“三明确一遵守”。即明确行文理由、明确受文对象、明确请示事项，遵守行文规则。

明确行文理由。即明确为什么要请示、有无必要请示。这是请示撰拟和制发的前提条件，没有足够的理由、不应滥行请示将矛盾上交。实际上这也就是要求明确请示的原则和请示的适用范围，同时明确具体每份请示的充足理由。

明确受文对象。即明确向谁请示，明确唯一的主送机关。弄错受文对象(主送机关)是根本无法实现制文意图和行文目的的；多头主送也是有害无益。请示必须送准才能达到目的。

明确请示事项。即明确请示什么，明确制文意图。是请求指示、请求解决，还是请求批准，一定要明确、具体，绝不能含糊其辞。也就是说，请示的写作必须明确地提出具体问题和要求，不能只讲困难摆情况而要求上级机关酌情作出指示、提供帮助或作出决定。请示是应该有“请”有“示”的，上级作出答复是“示”，下级提出要求是“请”，没有所请哪有所示。撰拟请示必须明确所“请”(要求指示、要求解决、要求批准)，上级才能依“请”有“示”，否则使用请求便毫无意义。

遵守行文规则。作为上行文、报请性公文的请示，有其一定的行文规则，必须严格遵守。这些规则包括：一文一事，主送一个机关，不越级请示，不直接送领导者个人。另外，党政分开的行文规则对请示也至关重要，该送政府机关的请示若主送到党的领导机关，只能徒劳无益，反之亦然。

[文例 15-2]

×电力学校关于请拨小型基建专项资金60万元的
请　示

校行发〔2016〕7号　　签发人：××

省电力公司：

我校为改善办学条件，更好地为我省电力系统培养各类专业技术人才，拟于今年内完成××、×××等四项小型基建工程。现就基建资金问题请示如下：

××、×××等四项基建工程，共需投资人民币（下同）180万元。学校采取自筹与争取企业资助相结合的办法筹资。经与多家电厂联系，得到×电厂、××电站和××电厂共计60万元（各20万元）的资助。学校自筹资金60万元。现尚短缺60万元。特请求省公司拨给我校小型基建项目专项资金60万元，以便上述四项工程能顺利、按时完成。

特此请示，请解决为盼。

附件：×电校四项小型基建工程投资预算

×电力学校
2016年2月8日

三、议　　案

（一）议案的适用范围

议案适用于各级人民政府按照法律程序向同级人民代表大会或人民代表大会常务委员会提请审议事项，是报请性的平行文。议案，从字面上理解，就是提交会议审议批准的建议原案。议案的性质和行文方向均具有独特性：报请性公文，多以为应是上行文，议案却是平行文；作为平行文的议案，却也并不能用于所有平级机关之间行文（如函）。它的行文对象是一对一固定的，用于本级人民政府向本级人民代表大会及其常务委员会提请审议属于本级人民代表大会及其常务委员会职权范围之内的事项。即广东省人民政府可依照法律程序向广东省人民代表大会及其常务委员会提交议案，却不能向同级别的其他省人大及其常委会提交议案。

议案除具有公文的一般属性外，还具有这样一些特点：

首先，议案的制作主体是法定的。只有国务院及地方各级人民政府能以“议案”向同级人大及其常委会提请审议事项；国务院各部门、各直属机构和地方各级人民政府的各工作部门无权提出议案，不使用“议案”这一文种。议案是行政公文，党的文件中没有这一文种。政协向同级人民政府提出书面意见和建议的专用报请性平行文习惯称“提案”，各种职代会使用的报请性平行文也称“提案”。议案的制作主体与行文对象是一对一的单向的，用于政府向人大及其常委会行文。人大代表向会议提交建议案，叫“建议”，不能称议案。

其次，议案的内容具有特定件，必须是属于某级人民代表大会及其常委会职权范围之内的事项或问题。同时，本级人民政府职权范围内可以解决的问题或事项，不应成为议案内容。亦即，议案的内容必须是带根本性的最大问题或重大事项。

再次，议案的提出有很强的时限性。提出议案，必须是在本级人民代表大会或其常务委员会举行会议的时候(会议期间)，会后提出的则不能称其为议案。

最后，议案中的方案必须具有可行性。提请人大及其常委会审议的事项必须是具体的、可行的方案，否则不可能被审议通过或批准。而这个“方案”作为审议的具体对象或依据，有时是“议案”(文种)的必备“附件”(姑且称为附件)。作文种的“议案”，却又要求具有简明性，明确提出要求审议的事项即可，履行法律程序，有具体方案及其论证材料则以“附件”形式直接附后。

综合上述四个方面的特点，总的来说，议案是具有严肃性、庄重性的报请性平行文，它必须由有提案权的组织(指各级人民政府。各级人大代表、代表团、人大常委会委员，符合法定人数的，也可以按法律程序向本级人民代表大会及其常务委员会提出本级人大及其常委会职权范围内的议案，但不属于通用行政公文)依法律程序提出，内容必须是带根本性的重大事项或重大问题。而报请性的报告、请示，平行文函，都没有这两个方面的特殊要求。

(二)议案的种类

常见的议案有如下几种类型：立法案、财政预决算案、重大事项案、罢免案、批准条约案、机构变动案等。

①立法案，用于提请审议(修改或审议批准)法律法规的议案。如《国务院关于提请审议〈中华人民共和国标准化法(草案)〉的议案》。

②财政预决算案，用于提请审议本行政区域的国民经济计划和财政预算、决算。如国务院《关于提请审议××××年国家预算草案的议案》、××省人民政府《关于提请审议我省国民经济和社会发展“十三五”规划(草案)的议案》等。

③重大事项案，用于提请审议本行政区域的政治、经济、文教卫生及民政、民族等工作的重大事项。如国务院《关于提请审议兴建三峡工程的议案》及《关于建立教师节约议案》、某省人民政府《关于加强渔港建设的议案》等。

④批准条约案，用于提请批准或废止同外国缔结的条约和重要协定的议案。如国务

院《关于提请审议批准〈中华人民共和国和哈萨克斯坦共和国关于民事和刑事司法协助的条约〉的议案》。

⑤罢免案，用于提请审议撤销某人职务的议案。提请罢免的职务应属本级人民代表大会及常委会任免权限内，一般干部、国家工作人员的撤职不用提请审议。如省长，原由人大会选举产生，要免去其职务也必须经过同样级别的人大会议。

⑥机构变动案，用于提请设立或撤销(含调整)行政区划、国家行政机构的议案。如国务院《关于提请审议设立中华人民共和国监察部的议案》及《关于提请审议设立海南省的议案》等。

(三)议案的一般格式及写法

议案一般由标题、发文字号、主送机关、正文、签署及附件组成。议案使用的版头，一般是发文机关名称后不加“文件”二字的简式，如国务院提请审议议案时使用的版头是“中华人民共和国国务院”。

议案的标题有两种形式，即完全式和省略发文机关的不完全式。标题中一般应在“事由”前加“提请审议”(重大事项案有时不加)。

议案的发文字号，一般在机关代字项中标注一个“函”字。如“国函〔××××〕×号”“×政函〔××××〕”(或“×府函〔××××〕×号”)，这是惯用形式。

议案的主送机关只能是本级人民代表大会或其常务委员会，应用全称或规范化简称标注。因议案必须是会议期间提交，主送机关写成“第×届全国人民代表大会第×次会议”或在此后加“主席团”这样两种形式，也是允许的。地方各级人民政府的议案，标注形式则演变为“×省第×届人民代表大会第×次会议”等形式(会议届次与范围换位)。

议案的正文也是比较典型的三分式结构，由案由、方案、结束语三部分或三层意思构成。

①案由，正文的开头，写提出该议案的理由和依据。多是对提出议案的原因和必要性作简要的说明，明确“为什么要提”的问题。有时也需要简单说明议案的酝酿形成过程。罢免案的案由部分，是提供被罢免人的主要错误事实，并明确法律依据(根据哪项法律法规的哪项条款规定)。相对来说，重大事项案的案由部分比其他类型的议案案由要写得详尽、充分得多。如国务院关于兴建三峡工程的议案，分五大部分阐述理由和事实，写得十分充分而且详尽：长江在国民经济中的重要地位和中下游洪水灾害的潜在威胁；兴建三峡工程对加快现代化建设进程和提高综合国力的重要意义；国务院对三峡工程采取的方针及社会各界的建议和意见；三峡工程的选址、拦河大坝、正常蓄水位、水电站总装机容量、投资和工期等情况；已发现的问题和我们的态度。

②方案，是紧接案由之后对提请审议事项的具体、明确的表述。一般是明确议案名称及形成过程，提出议案中所提问题的解决措施、方案。

③结束语，可另起占行，也可直接与上文衔接，以惯用语收束正文。多用“请审

议”“请予审议”“现提请审议”等作结束语。但批准条约案的结束语则为“现提请审议，并请作出批准的决定”，较为固定。结束语前一般应写明这个议案已经机关同意或讨论通过(如立法案、批准条约案、财政决算案等)。罢免案及机构变动案的结束语多写成“请审议决定”。

议案的签署实行首长负责制原则。《中华人民共和国国务院组织法》第五条规定，国务院向全国人大或全国人大常委会提出的议案由总理签署。以此类推，各级人民政府向本级人大或其常委会提出的议案也应由行政首长签署。即，正文后不能只签署政府机关名称，应在其后写明首长职务和姓名。成文时间，以首长签发日期为准。有首长签名章的，落款部分可不盖政府机关章，否则应加盖政府机关章。实际工作中以政府名义报出的议案较多见(不具首长名章)，甚至有以政府办公厅(室)名义报送的。前一种尚可通融，后一种做法则极不应该，有失庄重、严肃。

(四)议案的写作要求

议案的写作，应该注意体现其严肃性、庄重性和规范性的特点，牢牢把握住三个原则；职权范围原则、重大事项原则和首长负责制原则。非重大事项及超出本级人民代表大会或其常务委员会职权范围的事项，不能写成议案；议案的形成要经过法定程序，“写作”只是一个操作环节，不能夹有秘书写作人员个人的意见或建议，无论是案由还是方案，都必须是客观的；议案是报请性的，但绝不能用报告或请示代行等，都是议案撰拟制发必须注意的。具体到写作上(将形成的客观议案以文字表述出来)，秘书写作者应注意的问题可简单概括为两个方面：

一是要注意在标题中明确议案的名称。

二是把握“提请审议”的行文目的，注意为审议提供完整的对象和依据。即写作中应表述清楚两大内容：提出议案的原因和必要性、方案的可行性。这两大内容共同促成被审议通过或同意、批准的可能性。虽然成型的完整方案是经过反复调研和论证过的，政府机关提出此案的原因和必要性及意义也不需写作者冥思苦想，但怎样表述、怎么表述得更清楚、更精要却是写作人员的基本功，对庄重、严肃的议案的写作来说更是十分重要。

[文例 15-3]

国务院关于提请审议
国务院机构改革方案的议案

国函〔2018〕53 号

全国人民代表大会：

中国共产党第十九次全国代表大会明确要求深化机构和行政体制改革。党的十九届三中全会审议通过了《深化党和国家机构改革方案》，同意将其中涉及国务院机构改革的内容提交第十三届全国人民代表大会第一次会议审议。现将根据《深化党和国家机构改革方案》形成的《国务院机构改革方案》提请第十三届全国人民代表大会第一次会议审议。

国务院　总理　李克强

2018 年 3 月 9 日

【拓展与思考】

◎ 下面三个请示有何不妥？

三个请示，版头都有问题，发文字号位置不对，都缺“签发人”要素。图 15-9 版头的发文机关标志不宜出现“文件”二字，上行文公文标题省略发文机关名称也不妥(图 15-8 可以省略)。图 15-10 发文字号中年份括号不对，应为六角括号。图 15-10 请示用语(期请)未能明确请示意图，“特此申请”也与上句“现申请”重复，无意义，应表达祈请(诉求)。

湖北省畜牧兽医学会

鄂牧医学〔2016〕7号

关于湖北省畜牧兽医学会换届方案的请示

湖北省畜牧兽医局：

根据我会章程，本届理事会应于2015年10月任期届满，现拟于2016年12月下旬召开第十三次全省会员代表大会，选举产生第十三届理事会。我会十二届五次常务理事会议已审议通过了换届方案（见附件1）。

根据湖北省社会团体管理的有关规定，将有关材料报送学会业务主管单位湖北省畜牧兽医局，请予批复。

附件：1. 湖北省畜牧兽医学会理事会换届方案

2. 湖北省畜牧兽医学会十二届五次常务理事会议纪要

湖北省畜牧兽医学会（公章）

2016年12月5日

（联系人：[redacted]，联系电话：1897[illegible]28050，027-87[illegible]7466 ）

图 15-8

萝北县扶贫开发领导小组办公室文件

萝扶办呈〔2019〕13号

关于萝北县2019年度省级专项扶贫资金使用方向的请示

县政府:

根据《黑龙江省财政厅关于提前告知2019年省级财政专项扶贫资金（扶贫发展支出方向）预算的通知》（黑财指农【2019】57号）文件，下达我县中央扶贫资金276万元。结合《萝北县脱贫攻坚项目库》，拟将省级专项扶贫资金用于：一是雨露计划3.6万元；二是小额信贷贴息20万元；三是生产奖补52.4万元；四是肇兴镇裕丰村肉牛养殖场200万元。

此请示，望批复。

萝北县扶贫开发领导小组办公室

2019年3月18日

图 15-9

海伦市扶贫开发工作办公室

海扶办呈【2019】7号

关于申请2019年度光伏扶贫项目资金的请示

海伦市财政涉农资金统筹整合领导小组:

按照《海伦市2019年度涉农资金统筹整合使用方案》的要求，根据脱贫攻坚需求统筹安排财政专项扶贫资金，用于建设全市光伏扶贫项目，现申请项目建设资金125.1452万元。

特此申请。

海伦市扶贫开发工作办公室

2019年9月23日

图 15-10

◎ 图 15-11 某市某区民政局文件，主送该区财政局，有什么问题？

图 15-11 是区民政局向同区财政局行文，使用了上行文报告。从内容看，是“请下拨资金”入低保对象账户，属请批。忽视“请批”主旨和行文意图，处理成“呈文”，此为病一。两个平级单位间用报告，弄错行文关系，此为病二。不相隶属机关之间商请，应该用函行文。

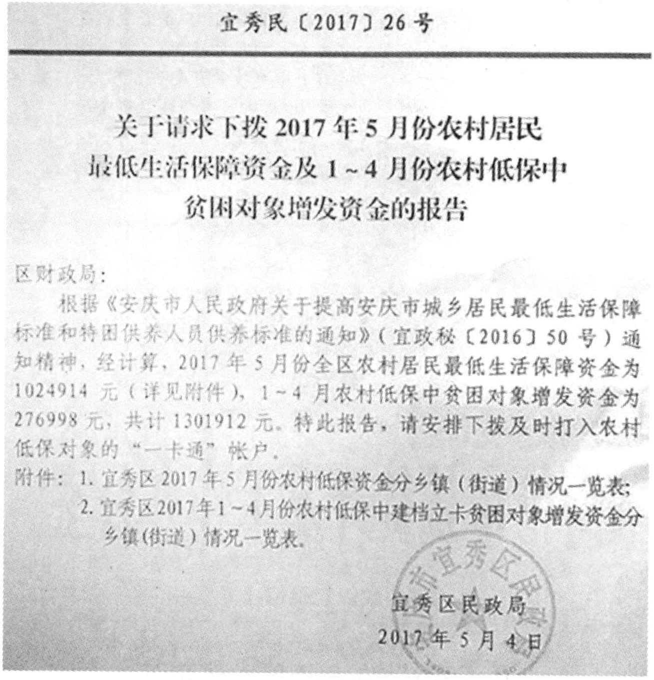

宜秀民〔2017〕26 号

关于请求下拨 2017 年 5 月份农村居民最低生活保障资金及 1～4 月份农村低保中贫困对象增发资金的报告

区财政局：

根据《安庆市人民政府关于提高安庆市城乡居民最低生活保障标准和特困供养人员供养标准的通知》（宜政秘〔2016〕50 号）通知精神，经计算，2017 年 5 月份全区农村居民最低生活保障资金为 1024914 元（详见附件），1～4 月农村低保中贫困对象增发资金为 276998 元，共计 1301912 元。特此报告，请安排下拨及时打入农村低保对象的“一卡通”帐户。

附件：1. 宜秀区 2017 年 5 月份农村低保资金分乡镇（街道）情况一览表；
2. 宜秀区 2017 年 1～4 月份农村低保中建档立卡贫困对象增发资金分乡镇（街道）情况一览表。

宜秀区民政局

2017 年 5 月 4 日

图 15-11

◎ 图 15-12 是大家很少见到的递送报告案例，供参考。

事实上，此例呈送的该校 2015—2016 学年度信息公开工作报告，本就是可以直接运行的，没必要再用“报告”来递（呈）送，有“多此一举”之嫌。此外，该案例为武汉大学发文，主送教育部办公厅，用上行文“报告”，行文关系没拎清。武汉大学是教育部直属高校，主送教育部，用“报告”是对的，但向教育部办公厅行文用报告就错了。直接向教育部报告信息公开工作即可，收文机关（教育部办公厅）自然会备案。若一定要多此一举，可以校党政办公室的名义向教育部办公厅行文递送报告。

◎ 图 15-13 的请示有什么问题？

格式上，这个请示版头不对，发文机关标识多了“文件”二字，发文字号位置不对，缺签发人要素。落款缺发文机关署名，且成文日期和印章顶版心右边线了。附件说明格式不对，应在正文下空 1 行左空 2 字编排。

标题中“要求批准”不符请示语体要求，说严重点是“以下犯上”了，上行文出现了指挥、命令语气。标题事由概括也欠考虑，缺少“县城核心区”信息。应删去标题中的“要求批准”。

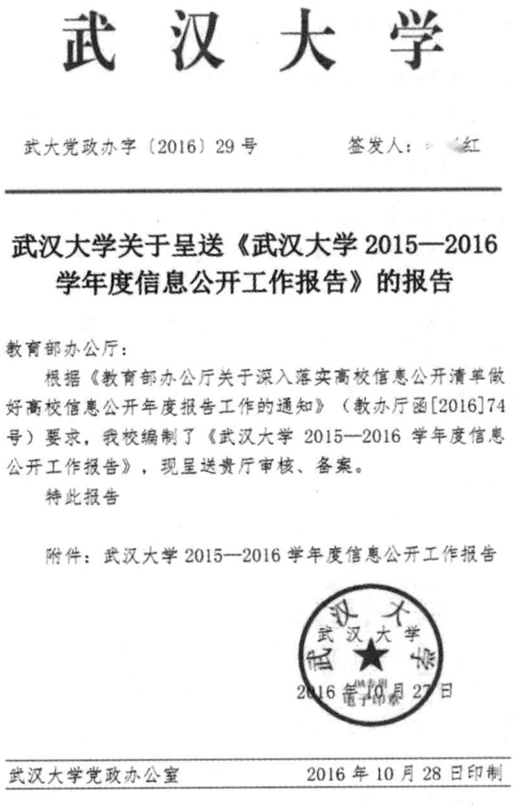

武 汉 大 学

武大党政办字〔2016〕29 号　　　签发人：红

武汉大学关于呈送《武汉大学 2015—2016 学年度信息公开工作报告》的报告

教育部办公厅：

根据《教育部办公厅关于深入落实高校信息公开清单做好高校信息公开年度报告工作的通知》（教办厅函[2016]74 号）要求，我校编制了《武汉大学 2015—2016 学年度信息公开工作报告》，现呈送贵厅审核、备案。

特此报告

附件：武汉大学 2015—2016 学年度信息公开工作报告

2016 年 10 月 27 日

武汉大学党政办公室　　　2016 年 10 月 28 日印制

图 15-12

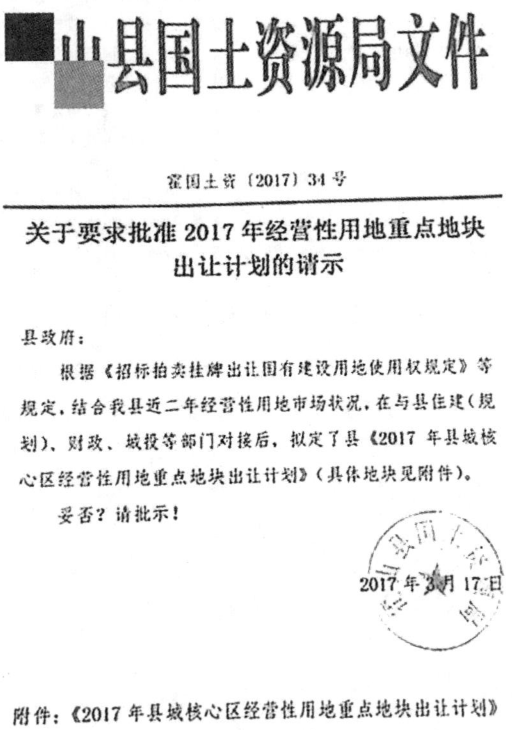

[redacted]山县国土资源局文件

霍国土资〔2017〕34 号

关于要求批准 2017 年经营性用地重点地块出让计划的请示

县政府：

根据《招标拍卖挂牌出让国有建设用地使用权规定》等规定，结合我县近二年经营性用地市场状况，在与县住建（规划）、财政、城投等部门对接后，拟定了县《2017 年县城核心区经营性用地重点地块出让计划》（具体地块见附件）。

妥否？请批示！

2017 年 3 月 17 日

附件：《2017 年县城核心区经营性用地重点地块出让计划》

图 15-13

◎ 从图 15-14 中能看出什么问题？

本例中的函没有什么问题。但从行文中能看出来，省民间组织国际交流促进会、省联合国科教文组织协会两个单位，给省政府外事办公室发的是“报告”，“报告”的主旨、行文意图却是“申请指导”，显然将“请示”错用成“报告”了（如果省府外事办是两会的指导机关的话）。如果两会都是在民政厅备案、归民政厅指导和管理，则本例中的“报告”该用函行文。

甘肃省人民政府外事办公室

关于指导支持举办2018“一带一路”青年成长与发展系列活动的复函

甘肃省民间组织国际交流促进会、甘肃省联合国教科文组织协会：

《关于申请指导举办第三届丝绸之路（敦煌）国际文化博览会分项活动——2018“一带一路”青年成长与发展系列活动的报告》收悉。

经研究，同意指导和支持举办2018“一带一路”青年成长与发展系列活动，并协助做好为来甘出席“2018‘一带一路’青年成长与发展系列活动启动仪式暨“一带一路”学生流动与教育发展研讨会”国外嘉宾的邀请工作及签证事宜。

请根据第三届敦煌文博会总体要求，进一步细化工作方案，靠实工作责任，强化安全措施，抓好组织实施，确保活动取得良好效果。

此复。

甘肃省人民政府外事办公室

2018年3月13日

图 15-14

第十六章　告晓性公文写作

【问题与任务】

告晓性公文，包括公报、公告、通告、通知、通报五个主要文种。这类公文是党政机关、群众团体、企事业单位向有关方面传达、告知某些事项、情况和要求而制发的，或要求周知，或要求周知并遵守。告晓性是这类公文的主要属性和特点，除此以外，因具体用途而定，有些告晓性公文还具备规范和指挥功能。

这类公文的告晓方式多种多样，常规行文之外，可张贴(不含公报)，也可通过新闻媒介传达。告晓性公文因重在周知功能，没有保密要求(少量通知除外)，在各自的传达范围内，知道的人越多越好。

重点训练公告、通告、通知、通报的写作。

【重点与难点】

掌握通告、通知、通报的功能用途和写作规范，是本章重点。告晓性公文文种辨用是难点，选准用对文种不容易，请回到本书关于文种辨用的章节加深认识。针对制约性通告、指示性通知、规范性通知、传达性通报、表扬性和批评性通报，每个文种应该完成 2 份训练文案。

【情景与案例】

告晓性公文，实际工作中应用非常广泛。

图 16-1 是一串通告应用情景，截图来源于浙江省市场监督管理局官方网站。从这些通告标题看，文种选用准确吗？

图 16-2 的通告，能看出来有什么问题？

图 16-3 真的适用公告吗？很显然，文种不对。

关于市场监管总局抽检12批次不合格食品核查处置情况的通告

浙江省市场监督管理局食品安全监督抽检信息通告（2022年第3期）

浙江省市场监督管理局食品安全监督抽检信息通告（2022年第2期）

浙江省市场监督管理局食品安全监督抽检信息通告（2022年第1期）

浙江省市场监督管理局食品安全监督抽检信息通告（2021年第48期）

浙江省市场监督管理局关于不合格食品风险控制情况的通告（2021年第8期）

浙江省市场监督管理局食品安全监督抽检信息通告（2021年第47期）

浙江省市场监督管理局食品安全监督抽检信息通告（2021年第46期）

浙江省市场监督管理局食品安全监督抽检信息通告（2021年第45期）

图 16-1

关于西塘古镇景区停止预约、售票的通告

接上级协查通报，西塘古镇景区发现杭州通报确诊病例的密切接触人员（目前，首次新冠病毒核酸检测结果均为阴性），相关防疫部门第一时间对密切接触人员进行集中隔离医学观察。

考虑到与密切接触人员接触存在潜在感染的风险，对本人轨迹存疑的游客，可主动前往我镇新冠病毒核酸检测临时采样点进行免费采样检测（地点：镇卫生院西侧、宏苑路北侧）。

根据疫情防控工作需要，西塘古镇景区即时起**停止预约、售票、暂停入园**。已经网上购票的游客，可以通过原购票渠道申请退款，或拨打电话0573-84561501咨询处理。景区恢复预约、售票时间，另行通知。为此，给您造成的不便，我们深表歉意，感谢您的理解和配合。

西塘古镇景区

2021年10月31日

图 16-2

关于对长沙市开展生态环境保护督察回头看的公告

字体大小：A A A　来源：长沙市政府门户网站　发布时间：2020-10-26 10:58

经省委、省政府批准，省第一生态环境保护督察组定于2020年10月26日至11月9日对长沙市开展生态环境保护督察“回头看”。根据省委、省政府要求和督察组职责，督察“回头看”期间，省生态环境保护督察组主要受理长沙市生态环境保护方面的来信来电举报。其他不属于受理范围的信访问题，将按规定交由被督察地区处理。

图 16-3

图 16-4 的公告，一眼看过去能清楚是关于什么事项的公告吗？显然不能。完整版的原公告后面还有登记、查询、历史数据处理方案三大项内容，正文篇幅较长，标题未明确事由项，极为不妥，会直接影响行文效果：黑麻麻的一大篇文字，让读者无法简明判断是否与己相关，势必可能放弃阅读。因为标题拟制上的偷工减料，导致公文不能有效实现或达成行文意图，显然不是制文机关愿意看到的。希望大家警醒。

中国人民银行
国家市场监督管理总局　公告

〔2020〕第23号

为进一步提高动产和权利担保融资效率，优化营商环境，根据《优化营商环境条例》《国务院关于实施动产和权利担保统一登记的决定》（国发〔2020〕18号）要求，自2021年1月1日起，在全国范围内实施动产和权利担保统一登记。现就生产设备、原材料、半成品、产品等四类动产抵押（以下简称四类动产抵押）登记的有关过渡安排公告如下：

一、总体安排

（一）登记机构。自2021年1月1日起，中国人民银行征信中心（以下简称征信中心）承担四类动产抵押的登记工作。

（二）过渡期。为保证当事人涉及四类动产抵押的登记和查询业务顺利开展，过渡期暂定2年，自2021年1月1日起至2022年12月31日止。过渡期内四类动产抵押登记和查询事宜适用本公告的相关规定。

（三）登记系统。征信中心动产融资统一登记公示系统（以下简称统一登记系统）为社会公众提供动产抵押登记和查询服务。统一登记系统的网址为https://www.zhongdengwang.org.cn。

（四）登记规则。当事人应当按照《应收账款质押登记办法》（中国人民银行令〔2019〕第4号发布）、《中国人民银行征信中心动产融资统一登记公示系统操作规则》的规定自主办理涉及四类动产抵押的登记和查询，并对登记内容的真实性、完整性、合法性负责。过渡期内如遇制度调整的，按照新规定办理。

图 16-4

图 16-5 是用来转发公文的通知，图 16-6 是告知 2020 年度四川消防工作评价考核情况的通报。

国务院办公厅转发国家发展改革委等部门
关于加快推进城镇环境基础设施建设
指导意见的通知

国办函〔2022〕7号

各省、自治区、直辖市人民政府，国务院各部委、各直属机构：

国家发展改革委、生态环境部、住房城乡建设部、国家卫生健康委《关于加快推进城镇环境基础设施建设的指导意见》已经国务院同意，现转发给你们，请认真贯彻执行。

国务院办公厅

2022年1月12日

（此件公开发布）

关于加快推进城镇环境
基础设施建设的指导意见

国家发展改革委　生态环境部　住房城乡建设部　国家卫生健康委

环境基础设施是基础设施的重要组成部分，是深入打好污染防治攻坚战、改善生态环境

图 16-5

四川省人民政府办公厅
关于2020年度消防工作评价考核情况的通报
川办函〔2021〕82号

各市（州）人民政府，省政府有关部门、有关直属机构，有关单位：

2020年，全省各地各部门（单位）认真贯彻落实习近平总书记关于安全生产重要论述，始终坚持人民至上、生命至上，强化源头治理、系统治理、精准治理，深入开展消防安全专项整治三年行动，全面提升防范化解重大消防安全风险的能力水平，全省消防安全形势总体保持稳定。成都市、内江市、攀枝花市、遂宁市、雅安市、乐山市、眉山市、南充市、自贡市、泸州市、德阳市工作成效突出，在消防工作评价考核中被评为“优良”，经省政府同意，特给予通报表扬。现将有关情况通报如下。

一、2020年消防工作取得的成效

图 16-6

【内容与进程】

一、公　　报

（一）公报的适用范围

公报是用于公开发布重要决定或重大事项的。其发布方式是新闻传播。它是党和国家经常使用的一种重要公文，极具严肃性和权威性。从用途看，公报是告晓性公文，但因所告晓的是重大事件或重要决定事项，它的指挥功能和约束力也就显而易见，同时兼具指挥性。如《中国共产党第十一届中央委员会第三次全体会议公报》（1978年12月22日通过），是公开宣布重要决定事项，即宣布结束全国范围内的大规模的揭批林彪反革命集团、“四人帮”的群众运动，把全党工作的重点转移到社会主义现代化建设上来。宣布关于工作重点转移这一具有伟大历史意义的决定，显然全党全国人民除了要周知这份公报的内容外，还必须贯彻执行，在思想认识和实际行动上都要开始并尽快完成这一“转移”。

（二）公报的分类

根据内容及公布方式的区别，公报可以分成三类：会议公报、事项公报、联合公联。

会议公报，是指公开发布重要会议的情况、精神及议决事项的公报，如文例16-1。

事项公报，是指公开发布重大事件或重大成就、重大活动的一类公报，包括新闻公报和专题公报。如关于我国向某海域成功发射运载火箭的“新闻公报”，关于外国领导人来访情况的公报，国家统计局每年初发布的关于前一年我国国民经济和社会发展的统计公报等都属于事项公报，如文例16-2。

联合公报，是指国家之间、政府之间、政党之间联合发布的具有国际条约性质的公报，联合签署和条约性是其鲜明的特点。如文例16-3。

政府或权力机关官方文件汇编也称“公报”，如《国务院公报》《全国人民代表大会常务委员会公报》，这种公报不是文种，不在讨论之列。

(三)公报的一般格式及写法

三类公报的格式及写法各不相同。

1. 会议公报

由标题、通过或公报日期、正文三部分组成。它的标题形式固定，由会议全称和文种两项构成。也就是说，公文规范而完整的标题中的“事由”项，在会议公报的标题中不需写明。这是因为会议公报用于重大会议，极其庄重严肃，标题中必须写明会议全称；而且重大会议的议题、情况、精神及议决事项往往不是单一的或很难简明概括，长的会议名称后若再加事由，则标题过长而且难以概要事由。通过或公报日期，括注在标题下，后面可不再写会议全称(避免与标题重复)。

会议公报的正文，写法多样，可分项表述(编序号或加小标题)，也可分段表述(如一般文章分若干自然段)。正文应包括三部分内容，即会议基本情况、会议中心内容、会议要求与希望。基本情况为正文开头，包括会议名称、时间、地点、主持者、出席和列席者、主要议程、会议的总体评价等，与会议纪要的开头部分相同，只是不使用会议纪要开头中的承转过渡语。正文的主体部分写会议的主要内容与议决事项，结尾部分以会议名义发出号召或提出希望与要求。

2. 事项公报

一般格式与会议公报相同。这类公报的标题有两种形式，一是“发文单位+事由+文种”的完整形式，如《中华人民共和国国家统计局关于1986年国民经济和社会发展统计公报》(1987年2月20日)；二是简略式，标题直接写成《公报》或《新闻公报》。事项公报标题下注明公报日期，不加括号，也没有“通过”字样。

事项公报的正文，根据公布内容而定，没有规范格式。总的来说，这类公报应尽量公布全面，将人们关注的或希望了解的事项的各个方面都尽量具体而准确地公布出来。通常是先概述事项的总体情况，再分述具体情况。如关于某年度国民经济和社会发展统计公报，通常在正文开头部分应发布全年社会总产值、工农业总产值、国民收入、国民生产总值的统计数字以及增长率(与上年比)，对全年国民经济和社会发展作出总的评价，既肯定成绩也明确存在的问题。在正文的主体部分则需要具体到国民经济和社会发展的各个方面发布统计结果，如农业、工业、固定资产投资和建筑业、运输邮电、商业和物资购销(国内)、对外经济和旅游业、科学教育和文化、卫生和体育事业、人民生活、人口等方面的具体情况。事项公报一般没有单独的结尾，依一定次序发布完具体情况后全文自然结束。

3. 联合公报

一般由标题、正文、签署三部分组成。这类公报是由两个及两个以上的国家、政府、政党、团体联合发布的，内容多为会谈情况、经过及就某些事项和问题达成的协议。它的标题形式有两种，一是“发布者+事由+文种”，如《中美会谈公报》及文例16-3；二是“发布者+联合公报”，如《中英联合公报》。联合公报的正文大多是“条款式”，每一个条款写一项内容，每一项内容都写明是双方共同认定的（至于双方未取得共识的，则各自申明立场）。签署项包括签署各方代表的姓名、签署时间、签署地点。

（四）公报的写作要求

公报是一个严肃的文种，报道的官方性特点明显，一般机关单位不能使用这一文种。党的领导机关召开重要会议（会议公报）、政府政党之间举行会谈（联合公报），由党的最高领导机关制发公报。事项公报也是由党的最高领导机关或授权国家通讯社和其他新闻传媒向社会公开发布的。写作中应特别注意体现其严肃性和庄重性的特点，做到内容正确完整、用语精炼、语体庄重、结构严谨统一。

具体到不同类型的公报写作时，应注意：会议公报应绝对忠实于会议，会议的中心议题和主要精神要突出；事项公报应注意事项报道的真实性、新闻性，与事项有关的情况尽量提供得全面些，复杂事项应注意表述的逻辑顺序和结构的条理性；联合公报应注意体现其“条约性”，条款独立完整，条款的内容应是共同认定的，未达成协议的事项或问题，表述时应注意反映出各自的观点和立场；签署项至关重要，三项内容不能遗漏也不能颠倒次序。

[文例16-1]

中国共产党第十九届中央委员会第五次全体会议公报①

（2020年10月29日中国共产党第十九届中央委员会第五次全体会议通过）

中国共产党第十九届中央委员会第五次全体会议，于2020年10月26日至29日在北京举行。

出席这次全会的有，中央委员198人，候补中央委员166人。中央纪律检查委员会常务委员会委员和有关方面负责同志列席会议。党的十九大代表中的部分基层同志和专家学者也列席会议。

全会由中央政治局主持。中央委员会总书记习近平作了重要讲话。

全会听取和讨论了习近平受中央政治局委托作的工作报告，审议通过了《中共中央关于制定国民经济和社会发展第十四个五年规划和二〇三五年远景目标的建议》。习近平就《建议（讨论稿）》向全会作了说明。

全会充分肯定党的十九届四中全会以来中央政治局的工作。一致认为……经济增长好于预期，人民生活得到有力保障，社会大局保持稳定，中国特色大国外交积极推进，党和国家各项事业取得新的重大成就。

全会一致认为，面对错综复杂的国际形势、艰巨繁重的国内改革发展稳定任务

① 原文较长，有删节。

特别是新冠肺炎疫情严重冲击，以习近平同志为核心的党中央不忘初心、牢记使命，团结带领全党全国各族人民砥砺前行、开拓创新，奋发有为推进党和国家各项事业，战胜各种风险挑战，中国特色社会主义的航船继续乘风破浪、坚毅前行。实践再次证明，有习近平同志作为党中央的核心、全党的核心领航掌舵，有全党全国各族人民团结一心、顽强奋斗，我们就一定能够战胜前进道路上出现的各种艰难险阻，一定能够在新时代把中国特色社会主义更加有力地推向前进。

全会高度评价决胜全面建成小康社会取得的决定性成就。……“十三五”规划目标任务即将完成，全面建成小康社会胜利在望，中华民族伟大复兴向前迈出了新的一大步，社会主义中国以更加雄伟的身姿屹立于世界东方。

全会强调，全党全国各族人民要再接再厉、一鼓作气，确保如期打赢脱贫攻坚战，确保如期全面建成小康社会、实现第一个百年奋斗目标，为开启全面建设社会主义现代化国家新征程奠定坚实基础。

全会深入分析了我国发展环境面临的深刻复杂变化，认为当前和今后一个时期，我国发展仍然处于重要战略机遇期，但机遇和挑战都有新的发展变化。……全党要统筹中华民族伟大复兴战略全局和世界百年未有之大变局，深刻认识我国社会主要矛盾变化带来的新特征新要求，深刻认识错综复杂的国际环境带来的新矛盾新挑战，增强机遇意识和风险意识，立足社会主义初级阶段基本国情，保持战略定力，办好自己的事，认识和把握发展规律，发扬斗争精神，树立底线思维，准确识变、科学应变、主动求变，善于在危机中育先机、于变局中开新局，抓住机遇，应对挑战，趋利避害，奋勇前进。

全会提出了到二〇三五年基本实现社会主义现代化远景目标，这就是：……人均国内生产总值达到中等发达国家水平，中等收入群体显著扩大，基本公共服务实现均等化，城乡区域发展差距和居民生活水平差距显著缩小；平安中国建设达到更高水平，基本实现国防和军队现代化；人民生活更加美好，人的全面发展、全体人民共同富裕取得更为明显的实质性进展。

全会提出了“十四五”时期经济社会发展指导思想和必须遵循的原则……坚持以人民为中心，坚持新发展理念，坚持深化改革开放，坚持系统观念。

全会提出了“十四五”时期经济社会发展主要目标，这就是：……

全会提出，坚持创新在我国现代化建设全局中的核心地位，把科技自立自强作为国家发展的战略支撑，面向世界科技前沿、面向经济主战场、面向国家重大需求、面向人民生命健康，深入实施科教兴国战略、人才强国战略、创新驱动发展战略，完善国家创新体系，加快建设科技强国。……

全会提出，加快发展现代产业体系，推动经济体系优化升级。坚持把发展经济着力点放在实体经济上，坚定不移建设制造强国、质量强国、网络强国、数字中国，推进产业基础高级化、产业链现代化，提高经济质量效益和核心竞争力。……

全会提出，形成强大国内市场，构建新发展格局。坚持扩大内需这个战略基点，加快培育完整内需体系，把实施扩大内需战略同深化供给侧结构性改革有机结合起来，以创新驱动、高质量供给引领和创造新需求。要畅通国内大循环，促进国内国际双循环，全面促进消费，拓展投资空间。

全会提出，全面深化改革，构建高水平社会主义市场经济体制。……

全会提出，优先发展农业农村，全面推进乡村振兴。……

全会提出，优化国土空间布局，推进区域协调发展和新型城镇化。……

全会提出，繁荣发展文化事业和文化产业，提高国家文化软实力。……

全会提出，推动绿色发展，促进人与自然和谐共生。……

全会提出，实行高水平对外开放，开拓合作共赢新局面。……

全会提出，改善人民生活品质，提高社会建设水平。……

全会提出，统筹发展和安全，建设更高水平的平安中国。……

全会强调，实现“十四五”规划和二〇三五年远景目标，必须坚持党的全面领导，充分调动一切积极因素，广泛团结一切可以团结的力量，形成推动发展的强大合力。……

全会号召，全党全国各族人民要紧密团结在以习近平同志为核心的党中央周围，同心同德，顽强奋斗，夺取全面建设社会主义现代化国家新胜利！

［文例 16-2］

第七次全国人口普查公报[1]（第一号）

——第七次全国人口普查工作基本情况

国家统计局

国务院第七次全国人口普查领导小组办公室

根据《中华人民共和国统计法》《全国人口普查条例》规定和《国务院关于开展第七次全国人口普查的通知》（国发〔2019〕24 号）要求，我国进行了第七次全国人口普查[2]。一年多以来，在以习近平同志为核心的党中央坚强领导下，在各地区各有关部门的大力支持下，在全国各级普查机构和普查人员的共同努力下，在广大普查对象的积极配合下，第七次全国人口普查圆满完成普查现场登记和普查主要数据的汇总评估工作，取得重大成果和显著成效。

一、领导高度重视

习近平总书记参加人口普查现场登记并发表重要讲话，明确指出第七次全国人口普查是新时代开展的一次重大国情国力调查，是党和国家工作中的一件大事。李克强、栗战书、汪洋、王沪宁、赵乐际、韩正、王岐山等中央领导同志在中南海分别参加人口普查登记。李克强总理对人口普查工作作出重要指示。国务院成立了由韩正副总理担任组长的第七次全国人口普查领导小组，领导小组办公室设在国家统计局，由 25 个部门组成，全国乡镇、街道和县以上各级人民政府均建立普查机构，为普查工作开展提供了坚实的组织保障。地方各级政府全面加强组织领导，精心组织实施，确保人员到位、措施到位、经费到位。各成员单位积极主动履职，充分发挥各自职能，提供多方保障，确保了普查的顺利实施。

二、科学制定方案

按照"科学与可行、需要与可能、继承与创新"的原则，国务院第七次全国人口普查领导小组办公室(以下简称领导小组办公室)借鉴历次普查经验，广泛征求多方意见，切实加强顶层设计。在全国组织开展了6项专项试点和1项综合试点，着力提高普查的科学性、规范性和可操作性。研究制定了《第七次全国人口普查方案》和7项工作实施细则，对普查内容、普查方法，以及普查各个环节的工作流程、工作任务和工作要求作了明确规定，为人口普查工作有序开展提供了制度性保障。

三、坚持依法普查

把依法依规普查贯穿于人口普查全过程各方面，深入贯彻《关于深化统计管理体制改革提高统计数据真实性的意见》《统计违纪违法责任人处分处理建议办法》《防范和惩治统计造假弄虚作假督察工作规定》，认真实施《全国人口普查条例》，严格落实普查方案的各项要求，严肃普查纪律。将人口普查工作落实情况作为统计督察重要内容，加大统计执法监督力度，依法查处普查违法违纪行为，确保普查数据真实准确。

四、着力普查创新

为提高普查工作质量和效率，领导小组办公室充分利用信息化技术手段，对普查内容和普查方式进行创新。全面采用电子化数据采集方式，由普查员使用电子设备采集，实时直接上报数据；实现普查对象通过互联网进行自主填报；强化部门行政记录和大数据的应用；充分利用互联网云技术、云服务和云应用完成数据处理工作，按照国家网络安全三级等保标准对普查数据采集、传输、存储进行安全管理，确保公民个人信息安全；首次对700多万普查人员实行线上集中统一管理。

五、精心组织登记

组织各级普查机构认真选聘普查人员，强化各级培训，确保"两员"经考试合格后上岗。按时完成软件开发、户口整顿、区划绘图、入户摸底等前期准备工作。新冠肺炎疫情发生后，领导小组办公室及时研究疫情对人口普查工作的影响，制定工作预案，调整工作进度，扎实推进普查工作。从2020年11月1日到12月10日，全国700多万普查人员严格执行普查方案，认真落实常态化疫情防控的各项要求，对全国所有家庭和人口进行了全面普查，圆满完成普查入户登记任务。

六、确保数据质量

第七次全国人口普查实行严格的质量控制制度，建立健全普查数据追溯和问责机制，确保普查数据可核查、可追溯、可问责。充分利用部门行政记录和企业大数据，对普查数据开展精细化比对核查。各级普查机构严格执行质量控制要求，认真开展质量验收，确保普查各阶段工作质量。为客观全面评价全国人口普查登记质量，领导小组办公室统一组织了事后质量抽查，结果显示，第七次全国人口普查人口漏登率为0.05%，普查结果真实可靠。

七、全面摸清家底

第七次全国人口普查全面查清了我国人口数量、结构、分布等方面情况，掌握了人口变化的趋势性特征，为完善我国人口发展战略和政策体系、制定经济社会发展规划、推动经济高质量发展提供了准确统计信息支持。这次普查，既摸清了我国人口总量，掌握了人口规模的变化趋势；也查清了人口结构和分布状况、人口迁移流动状况，反映了人口结构演变和人口社会变迁等情况。

注释：

[1]本公报数据均为初步汇总数据。

[2]普查标准时点为2020年11月1日零时，普查对象是普查标准时点在中华人民共和国境内的自然人以及在中华人民共和国境外但未定居的中国公民，不包括在中华人民共和国境内短期停留的境外人员。

2021年5月11日

[文例16-3]

中华人民共和国政府和保加利亚共和国政府联合公报①

（2018年7月6日，索非亚）

一、应保加利亚共和国总理博伊科·鲍里索夫邀请，中华人民共和国国务院总理李克强于2018年7月5日至8日对保加利亚进行正式访问。

两国领导人预祝将于7月7日在索非亚举行的主题为“深化开放务实合作，共促共享繁荣发展”的第七次中国–中东欧国家领导人会晤圆满成功。

访问期间，李克强总理同鲍里索夫总理举行双边会谈，并会见保加利亚共和国总统鲁门·拉德夫。在热烈友好的气氛中，两国领导人就双边关系及共同关心的国际和地区问题交换意见，达成广泛共识。访问取得圆满成功，有力推动了中保关系发展。保方高度赞赏中国改革开放40年来取得的巨大成就，衷心祝愿中国成功实现中华民族伟大复兴的中国梦。

二、双方高度评价近年来两国关系取得的长足发展，高兴地看到，在双方共同努力下，高层交往活跃，政治互信稳固，各领域互利合作富有成果，为两国繁荣和世界的和平与发展作出贡献。

双方一致认为，继续深化中保全面友好合作伙伴关系符合两国人民的共同愿望和利益。……双方将共同办好建交70周年各类庆祝活动，增进两国人民的相互了解和友好感情。

三、双方一致认为，两国领导人之间的高层对话和密切接触对促进双边关系发展具有重要意义。中方欢迎鲍里索夫总理在双方方便时访华。

双方一致表示，尊重彼此选择的发展道路，尊重彼此国家的主权、领土完整和

① 原文有删节。

核心利益。保方重申坚定奉行一个中国原则。

四、保方表示支持"一带一路"倡议和加强中欧互联互通。双方愿以2015年两国政府签署的共建"一带一路"谅解备忘录为基础，加强基础设施建设领域和倡议框架下其他领域合作。

五、双方表示愿推动两国企业在基础设施建设、农业、旅游、新技术、创新、可再生能源等领域加强合作，支持中国企业参与和投资保建设，包括电动交通、组装火车车厢和机车等领域。保总理邀请中国企业参与保加利亚经营权项目。

双方表示共同致力于进一步提升双边贸易规模和水平，在尊重对方国家安全和质量监管要求前提下，为彼此优质商品开放市场。……

双方均积极评价两国政府间经济合作联委会对促进双边经贸和投资合作的重要作用。联委会保方共同主席由保经济部长担任，双方商定于2018年在中国举行新一届联委会例会。

……

二、公　　告

(一)公告的适用范围

公告是用于向国内外宣布重要事项或者法定事项的告晓性公文。告晓性是其主要特点和功能，因为告晓的事项必须是重要的或法定的，某些公告兼具有规范性。

公告不是"公而告之"，并不是任何机关单位告晓任何事项都可以使用的。除要告晓的事项必须是重要或法定的以外，使用这一文种还有一个要求，即同时向国内外告知。显然，只向国内告知是不能使用"公告"的。公告与公报是告晓性公文中传达范围最广的文种(也是所有公文中传达范围最广的)，通过新闻媒介传播是其告晓途径或方式，一般不在户外张贴，也不以常规公文运行方式传达。实际工作中乱用滥用公告并随处张贴的现象屡见不鲜，这是有损文种的严肃性，不合行文规则。

公告所宣布的重要事项或法定事项，是指关系到国家政治、经济、军事及党和国家领导人行动等方面的大事。公告的制发者即法定作者，只能是国家权力机关、党政高层领导机关和部门以及少数根据授权可制发公告的部门(如新华社、海关等)。

(二)公告的类型

根据内容及作用的区别，公告可分为周知公告和祈使公告两类。

周知公告，只宣布事项，没有需遵守的规定或要求。这类公告，常用于公告党和国家领导人的健康状况、公告选举结果和人事任免、公告代表资格审查、公告罢免代表资格或撤销人大常委会组成人员职务、公告其他需要国内外周知的事项等。上市公司的事项公告都是周知公告，只是特定领域的公文格式规范不一样，如图16-7所示。

祈使公告，宣布的事项包括该事项的一些规定与要求，既要求周知也要求遵守，而且重在后者。这类公告常用于公告重要法规、紧急情况的紧急措施、重要制度变更等。

浙江华友钴业股份有限公司

关于公司第一大股东部分股份质押的公告

本公司董事会及全体董事保证本公告内容不存在任何虚假记载、误导性陈述或者重大遗漏，并对其内容的真实性、准确性和完整性承担个别及连带责任。

重要内容提示：

● 截至本公告日，浙江华友控股集团有限公司（以下简称“华友控股”）持有

图 16-7

(三)公告的一般格式及写法

公告一般由标题、公告日期或编号、正文、落款等组成，最常见的是由标题、正文组成。公告是没有主送机关的，“向国内外宣布”是无法确定主送的，反之，能明确主送的，肯定不能是公告(记住这点基本就不会错用公告)。

1. 标题

公告的标题形式灵活，可用完全式规范形式的标题，也可用省略式标题：或发文机关+文种，或只写文种。还有使用双行或三行标题的。现最常见的是省略式两种形式的标题。大会公告多在标题下编号；其他的可在标题下注明日期或编号。

2. 正文

公告的正文都比较简短，一般直接陈述公告依据和公告事项即可。结束语“特此公告”或“现予公告”并非必备。公告依据，通常或为政策法规，或为权力机构决定，或为现实情况，简要直陈即可。公告事项即公告的具体内容，直接陈述事项或事项要求，事项复杂或有规定、要求的要逐一写清。

3. 落款

标题简写为“公告”的，正文右下应写明发文机关名称和发文日期，特别重要的公告还应写明发布地点。

(四)公告的写作要求

公告的内容事关国家大事，应注意行文要严肃庄重。同时应该做到一文一事，不要在一份公告中宣布两个或多个事项。

公告的写作是直陈性的叙述或说明，简明扼要、准确清晰地直陈事项，不需议论或描写。写公告依据也应开门见山、直截了当，大可不必强说依据。如新华社受权公告，“受权”即为依据，不必多说。

［文例 16-4］

国务院关税税则委员会关于
对原产于美国的部分进口商品提高加征关税税率的公告

税委会公告〔2019〕3 号

2019 年 5 月 9 日，美国政府宣布，自 2019 年 5 月 10 日起，对从中国进口的 2000 亿美元清单商品加征的关税税率由 10%提高到 25%。美方上述措施导致中美经贸摩擦升级，违背中美双方关于通过磋商解决贸易分歧的共识，损害双方利益，不符合国际社会的普遍期待。

根据《中华人民共和国对外贸易法》《中华人民共和国进出口关税条例》等法律法规和国际法基本原则，国务院关税税则委员会决定，自 2019 年 6 月 1 日 0 时起，对原产于美国的部分进口商品提高加征关税税率。现将有关事项公告如下：

一、对《国务院关税税则委员会关于对原产于美国约 600 亿美元进口商品实施加征关税的公告》(税委会公告〔2018〕8 号)中部分商品，提高加征关税税率，按照《国务院关税税则委员会关于对原产于美国的部分进口商品(第二批)加征关税的公告》(税委会公告〔2018〕6 号)公告的税率实施。即：对附件 1 所列 2493 个税目商品，实施加征 25%的关税；对附件 2 所列 1078 个税目商品，实施加征 20%的关税；对附件 3 所列 974 个税目商品，实施加征 10%的关税。对附件 4 所列 595 个税目商品，仍实施加征 5%的关税。

二、其他事项按照税委会公告〔2018〕6 号执行。

附件：1. 对美实施加征 25%关税商品清单
　　　2. 对美实施加征 20%关税商品清单
　　　3. 对美实施加征 10%关税商品清单
　　　4. 对美实施加征 5%关税商品清单

国务院关税税则委员会
2019 年 5 月 13 日

三、通　　告

(一)通告的适用范围

通告，适用于在一定范围内公布应当遵守或者周知的事项。它是实际工作中使用频率较高的告晓性公文，属下行文。

与公告相比，通告的适用范围要宽泛得多。因为通告既没有制发权限限制，告晓的事项也没有特殊要求。不过，通告的传达范围则比公告要小得多，限于国内一定范围、社会各有关方面。总的来说，大到政策法令，小到社会生活中的具体事项，只要各类机关、单位、部门觉得有必要在自己所辖的区域、范围内向公众告知或要求遵守，都可以使用通告。通告的传达方式、告知途径比较灵活，可以通过新闻媒体传达，也可以张贴公布，还可以通过一般公文运行渠道行文。

通告以告晓性为主要性质和功能，但同时兼具规范性，周知并遵守照办是其制文意图。2012 年“公文条例”关于通告用途的规定中，“应当”二字明确了这一文种的制约功能。应该说明的是，“一定范围内公布”应当遵守或周知的事项，应当周知或遵守的不仅仅是部分单位和个人(即常说的“有关单位和人员”)，而是一定范围内众所周知、普遍遵守的。

(二)通告的种类

根据内容及用途的区别，实际工作中常用的通告可以分为两类，一是周知性通告，二是制约性通告。

周知性通告，是指侧重于要求公众知晓的通告。这类通告没有遵守的要求或不强调遵守。

制约性通告，是指侧重于要求公众遵守的通告，要求知晓并遵守照办。这类通告具有政策性、规范性特点，与法规规章一样具有强制性约束力，一定范围内的单位和个人必须遵守，违反者则受处罚。这类通告在实际工作中使用得更多、更为常见。如××省劳动局、公安厅、工商行政管理局联合制发的《国家税务总局广东省税务局　广东省市场监督管理局关于个人转让股权有关事项的通告》(2021 年第 6 号)、××省教委、公安厅联合制发的《关于维护学校正常秩序的通告》、广东省邮政管理局　广东省市场监督管理局《关于规范快递末端服务禁止违规收费的通告》(2021 年 6 月 18 日)、《浙江省公安厅　浙江省农业农村厅关于全省道路禁止变型拖拉机通行的通告》(浙公通字〔2021〕60 号)等都属于要求周知并要求遵守和遵照办理的制约性通告。

从通告这一文种的实际使用情况看，公布的事项都有专业性或业务性特点。也就是，2012 年“公文条例”虽然没有对“通告”所公布的事项作出规定或提出要求，实际工作中也应注意行文的必要性，注意公布的事项是“应当”周知或遵守的。

(三)通告的一般格式及写法

通告一般由标题、正文、落款组成，有时在标题下还标明发文字号或顺序编号。

1. 标题

通告的标题视告晓方式或途径而定，对外张贴或新闻媒介刊载、播发的，应使用规范的完全式标题，让人一看一听标题就能清楚是什么部门针对什么事而发的通告；只在机关、单位内部张贴的通告，可使用简略式标题(省略事由或独有文种)。既张贴又行文下发的通告，应有规范标题，标题下要有发文字号。

2. 正文

通告的正文一般由通告缘由、通告事项、结束语三项组成，对应为开头、主体和结尾。开头说明发布通告的原因、根据、目的和意义，要求写得原则、简要，准确提供发布本通告的法律、法规或政策依据，明确行文目的并提供必要的情况说明。主体具体表述通告事项，应明确具体、条理清晰、表达准确。内容丰富的通告，正文主体多分条列项表述。结束语并非必备项，需要时可写简明结尾。常见的通告结束语有三种形式，第一种是以惯用语“特此通告”等结尾；第二种是补充说明本通告经批准及公布施行的日期等；第三种是提出施行本通告的希望和要求。其中后两种结束语在分项表述事项的通告中常作为“事项”部分的最后一条或数条。以惯用语结尾，正文简短的，惯用语不另起行；惯用语占行时，注意不要用标点。实际工作中，常见报纸刊载公告、通告时，另起行的惯用结束语“特此公告”“特此通告”或后加标点符号，或字体比正文粗大，这是不规范也欠严肃的。

3. *落款*

通告的落款没有特殊要求，与其他公文相同。只是以声传形式（电讯、广播等）公布时，落款部分只有制文机关和成文时间两项。

（四）通告的写作要求

通告的写作要求与公告大体相同。比较起来，通告的语言文字更朴实晓畅，语气要果断些。因为公告行文庄重些，有规定或要求时也只是祈使性的；而通告行文通俗些，规定和要求是制约性的。如通告中常有“不准”“严禁”“禁止”“不得”等语词，公告中则只用“不要”“不应”等。另外，写作时要注意通告的缘由即开头部分，应做到根据有力、理由充足、目的明确，比公告的开头要求严格些。通告的事项也比公告更明确具体、更细致，制约性强，有时还有违反规定或要求的处理措施。公告正文结尾只用惯用语或不用结尾，而通告的正文结尾内容丰富一些、形式灵活一些。

［文例 16-5］

工业和信息化部关于
公布第五批国家工业遗产名单的通告

工信部政法函〔2021〕332 号

根据《国家工业遗产管理暂行办法》（工信部产业〔2018〕232 号）和《关于开展第五批国家工业遗产认定申报工作的通知》（工信厅政法函〔2021〕63 号），经工业遗产所有权人自愿申请、相关省级工业和信息化主管部门或中央企业推荐、专家评审、现场核查和网上公示等程序，确定了第五批国家工业遗产名单，现予以公布。

各地工业和信息化主管部门、有关中央企业和国家工业遗产所有权人要按照《国家工业遗产管理暂行办法》相关要求，加强国家工业遗产的保护管理，创新活化利用方式，传承弘扬优秀工业文化，促进企业转型和城市更新协同发展。

附件：国家工业遗产名单（第五批）

工业和信息化部

2021 年 11 月 30 日

[文例 16-6]

关于依法打击恶意抢注“冰墩墩”“谷爱凌”等商标注册的通告

第二十四届冬季奥林匹克运动会正在北京和张家口隆重举办，来自全球 90 多个国家的冬奥健儿们奋勇拼搏，诠释了“更快、更高、更强、更团结”的奥林匹克精神，传递着“一起向未来”的文明和谐进取的美好愿景。

国家知识产权局高度重视冬奥会和冬残奥会知识产权保护工作，并持续深入开展打击恶意商标注册专项行动，先后对“北京 2022”、北京 2022 年冬奥会会徽和北京 2022 年冬残奥会会徽等予以特殊标志保护，对北京冬奥组委申请的“冰墩墩”“雪容融”等予以商标注册保护，对其他适格主体申请的“谷爱凌”等冬奥健儿姓名商标予以注册保护。

然而，2019 年以来，少数企业、自然人以牟取不当利益为目的，将北京 2022 年冬奥会和冬残奥会吉祥物、运动健儿姓名等冬奥热词进行恶意抢注，委托代理机构提交商标注册申请，非法利用奥运会和奥组委的声誉，侵害他人姓名权及其他合法权益，造成了重大社会不良影响，损害了我国严格保护知识产权的良好形象。

对此，国家知识产权局予以坚决打击，依据《奥林匹克标志保护条例》、《商标法》第十条第一款第（八）项等规定，对第 41128524 号“冰墩墩”、第 62453532 号“谷爱凌”等 429 件商标注册申请予以驳回（附件一）；依据《商标法》第四十四条第一款规定，对已注册的第 41126916 号“雪墩墩”、第 38770198 号“谷爱凌”等 43 件商标依职权主动宣告无效（附件二）。

办好北京 2022 年冬奥会和冬残奥会是中国政府对国际社会的庄严承诺，对相关知识产权实施全方位、立体化保护是国家知识产权局的职责所在。我局将一如既往地保持严厉打击商标恶意注册行为的高压态势，不断强化对包括冬奥吉祥物、运动健儿姓名在内的奥运热词进行严格保护，对违反诚实信用原则、恶意抢注商标图谋不当利益的申请人及其委托的商标代理机构依法依规进行严肃处理，持续为北京 2022 年冬奥会和冬残奥会保驾护航。欢迎社会公众对涉嫌恶意商标注册的行为进行监督和举报。

特此通告。

附件：1. 驳回商标注册申请名单 . pdf
　　　2. 依职权宣告注册商标无效名单 . pdf

国家知识产权局
2022 年 2 月 14 日

四、通　知

（一）通知的适用范围

在现行公文主要文种中，通知是适用范围最广、使用频率最高的一个文种。2012

年“公文条例”中规定：通知适用于发布、传达要求下级机关执行和有关单位周知或者执行的事项，批转、转发公文。

通知的适用范围可以概括为四个方面：发布文件(包括发布文件、转发文件和批转文件)；规定事项；布置工作；告知事宜(含任免职和聘用人员)。

总的来说，通知的主要用途或主要功能是传达和告知，告晓性是通知的主要属性。各党政机关、群众团体、企事业单位均可使用“通知”来传达和告知事项。“通所知之”正是通知的本意，通用(适用范围广)而且总是有所告知，以通知布置工作或规定事项时，通知是具有指挥或规范功能的；以通知批转下级机关的公文时，指挥作用也很明显。即通知也兼具指挥性和规范性。但应该明确，并不是同一份通知混有多种功能。而且以“通知”发布文件实际上是代行“颁布令”的功能；以“通知”布置工作实际上是代行“指示”；以“通知”规定事项实际上是代行“规定”或“办法”。就“通知”这一文种来说，其本质还是传达和告知。

在告晓性公文中，通知是一个比较独特的文种，其特点主要表现在四个方面。首先是适用范围广泛，不论机关单位级别高低，规模大小，不论事项大小，均可使用通知。其次是行文方向灵活，虽主要是上级对下级的行文，也可以在平级或不相隶属机关之间行文(平行或斜行)。再次是具有晓谕功能，大多有所吩咐。最后是效用具有即时性特点，通常只在一段时间里有效，最典型的如会议通知只在会议期间有效；发布文件和布置工作、周知事项的通知，效用的即时性特点也很明显；即使是对事项作出规定的通知，也不像规范性公文那样具有较长期的时效。

(二)通知的种类

实际工作中常见常用的通知，有如下几种类型：

1. 指示性通知

用于传达上级机关的指示或安排下级机关的工作。这类通知有指挥、命令作用，或要求下级机关办理，或对下级机关的某项工作提出原则性指导意见、作出原则性安排，通常是不宜用命令或指示行文时改用通知代行。指示性通知的特点是指示性与规定性相结合，而重在指示性，即侧重于提出原则性指导意见、作出原则性安排。如《××市科学技术局关于开展2018—2020年市科技人才项目验收与中期检查的通知》《国务院关于开展第三次全国土壤普查的通知》(国发〔2022〕4号)、《国务院办公厅关于开展全国政务服务体系普查的通知》(国办函〔2017〕17号)、《国务院应对新型冠状病毒感染肺炎疫情联防联控机制关于加强口岸城市新冠肺炎疫情防控工作的通知》(国办发明电〔2021〕14号)等。

2. 规定性通知

用于对某一具体事项作出规定，以便有关单位和人员在工作中有所遵循。这类通知具有强制性约束力，要求严格遵照执行，通常是在事项的规定时效较短、涉及面较窄、条件不够成熟、不宜以“规定”或“办法”行文时改用通知代行。规定性通知也不排除指示性意见，但重在规定，通常都是作为法规或规章的必要补充或试行性公文发布。如《国务院办公厅关于坚决制止国内互赠挂历的通知》(1987年3月9日)、《大连市人民政府办公室关于进一步加强房地产市场调控和监管工作的通知》(大政办发〔2021〕31号)。

3. 批示性通知

即发文通知，包括批转、转发、发布三种形式的通知。这类通知以发文为目的，连同所发之文一起运行，所附之文是其核心。

上级机关认为某一下级机关的报告或规范性公文等有普通意义，加“批语”(批示意见)以通知下发其他下级机关参照执行或要求贯彻执行，即为“批转式”通知。如《国务院批转证监会关于提高上市公司质量意见的通知》(国发〔2005〕34号)、《国务院关于批转促进就业规划(2011—2015年)的通知》(国发〔2012〕6号)、《国务院批转发展改革委等部门关于深化收入分配制度改革若干意见的通知》(国发〔2013〕6号)等。先批(准)再转(发)，是这种通知的特点。

上级、同级或不相隶属机关发来的公文，如对本机关所属下级具有指导或参考作用，本机关加按语以通知转发所属下级贯彻落实或参照执行，即为“转发式”通知。下级机关上报的公文，上级机关批准同意、加“批语”发出，是批转；由上级机关的综合管理部门受权(上级机关同意)发出，是转发。如《国务院办公厅转发国家发展改革委等部门关于推动城市停车设施发展意见的通知》(国办函〔2021〕46号)、《国务院办公厅转发交通运输部等单位关于加强铁路沿线安全环境治理工作意见的通知》(国办函〔2021〕49号)。转发式通知的按语与批转式通知的批语有区别，后者的“批”是批准、同意的意思。

将本机关制定的公文或其他文字材料，以通知下发本机关所属单位、部门，要求贯彻执行，即为“发布式”通知，如《国务院办公厅关于印发全国一体化政务服务平台移动端建设指南的通知》(国办函〔2021〕105号)、《国务院办公厅关于印发2021年政务公开工作要点的通知》(国办发〔2021〕12号)《国务院办公厅关于印发强化危险废物监管和利用处置能力改革实施方案的通知》(国办函〔2021〕47号)等。

三种批示性通知都用于发文，请注意批转、转发、发布(印发)的区别。批示性通知即发文通知，发文并要求贯彻落实(执行)是主旨，所发之文是通知的内容构成，不宜作附件处理，即并无“附件说明”这个格式要素，另页起排所发之文即可，如图16-8所示。

4. 周知性通知

即事务性通知。向下级机关单位告知所做的和要做的事情(事务)，不具强制性、重在“周知”的通知，都属周知性、事务性通知。周知性通知主要起告知事项、传达信息的作用，没有办理或执行的强制性要求。启用新印章、知会报送有关材料、告知机构调整情况、告知人事安排、举行某一活动等，都是周知性通知。如《××市人民政府办公室关于市政府领导班子成员工作分工的通知》《×市人民政府关于公布第二批×市历史建筑名录的通知》《国务院办公厅关于2022年部分节假日安排的通知》(国办发明电〔2021〕11号)等。

另外，会议通知和任免通知，本属于周知性通知、事务性通知一类，因使用广泛且写法与其他通知区别明显，也可各自单列一类。会议通知，是组织会议的机关、单位将

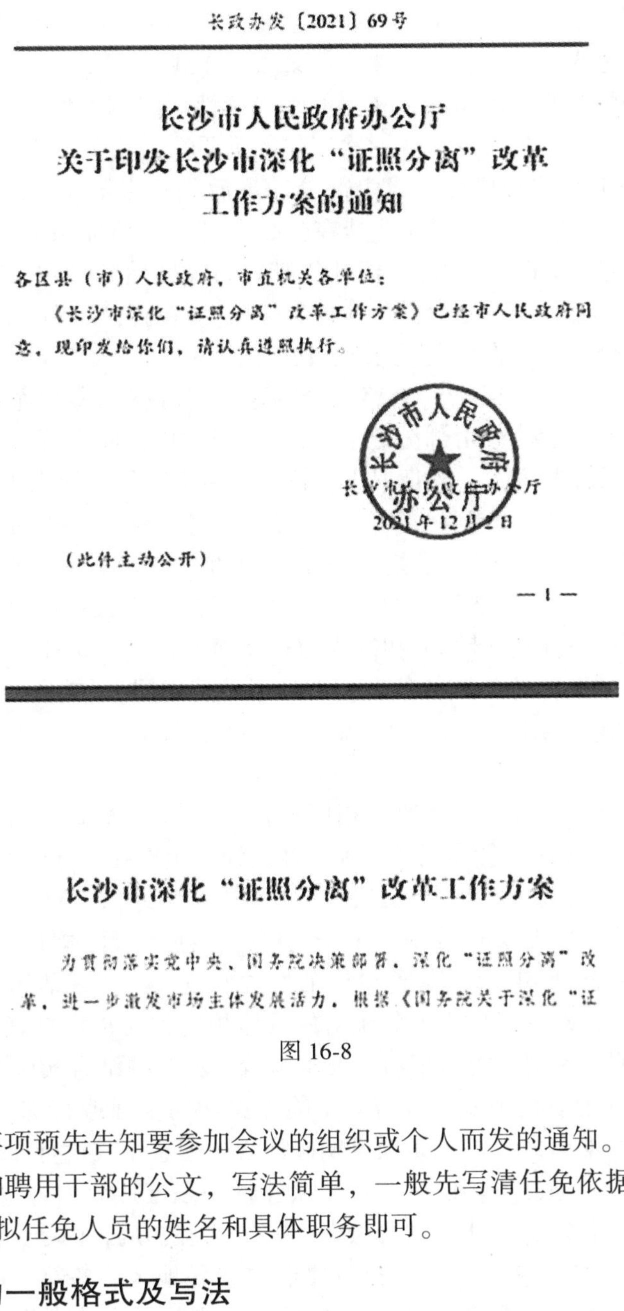
长政办发〔2021〕69号

长沙市人民政府办公厅
关于印发长沙市深化“证照分离”改革
工作方案的通知

各区县（市）人民政府，市直机关各单位：

《长沙市深化“证照分离”改革工作方案》已经市人民政府同意，现印发给你们，请认真遵照执行。

长沙市人民政府办公厅
2021年12月2日

（此件主动公开）

—1—

长沙市深化“证照分离”改革工作方案

为贯彻落实党中央、国务院决策部署，深化“证照分离”改革，进一步激发市场主体发展活力，根据《国务院关于深化“证

图 16-8

会议内容及有关事项预先告知要参加会议的组织或个人而发的通知。任免通知，是中下级机关用于任免和聘用干部的公文，写法简单，一般先写清任免依据(经研究或经研究决定)，然后写明拟任免人员的姓名和具体职务即可。

(三)通知的一般格式及写法

1. 指示性通知

由标题、发文字号、主送机关、正文、落款组成。这类通知的标题，是严格的规范式，不能随便省略或简化，必须具备发文机关、事由、文种三项。正文一般包括缘由、事项和执行要求三部分内容。这类通知重在指导具体工作，正文开头的写法与“指示”开头一样，提供缘由时文字详简视具体情况而定，但要求有说服力，以提高认识和贯彻

执行的自觉性。一般来说，关涉重要的问题、事项、工作或者目前应引起高度重视的问题，缘由部分要写详细些；对一般性问题或事项，尤其是早已被人们所接受的事情，缘由部分就不必多费笔墨。通常，有必要讲清某项工作或某一方面存在的问题时，则应说明纠正、解决问题的必要；所指导或布置的是连续性(或回顾性)工作，则应回顾历史，肯定成绩，指出尚存在的问题，说明这次工作的重要性；有必要阐明形势时，应明确开展活动或进行某一工作的必要性。缘由部分的最后是承启语，引出下文"事项"部分。如《西安市人民政府关于"三夏"期间严禁在公路上打场晒粮确保交通安全畅通的通知》(市政发〔1993〕88号)缘由部分为："近几年来，通过整治和加强管理，我市道路通行环境和运输安全状况逐步好转，尤其是去年'三夏'期间公路环境治理工作成效显著，对促进我市交通安全和经济发展起到了积极作用。今年'三夏'即将开始，为进一步巩固治理成果，确保今年'三夏'期间公路安全畅通，现就有关事项通知如下。"指示性通知正文的核心部分，是紧接缘由部分之后的"通知事项"，即布置的具体工作、作出的具体指示及提出的具体要求。一般情况下，这部分包括工作指导思想、工作任务、工作原则、方法步骤、应该注意的问题等几个方面的内容，要求分条列项地表述清楚、明确。"执行要求"即正文的结尾，是指制发机关就贯彻执行本通知提出的希望和要求。常见的结尾有"以上通知，望认真贯彻执行""特此通知，望认真贯彻执行"等。"执行要求"部分应简短，有针对性、号召力和约束力；文面形式上常单独占行或成段，有时因"执行要求"已分散到事项部分的各条项，则可不另有结尾。"执行要求"作为事项的一个条项，这种文面形式也比较常见。

2. 规定性通知

这类通知的一般格式与指示性通知相同，它与指示性通知的区别主要表现在内容上，一个重"规定"，另一个重"指示"。规定性通知法规性强，标题拟制应规范、完整，"标题三项"应完备。正文一般是典型的三分式结构，由缘由、事项、执行要求三部分组成，即开头说明制发本通知的缘由、根据或目的、意义，主体部分分条列项地明确具体规定，最后以"特此通知"或"本通知自下发之日起实行"等结尾。这类通知的"事项"，是"规范事项"，即对工作或事务作出的具体规定，与指示性通知正文主体的"事项"(指示事项)有明显区别。指示事项，要求本着基本精神结合实际贯彻执行；规范事项，必须严格按通知的规定和要求执行，不能作灵活的变通或特殊(例外)处理。规定性通知的结尾并不是必备的，规范条项已明确违规处理意见或执行要求的，规范条项写完即自然结尾。规定性通知，多以制止性、禁止性、限定性为内容，无论缘由、事项、要求都应做到明确、肯定，以体现其约束力。如《国务院办公厅关于坚决制止国内互赠挂历的通知》(1987年3月9日)结尾(执行要求)是"各地区、各部门接到本通知后，要立即对所属单位准备印刷、赠送1988年挂历的情况进行一次认真检查，并于4月底前报告财政部。凡违反上述规定订货或排版准备印刷的，要立即停止"。

3. 批示性通知

这类通知的一般格式与前两类相同，区别在于正文的格式及写法。另外，这类通知是复体公文，即必须附上所批转、转发、印发的公文，与附文一起构成一份完整的通知。批示性通知的标题必须有完整的三项，不能使用简略式标题。这类通知的正文一般比较简短，格式简明。批转式和转发式通知的正文一般是二分式结构，由批转或转发对象、批示意见两部分组成。批转式通知的正文，开头部分要点明对象即被批转的公文名称、发文字号和原发文机关，表明态度（批准或同意），作出决定（“现转发”）；批示意见部分，通常是对被批转公文的基本精神作进一步的强调或必要的补充说明，以突出被批转公文的重点或核心内容，引起批转范围的重视，更好地贯彻执行。被批转公文的内容相对简明，或涉及的是常规性工作时，批转式通知的正文也可以不写批示意见部分。转发式通知的正文，开头部分比批转通知简单，写明转发的是何机关的哪份公文，根据不同情况提出“遵照办理”或“参照执行”的要求即可；必要时，可在此基础上进一步强调被转发公文的意义或重要性，提出更具体的执行要求，即必要时才写“意见”部分。发布式通知的正文，一般是三层意思，开头说明发布的根据或目的，中间写明发布对象，最后提出执行要求。这三层意思，文面形式上往往是简单的一两句话或一段话，相当于批转或转发式通知正文的“对象”部分。

批示性通知中的批转式、转发式通知的标题，应标明被批转、转发公文的制发机关。因为原公文标题在有固定版头的情况下，可能是省略式的，如批转、转发式通知的标题只注明原公文标题，则无法明确批转、转发的是哪个机关的公文。批转、转发式通知的标题形式为：批转或转发机关+被批转或转发公文的标题+文种，即“事由”项被原公文标题取代。这就形成了批转、转发式通知标题拟制的疑难，即原公文标题也要求有完整的三项，这三项又共同成为通知标题的“事由”项，批转、转发式通知的标题就难免冗长啰唆。当原公文也是通知时，批转式通知的标题就成了：○○（上级机关）关于批转×××（下级机关）关于……（事由）的通知的通知。如转发层次过多，转发式通知的标题则可能成为：××县人民政府关于转发××省人民政府关于转发×××××（原发文机关）关于……（事由）的通知的通知的通知。显然，这样的标题是有欠简明准确的，无法起到标题的作用，必须根据实际情况作一些技术性的处理。关于处理办法，请回到本书公文标题拟制一章加深认识。

拟制批转、转发式通知标题，应该注意以下几个方面的问题，根据实际情况采取相应的处理办法，以做到标题拟制的准确简明。

首先，标题中不要轻易使用书名号。即便被批转或转发的公文是法规或规章，也不宜轻易使用书名号。实际工作中有改书名号为引号的，也不符合规范。

其次，要明确公文标题的语法结构形式，不要随意省略介词“关于”和文种。公文标题的完整规范形式是：制发机关+“关于”+事由+文种，表意为“某机关关于某事的什么文件”，是偏正结构。“关于”是对内容的界定，“关于+事由”是修饰文种的。

再次，对层层转发即转发层次较多的公文，转发式通知标题拟制可采用“直转”的方法处理，只保留转发文件源头或本机关接收到的公文的发文机关。即一种方式是，保留转发源头、最初发文机关的公文，省略中间转发层次；另一种方式是，省略间接转发机关和原发文机关名称，只保留直接来文（本机关接到哪个机关来文）的发文机关名称，在直接来文机关名称后加“所转发的”明确其非源头。如完全照转，可能出现“×县人民政府关于转发省人民政府关于转发国务院办公厅关于转发×××关于×××（事由）的通知的通知的通知的通知”这样的标题，采用“直转法”处理，这一标题可简化为：×县人民政府关于转发○○(机关名称)×××(事由)文件的通知，或者×县人民政府关于转发省人民政府所转发的×××(事由)文件的通知(原文为“通知”时也可以保留原文种，也可以用“文件”代替原“通知”)。

再次，要注意尽量不要照抄照转上级来文，这是避开转发式通知标题拟制难题的最佳方法，也是贯彻执行上级文件精神的基本要求。即，除一些必须照章执行的重要公文原文可照抄照转以外，一般情况下，下级机关应结合上级文件精神和本机关实际情况(下情)提出具体措施和要求，再制发公文。这样制发的通知就可能是指示性通知、规定性通知了，标题形式则成为：××(机关)关于贯彻执行(或落实)××问题(或指示精神等)的通知。

最后，若被批转或转发的公文是联合行文，原发文机关较多时，批转、转发式通知标题中可只保留原主发机关名称，后加“等部门”三字将原发文机关概括为一个综合概念。比如原“意见”是国家发展改革委、工业和信息化部、监察部、财政部、国土资源部、环境保护部、人民银行、质检总局、银监会、证监会共同制发的，国务院批转时将原发文机关概括为“发展改革委等部门”。文例16-8为国办的转发通知，也是概括了原发文机关。

4. 周知性通知

由标题、主送机关、正文和落款组成。这类通知的标题形式比较灵活，可以是完整、规范形式，也可以省略发文机关。事务性通知的正文，一般包括发文缘由、通知事项、执行要求三部分内容，因其重在“周知”，实际撰写时可省略发文缘由或执行要求，甚至可以只写明“通知事项”。这类通知虽然不一定要提供发文的目的、意义或根据，也不强调执行，但需要周知的事项一定要写得具体、明白。一般来说，通知开展某项具体活动或进行某项具体工作，正文应具备一般结构形式，如文例16-7；只周知情况或事项时，正文往往只写明“通知事项”。会议通知也是属于通知具体事务的，但正文一般必须写明会议原因(召开会议的目的、依据，召开会议的机关，会议名称)、会议基本安排(包括会议的时间、地点、日程安排，报到时间及地点，参加会议的人员，会议的基本内容等)、会议注意事项(包括食宿安排、材料的准备、有关交通事项等)。

5. 任免通知

正文的二分式结构，由任免依据和任免的人员及职务两部分构成。任免通知的写作，有两个问题应该注意。第一，标题中应写明被任免人员的姓名，同时任免多人职务时，标题中写具有代表性的一个人的姓名，后加“等同志”来概括。第二，要注意任免通知的发布范围，视被任免人员的工作涉及的范围送发并酌情抄送上级机关。

(四)通知的写作要求

总的来说，通知的写作，应视类别的不同，分别符合各类通知的一般格式及写法。指示性通知，既要有较具体的安排，又必须体现其指导性与政策性的特点；规定性通知重在规范和约束，应注意体现其法规性特点；批示性通知是发文通知，必须与附件构成一套完整的公文，并且要注意标题拟制的准确与简明；事务性通知的一般格式及正文的写法都比较灵活，但应注意周知事项表述的具体、准确。

批示性通知，应注意批转、转发和发布的区别。印发本机关单位制定的规章或其他公文，用发布式通知；批转式通知转发的是下级机关的公文；转发式通知是用以转发上级、平级或不相隶属机关公文的。

另外，在通知的写作过程中还应注意辨识通知与其他相关文种的区别。

规定性通知与“规定”“办法”的区别。规定性通知虽然具有规范性、法规性特点，但不是法规性公文，其规范不系统、全面，也没有较长的时效，往往是对某一具体事项的标准作出明确规定，要求有关单位周知并执行，涉及的面较窄。

批转式通知与批复的区别。两者性质不同，分属告晓性和指挥性公文；“批转”是用于发文的，“批复”则是用于回复下级机关的请示；批转式通知是将原某一下级机关的公文批准转发到其他所有下级机关，批复则只能回复原请示机关；批复属被动行文，批转式通知则是主动行文。

发布式通知与颁布令的区别。性质不同，一是告晓性公文，二是指挥性公文；制发权限不同，命令(令)有严格的制发权限，通知没有；命令(令)颁布的是法律、法规，通知发布的是规章、规范性公文以及印发本机关单位的其他公文(如工作要点、规划、计划、总结、重要讲话等)。

[文例 16-7]

国务院关于开展
第三次全国土壤普查的通知

国发〔2022〕4 号

各省、自治区、直辖市人民政府，国务院各部委、各直属机构：

按照党中央、国务院有关决策部署，为全面掌握我国土壤资源情况，国务院决定自 2022 年起开展第三次全国土壤普查。现将有关事项通知如下：

一、普查总体要求

以习近平新时代中国特色社会主义思想为指导，全面贯彻党的十九大和十九届历次全会精神，弘扬伟大建党精神，完整、准确、全面贯彻新发展理念，加快构建新发展格局，推动高质量发展，遵循全面性、科学性、专业性原则，衔接已有成果，按照“统一领导、部门协作、分级负责、各方参与”的要求，全面查明查清我国土壤类型及分布规律、土壤资源现状及变化趋势，真实准确掌握土壤质量、性状和利用状况等基础数据，提升土壤资源保护和利用水平，为守住耕地红线、优化农业生产布局、确保国家粮食安全奠定坚实基础，为加快农业农村现代化、全面推进乡村振兴、促进生态文明建设提供有力支撑。

二、普查对象与内容

普查对象为全国耕地、园地、林地、草地等农用地和部分未利用地的土壤。其中，林地、草地重点调查与食物生产相关的土地，未利用地重点调查与可开垦耕地资源相关的土地，如盐碱地等。

普查内容为土壤性状、类型、立地条件、利用状况等。其中，性状普查包括野外土壤表层样品采集、理化和生物性状指标分析化验等；类型普查包括对主要土壤类型的剖面挖掘观测、采样化验等；立地条件普查包括地形地貌、水文地质等；利用状况普查包括基础设施条件、植被类型等。

三、普查时间安排

2022 年，完成工作方案编制、技术规程制定、工作平台构建、外业采样点规划布设、普查试点，开展培训和宣传等工作，启动并完成全国盐碱地普查。

2023—2024 年，组织开展多层级技术实训指导，完成外业调查采样和内业测试化验，开展土壤普查数据库与样品库建设，形成阶段性成果。外业调查采样时间截至 2024 年 11 月底。

2025 年上半年，完成普查成果整理、数据审核，汇总形成第三次全国土壤普查基本数据；下半年，完成普查成果验收、汇交与总结，建成土壤普查数据库与样品库，形成全国耕地质量报告和全国土壤利用适宜性评价报告。

四、普查组织实施

土壤普查是一项重要的国情国力调查，涉及范围广、参与部门多、工作任务重、技术要求高。为加强组织领导，成立国务院第三次全国土壤普查领导小组（以下简称领导小组），负责普查组织实施中重大问题的研究和决策。领导小组办公室设在农业农村部，负责普查工作的具体组织和协调。领导小组成员单位要各司其职、各负其责、通力协作、密切配合，加强技术指导、信息共享、质量控制、经费物资保障等工作。各省级人民政府是本地区土壤普查工作的责任主体，要加强组织领导、系统谋划、统筹推进，确保高质量完成普查任务。地方各级人民政府要成立相应的普查领导小组及其办公室，负责本地区普查工作的组织实施。各省（自治区、直辖市）按照统一要求，结合本地区实际编制实施方案，报领导小组办公室备案。

五、普查经费保障

本次土壤普查经费由中央财政和地方财政按承担的工作任务分担。中央负责全国技术规程制定、平台系统构建、工作底图制作、采样点规划布设等；负责国家层面的技术培训、专家指导服务、内业测试化验结果抽查校核、数据分析和成果汇总等。地方负责本区域的外业调查采样、内业测试化验、技术培训、专家指导服务、数据分析和成果汇总等。地方各级人民政府要根据工作进度安排，将经费纳入相应年度预算予以保障，并加强监督审计。各地可按规定统筹现有资金渠道支持土壤普查相关工作。

六、普查工作要求

各地要加强专家技术指导、专业技术人员配置、普查队伍培训，确保土壤普查专业化、标准化、规范化。要强化质量控制，建立普查工作质量管理体系和普查数据质量追溯机制，层层压实责任。各级普查机构及其工作人员必须严格按要求报送普查数据，确保数据真实、准确、完整。任何地方、部门、单位和个人都不得虚报、瞒报、拒报、迟报，不得弄虚作假和篡改普查数据。各地区、各有关部门要充分利用全国统一的土壤普查工作平台等现代化技术手段，提高信息化水平，科学、规范、高效推进普查工作。用好报刊、广播、电视、互联网等媒体，广泛宣传土壤普查的重要意义和要求，为普查工作顺利开展营造良好社会氛围。

附件：国务院第三次全国土壤普查领导小组人员名单

国务院

2022 年 1 月 29 日

（此件公开发布）

［文例 16-8］

国务院批转发展改革委等部门关于深化收入分配制度改革若干意见的通知

国发〔2013〕6 号

各省、自治区、直辖市人民政府，国务院各部委、各直属机构：

国务院同意发展改革委、财政部、人力资源社会保障部《关于深化收入分配制度改革的若干意见》，现转发给你们，请认真贯彻执行。

收入分配制度是经济社会发展中一项带有根本性、基础性的制度安排，是社会主义市场经济体制的重要基石。改革开放以来，我国收入分配制度改革不断推进，与基本国情、发展阶段相适应的收入分配制度基本建立。同时，收入分配领域仍存在一些亟待解决的突出问题，城乡区域发展差距和居民收入分配差距依然较大，收入分配秩序不规范，隐性收入、非法收入问题比较突出，部分群众生活比较困难。当前，我国已经进入全面建成小康社会的决定性阶段，按照党的十八大提出的千方百计增加居民收入的战略部署，要继续深化收入分配制度改革，优化收入分配结构，调动各方面积极性，促进经济发展方式转变，维护社会公平正义与和谐稳定，实现发展成果由人民共享，为全面建成小康社会奠定扎实基础。

我国仍处于并将长期处于社会主义初级阶段，当前收入分配领域出现的问题是发展中的矛盾、前进中的问题，必须通过促进发展、深化改革来逐步加以解决。解决这些问题，也是城乡居民在收入普遍增加、生活不断改善过程中的新要求新期待。同时也应该看到，深化收入分配制度改革，是一项十分艰巨复杂的系统工程，不可能一蹴而就，必须从我国基本国情和发展阶段出发，立足当前、着眼长远，克难攻坚、有序推进。

深化收入分配制度改革，要坚持共同发展、共享成果。倡导勤劳致富、支持创业创新、保护合法经营，在不断创造社会财富、增强综合国力的同时，普遍提高人民富裕程度。坚持注重效率、维护公平。初次分配和再分配都要兼顾效率和公平，初次分配要注重效率，创造机会公平的竞争环境，维护劳动收入的主体地位；再分配要更加注重公平，提高公共资源配置效率，缩小收入差距。坚持市场调节、政府调控。充分发挥市场机制在要素配置和价格形成中的基础性作用，更好地发挥政府对收入分配的调控作用，规范收入分配秩序，增加低收入者收入，调节过高收入。坚持积极而为、量力而行。妥善处理好改革发展稳定的关系，着力解决人民群众反映突出的矛盾和问题，突出增量改革，带动存量调整。

各地区、各部门要深入学习和全面贯彻落实党的十八大精神，充分认识深化收入分配制度改革的重大意义，将其列入重要议事日程，建立统筹协调机制，把落实收入分配政策、增加城乡居民收入、缩小收入分配差距、规范收入分配秩序作为重要任务。各有关部门要围绕重点任务，明确工作责任，抓紧研究出台配套方案和实施细则，及时跟踪评估政策实施效果。各地区要结合本地实际，制定具体措施，确保改革各项任务落到实处。要坚持正确的舆论导向，引导社会预期，回应群众关切，凝聚各方共识，形成改革合力，为深化收入分配制度改革营造良好的社会环境。

国务院

2013 年 2 月 3 日

（此件公开发布）

五、通　　报

（一）通报的适用范围

通报适用于表彰先进、批评错误、传达重要精神和告知情况，属于告晓性公文。

（二）通报的种类

根据其用途的不同，通报可分为以下三种类型：

1. 传达性通报

也称情况通报，是用以传达重要精神或者情况的。党政机关、社会团体、企事业单位以通报的形式，将工作中出现的一些重要情况、新问题、新动向、新经验或上级的重要精神及时告知有关方面，以交流情况、引起足够重视或督促研究解决，这种通报即为传达性通报。如《中国气象局办公室关于 2021 年第四季度气象政府网站和政务新媒体检查情况的通报》《国务院办公厅关于督查问责典型案例的通报》（国办发〔2017〕53 号）、《中共沈阳市委关于巡视整改情况的通报》（2018 年 1 月 29 日）。

2. 表扬性通报

即用于表彰先进的通报。这类通报是选择典型事例表彰好人好事或介绍先进经验，号召大家学习。具体又可分为表扬好人好事的通报和表扬先进典型或经验的通报。前者如某县委《关于表扬张××同志秉公办事不受礼的通报》，后者如《国务院关于表扬全国“两基”工作先进地区的通报》（国发〔2012〕47 号）、《国务院办公厅关于对“十三五”时期实行最严格水资源管理制度成绩突出的省级人民政府给予表扬的通报》（国办函〔2021〕87 号）、《国务院办公厅关于对国务院第八次大督查发现的典型经验做法给予表扬的通报》（国办发〔2021〕44 号）。

3. 批评性通报

即用于批评错误的通报。这类通报，是选择典型事例，批评不良的人和事，教育当事人，也让大家从中吸取教训，防止类似事件再次发生。具体又可分为反面典型通报和事故通报，前者如某省人民政府办公厅《关于我省一些地方和部门滥行着装问题的通报》，后者如《国务院办公厅关于贵州省乡镇煤矿发生特大瓦斯爆炸事故的通报》。

通报是告晓性公文中一个比较特殊的文种。虽然它也是用来传达和告知的，也有所告诫和要求，却没有强制性贯彻执行要求，它恳诫和要求的方式是希望和号召。传达性通报、表扬性通报、批评性通报，都要传达和告知某些重要事实或情况，从而有所指导、有所示范、有所教育、有所警戒、有所交流、有所督促，期望一定范围内的单位和个人了解、重视、学习或引以为戒。也就是说，通报有显著的教育功能。实际工作中使用这一文种，除传达、告知的目的外，更侧重于强调教育目的。

与教育功能相联系，通报有极强的针对性。它是通过典型事例达到启发式教育的目的，告诫人们应该注意什么问题，发扬什么精神，克服什么倾向，以改进和推动工作。缺乏针对性就无法达成这一目的。很显然，并不是什么情况、什么好人好事、什么不良倾向或问题都值得通报的，通报的情况必须是重要的，事例必须是典型的。

此外，通报也是政策性特别强的一种公文。其他公文也都有政策性特点，但通报尤其是表扬性和批评性通报，因涉及对人对事的评价和处理，必须体现政策，有政策依据。

(三)通报一般格式及写法

通报一般由标题、发文字号、正文、落款组成。标题形式比较灵活，可以是完整规范形式的，即“××关于×××的通报”，也可以省略发文机关甚至独有文种“通报”。这里我们主要介绍通报的正文的一般格式及写法。

1. 传达性通报

正文结构灵活，没有固定格式。比较常用的有三种写法。第一种是只介绍情况，正文为两分式，开头写概况，然后写具体事实或情况。第二种是三分式，正文开头写概况，主体写清具体事实或情况，然后对情况加以分析得出结论(肯定成绩，指出存在的问题)。第三种是四分式，即在前一种形式的基础上再加结尾部分“提出要求”(要求或希望)。到底采用哪种结构形式，根据制文意图而定，总的来说，传达性通报必须写清情况，抓住实质，突出重点。事实或情况的叙述和分析，是这类通报正文的核心和灵魂。情况要具体、清楚，分析要中肯、透彻，即便通报只在于传达和告知，也应做到这样，才能使受文对象真正了解和把握。而且实际工作中使用传达性通报只为传达和告知的情况是比较少见的，大多有所肯定、有所总结。指出这些问题，实际上也就间接地明确了该项工作的不足和应该努力的方向。传达出这一信息无疑有助于改进和促进这项工作，受文对象可以根据提供的情况，有针对性地加以研究、解决。这类通报并不直接提出要求或发号施令，重在有所启发和促动。而有些情况通报(传达性通报)如某省教委《关于×市发展中等职业教育的情况通报》，则往往与表扬先进典型的通报比较接近，通常是要总结开展某项工作或进行某一活动的具体做法，只是并不作出表彰决定。还有一些则可能与批评性通报比较接近，像关于事故的情况通报，虽然不提出处理意见，但关于“事实或情况”的叙述则是没有区别的。也就是说，表扬性和批评性通报是必须明确作出表扬或批评决定(处理意见)的，传达性通报只是有分析和评价，无须作出决定。

2. 表扬性通报和批评性通报

这两类通报的正文结构及写法是一致的，大多比较固定，只是这两类通报正文的内容性质正好相反。其正文的逻辑结构是三个层次，即主要事实的叙述、对事实的分析与评价、处理结果与要求，也就是依叙事—论评—结论与要求的逻辑进行。表现在文面形式上，则多为四分式：开头概述主要事实和基本情况，接着论析意义或性质(定性)，然后明确表彰或处理决定，最后提出要求或希望。当然，将事实叙述与分析评价合为一个部分的三分式结构也比较常见。具体到表扬性通报，则开头第一部分首先要明确被表彰对象的一些基本情况，然后要写清其事迹或主要先进事实；第二部分应分析事实或事迹的本质，明确其意义；第三部分写表彰决定，并明确必要的政策法律依据，结尾部分提出学习要求或号召。批评性通报，第一部分应写清不良的人或事的基本情况和主要错误事实；第二部分应分析产生错误的原因、错误的性质及危害性，并说明当事人对错误的认识；第三部分应写明处理决定相意见，并提供政策和法律依据；结尾部分应提出要求(包括对当事者和受文对象两方面)。总的来说，批评性通报和表扬性通报的正文写法与奖惩决定的写法是一致的，区别在于制文意图和语气用词上。奖惩决定关涉的事实比通报严重或影响更大，制发这类公文重在作出决断，是指挥性的，语气及用词都比较严肃；通报则重在教育(学习或引以为戒)，没有指挥功能，语气及用词都比决定要平和一些。另外通报中的叙事要比决定详细一些。

(四)通报的写作要求

首先，应该明确，通报的事例要真实而且典型，应体现出针对性和教育性。事例既不能虚假又要有普遍意义和代表性，不能小题大做、凡事都发通报，应掌握并体现出政策性，突出事例的教育目的。

其次，应该做到及时行文。实际工作中出现的新情况、新问题、新动向、新经验、典型的好人好事或不良倾向甚至错误和事故，应该及时通报，否则起不到良好的教育作用。

再次，要做到事例叙述详略得当，既不能过详过细也不能过简过略。事例叙述过于详细，则可能失去公文简明的特点，近似报告文学或者通讯，给把握主旨或要领增加困难；叙事过于简略，则可能过于抽象，造成“理”与“事”脱节，难以让人从中受到教育、得到启发，近似文学作品，费琢磨；过于抽象概括，则流于空泛和说教。这两种倾向都不利于通报的教育功能的实现。所以，通报中的叙事一定要详略得当，适“度”。

[文例 16-9]

北京市政务服务管理局关于 2021 年第三季度①
全市政府网站与政府系统政务新媒体检查情况的通报

各区人民政府，市政府各委、办、局，各市属机构：

为进一步加强全市政府网站和政府系统政务新媒体的建设管理，按照《国务院

① 引自北京市人民政府门户网站，有删减，原件无发文字号、落款。

办公厅秘书局关于印发政府网站与政务新媒体检查指标、监管工作年度考核指标的通知》(国办秘函〔2019〕19号)和本市有关工作要求，市政务服务局近期组织开展了2021年第三季度全市政府网站与政府系统政务新媒体检查。经市政府同意，现将有关情况通报如下：

一、总体情况

(一)政府网站检查情况。按照国办通知相关要求，组织第三方机构对16个区政府门户网站和59个市级部门政府网站(包括专项网站)进行了全覆盖检查，未发现不合格网站。

1. 区政府门户网站检查情况。各区政府门户网站平均得分为125.4分(满分130分，其中加分指标30分)。西城区、海淀区、顺义区得分最高127分，东城区、朝阳区、大兴区、密云区得分126分，16个区在本次检查中均没有扣分。东城区采取短视频等易用易懂的形式，推进常设共性栏目规范化标准化建设。朝阳区……海淀区……房山区……顺义区……大兴区……平谷区……密云区积极推进政府网站与政务新媒体融合发展，提升信息传播效果。

2. 市级部门政府网站检查情况。各市级部门政府网站平均得分为99分(满分100分)。市发展改革委、市教委等41个网站得满分。概况信息、机构职能、解读比例、办事服务、信息提交、统一登录、一号登录等14项指标没有扣分，部门网站规范建设保持较高水平。56个部门网站实现无障碍功能，为特殊需求群体获取网站信息提供便利。市交通委在网上答复留言的同时将回复内容以短信方式发送至留言网民手机，方便网民及时查看。市生态环境局通过图表等形式，多时间维度发布大气、水、声、辐射等环境质量数据，积极推进政府数据开放和利用。市人力资源社会保障局提供场景化办事服务，汇聚同一场景的多个办事指南，方便群众办事。

(二)政务新媒体检查情况。按照国办政务新媒体单项否决指标，对全市政府系统政务新媒体进行全覆盖检查。截至2021年9月，全市政府系统政务新媒体1631个，其中微博300个、微信938个、移动客户端43个、其他政务新媒体350个。政务新媒体总体合格率为99.6%，其中微博合格率为99.7%、微信合格率为99.7%、移动客户端合格率为95.4%、其他政务新媒体合格率为99.7%。各区政务新媒体合格率为99.7%，其中东城区、西城区、朝阳区等13个区合格率为100%。各市级部门政务新媒体合格率为99.1%，市发展改革委、市教委等50个部门政务新媒体合格率达100%。“北京新街口”微信推出“垃圾分类在我家”小应用，集资讯、互动、参与于一体，创新形式推动垃圾分类。“西城退役军人事务局”微信推出“退役军人服务包”，提供政策依据、办理要求和材料清单。“北京海淀”微信以口袋集成形式推送“两区”建设政策服务包，提高政策到达率。“北京交警”微信提供群众举报交通违法行为视频渠道，定期通过推文公布部分随手拍的处罚结果。

(三)“我为政府网站找错”平台检查情况。“我为政府网站找错”平台5月重新上线后，截至9月底，共反映本市737条留言，涉及全市38个部门和16个区，问题主要集中在错别字、链接不可用、内容不准确、网页无法打开等。相关部门和区对网民留言进行了核实、处理和反馈，按期办结率为100%。其中，市人力资源社会保障局、市交通委、市住房城乡建设委等6家单位收到网民留言数量合计占全市留言总数的69.74%，按期办结率均为100%。

二、存在的问题

（一）部分网站内容更新不及时。一些单位内容保障和审核机制贯彻不到位，信息发布不及时、内容更新不及时。个别网站在首页、二级及以下页面、专题专栏等层层设置动态类栏目，但无法满足每2周更新的规范要求。有的网站设置动态类栏目不规范，把定期更新或不定期更新的栏目设置成动态类栏目。部分网站的动态类栏目在一个检查周期内存在2周不更新的问题。网页归档不规范，对历史专题专栏未及时进行归档利用。

（二）网上便民、创新服务需要加强。有些单位简单咨询答复工作机制不健全，与快速、高质量回应网民关切仍存在差距。个别单位网上公开办事指南内容不一致、不准确等问题，影响办事指南服务效果。部分网站功能设计不规范，有些页面头部不展示网站名称，底部功能区未列明网站标识等信息，页面标签缺失，存在错链死链、页面打不开的问题。政府网站数据开放平台作用不明显，在信息资源共享利用、功能融通、服务提升上创新不够。问答知识库建设不足，更新机制和动态管理不完善，灵活多样、个性化的问答服务不多。

（三）政务新媒体常态化监管落实不到位。部分单位对政务新媒体的常态化监管工作不严不细，存在漏报瞒报、脱管漏管、开而不管等问题。个别单位政务新媒体账号名称、开设主体等变更后，未及时在全国政务新媒体信息报送系统更正，存在实际信息和报备信息不一致的情况。开设或注销账号后，未及时履行添加和关停手续。个别单位对政务新媒体检查、专项整治等工作中发现的问题账号督促整改不够，存在应更新未更新、应注销未注销等问题。

三、下一步工作要求

（一）健全机制，压实建设管理责任。各区、各部门要始终坚持把政治建设放在政府网站和政务新媒体工作的首要位置，提高政治站位，切实履行监督管理职责。严格落实政府网站和政务新媒体各项工作制度，扎实推进工作落实，不断提升建设管理规范化标准化水平。严格落实发布审核要求，健全信息发布分级审核、先审后发机制流程，明确工作责任，切实把好政治关、政策关、内容关、文字关，确保信息内容安全。对信息发布、安全保障等加强日常全面巡查和自纠，发现问题，及时整改。

（二）持续创新，提升网上服务能力。各区、各部门要聚焦用户需求和体验，积极融合新技术，在搜索、问答、办事、评价、监督、参与等方面，不断推出形式新、措施实、体验好的服务内容和产品。积极推进跨平台、跨行业、跨层级数据汇聚，以信息资源共享共用推动政府网站和政务新媒体协同融合、整体联动，深化集约化建设，大力探索数据资源融通应用，提升内容建设和服务供给能力。严格落实简单咨询答复工作要求，进一步健全工作、优化流程，高效回应网民关切。持续深化政府网站和政务新媒体IPv6升级改造。

（三）抓好落实，按时完成适老化与无障碍改造。落实国办有关要求，各区、各部门要对照国家标准《信息技术 互联网内容无障碍可访问性技术要求与测试方法》（GB/T 37668—2019），继续深化各级政府网站和政务新媒体适老化与无障碍改造，并于2023年前完成改造。政府网站集约化平台将适老化与无障碍服务作为基本功能，持续提升优化。此前已完成改造的政府网站和政务新媒体，要做好与国家标准的衔接，切实改善用户体验。

（四）严格监管，规范政务新媒体建设管理。各区、各部门要强化对政务新媒体开设、变更、关停注销的监督管理，对长期不更新、确实无力维护的，坚决注销；对受众少、传播效果差的，大力整合清理。开展应注销未注销账号专项整治工作，整治情况纳入自查情况向社会公开。做好全国政务新媒体信息报送系统账号信息维护更新，确保信息准确、完整。加强政务新媒体内容建设，提升原创信息率，围绕中心工作，做好内容发布的主题策划、重点推广，全面提升政务新媒体政务发布、政民互动和办事服务水平。

对本次检查中发现的问题，有关单位要采取措施立即整改，并及时反馈市政务服务局。下一季度将重点检查网站信息更新、创新便民服务、互动咨询及时性、问答知识库建设管理以及政务新媒体账号信息更正不及时、报备不规范、瞒报漏报等情况。各区、各部门要认真做好2021年第四季度政府网站和政务新媒体自查工作，各区自查情况请于2021年11月30日前在本区政府门户网站公开。

【拓展与思考】

◎ 图16-1的通告文种选用准确吗？

从截图标题显示的信息看，这些事项不应是“一定范围内遵守或者周知的事项”。遵守，无从谈起；仅仅周知，似乎不能达成行文意图。公布食品安全监督抽查信息（情况），肯定涉及合格、不合格，涉及问题和注意事项，有警示、教育用意（主旨），用“通报”才合适。

◎ 试试自行处理图16-2通告的问题。

结合前面已经学过的知识，看看正文，应该能发现和处理好图16-2的问题。一是标题表意有疑问，未准确概括事由：闭园或暂停入园（已购票的申请退款），标题中只说“停止预约、售票”。二是发文机关署名存疑，“景区”不是机构（机关），“景区管理处”才是。三是发文机关署名和成文日期顶右版心边线了，格式有问题。四是第二、第三段文字次序要互换，事理文理才通，第三段与首段是直接因果链（为何暂时“闭园”），第二段只是事项相关补充信息（温馨善后）。

◎ 图 16-9 是印发通知吗？

此例的处理（国家发改委等 12 部门，2022 年 2 月 18 日），看不出来是批示性通知（发文通知），而是直接出台政策措施的指示性通知，标题“印发”二字无所依，多余。图 16-10 是同日国家发改委等 14 部门的印发通知（因为是网页版，呈现的发文机关署名和成文日期位置不对），才体现出“印发+贯彻执行（落实、实施）”的主旨、行文意图。

关于印发促进工业经济平稳增长的若干政策的通知

发改产业〔2022〕273号

各省、自治区、直辖市人民政府，新疆生产建设兵团，国务院各部委、各直属机构：

当前我国经济发展面临需求收缩、供给冲击、预期转弱三重压力，工业经济稳定增长的困难和挑战明显增多。在各地方和有关部门共同努力下，2021年四季度以来工业经济主要指标逐步改善，振作工业经济取得了阶段性成效。为进一步巩固工业经济增长势头，抓紧做好预调微调和跨周期调节，确保全年工业经济运行在合理区间，经国务院同意，现提出以下政策措施。

一、关于财政税费政策

1.加大中小微企业设备器具税前扣除力度，中小微企业2022年度内新购置的单位价值500万元以上的设备器具，折旧年限为3年的可选择一次性税前扣除，折旧年限为4年、5年、10年的可减半扣除；企业可按季度享受优惠，当年不足扣除形成的亏损，可按规定在以后5个纳税年度结转扣除。适用政策的中小微企业范围：一是信息传输业、建筑业、租赁和商务服务业，标准为从业人员2000人以下，

图 16-9

国家发展改革委等部门印发《关于促进服务业领域困难行业恢复发展的若干政策》的通知

发改财金〔2022〕271号

各省、自治区、直辖市人民政府，新疆生产建设兵团，国务院各部门、各直属机构：

《关于促进服务业领域困难行业恢复发展的若干政策》已经国务院同意，现印发给你们，请认真组织实施。

国家发展改革委
财 政 部
人力资源社会保障部
住房城乡建设部
交 通 运 输 部
商 务 部
文化和旅游部
卫 生 健 康 委
人 民 银 行
国务院国资委
税 务 总 局
市场监管总局
银 保 监 会
民 航 局
2022年2月18日

图 16-10

◎ 图 16-11 为何不用通知或通告？

这是由传达范围和事项性质决定的。图 16-11 中所涉事项应知晓的范围，既不是通知的“下级机关和有关单位”，也不是通告的“一定范围”，而是广及国内外。税收政策的适用问题，是重要事项和法定事项。

财政部 税务总局关于北京证券交易所税收政策适用问题的公告

财政部 税务总局公告2021年第33号

为支持进一步深化全国中小企业股份转让系统（以下称新三板）改革，将精选层变更设立为北京证券交易所（以下称北交所），按照平稳转换、有效衔接的原则，现将北交所税收政策适用问题明确如下：

精选层公司转为北交所上市公司，以及创新层挂牌公司通过公开发行股票进入北交所上市后，投资北交所上市公司涉及的个人所得税、印花税相关政策，暂按照现行新三板适用的税收规定执行。涉及企业所得税、增值税相关政策，按企业所得税法及其实施条例、《财政部 国家税务总局关于全面推开营业税改征增值税试点的通知》（财税〔2016〕36号）及有关规定执行。

特此公告。

财政部 税务总局

2021年11月14日

图 16-11

◎ 图 16-12 的通报办文有什么瑕疵？

该通报主送机关项过于随意。教授也是老师，老师中也有教授，“教授和老师”并称，区分不清；只主送各位教授和老师，不主送机关部门，说不通。“你们好！”出现在主送机关要素中也不合适，似乎在写表扬信。

通报的行文意图未能更好地加以明确。通报重在诫勉、教育功能，学习要求、号召应是题中应有之义，本例中却全无相关文字。

文种选择存疑，宜选用“决定”。既然定性“做出了重大贡献”，明确税后 12 万元奖励金，更适宜的文种应是决定。

当然，其中文字方面问题也有不少。标题尚可完善，事实陈述可以更简明，即便是决定也应该补充学习号召的内容。请尝试自行处理修改好。

关于对理化大楼 06-004 实验室漏水进行及时处置的相关人员进行奖励的通报

各位教授和老师，你们好！

2021 年 11 月 21 日凌晨 2 点左右，理化大楼 06-004 室发生漏水，波及 01-004 实验室。01-004 实验室内有 180 个通道的超导纳米线探测器，如未得到及时处置，不仅将至少造成 2400 万的经济损失，而且会延误“九章三号”实验一年以上。凌晨两点去 01-004 实验室调试程序的钟[redacted]同学首先发现漏水，他立即召集隔壁实验室的博士后吴[redacted]和[redacted]、邓[redacted]、[redacted]超等同学一起积极引水，并及时通知物业踹开 06-004 室房门，关闭了水阀。由于及时发现并紧急处置，实验室漏水被第一时间有效导流至他处并收集，除造成 01-004 实验室一台台式电脑损坏外，未造成其他损失。

鉴于钟[redacted]、[redacted]、邓[redacted]、吴[redacted]、[redacted]超对漏水情况的及时处置避免了巨大经济损失和恶劣社会影响的发生，对维护实验室安全做出了重大贡献，经研究中心研究决定，给予上述人员共计税后 12 万元的奖励。

特此通报。

合肥微尺度物质科学国家研究中心

2021 年 11 月 24 日

图 16-12

◎ 图 16-13 中的文种用得对吗，应该用哪个文种？

广东省市场监督管理局关于开展2020年度广东省食品安全管理人员继续教育工作的通告

信息来源：广东省市场监督管理局 时间：2020-06-03 16:02　　字体：[大] [中] [小] 分享：

2020年第94号

根据《广东省市场监督管理局关于广东省食品安全管理人员的管理办法》规定，现将2020年度广东省食品安全管理人员继续教育工作有关事项通告如下：

一、根据《广东省市场监督管理局关于开展食品安全管理人员有关工作的通告》（2019年第186号），从2019年度开始，全省食品安全管理人员年度继续教育必修课程统一采用网络学习和考试。食品安全管理人员可以登陆“广东食品安全管理人员继续教育”微信小程序（操作指引详见附件），按照本人《广东省食品安全管理人员考试合格证明》（以下简称“《合格证明》”）从业类别和等级完成相应的学习和考试。

二、参加继续教育食品安全管理人员的范围：取得《合格证明》超过1年的食品安全管理人员。

连续两年度未按要求完成继续教育必修课程的食品安全管理人员，其《合格证明》视为自动失效，按新上岗人员要求重新参加考试。

三、2020年食品安全管理人员继续教育必修内容。

图 16-13

尽管图 16-13 只是通告的局部截图，但能清楚看出，内容是工作安排，涉及全省食品安全管理人员年度继续教育必修课程学习及考试问题。虽然涵盖“全省”，但只事关“食品安全管理人员”，应通知下级机关和相关人员而不宜用通告。

第十七章　多属性多向性公文写作

【问题与任务】

这类通用公文包括意见、函两个文种。意见和函，具有行文的多向性特点，可以是上行文、下行文，还可以是平行文。行文方向不同，用途不同，文种属性也有区别，具有行文的多属性特点。上行时具有报请性，下行时具有指挥性和规范性，平行时则兼具商洽性。这是实际工作中使用频率非常高的两个文种。

你所在单位想与当地驻军某连队开展“军民共建”活动，发公函询问对方意愿，或者本单位与同城两个单位联合开展未婚青年联谊活动，发公函联系，你能完成公函拟稿任务吗？

本章训练任务是下行意见、商洽函、请批函写作。

【重点与难点】

准确领会意见、函的兼性（多属性）兼向（行文方向灵活）特点，熟悉其写作规范与要求，能完成高质量的意见和函件文稿，是本题重点。下行意见（指导工作）的写作，难度不小，建议从典范文本（比如国务院门户网上的意见）研读入手，加强训练。

【情景与案例】

从图 17-1 能看出来什么问题吗？这是复函，答复审批事项的。但提请审批用的是“请示”，显然应该是省文旅厅主送到省政府的，省府办受权答复，不能用“批复”，所以用“函”。

图 17-2 是指导工作的意见，图 17-3 是邀请函。图 17-4 用于提醒事项，所以标题中出现了“提醒函”，但文种是“函”。正如邀请函、商洽函也是“函”，文种前的修饰语提醒、邀请、商洽是事项。这类修饰语词，可以提前在事由项中。比如图 17-3 的标题“关于邀请见证 C919 大型客机首飞的函”，就可以是“关于见证 C919 大型客机首飞的邀请函”，不影响表意。同理，图 17-4 的标题处理成“广东省教育厅办公室关于提醒加强节假日期间全省教育系统实验室安全管理工作的函”，也没有任何问题。

浙江省人民政府办公厅关于2021年
省文化强镇（街道）和文化示范村（社区）
评选及复核工作的复函

省文化和旅游厅：

你厅《关于要求公布2021年浙江省文化强镇、文化示范村（社区）评选和复查结果的请示》（浙文旅〔2021〕111号）收悉。经省政府研究，认定杭州市临平区南苑街道等30个单位为省文化强镇（街道）、杭州市上城区彭埠街道杨柳郡社区等94个单位为省文化示范村（社区），同意对历年评审的省文化强镇（街道）和文化示范村（社区）的复核结果及复核发现问题的处理意见。具体名

图 17-1

浙农政发〔2021〕7号

浙江省农业农村厅关于
加强农村集体资产管理的意见

各市、县（市、区）农业农村局：

农村集体资产是社会主义生产资料公有制在农村的主要表现形式，是发展农村经济和实现农民共同富裕的重要物质基础。为探索农村集体所有制有效实现形式，创新农村集体经济运行机制，维护农村集体经济组织和农民群众合法权益，现就加强农村集体资产管理提出如下意见：

图 17-2

中国商用飞机有限责任公司

中飞函〔2017〕26号

关于邀请见证C919大型客机首飞的函

[redacted]

衷心感谢贵校一直以来对C919大型客机研制和中国商飞公司发展建设的关心、指导和支持。

我国首次按照国际标准研制、拥有自主知识产权的C919大型客机计划于5月5日（星期五）首飞。热诚邀请[redacted]在临首飞现场，共同见证C919大型客机首次翱翔蓝天的历史时刻，共同分享中国大飞机事业取得重大突破的成功喜悦。

若能出席，请于5月3日前反馈，我们将提前做好保障工作。

特此函达。

附件：1. 回执
2. 首飞安排
3. 注意事项

中国商用飞机有限责任公司
2017年5月2日

图 17-3

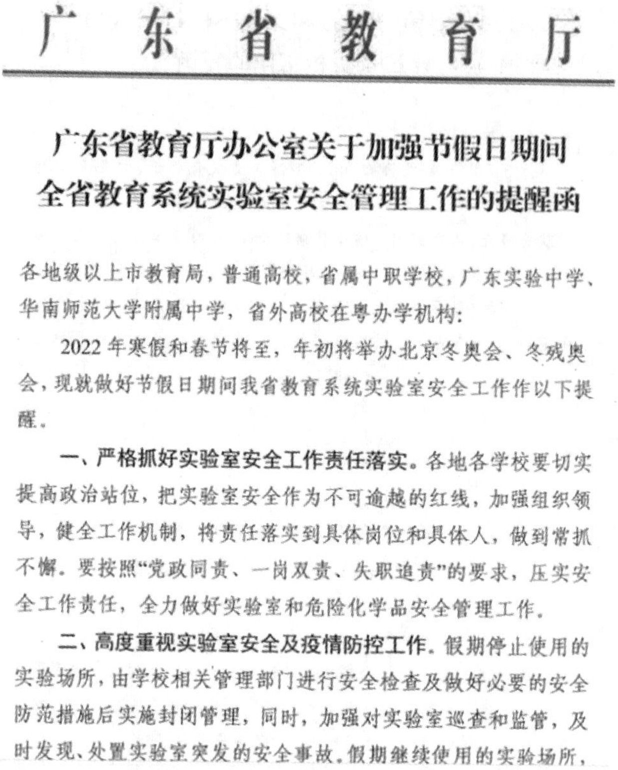

广东省教育厅

广东省教育厅办公室关于加强节假日期间
全省教育系统实验室安全管理工作的提醒函

各地级以上市教育局，普通高校，省属中职学校，广东实验中学、华南师范大学附属中学，省外高校在粤办学机构：

2022年寒假和春节将至，年初将举办北京冬奥会、冬残奥会，现就做好节假日期间我省教育系统实验室安全工作作以下提醒。

一、严格抓好实验室安全工作责任落实。各地各学校要切实提高政治站位，把实验室安全作为不可逾越的红线，加强组织领导，健全工作机制，将责任落实到具体岗位和具体人，做到常抓不懈。要按照“党政同责、一岗双责、失职追责”的要求，压实安全工作责任，全力做好实验室和危险化学品安全管理工作。

二、高度重视实验室安全及疫情防控工作。假期停止使用的实验场所，由学校相关管理部门进行安全检查及做好必要的安全防范措施后实施封闭管理，同时，加强对实验室巡查和监管，及时发现、处置实验室突发的安全事故。假期继续使用的实验场所，

图 17-4

【内容与进程】

一、意　　见

(一)意见的适用范围

意见用于对重要问题提出见解和处理办法。《国务院办公厅关于实施〈国家行政机关公文处理办法〉涉及的几个具体问题的处理意见》(国办函〔2001〕1号)中说：“‘意见’可以用于上行文、下行文和平行文。作为上行文，应按请示性公文的程序和要求办理。所提意见如涉及其他部门职权范围内的事项，主办部门应当主动与有关部门协商，取得一致意见后方可行文；如有分歧，主办部门的主要负责人应当出面协调，仍不能取得一致时，主办部门可以列明各方理据，提出建设性意见，并与有关部门会签后报请上级机关决定。上级机关应当对下级机关报送的‘意见’作出处理或给予答复。作为下行文，文中对贯彻执行有明确要求的，下级机关应遵照执行；无明确要求的，下级机关可参照执行。作为平行文，提出的意见供对方参考。”这既明确了意见这一文种的多向性、多属性特点，也对意见的撰拟和处理提出了非常明确的办法。下行的意见，是指挥(指

导)性、规范性的公文；上行的意见，是报请性的公文；平行的意见则是商洽性的公文。

(二)意见的类型

由国办函〔2001〕1号文件可知，实际工作中使用的意见，主要是三种类型。

(1)下行意见。上级机关对重要问题提出见解和处理办法，有时重在明确精神和政策，有时则是工作安排和事项规定，或要求贯彻执行或要求参照执行，是下级机关开展工作、处理问题的依据和准则，是具有指挥性、规范性的下行文，下级机关应遵照执行。如《国务院关于进一步做好利用外资工作的若干意见》(国发〔2010〕9号)、《国务院关于支持农业产业化龙头企业发展的意见》(国发〔2012〕10号)、《浙江省农业农村厅关于加强农村集体资产管理的意见》(浙农政发〔2021〕7号)、《四川省人民政府关于促进高新技术产业开发(园)区高质量发展的实施意见》(川府发〔2021〕28号)、《浙江省人民政府办公厅关于开展未来乡村建设的指导意见》(浙政办发〔2022〕4号)等。在实际工作中，下行的意见，侧重指挥性，用于指导、安排工作的日常运行，而侧重规范工作的有时以“通知”印发。

(2)上行意见。下级机关或职能部门就开展某一工作、处理某些问题(含事项和相关人员)提出见解和处理办法，报请上级机关批示或批转，是报请性的上行文。比如《关于××同志违纪问题的处理意见》，下级拿出意见报请上级定夺；文种性质和功能类似请示，上级机关就这类意见应作出处理或给予答复。这类意见与请示的区别在于，意见中并无请示事项，没有请求指示、批准或解决的要求；提出的见解和处理办法，不仅限于本单位的问题或事项，而通常是本单位职权范围内的面上的工作和问题。上级机关的答复和处理也不仅限于一对一地回复到原制文单位(对请示的批复只能是回到原请示机关)。在行政公文运行中，这类意见基本上代行了原建议报告的功能，分管机关、业务部门、职能部门提出解决重要问题和事项(工作)的意见和处理办法，用意见行文报请上级机关批转。如《国务院批转发展改革委等部门〈关于抑制部分行业产能过剩和重复建设引导产业健康发展若干意见〉的通知》(国发〔2009〕38号)，批转的是发展改革委、工业和信息化部、监察部、财政部、国土资源部、环境保护部、人民银行、质检总局、银监会、证监会联合行文的意见。从上级机关的处理方式来看，这类意见有呈报和呈转两种用途。区别在于，呈转性意见往往有“以上意见如无不妥，请批转各地各部门执行”之类的结束语，而呈报性上行意见则没有这个结束语。当然，上级机关是否批转，并不是由原意见决定的，呈报性的上行意见，上级机关决定其他下级机关要遵照执行的，同样可以批转。上行的意见，由上级机关的办公厅(室)处理到更大范围遵照执行时，通常是转发(上级机关的办公厅室与下级机关级别一致)，不是批转。

(3)平行意见。这类意见，制文机关与受文机关(即报告的主送机关)行政级别一致，提出的见解和处理办法供对方参考，受文机关也可原文转发。如《国务院办公厅转发中央编办等部门〈关于车辆购置税费改革人员划转分流安置意见〉的通知》(国办发〔2002〕4号)是平行文。上级机关的综合管理部门受权提出意见，如图17-5和文例

17-2，也是平行的意见，但属代行上级机关职权职责，就不是供参考的，受文机关要贯彻落实、遵照执行。实际工作中，平行的意见，以这类居多。现在，平级机关和不相隶属机关之间询问、征求意见和答复这种征询时也可使用意见（这类用途也适用函）。如，起草规范性公文时，往往需要征求多个有关部门的意见，有关部门在提出意见时，可用“函”（复函），也可用“意见”来回复。

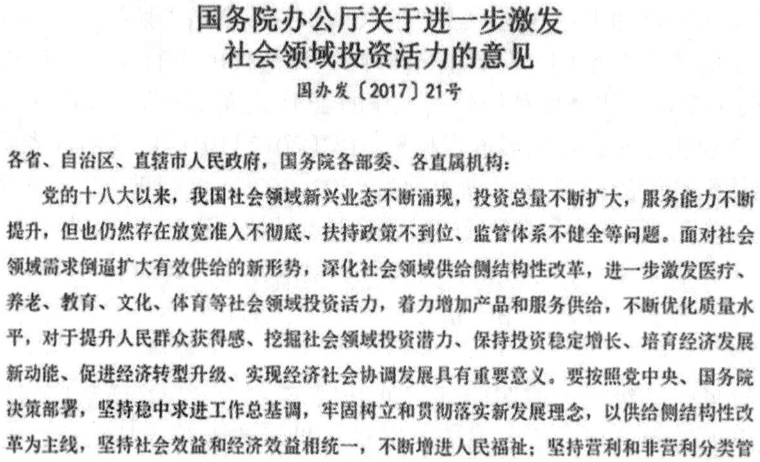

国务院办公厅关于进一步激发社会领域投资活力的意见

国办发〔2017〕21号

各省、自治区、直辖市人民政府，国务院各部委、各直属机构：

党的十八大以来，我国社会领域新兴业态不断涌现，投资总量不断扩大，服务能力不断提升，但也仍然存在放宽准入不彻底、扶持政策不到位、监管体系不健全等问题。面对社会领域需求倒逼扩大有效供给的新形势，深化社会领域供给侧结构性改革，进一步激发医疗、养老、教育、文化、体育等社会领域投资活力，着力增加产品和服务供给，不断优化质量水平，对于提升人民群众获得感、挖掘社会领域投资潜力、保持投资稳定增长、培育经济发展新动能、促进经济转型升级、实现经济社会协调发展具有重要意义。要按照党中央、国务院决策部署，坚持稳中求进工作总基调，牢固树立和贯彻落实新发展理念，以供给侧结构性改革为主线，坚持社会效益和经济效益相统一，不断增进人民福祉；坚持营利和非营利分类管

图 17-5

（三）意见的一般格式

意见一般由标题、发文字号、主送机关、正文、落款组成，同其他公文。这里介绍意见正文的一般构成。要注意的是上行的意见，跟请示、报告一样，应在发文字号右侧标注签发人及其姓名。

意见正文通常包括缘由、意见、结束语三个部分，对应为开头、主体、结尾。开头部分写提出意见和处理办法的缘由和依据、意义或目的，包括现状概述（提供事实依据）、开展某一工作或处理某一问题的必要性、意义或目的。缘由部分最后通常以惯用语“现提出以下意见”转入主体。正文主体部分是开展某一工作或处理某一问题的具体意见或处理办法，通常是按开展工作处理问题的事理逻辑由总说到分述，或由指导思想、原则精神到具体做法措施和要求，分条列项。结尾部分，下行文的意见是提出落实或贯彻执行要求，上行文的意见有呈转请批要求时，以“以上意见如无不妥，请批转执行”等惯用语结束，平行文的意见则通常没有结束语。

（四）意见的写作要求

意见是具有多属性多向性特点的公文，写作中应注意，因行文方向不同，文种属性有区别，行文风格应与行文方向和属性相适应。下行的意见侧重安排、指导、规范工作，应体现出指挥性和规范性。上行的意见，虽然是对自己职权范围内的工作提出意见和处理办法，但要上级机关批转才更具执行力和更有适应面，惯用结束语是必需的，否

则难以体现出其呈报呈转性。平行的意见仅供受文对象参考，则不宜以决断语气行文，更不宜提落实和贯彻执行要求。

[文例 17-1]

退役军人事务部等 16 部门
关于促进退役军人投身乡村振兴的指导意见①

退役军人部发〔2021〕48 号

民族要复兴，乡村必振兴。习近平总书记和党中央高度重视乡村振兴，强调要“举全党全社会之力推动乡村振兴”，指出“乡村振兴，人才是关键”。退役军人是重要的人力人才资源，是社会主义现代化建设的重要力量。促进退役军人投身乡村振兴，既是响应国家号召、投身国家战略的具体体现，也是引导他们返乡干事创业、实现人生价值的重要途径，有助于推动农村基层社会治理现代化能力提升，有助于推动农业农村经济社会更快更好发展，有助于推动乡村国防动员能力进一步强化。现就促进退役军人投身乡村振兴提出以下指导意见：

一、拓宽就业渠道

(一)鼓励退役军人到乡村重点产业创业就业。……

(二)支持退役军人领办新型农业经营主体。……

(三)持续引导退役军人参与乡村建设和基层治理。……

二、强化培育赋能

(四)引导参加学历教育。……

(五)加强涉农类职业技能培训。……

(六)做好农业创业培训。……

三、加强政策支持

(七)落实财税优惠政策。……

(八)加大金融政策支持。……

(九)加大用地政策支持。……

(十)加大保障政策支持。……

四、优化服务保障

(十一)做好公共服务。……

(十二)发挥聚集功能。……

(十三)强化宣传激励。……

各地各部门要高度重视、相互配合，形成齐抓共管的工作合力，结合实际情况，拿出管用措施，积极促进退役军人投身乡村振兴，让退役军人就业创业有成就感、有获得感、有归属感，为全面推进乡村振兴和加快农业农村现代化做出新的更

---

① 引自中华人民共和国退役军人事务部门户网站，原件无主送机关。

大贡献。

退役军人事务部　农业农村部
国家发展改革委　教育部
工业和信息化部　财政部
人力资源社会保障部　自然资源部
住房城乡建设部　文化和旅游部
中国人民银行　税务总局
市场监管总局　中国银保监会
全国工商联　国家乡村振兴局
2021年8月16日

［文例17-2］

国务院办公厅关于
加快农村寄递物流体系建设的意见

国办发〔2021〕29号

各省、自治区、直辖市人民政府，国务院各部委、各直属机构：

农村寄递物流是农产品出村进城、消费品下乡进村的重要渠道之一，对满足农村群众生产生活需要、释放农村消费潜力、促进乡村振兴具有重要意义。近年来，农村寄递物流体系建设取得了长足进步，与农村电子商务协同发展效应显著，但仍存在末端服务能力不足、可持续性较差、基础设施薄弱等一些突出问题，与群众的期待尚有一定差距。为加快农村寄递物流体系建设，做好“六稳”、“六保”工作，经国务院同意，现提出如下意见。

一、指导思想

……

二、原则目标

……

三、体系建设

……

四、重点任务

……

五、组织落实

……

国务院办公厅
2021年7月29日

（此件公开发布）

二、函

(一)函的适用范围

函是商洽性公文，多向性、多属性公文。

函，适用于不相隶属机关之间商洽工作、询问和答复问题，请求批准和答复审批事项。

函主要用于联系、商洽工作和事务，是商洽性公文，但它同时兼具有多种属性，也许将函定为多属性或兼属性公文更为合适。当函用于告知事项时，它是告晓性的；当它用于向有关主管部门请求批准时，是报请性的；权威机关函复下级机关的复函则可能还具有指挥性或规范性。概括起来，函具有多属性、多向性、多语气三个方面的显著特点。多属性实际上是由多用途、多功能决定的，已如前述。多向性，是指其行文方向并非单一，可上行(斜行)、平行，也可下行(斜行)。实际工作中，相隶属的机关间也使用函行文，商洽和联系工作以及处理日常事务。多语气，是指由多属性、多向性决定，不同行文方向和不同用途的函，语气各不相同。如请求对方回答问题时用询问的语气，需主管部门批准时用请求语气，商量、联系工作时用商量语气，答复对方问题时用肯定或否定语气等。

(二)函的种类

正因为函具有多向性、多属性、多语气的特点，所以它成为通用公文中最轻便、快捷的一个文种。实际工作中这一文种的使用频率特别高，常见的主要有以下几种类型：

商洽函，用于平行或不相隶属机关之间商量和接洽工作，如商调工作人员、联系参观学习、商请提供帮助和支援、邀请出席活动等。这是实际工作中最常用的一类函。比如南京市人民政府外事办公室给南京高校的《关于商请参与南京国际青年交流活动的函》，湖州市人民政府主送浙江省人力资源和社会保障厅的《关于商请支持设立浙江湖州人力资源服务产业园的函》等。

询问函，用于上下级机关之间、平级或不相隶属机关之间询问事宜或征求意见。如A县种子公司询问邻省B县种子公司是否储有某稻种以及种子价格情况而使用的函，某省新华书店向部分中小学征求对中小学教材发行工作的意见所使用的函，均为询问函。证券交易所对上市公司的问询函、关注函，也都属于这类。比如图17-6。

告知函，用于主动告知对方某一情况或事项。这是不一定需要对方答复的一类函，目的只在于让对方知悉情况及了解制文机关的意图、要求。这类函的作用及功能与通知相同。如《农业农村部办公厅关于依法界定管理兽药和农药的函》(农办农函〔2021〕3号)。

请批函，用于向有关主管部门请求批准。这类函的作用、功能与请示相近，区别在于一个请示“不相隶属”的主管部门，另一个请示“上级机关”。如《贵州省人民政府关于申请设立茅台学院的函》(黔府函〔2017〕74号)，主送教育部，省府和教育部无隶属关

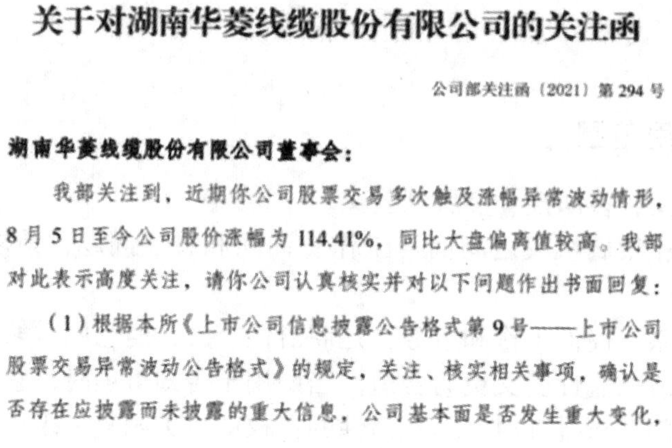

关于对湖南华菱线缆股份有限公司的关注函

公司部关注函〔2021〕第 294 号

湖南华菱线缆股份有限公司董事会：

我部关注到，近期你公司股票交易多次触及涨幅异常波动情形，8 月 5 日至今公司股价涨幅为 114.41%，同比大盘偏离值较高。我部对此表示高度关注，请你公司认真核实并对以下问题作出书面回复：

（1）根据本所《上市公司信息披露公告格式第 9 号——上市公司股票交易异常波动公告格式》的规定，关注、核实相关事项，确认是否存在应披露而未披露的重大信息，公司基本面是否发生重大变化，

图 17-6

系，但后者是教育行政主管部门。湖南省人民政府《关于申报建设长沙国家新一代人工智能创新发展试验区的函》（湘政函〔2020〕124 号），主送科技部，也是向不相隶属机关（主管部门）请求批准。某区商务委员会主送区财政局《关于提请拨付区中小企业发展专项资金的函》。

复函，用于回复对方的询问函、请批函和商洽函，即对对方询问的事项、请求批准事项及商洽事项作出答复。复函也用于上级机关对下级机关其他形式的来文作答复。在复函的使用中应注意：回复上级机关的询问函，最好用“报告”行文；回复平级或不相隶属机关的询问函，用复函。答复平级或不相隶属机关的请批函，用“函复”，不能用“批复”。

以上五类函，又可以分为去函（主动函）和复函（被动函）两个大类，其中商洽函、询问函、告知函、请批函都属于去函（主动函）。

（三）函的一般格式及写法

函的一般格式同其他公文，不可因其轻便、快捷、行文方向和功能及语气灵活（不严格、不固定），忽视其制发的规范要求。实际工作中有制发函不编发文字号的现象，应注意：作为正式公文制发的函应有发文字号，使用固定版头，并准确拟制标题，签署应有机关印章；不作为正式公文制发的便函（内容属一般事项），可不使用版头，不编发文字号。

函的标题分去函式（主动发函）和复函式（被动回复）两种标题。去函式有规范形式标题和省略形式标题两种，省略式是省略发文机关。复函式标题有四项式、三项式两种，四项式是在规范标题的“事由”后写明来函机关名称，三项式是省略四项式中的复函机关名称。

函的正文，是典型的三分式结构，由缘由、事项、结束语三部分或三层依次组成。具体到五类不同的函，应分别明确前两层（或部分）的不同性质，即缘由分商洽缘由、

询问缘由、告知缘由、请批缘由、回复缘由，事项部分也依此区别。

缘由部分，去函(主动函即：商洽、询问、告知、请批四类函)中是写理由、目的或原因，有时也叙论基本情况或基本事实；复函中是写明回复对象(依据)，即叙说来函收悉，点明来函名称、发文字号或同时注明收悉日期。

事项部分，无论何种函，都应写得具体、明确、简要，对受函单位有要求时尤其应该予以明确。复函对来函所商洽、询问、请批的问题或事项有不同看法时，均应陈述理由。

结束语并非必备。有结束语时，应注意各类函的惯用语。商洽函的结束语，多用祈请语，如“不知贵方意见如何，请函告”“恳请大力协助”“请函复”等。询问函的结束语，多用“盼复”“请速函复”“特此致函，盼复”等。告知函的结束语，多用“特此函告”“专此函告”等。请批函的结束语，也应使用祈求语，与请示的期请差不多，复函的结束语，多用“此复”(下行)、“特此函复”等。

去函的结束语，往往要用到希望或感激用语。应注意：希望用语，“为要”用于下行函，“为盼”用于上行、平行函；感激用语，“为感”用于下行、平行函，“为荷”用于上行函。这里说上行、平行、下行，是不论是否有直接隶属关系的，即上行含上斜(向级别高的不相隶属机关行文)、下行含下斜行(向级别低的不相隶属机关行文)、平行则是指同级别机关间的行文。

(四)函的写作要求

函的写作，首先应该注意格式要规范。正如前述，不能随意地将正式公文文种“函”当作普通信函甚至便条处理。

其次，撰拟“函”，应做到直陈其事、言简意明。无论哪一类函，写作时都应该开门见山，直截了当地表明制文意图，直接陈述事项，力戒空话套话。一般来说，文字简短明快是各类函的共同特点。商洽工作、联系事宜，不要过多阐述其目的、意义，或以某些事实为理由，或以贯彻上级文件、指示精神为缘由，均要求简明、直接；询问问题或征求意见，尤其不能在“缘由”上绕圈子、做文章，应直接说明询问的目的或原因；告知情况或事项，作用类似事务性通知(周知性通知)，一般应避开目的、意义、原因、理由的说明，直接提供情况或叙述事项；复函则是针对来函的“事项”部分回复，点明来函名称或概括来函内容作复函依据即可，然后直接作答复；只有请批函应在开头部分提供请批事项的基本情况和请批事项的目的，以增加批准的可能性，但也不能啰唆。任何一类函的“事项”部分，都应写得简洁、明确，对受函机关有所要求时应直接提出，不必解释“为什么”之类的问题。如是复函，且对来函所商洽、询问、请批的问题或事项有不同看法甚至持否定态度，有必要陈述理由，但也应简明扼要。

再次，函的写作，应注意语言的分寸感。函是商洽性公文，应该把握好“商洽”的基调，行文做到谦和、礼貌、得体。即无论对谁行文，都应表现出诚恳合作、平等待人的态度；无论是“我有求于人”还是“人有求于我”，都是协商、合作，措辞和语气均应得体，语言要有分寸感。具体来说，对上级机关和业务主管部门行文，要表示尊重，适当使用谦敬语，但不能恭维迎奉；对下级机关和业务上的被主管部门行文，要显得严肃，多用强调语，但却绝不应以命令、指示的口气行文，不能摆出训斥的姿态；对平级机关或部门行文，应平等待人、礼貌待人，可多用商洽语，既不可盛气凌人也不能过分谦卑。比如对方给予了支持、充分合作、帮助很大，在函中表示“感谢”“感激”是可以的，也是需要的；但写上“万分感谢”“永远记住”“没齿难忘”之类的语句，则就失了分寸，过分了。

最后，还应该注意复函中“复函”与“函复”的区别和用法。复函，意为“答复的信函”；函复，意为“用信函答复”。后者是公文文种函的一类，同时包含“以函来答复”的意思；前者是指具有“复函”意义的行为。所以在标题中只能用“复函”（文种），在正文结束语中则应用动词性的“函复”，不能错用。

［文例 17-3］

×厂关于商调○○○同志来我厂工作的函

×函〔1996〕4 号

×××厂人事处：

贵厂女职工○○○系我厂职工×××的爱人。他们夫妻分居多年，给家庭、工作均带来不少困难和影响。根据×××同志的申请，我厂同意调进其爱人○○○来我厂工作。特致函商调。

请予函复

×厂人事处（印）

2014 年 1 月 6 日

［文例 17-4］

财政部办公厅关于征求
《固定资产等资产基础分类与代码》国家标准意见的函

财办资〔2021〕14 号

有关中央部门财务部门，各省、自治区、直辖市、计划单列市财政厅（局）：

为进一步规范和加强行政事业性国有资产基础信息管理，提升资产管理信息化水平，由财政部资产管理司组织修订的 GB/T 14885《固定资产等资产基础分类与代码》国家标准（计划号：20203589-T-469）已完成征求意见稿，现广泛征求意见。请有关单位组织审阅，提出意见和建议，填写意见反馈表并于 2021 年 8 月 31 日前反馈至财政部资产管理司及全国资产管理标准化技术委员会秘书处。附件资料请登录财政部门户网站资产管理司（http：//zcgls. mof. gov. cn/）“工作通知”栏目下载。

如无意见亦请复函说明，逾期未复函，将按无意见处理。

资产管理司联系人：冯静
电　话：010-61×××741
电子邮件：fen×××ng@ mof. gov. cn
资产标准委秘书处联系人：××
电　话：010-588×××07
电子邮件：××@ cnis. ac. cn

附件：
1.《固定资产等资产基础分类与代码》国家标准(征求意见稿)
2.《固定资产等资产基础分类与代码》国家标准(征求意见稿)编制说明
3.《固定资产等资产基础分类与代码》国家标准(征求意见稿)意见反馈表

财政部办公厅
2021 年 8 月 4 日

[**文例 17-5**]

关于商请拨付 2018 年州扶贫办项目资金和工作经费的函[①]

〔2018〕99 号

州财政局：

为切实做好新形势下脱贫攻坚工作，完成脱贫攻坚任务目标，根据工作需要，经我办与贵局就 2018 年州扶贫办项目资金和工作经费预算商议后提请州人大审议，并已通过审议。按照《西双版纳州财政局关于 2018 年预算额度分配和商定 2018 年预算项目的函》，现商请拨付州扶贫办项目资金和工作经费 16 万元，具体资金使用如下：

一、扶贫系统管理及维修(护)经费 5 万元，用于维护扶贫信息网络、平台窗口、多媒体系统等费用。

二、信贷扶贫工作经费 4.3 万元，用于开展小额信贷项目咨询、项目指导、宣传培训和信用档案建立等方面的工作，并对小额信贷项目进行调研指导、监督检查。

三、社会扶贫经费 6.7 万元，用于举办社会扶贫日活动，以及召开社会扶贫爱心组织、爱心企业座谈会，开展社会扶贫宣传等活动经费。

妥否，请复函。

附件：州扶贫办 2018 年州级部门项目预算资金表

西双版纳州人民政府扶贫开发办办室
2018 年 10 月 17 日

---

① 引自西双版纳傣族自治州人民政府门户网站，原件发文字号中缺机关代字。

【拓展与思考】

◎ 图 17-7 中的函，有可改进之处吗？

关于申请拨付电子商务进农村
项目资金的函

桃江县人民政府：

中国邮政集团公司益阳市分公司（下简称“我公司”）和桃江县人民政府于 2015 年 10 月 20 日正式签订《桃江县电子商务综合示范工作战略合作框架协议》，明确由我公司作为乙方全面承接桃江县创建国家级电子商务进农村示范工作。我公司以《桃江县电子商务进农村工作实施方案》为纲领，稳步推进各项具体工作的落地。

根据《桃江县电子商务进农村专项资金安排表》网上桃江特色馆建设目标，我公司已完成“邮乐网”桃江特色馆、桃江农品馆建设及农特产品线上线下平台展示与网上销售拓展服务，平台产品上架 100 余种，截止 2017 年 11 月产生订单量 8000 余件，网上交易额达 500 余万元，现特色馆已正常运营一年。为此，特向桃江县人民政府申请拨付网上桃江特色馆项目资金 20 万元。

当否 请批示！

中国邮政集团公司益阳市分公司

二〇一七年十二月六日

图 17-7

这个函尚待完善。

第一，行文有点啰唆，欠简明。从内容看，应该是项目运营一年了但项目资金尚未拨付到位，致函商请拨付。正文首段文字可精简，背景文字过多。

第二，结束语“当否 请批示！”与公文主旨、行文意图不太相符，难以达成目的。问“当否”，请求“批示”，若对方在上面批个“不太妥当”，也算处理了。

第三，办文不认真。“当否”后无标点，是不应该的；“请批示！”用感叹号加重语气，无异于在吼。考虑到前一句已经是这个意思，结束语改为“特此函达”即可。落款无发文机关署名，应补上；成文日期应用阿拉伯数字。

◎ 图 17-8 为告知函，看看能否再提高。

认真看，此函行文表意不太明晰。一是主送机关应是对口帮扶的阳江市两个区的扶贫办，应明确市属。二是陈述对口阳江 11 个村、金湾区财政负责(负担不妥)7 个村，与主送机关没有关联，导致行文关系不清、事理模糊。应直接明确“我区”财政负责江城区几个村、阳东区几个村，使发文机关、主送机关(受文对象)因“事由”关联起来。

可以有结束语“特此函告”，缓和一下第二段生硬的指挥语气。或者在“资金的审批、使用和管理”后加个“请”字，即“请按照……执行”。公文写作实际中，往往会因一字之失，导致语体不妥，要引起重视。

市金湾区扶贫开发办公室

珠金农扶函〔2020〕2 号

关于拨付金湾区 2020 年扶贫专项资金的函

江城区扶贫办、阳东区扶贫办：

为保障我区对口阳江精准扶贫工作顺利完成，根据《 市新一轮相对贫困村定点扶贫工作方案》（珠扶[2016]01 号）文精神，我区对口阳江 11 个贫困村，其中金湾区财政负担 7 个贫困村。我办已于 2020 年 3 月 31 日将 2020 年金湾区扶贫专项资金 700 万元拨付至你们区财政局提供的财政专户，其中：江城区 100 万元，阳东区 600 万元（详见附件）。

资金的审批、使用和监管按照《关于 市金湾区对口帮扶阳江市江城区、阳东区贫困村自筹资金的使用说明》（珠金扶办函〔2018〕61 号）相关规定执行。

附件：2020 年金湾区扶贫专项资金明细表

图 17-8

◎ 实际工作中我们看到的公文意见，如图 17-9 所示，有指导意见、意见、若干意见、实施意见等，知道这些有什么区别吗？

尽管这些都是“意见”，但在行文方向尤其是内容上，还是有明显区别的。都叫“意见”没问题，但并不是哪个意见都可以叫“指导意见”“若干意见”或“实施意见”的。

指导意见，顾名思义，强调的是指导性，注重的是认识、原则、精神层面，意在统一思想认识，要求贯彻落实原则、精神。另外，上行的意见，不能叫“指导意见”。平行的意见，如果属面上的问题、工作指导意见，要求平级机关贯彻落实，通常是归口管理部门办文，呈上级机关批准后发出（批转）或由上级机关的综合管理部受权转发，比如图 17-10 的指导意见，是国家发改委等部门办文，要求各省、自治区、直辖市人民政府和国务院各部委、各直属机构贯彻执行，处理方式是上行国务院，经国务院同意，由国务院办公厅转发（受权）。

若干意见，通常是事项、意见涉及面、牵涉面广的，否则不要随便加"若干"。

实施意见，关于问题、工作事项的见解和处理办法比较具体、落实。

图 17-9 的各类意见，大家根据发文字号检索，认真看看原文，加深认识和理解。

中国银保监会办公厅关于银行业保险业数字化转型的指导意见

银保监办发〔2022〕2号

国务院办公厅关于进一步支持大学生创新创业的指导意见

国办发〔2021〕35号

国务院办公厅关于推进养老服务发展的意见

国办发〔2019〕5号

国务院关于促进国家高新技术产业开发区高质量发展的若干意见

国发〔2020〕7号

工业和信息化部关于大众消费领域北斗推广应用的若干意见

工信部电子〔2022〕5号

国家发展改革委等部门关于进一步提升电动汽车充电基础设施服务保障能力的实施意见

发改能源规〔2022〕53号

关于支持港澳青年在粤港澳大湾区就业创业的实施意见

人社部发[2021]75号

图 17-9

国务院办公厅转发国家发展改革委等部门关于加快推进城镇环境基础设施建设指导意见的通知

国办函〔2022〕7号

各省、自治区、直辖市人民政府，国务院各部委、各直属机构：

国家发展改革委、生态环境部、住房城乡建设部、国家卫生健康委《关于加快推进城镇环境基础设施建设的指导意见》已经国务院同意，现转发给你们，请认真贯彻执行。

国务院办公厅

2022年1月12日

（此件公开发布）

关于加快推进城镇环境基础设施建设的指导意见

国家发展改革委　生态环境部　住房城乡建设部　国家卫生健康委

图 17-10

◎ 公文写作实践中大家往往有点轻视函，总觉得是商洽性公文，未认真严肃对待。图 17-11 是个简短的函，也反映出这个问题。

这个函的结束语“特此函”有点莫名其妙。前面我们也提到过有函的结束语是“此函。”和“特此致函！”仿佛一声吼一样，同样令人感到莫名其妙。公文尚简，但该有的文字必须有，不能因为求简而罔顾语体甚至影响表意。可能有人是因为看到一些批复的结束语是“此复”，就套用。此复的“复”是回复、批复之义，作动词，特此函、此函的“函”是名词，不能套用。可写为“特此函达”“特此函商”，多一二字而已，却显得平实、雅致、庄重。

关于商请借调[illegible]同志的函

所属类目：政府文件　　主题分类：劳动、人事、监察　　体　　裁：函

发文字号：宝退役军人局发〔2019〕4号　　发文日期：2019-03-27　　发布日期：2019-05-17

公开类别：主动公开　　机构名称：区退役军人事务局

00:00

上海市税务局人事教育处：

我局当前处于筹建阶段，人员少、任务重、工作量大，急需人员开展工作。经研究，拟借调贵局[illegible]同志来我局办公室协助工作，时间为三个月，待区委编办“三定”方案下达后即办理调动手续，请予以支持为盼。

特此函。

联系人：宝山区退役军人事务局办公室　5[illegible]710[illegible]

图 17-11

第十八章　公文写作思维训练

【问题与任务】

公文写作难在哪儿？初学公文写作的可能误以为难在规矩、规范多，一不小心就出错，要记住很多规则和要求难度很大。其实，规矩、规范，熟悉了、理解了、弄清楚了，尤其是碰到了处理过一次以后，就不算太难了。真正有难度的，是思考、思维，想清楚了才能表达清楚、写清楚。

很多人认为，自己写作水平不高，是文字水平欠佳，其实，文字表达能力强弱，是思维能力的直接反映。文章是思考结果、思维成果的书面文字呈现。建议大家读读凯塞林·麦克米兰和乔纳森·威尔斯的《写作即思考：在写作中训练你的思维能力》(中国人民大学出版社2020年版)一书，应该能受到很大启发。写作训练思维，思维训练提升写作能力，这中间的修为决定你的写作水平，公文写作尤其如此。

撰拟一篇公文，主旨是什么，机关制文意图是什么，想表达什么，这是首先必须弄清楚、思考清楚的。其次，必须思考怎么准确地、规范地、有效地传达主旨、制文意图。这是公文写作思维的两个关键环节。与此相关的重要思考还有：依据是什么(政策和精神)、条件(现状和实情)是什么，即前述"吃透两头"的问题；主次、步骤(措施)是什么，即关涉"事理逻辑"及前述"行文逻辑"和"层级结构"问题，等等。公文写作思维训练，是大家真正要用心和用力的。

【重点与难点】

熟悉政策精神和工作事项(材料)，准确把握行文意图，是本章重点。厘清思路和事理，准确传达公文主旨，是难点，要多训练。

【情景与案例】

这里的几个图，图18-2和图18-3有公文正文完整信息，图18-1和图18-4只截取了公文的开头部分，但都能反映出公文写作思维的重要信息，大家认真看看。

国务院应对新型冠状病毒感染肺炎疫情
联防联控机制关于进一步做好当前
新冠肺炎疫情防控工作的通知

国办发明电〔2021〕1号

各省、自治区、直辖市人民政府，国务院各部委、各直属机构：

在以习近平同志为核心的党中央坚强领导下，我国疫情防控取得重大战略成果，疫情总体得到有效控制，但反弹风险丝毫不能忽视。近期，境外疫情持续扩散蔓延，我国多地接连发生局部聚集性疫情，甚至在同一省份或城市出现多个源头导致的多条传播链。为贯彻党中央、国务院决策部署，进一步压实“四方责任”，落实“四早”要求，毫不放松抓好“外防输入、内防反弹”各项工作，巩固来之不易的防控成果，现就有关事项通知如下。

一、激活疫情应急指挥体系

图 18-1

校〔2021〕6号

转发广东省新型冠状病毒肺炎疫情防控指挥部办公室关于印发广东省2021年春节期间新冠肺炎疫情防控工作方案的通知

各单位、部门：

现将《广东省新型冠状病毒肺炎疫情防控指挥部办公室关于印发广东省2021年春节期间新冠肺炎疫情防控工作方案的通知》转发给你们，请结合学校的有关通知要求认真贯彻落实。落实过程中遇到的问题，请径直向学校新冠肺炎疫情防控领导小组办公室反映。

附件：《广东省新型冠状病毒肺炎疫情防控指挥部办公室关于印发广东省2021年春节期间新冠肺炎疫情防控工作方案的通知》

图 18-2

广州秘书学研究会

函〔2018〕1号

关于成立首批讲师团的通知

各位会员：

为了贯彻落实党的十九大精神，宣传改革开放以来取得的巨大成就，弘扬中华优秀传统文化，根据学会常务理事会2018年4月9日会议提议，经各有关单位推荐和学会综合评审，决定聘请杨桐等八位会员为广州秘书学研究会首批讲师团成员。

首批讲师团将深入机关单位、学校和企业，广泛开展党的路线方针政策和中华优秀传统文化以及辅助管理文化的学习与宣讲活动。

附件：广州秘书学研究会首批讲师团成员名单

广州秘书学研究会

2018年9月20日

图 18-3

关于推荐参评湛江市乡村振兴及脱贫攻坚先进集体和先进个人名单的公示

根据《湛江市乡村振兴及脱贫攻坚先进集体和先进个人通报表扬工作方案》（湛乡村振兴组〔2021〕2号）要求，我办现将推荐参评“湛江市乡村振兴先进集体和先进个人对象名单”“湛江市2020年度脱贫攻坚优秀集体和优秀个人对象名单”（见附件）进行公示，公示期为2021年5月8日至2021年5月12日共5天。如有异议，请于公示期间以书面或电话形式向中共遂溪县委实施乡村振兴战略领导小组办公室反映。

图 18-4

提醒一下，图 18-4 的“公示”是不能独立运行(公文运行渠道)的，不能制发这种正式版头的公文。可以在单位网站公布或单位办公区域指定的信息公示栏公布(张贴)。此事正式运行公文，应该是“关于公示……的通知”。

【内容与进程】

一、公文写作的一般思维过程

公文是为处理实际工作问题、事务而制发的，拟写公文，也是接到了工作任务，写作过程就是解决、处理(完成)这项工作。公文写作的思维活动，都是围绕着处理、解决这个问题进行的。

不难理解，公文写作的一般思维过程就是：明确问题—分析问题—解决问题。

(一)明确问题

任务(事项)是什么，要写的是什么，这是首先必须明确的。公文写作思维的第一个环节，就是明确问题、把握问题。弄清楚这个，我们才能明白公文写作的任务。

要弄清楚拟写的这个公文，针对的问题、事项(工作)是什么，即公文的“事由”。这个不难，公文都是因事而起、就事而发的，比如图 18-1 和图 18-2 是关于新冠疫情防控工作的，图 18-3 是关于成立讲师团的，图 18-4 是关于先进名单公示的，图 18-7 是关于创新创业大赛工作的。但图 18-5 我们就不清楚“事由”项了，尽管有“综合治理出生人口性别比升高”的表述，但显然没有思考清楚，没有明确问题(事项)，“做好治理……问题工作”被置换成了“做好……问题”。正文承转句“进一步做好出生人口性别比升高工作”，更加重了“问题(事由)”不明的症状：为了让性别比更高？问题、事由不明，究其实质，病因在思维，没有想清楚、想明白。

关于进一步做好综合治理出生人口
性别比升高问题的通知

各街道计生办，区计生服务站，各医疗卫生单位：

为了贯彻落实国家计生委、卫生部、药品监督管理局《关于禁止非医学需要的胎儿性别鉴定和选择性别的人工终止妊娠的规定》和区人民政府《关于治理出生人口性别比升高问题的通知》精神，进一步做好我区出生人口性别比升高工作，现将有关事项通知如下：

图 18-5

同时，我们得思考公文写作中那些我们无法回避、有时以为“这还不简单”而不一定认真对待的问题：明确行文意图。比如领导（机关）意图是“这个事要正式发文”，那这个文是布置工作，还是告知事宜；是指导工作，还是规范事项；是请求批准，还是汇报工作；是传达精神，还是议决事项；是转发公文，要求遵照（参照）执行，还是部署安排，要求贯彻执行等，都要思考。若不认真思考，写作是无法顺利进行的，因为这直接影响到对公文主旨的把握和处理。

比如图 18-6，是印发项目申报指南的通知（正文还有半行文字）。从标题看，是发文通知。但从正文内容看，处理成发文通知是不妥当的，布置项目申报工作的主旨被掩盖了。很显然，该例属于未能更好明确行文意图，错误凸显了“印发”文件（指南），忽视了核心意图、主旨“项目申报”。认真思考，我们会有正确的处理方式：××市××区农业农村局关于茶叶加工设备改造升级补助项目申报工作的通知，布置安排（申报）工作，将“申报指南”作为工作通知的附件。

再如图 18-1 和图 18-2，对新冠疫情防控工作的处理是一样的吗？

前者是在指示、部署和安排工作，主旨是“进一步做好当前新冠疫情防控工作”，主张是贯彻执行通知事项要求；后者只是在转发文件，主旨是发文和“结合实际贯彻落实”省疫情防控指挥部办公室的工作方案。一个是自己拿（写）出精神、措施、办法、要求，另一个是贯彻落实别人的方案，写作过程和写作难度的差别可想而知。省疫情防指办的通知，是印发“2021 年春节期间”疫情防控工作方案，要求结合实际贯彻执行的。受文单位简单照抄照转，再要求下级单位“结合学校的有关通知要求”认真贯彻落实，并不是应有的处理方式。下级单位在贯彻落实过程中，除了要执行“工作方案”，还势必要去学校找好几个通知，如有不一致之处也无所适从。更妥当的处理方式是，学校发一个春节期间疫情防控工作通知，将省防指办的通知当作附件。

再者，明确问题这个思维过程，还包括明确制文机关责权。在本机关单位的责权范围内认真履职担责，是基本原则。公文的文字表述，处理事物的政策、措施、办法，规范约束条款，主送、传达范围等，无一不受制于此。所以，公文写作人员必须了解熟悉本机关单位的基本情况、责权关系、职能范围等。不明确本机关单位的职责权限，是处理不好公文写作问题的，一不小心就可能出现越权或责权不符错误。当然，并非单位、办公室新人，却出现行文越权之嫌，更多是公文写作不认真、文字组织不严谨。图 18-7 就是这类问题案例。

看图 18-7 通知标题，“关于做好 2019 年广东……大赛有关工作的通知”，应该都会认为是省里(省厅)发的文。看版头、主送机关、发文机关署名、印章，原来是市人力资源和社会保障局的文。“做好大赛有关工作”，语意指向很明确，是大赛组织方的要求，即省人社厅等 14 部门发布举办大赛的通知，可以这样表述。省辖各市区相关部门组织参赛，只能是“参赛”工作。图 18-6 标题中事由项应该是“……大赛参赛有关工作”，或将“做好”改为“组织参加”，权属才清晰。

新农农〔2021〕137 号

关于印发[illegible]门市[illegible]区茶叶加工设备改造升级补助项目申报指南的通知

各镇（街）农业农村办公室：

根据[illegible]市财政局《关于提前下达 2021 年市级涉农专项转移支付资金（第一批）的通知》（江财农〔2020〕167 号）的要求，为加快现代农业强市发展，推进[illegible]市茶业供给侧结构性改革，扶持[illegible]区茶叶加工环节提升，以保证[illegible]陈皮茶和[illegible]柑茶质量，我局制定了《[illegible]区茶叶加工设备改造升级补助项目申报指南》，现印发给你们，请按照《申报指南》要求，认真组织辖区符合申报条件的主体申报。项目申报主体于 2021 年 10 月 8 日前将项目申报书、实施方案（纸质资料一式 3 份，以及电子文档）

图 18-6

关于做好 2019 年广东“众创杯”创业创新大赛有关工作的通知

各县（市、区）人力资源和社会保障局，省属高校，市属高校：

现将省人社厅等 14 个部门《关于举办 2019 年广东“众创杯”创业创新大赛的通知》（粤人社函〔2019〕1726 号）转发给你们，请各县（市、区）切实做好大赛宣传工作，组织发动本地的创业者积极登陆大赛官方网站报名参赛。通过门户网站、微信公众号、主流媒体报道、广告视频等多形式链接或转载大赛相关信息。组织在公共就业人才服务机构、政务服务大厅、创业孵化基地等张贴大赛宣传海报、播放宣传视频、派发宣传单张。积极深入学校、企业、科研等单位广泛宣传，提升大赛社会影响力。请各高校积极发动大学生创业者参赛。

附件：关于举办 2019 年广东“众创杯”创业创新大赛的通知（粤人社函〔2019〕1726 号）

湛江市人力资源和社会保障局

18-7

(二)分析问题

接到公文拟写任务，明确了问题(事项)后，我们的思考重点、思维活动的核心，应该是对问题(事项)进行分析：

这个问题(事项)的重要性是什么、意义在哪里？解决和处理好它有什么条例、依据？如何解决，有哪几个步骤(工作环节、过程、时间节点)？为什么要这样处理？有什么要求和注意事项？

这项工作(问题、事项)包括哪几个方面、由哪几个组成部分？彼此之间有什么联系、是什么关系？谁先谁后、谁主谁次？哪为整体哪为局部？哪是因哪是果？涉及哪些部门协作？如何保障协调？

各组成部分(分项)有哪些下位层级(细项)？彼此之间有什么联系、是什么关系？

工作(事项)的总的目的、目标是什么？基本原则是什么？有哪些具体措施、办法、要求？

工作(事项)目前是什么情况(实情)、有什么进展？存在的注意问题是什么？有什么相关政策、指示精神？解决问题的途径、方法有哪些？(这些也通常概括为问题—原因—对策)

以上等等，根据公文针对的事项(问题、工作)实际情况，我们要完成相应的思维过程，有结论有答案了，有思维结果了，行文思路、层次结构、观点主张基本也就出来了。

我们看《陕西省人民政府关于促进高新技术产业开发区高质量发展的实施意见》(陕政发〔2021〕8号)内容构成，认真体会“促高新区高质量发展”的主旨分解落实、问题(事项)分析(图18-8)：问题(事项)“促进高新技术区高质量发展”分解为(落实在)“目标、任务、措施”(第一层级)3项(问题)；目标有3个(第二层级，但不出现第二层级序数)，重点任务7项(每项分解出2~4个细项)，措施2个细项(第三层级小标题)。这个结构图、思维结构图，是不是可以称为天平图？

“重点任务”的分解落实如图18-9所示。

图18-8和图18-9大家可以结合到一起，顺看是分解、落实，一层一层在分解、落实，整体是对“促进高新技术产业开发区高质量发展”事项(问题)的分解、落实；倒推则是归纳、概括，细项归纳合并起来指向小项，小项归纳合并指向公文事项(问题)。

再如《陕西省人民政府关于稳步提升粮食产能确保粮食安全的意见》(陕政发〔2019〕16号)，最后一项内容是“六、强化组织保障，落实政策措施”，包括以下4个小项：

(一)层层落实行政领导责任制。……
(二)完善政策激励机制。……
(三)完善财政支持政策。……
(四)完善金融保障机制。……

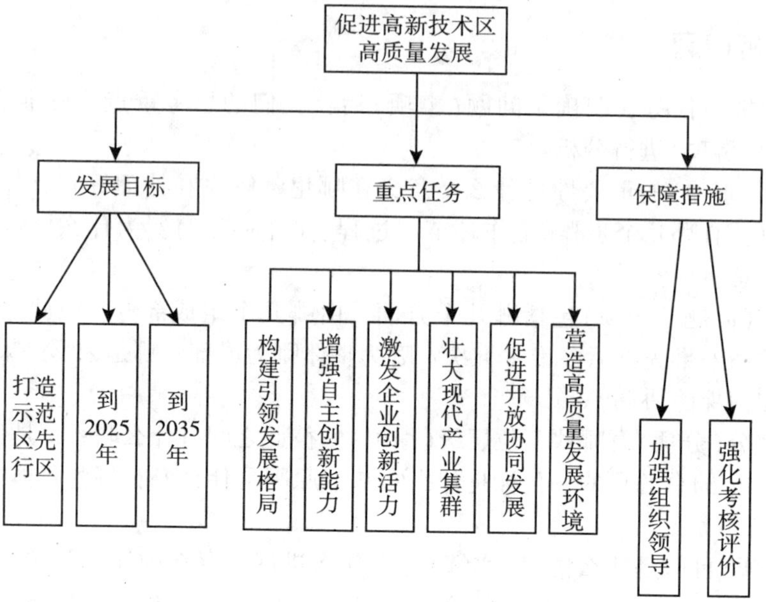

图 18-8

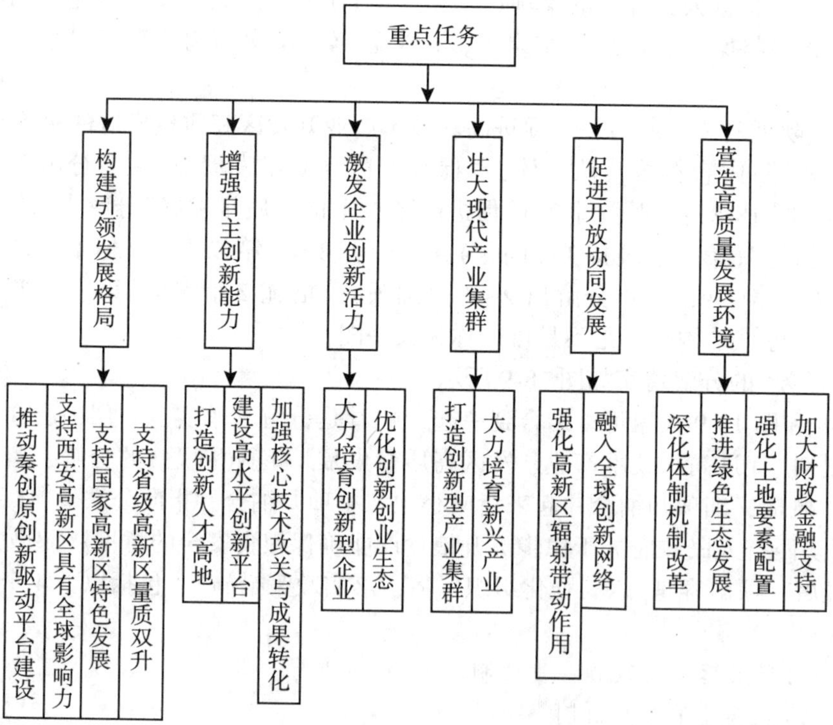

图 18-9

是从行政领导责任制、政策激励机制、财政支持政策、金融保障机制几个方面，分解落实上位层级小标题（提要语）“组织保障、政策措施”的。4 个下位层级，归纳、概括、总结起来，就是上位层级小标题内涵。行文思路清晰，逻辑严谨，反映的就是公文写作思维过程的思考结果。

（二）工作原则。

坚持重点突破。以节能环保、清洁生产、清洁能源等为重点率先突破，做好与农业、制造业、服务业和信息技术的融合发展，全面带动一二三产业和基础设施绿色升级。

坚持创新引领。深入推动技术创新、模式创新、管理创新，加快构建市场导向的绿色技术创新体系，推行新型商业模式，构筑有力有效的政策支持体系。

坚持稳中求进。做好绿色转型与经济发展、技术进步、产业接续、稳岗就业、民生改善的有机结合，积极稳妥、韧性持久地加以推进。

坚持市场导向。在绿色转型中充分发挥市场的导向性作用、企业的主体作用、各类市场交易机制的作用，为绿色发展注入强大动力。

图 18-10

图 18-10 是《国务院关于加快建立健全绿色低碳循环发展经济体系的指导意见》（国发〔2021〕4 号）“工作原则”的文字截图。大家可到国务院网站找原文，列出其层次、提要语构架图。多找几篇典范文例，去厘清其结构，把握、体会其思路、思维逻辑。这样多加训练，公文写作思维能力肯定会大大提高。

《陕西省人民政府关于做好春季防火工作的通告》（陕政发〔2020〕6 号），问题（事项）是“做好春季防火工作”，正文结构、思维结构如图 18-11 所示。

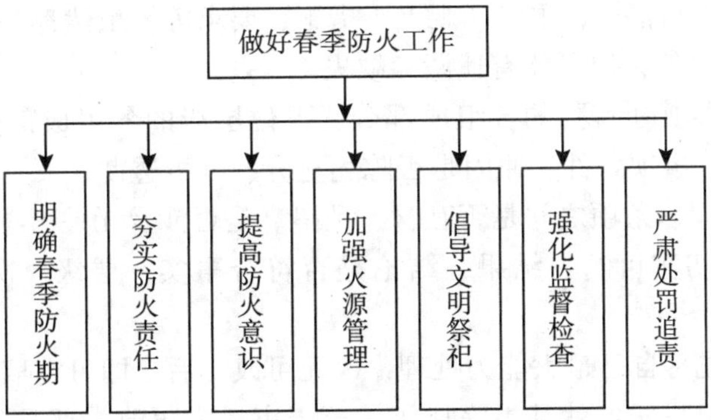

图 18-11

“做好春季防火工作”（问题、事项）涉及（包括）哪些方面的问题（事项），比“促进高新技术开发区高质量发展”简单，期限、责任意识、火源、重点领域（活动、场所）、监管等，只要认真思考，考虑周全点、不记流水账难度也不大。思维结果以文字呈现出来，就是公文内容构架。图 18-10 还有值得完善的地方，就是“意识”问题是务虚的，先虚后实是基本思维理性、行文逻辑，应该是第一项内容。“提高防火意识”也不是一时（春节）之需，要时时强调、时时警惕，而且其他小项都与此相关或受制于此，是当然的第一项、第一要务。没有这个意识或意识淡薄，再明确期限、责任也没用，火源管理、文明祭祀、督查追责等，都做不到或落实不了。

同样地，像这类结构有瑕疵的、逻辑不太顺的公文，实际工作中也不少。大家进行公文写作思维训练时，可多分析几个实例，向典范学习，以病案为诫，这样提高公文写作水平是指日可待的。

很多人在做事、处理问题时，会画思维导图。公文写作思维训练，其实也就是思维导图的形成过程。分析公文案例，就是尝试去复原作者的思维导图。自己拟写公文，则需要拿出、完善自己的思维导图。要提醒注意的是，这两个过程中，“完善”思维都是至关重要的一环。发现公文病案，我们要努力去处理其问题；自己拟写公文的思维导图，我们要反复斟酌是否有缺漏，并努力修补好缺漏。

（三）解决问题

公文写作思维训练中的解决问题，其实就是写作思维过程中已经基本完成的、基本定型的思考结果、结论，定型为公文文稿的过程。

这是公文写作思维中的最后一个环节，它包括文稿呈现即拟稿和文稿修改定稿。

拟稿，将之前完成的思考结果呈现为文字即可。篇幅不大的公文，想清楚了可以一气呵成，中间可能不怎么涉及思维活动。稍微繁复一点的事项（问题），拟稿过程中，可能会有思维、思路调整。

修改定稿过程，绝不仅仅是文字语言的修改润色（这是细节问题），而是明确问题、分析问题的思维复盘，不可本末倒置，因小失大。

复盘的重点是，完整性、独立性、逻辑性。

目标、任务、原则精神，主张、观点、措施、要求等，虽然都是一条一条、一项一项列出来（行文落实）的，但可能有遗漏、缺失。

主题、主张，事项（问题）的各组成部分、下位层级的各组成部分，是否齐备、完整。依据是否充分，事项条件、原因是否陈述充分、分析透彻。

部分（层次）之间、条项之间是否互含、乱串。是否涉及无关事项或无职权事项。

措施办法是否切实可行，结果、结论是否符合事实，层级、次序是否符合事理逻辑。

以上问题，可先尽自己最大能力处理，改无可改之后，即可定稿送审，写作思维过程基本结束，文稿拟写任务就基本完成了。至于审后需再改，那是又一个写作思维阶段：明确（吃透）被指（审）出的问题—分析问题—解决问题。

二、金字塔原理与 MECE 法则

麦肯锡的第一个女咨询顾问芭芭拉·明托（Barbara Minto）的名作《金字塔原理》①是一本讨论思维逻辑与写作（表达）逻辑的书，“金字塔”是其思维与写作逻辑的形象呈现。

芭芭拉·明托提出的金字塔原理告诉我们，在写作、思考、表达、解决问题的时

① 参见：[美]芭芭拉·明托．金字塔原理[M]．汪洱，高愉，译．海口：南海出版公司，2010.

候，我们要像金字塔结构一样，整体上把握纵向结构，突出重点和中心；具体展开落实，要把握横向结构，突出关联性、层次性和逻辑性。也就是：从金字塔顶端的一个核心观点开始，自上而下地表达；然后从左往右，沿着各个分支，把你的内容一层一层呈现出来。这样不仅能让你的思路清晰，同时能让别人更好地理解你的内容。

观点明确了、有观点（中心思想）了，则中心（主题、结论）先行，思考、找到其分解构成和支撑，层层分解落实，思维结构呈金字塔形；有材料素材、事实现象，观点未明，则分类（组）、总结、归纳其指向，逆向层层归纳出总结论、观点，思维结构同样呈金字塔形。思维轨迹如图 18-12 所示。

公文写作是主题先行的写作活动，一个公文主旨是什么、行文意图是什么，很多时候是比较明确的。所以，金字塔思维原理，很适用于公文写作。主旨、核心观点有了，就要思考核心观点的支撑和依据，金字塔的第二层 ABCDE，与核心观点、主旨是父子关系。ABCDE 无论是时间（进程）链还是空间（类别构成）或事项（逻辑构成）块，都可视为兄弟关系。当然，长幼有序、大小有序，不能胡乱扎堆。同样地，ABCDE 还有支撑或依据，即金字塔的第三层。复杂的问题、事项，涉及的层级会更多。其中一些公文文稿的写作思维，可能次序相反。从材料或事实、现象中，找分类本质指向，无数材料、事实、现象的指向，形成观点 ABCDE，ABCDE 又有分类（归纳）的集中指向，一层一层总结、归纳，最后得出总的结论（主旨、核心观点）。比如总结，（工作和情况）报告，调查调研报告。

金字塔图形，底层是支撑上一层的，一层一层类推，最终支撑起主旨、核心观点。无论先有主旨（主题），还是最后形成主旨，不影响金字塔形，只是写作思维活动的正向逆向差别。

比如你家中有大米、玉米、小米、高粱、红薯、土豆、芋头、绿豆、黄豆，可以说既有主粮也有杂粮，这就是第一次分类归纳；说家中有粮食，这就是总括主旨（中心）。从 N 种粮食，到主粮杂粮，再到粮食，这是分类、归纳、总结出来的，就是思维金字塔图形。同理，你说家里有粮食，何以见得？有条理地说，既有主粮也有杂粮，主粮有什么，杂粮有什么，推演下来，也是思维金字塔图形。

MECE 法则是《金字塔原理》一书中提出的一个很重要的原则。全称是 Mutually Exclusive Collectively Exhaustive，中文意思是“相互独立，完全穷尽”。简单地说就是：分清、分尽。也就是对于一个重大的议题（事项、问题），能够做到不重叠、不遗漏的分类。

所谓的不重叠、不遗漏，指在将某个整体（不论是客观存在的还是概念性的整体）划分为不同的部分时，必须做到：①各部分之间相互独立（Mutually Exclusive）；②所有部分完全穷尽（Collectively Exhaustive）。

“相互独立”意味着问题的细分是在同一维度上有明确区分、不可重叠的，“完全穷尽”则意味着全面、周密。

讲个好理解的通俗的例子。比如你家里有红苹果、黄苹果、青苹果、雪梨、香梨、绿葡萄、红葡萄，你说有苹果和雪梨、香梨、绿葡萄、红葡萄，这就违背了 MECE 法则，没有做到“不重叠、不遗漏”，别人会觉得你思维有问题。因为你的分类并不是相互独立的，说有苹果、梨和葡萄，才是思维清晰的。只说到这一层，还是显得缺乏概括力，说有水果才是高度概括。家里现有的这些水果，分类下来，是苹果、梨和葡萄，这一层各部分相互独立，而且穷尽了。

我们知道，在公文写作中，以通知安排活动或形成活动策划案，通常要明确活动主题、活动时间、活动地点、参加人员、活动内容、活动形式、组织领导、活动经费、安保措施、应急预案等，每一块又都由若干项组成。按照 MECE 法则，“不漏”就是这些事项块不要缺漏什么；“不重”，就是这些事项块的内容不能互相串位、交叉重叠。比如，要在“活动地点”里写如天气情况不允许将改期到什么时间什么地点，肯定就不合 MECE 法则，出现交叉重复了；“活动时间”中有明确的起始时间，没有大致的结束时间，就出现缺漏了。

以下图 18-12、图 18-13 是网络上常见的《金字塔原理》读解心得，图 18-14 是网络上该书的介绍资料截图。《金字塔原理》并不好读，但在公文写作思维训练中，认真研读《金字塔原理》是必需的，不能只通过介绍文字去了解。

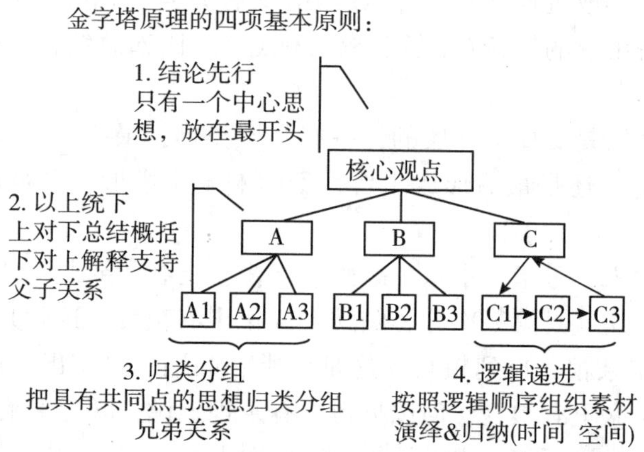

图 18-12

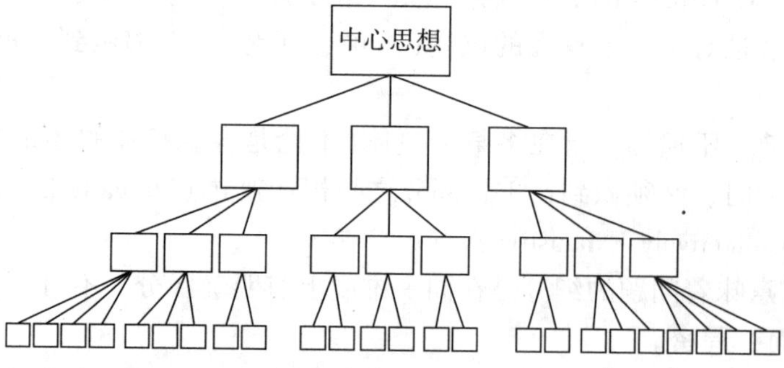

图 18-13

金字塔原理是一种重点突出、逻辑清晰、层次分明、简单易懂的思考方式、沟通方式、规范动作。
金字塔原理的基本结构是：结论先行，以上统下，归类分组，逻辑递进。先重要后次要，先总结后具体，先框架后细节，先结论后原因，先结果后过程，先论点后论据。
金字塔原理训练表达者：关注、挖掘受众的意图、需求点、利益点、关注点和兴趣点，想清说什么（内容）、怎么说（思路、结构），掌握沟通的标准结构、规范动作。
金字塔能够达到的沟通效果：观点鲜明、重点突出、思路清晰、层次分明、简单易懂，让受众有兴趣，能理解，记得住。
搭建金字塔结构的具体做法是：自上而下表达，自下而上思考，纵向总结概括，横向归类分组，序言讲故事，标题提炼思想精华。

图 18-14

三、从一份通知看公文写作思维问题

图 18-3 这份通知，出自秘书学、公文学科班、“圈内”。遗憾的是，出自秘书学研究会专业人士之手的公文，没能成为样板，倒成了病例，这是不应该的。通知的格式问题明显，但还是小问题，严重的是有写作思维上的问题，且问题颇有普遍性。

该通知主要问题有四：

1. 发文字号中的思维问题

这个要素的“机关代字”，仅有“函”，指代机关的代字缺失。这个问题的实质是，公文写作思维问题，没弄清发文字号的意义和作用，无视机关代字。当然，可能是觉得编“秘会函”“广州秘研会函”或“秘研会函”怎么都有点别扭，干脆省了。但这个要素，“函”可以不标不明确，机关代字不可缺失。比如“国办发”“国办函”，指代国务院办公厅的“国办”是不可缺失的。实际工作中，随意处理机关代字的问题比较常见，要引起重视。

2. 标题拟制的思维问题

标题中省略发文机关，可以理解，但事由项令人费解，理不清头绪。讲师团有名称(或主题)吗？讲师团有几批，还是讲师团成员有几批？如仅是成员分批次，标题中的“首批”多余。如果要明确首批成员，“成立首批讲师团成员”的搭配就有大问题。公文标题应简明概括公文的主要内容，这是基本要求。这个通知对“事由”的概括，缺乏认真思考，思维不清，逻辑混乱。

从正文内容看，讲师团并无任务或主题命名(宜根据宣讲任务、主题命名，比如“广东省科普讲师团”，科普宣传教育的任务、主题就很明确)，提到“首批成员”，但无讲师团批次信息。正文提示的事项有二：成立(宜为组建)讲师团，聘请讲师团首批成员。标题应该是：广州秘书学研究会关于组建讲师团及聘请讲师团首批成员的通知。

3. 通知事项的思维问题

“根据学会常务理事会 2018 年 4 月 9 日会议提议，经各有关单位推荐和学会综合评审，决定聘请……”，不合逻辑，表意有问题。聘请成员，应该是单位推荐—学会评审—常务理事会议定，而不是先由常务理事会议提议。

考虑到原标题中有“成立首批讲师团”，正文中“2018 年 4 月 9 日会议”应该是提议成立(组建)讲师团，而不是提议聘请首批成员。尽管并非一定先有团再有成员，也可以是由这些成员组建讲师团，但就本例来说，会议“提议”应该是针对“组建”事宜，否则不合事理逻辑。综合起来考虑，正文此处表述应为“学会常务理事会 2018 年 4 月 9 日会议决定组建讲师团。经各有关单位推荐和学会综合评审，决定聘请……”

4. 格式问题

该通知主送机关与正文之间、正文段落之间行距不对。发文机关署名、成文日期、印章落款三项都切右版心边线了，不合格式要求。单一机关行文，用印，成文日期右空 4 字编排，发文机关署名在成文日期上一行，以成文日期为准，居中排布。

修改后的通知文稿如图 18-15 所示。

广州秘书学研究会关于组建讲师团及
聘请首批讲师团成员的通知

各会员单位、会员：

为贯彻落实党的十九大精神，宣传改革开放以来取得的巨大成就，弘扬中华优秀传统文化，学会常务理事会2018年4月9日会议决定组建讲师团。经各有关单位推荐和学会综合评审，决定聘请杨桐等八位会员为广州秘书学研究会首批讲师团成员。

首批讲师团成员将深入机关单位、学校和企业，广泛开展党的路线方针政策和中华优秀传统文化以及辅助管理文化的学习与宣讲活动。

附件：广州秘书学研究会首批讲师团成员名单

广州秘书学研究会（印）
2018年9月29日

图 18-15

【拓展与思考】

◎ 图 8-6 中，中国高等教育学会秘书学专业委员会的通知，看起来可能只是轻微格式、文字问题，实质上是写作思维问题。

公文写作教学中，案例评析与病误处理贯穿于整个教学过程，基本上是分散在各个环节的。综合性的案例分析与病误处理，应该要关联公文写作的基本要求与规范，同时涉及公文主旨明确、文种选用准确、公文标题规范、行文逻辑顺畅、符合语体和格式规范等几个方面，案例不多。图 8-6 的这个通知，倒是一个很好的案例，反映出多方面的共性问题，方便教师在教学过程中进行综合性的案例分析与处理。

1. 公文主旨不清

这个通知的主旨应该是比较模糊的，发文机关主张存疑。公文主旨模糊的问题，实际工作中不少见。

从标题看，是知会工作布置安排（对各校秘书学专业开设情况进行统计）的下行文；从正文内容看，又像是“商请”有关高校填表反馈秘书学专业情况，是平行文。

“我们”(秘书学专业委员会)在开展(进行)什么工作，知会你们(有关高校)要做些什么，是其行文意图，所以发文机关觉得应该选择用通知行文。但这里显然忽视了秘书学专业委员会与有关高校“不相隶属”的行文关系。下行文、平行文，主张(主旨)表达肯定有差别。

标题和附件说明都强调统计“秘书学专业开设情况”，正文要求填的却是“秘书学专业情况统计表”，“开设情况”和“情况”，不是完全对等的。这又直接导致公文主旨不清，让人不明白要做的究竟是什么呢？正文相关表述应该与标题、附件说明一致。

2. 公文标题不通

即便文种选用成立，标题文字表述问题也比较突出，有失水准。滥用介词“对”，与“进行工作”搭配不当，导致“关于对……情况进行统计工作”不通，出现了“关于对……进行…工作”的杂糅句式。

处理好这个标题并不难，案例中偏偏出现了疑似故意性错误，说明起草公文、制发公文不认真。以下三个方式的标题都没问题(暂且沿用通知文种)：

> 关于开展普通高等学校秘书学专业开设情况统计工作的通知；
> 关于统计普通高等学校秘书学专业开设情况的通知；
> 关于普通高等学校秘书学专业开设情况统计工作的通知。

关于开展……工作、关于统计……情况、关于……工作，语法结构都没有问题，都比原标题达意、规范。

实际工作中，公文标题的“对……”句搭配不当，导致标题不通，是很常见的病误。我们随意在几所大学和多个地方政府的官方网站搜索，“关于拟对……等7名学生变更学籍信息的公示”“关于对《……办法(还有细则、规划、方案等)》征求意见的通知”等标题结构形式，比比皆是。有时可能是因为办文职能部门文稿有误，但显然都有机关单位统管、把关公文处理工作的综合管理部门(办公室)核校把关不严的责任。

3. 文种选择值得商榷

高等教育学会的秘书学专业委员会给高校发下行文通知，布置安排工作，当然多少有些欠妥。办文人员应该是意识到了传达有关高校周知和执行事项(统计工作)似有不妥，所以正文意图是商请填写。该通知，对各相关高校的约束力有限，“要求执行”“遵照执行”都存疑，“有关单位周知或共同执行”也不妥。就本通知事项而言，更适宜、更准确的文种应该是“函”，因为商请(而不是要求)填表并发送至电子信箱、协助完成这项工作，才是这个公文的主旨。假如主旨、行文意图是要求“共同执行”，各高校必须填写并发送至指定邮箱，则应当换个发文主体，明确行文关系。实际工作中该用“函”却避用“函”的现象比较普遍，这算是一个典型案例。

4. 正文逻辑链有缺失

公文正文一般逻辑结构是三分式的，“依据或目的、意义”—“引申或说明”—“归结或主张”，以此为基础变化出二分式和四分式结构。此例逻辑层次结构没有问题，但逻辑链有缺环。

根据什么要求，为达到什么目的，要做什么，怎么做(含什么时候做什么)，是本例的行文逻辑链。“以更好地为……提供服务，请各有关高校”这句中间应该有进行统计、开展统计工作之类的承转，才能顺利过渡到“请填写统计表”。正文开头行文逻辑链缺环，说半句话，不能有效承转，实际工作中还不少见，要引起重视。我们在多个省、市、县纪检监察网和地方政府官网检索到的2020、2021年度巡视整改进展情况“通报”，正文开头几乎是：“根据省委(或中央)统一部署，2020(2021)年×月×日至2020(2021)年×月×日，省委(或中央)第×巡视组对×县(或×省)进行了巡视。2020(2021)年×月×日，省委(或中央)巡视组向×县委(或省委)反馈了巡视意见。根据《中国共产党巡视工作条例》和《中国共产党党内监督条例》有关规定(或按照巡察工作有关要求)，现将巡视整改进展情况予以公布。”反馈了意见，就直接简单接续“根据规定公布”，承“意见”公布“意见”？显然不能有效转“整改情况”，中间存在“开展了整改工作”的缺环。“工作”缺环了，没交代做、没做整改工作，公布什么呢？有“根据反馈意见认真进行整改”，最后接“现将整改进展情况予以公布”才顺理成章。图18-16这个通报的开头，“巡视—反馈—整改—公布”逻辑链完整，承转就是顺利和有效的。

中共湖南省医疗保障局党组关于巡视整改进展情况的通报

编辑： 发表时间：2022年01月26日 11:00 来源：三湘风纪网 分享

2021年3月9日至5月10日，省委第七巡视组对我局开展了为期2个月的巡视，2021年6月22日，省委第七巡视组向我局反馈了巡视情况。根据巡视发现的问题，我局积极推进整改工作，在工作中抓整改，以整改促工作，取得了较好的工作成效，现将巡视整改工作进展情况予以公布。

一、组织整改落实情况

省医保局党组高度重视巡视整改工作，局主要领导带领班子集体从讲政治的高度，深刻认识巡视整改对深入落实全面从严治党主体责任的极端重要性，对加强和改进全省医疗保障工作的极端重要性，切实履行主体责任，把落实整改作为当前和今后一个时期的重要政治任务。第一时间成立省医保局党组巡视整改领导小组，局主要领

图18-16

5. 公文格式和语体欠规范

实际工作中，公文格式不合2012年“公文格式国标”要求的现象很常见，要引起足够重视。图8-6为秘书学专业委员会(都是专业人士)的公文，出现比较明显的格式问题，实不应该。该通知中，标题和主送机关之间应该空一行，附件说明中的附件名称不应加书名号。此例标题中省略发文机关无碍(重要公文不宜随意省略标题中的发文机关，机关名称过长可使用规范化简称)。语言文字表述上的瑕疵，比如不通顺的语句、多余的连词、逻辑链的缺环，也有损“简明准确、平实庄重”的公文语体。

这个案例反映出来的主旨表达、文种选择、标题拟制、行文逻辑、格式和语体规范方面的问题，都是公文写作中的常见问题。公文写作无小事，公文写作是难事。希望我们的分析探讨有助于大家认识并认真对待这些问题，认真对待公文写作。

案例文本修改稿如图18-17，供参考。其中，最后的“谢谢协助”可有可无。

中国高教学会秘书学专业委员会
关于统计普通高等学校秘书学专业开设情况的函

各相关高校：

根据《中国高等教育学会加强分支机构管理办法》的要求，为进一步掌握各地高校开设秘书学专业的基本情况，建立互相交流学习的平台，扎实开展学会工作，更好地为开设秘书学专业的院校提供服务，我会正开展秘书学专业开设情况统计工作。为保证数据全面准确，请相关高校根据本单位的实际情况填写《普通高等学校秘书学专业开设情况统计表》（附件），于 2019 年 12 月 31 日前发送学会邮箱 bjmsxh@163.com。

谢谢协助。

附件：普通高等学校秘书学专业开设情况统计表

中国高教学会秘书学专委会(印)
2019 年 11 月 20 日

图 18-17

◎ 请处理好图 18-18 这个函的各种问题。

关于请派大学生志愿者参与政协第十四届
[illegible]市委员会第一次会议会务工作的函

广东海洋大学：

政协第十四届[illegible]市委员会第一次会议拟定于 2022 年 1 月 7 日-10 日在湛江召开。为更好地服务大会，特请贵校协助选派 25 名学生志愿者参与会议。志愿者条件要求：工作责任心强、遵纪守法、服从安排、文字基础好、记录和打字速度快（最好是贵校文学与新闻传播学院大三、大四学生，有相关会务工作经验者优先）。志愿者会议期间的食宿由大会统一安排。请于 2021 年 12 月 24 日前将所附表格填好，传到市政协办人秘科。志愿者报到时间初定 2022 年 1 月 5 日（具体时间以届时通知为准）。

附件：《广东海洋大学学生志愿者报名表》

联系人：[illegible]　　联系电话：[illegible]

传　真：[illegible]　　邮　　箱：[illegible]@163.com

[illegible]市政协办公室
2021 年 12 月 14 日

图 18-18

图 18-18 的主要问题是思维不清、表意含混、格式不规范。

附件说明与上面文字之间应该空一行，附件名称不应加书名号。联系人、邮箱等两行文字，并不是“附注”，宜在附件说明项之前。

写作思维不清，商请协助会务的主旨时有时无，文字表述也不太合体(函)，有时是商洽工作(语气)，有时是布置安排工作(语气)。“为更好地服务大会”纯属多余，应删。食宿安排一句，应在报到句之后，才更符合事理。参与政协会议会务≠参与政协会议，选派≠协助选派，正文中却互相置换了。校方填表还是志愿者填表，有歧义。主送机关是校方，请于何时将表格填好，主体就是校方，但事实应该是学生志愿者填报名表。

从正文表述看，选派工作是交给校方的(并无共同审核、面试信息)。正文中“协助选派”改为“选派”，“志愿者参与会议”改为“志愿者协助会务”。填表不是校方，但传送报名表肯定是校方，请填表一句，宜改为“请于 2021 年 12 月 24 日前将志愿者报名表传到……”。

附录1：党政机关公文处理工作条例

第一章　总　　则

第一条　为了适应中国共产党机关和国家行政机关(以下简称党政机关)工作需要，推进党政机关公文处理工作科学化、制度化、规范化，制定本条例。

第二条　本条例适用于各级党政机关公文处理工作。

第三条　党政机关公文是党政机关实施领导、履行职能、处理公务的具有特定效力和规范体式的文书，是传达贯彻党和国家的方针政策，公布法规和规章，指导、布置和商洽工作，请示和答复问题，报告、通报和交流情况等的重要工具。

第四条　公文处理工作是指公文拟制、办理、管理等一系列相互关联、衔接有序的工作。

第五条　公文处理工作应当坚持实事求是、准确规范、精简高效、安全保密的原则。

第六条　各级党政机关应当高度重视公文处理工作，加强组织领导，强化队伍建设，设立文秘部门或者由专人负责公文处理工作。

第七条　各级党政机关办公厅(室)主管本机关的公文处理工作，并对下级机关的公文处理工作进行业务指导和督促检查。

第二章　公文种类

第八条　公文种类主要有：

(一)决议。适用于会议讨论通过的重大决策事项。

(二)决定。适用于对重要事项作出决策和部署、奖惩有关单位和人员、变更或者撤销下级机关不适当的决定事项。

(三)命令(令)。适用于公布行政法规和规章、宣布施行重大强制性措施、批准授予和晋升衔级、嘉奖有关单位和人员。

(四)公报。适用于公布重要决定或者重大事项。

(五)公告。适用于向国内外宣布重要事项或者法定事项。

（六）通告。适用于在一定范围内公布应当遵守或者周知的事项。

（七）意见。适用于对重要问题提出见解和处理办法。

（八）通知。适用于发布、传达要求下级机关执行和有关单位周知或者执行的事项，批转、转发公文。

（九）通报。适用于表彰先进、批评错误、传达重要精神和告知重要情况。

（十）报告。适用于向上级机关汇报工作、反映情况，回复上级机关的询问。

（十一）请示。适用于向上级机关请求指示、批准。

（十二）批复。适用于答复下级机关请示事项。

（十三）议案。适用于各级人民政府按照法律程序向同级人民代表大会或者人民代表大会常务委员会提请审议事项。

（十四）函。适用于不相隶属机关之间商洽工作、询问和答复问题、请求批准和答复审批事项。

（十五）纪要。适用于记载会议主要情况和议定事项。

第三章　公文格式

第九条　公文一般由份号、密级和保密期限、紧急程度、发文机关标志、发文字号、签发人、标题、主送机关、正文、附件说明、发文机关署名、成文日期、印章、附注、附件、抄送机关、印发机关和印发日期、页码等组成。

（一）份号。公文印制份数的顺序号。涉密公文应当标注份号。

（二）密级和保密期限。公文的秘密等级和保密的期限。涉密公文应当根据涉密程度分别标注“绝密”“机密”“秘密”和保密期限。

（三）紧急程度。公文送达和办理的时限要求。根据紧急程度，紧急公文应当分别标注“特急”“加急”，电报应当分别标注“特提”“特急”“加急”“平急”。

（四）发文机关标志。由发文机关全称或者规范化简称加“文件”二字组成，也可以使用发文机关全称或者规范化简称。联合行文时，发文机关标志可以并用联合发文机关名称，也可以单独用主办机关名称。

（五）发文字号。由发文机关代字、年份、发文顺序号组成。联合行文时，使用主办机关的发文字号。

（六）签发人。上行文应当标注签发人姓名。

（七）标题。由发文机关名称、事由和文种组成。

（八）主送机关。公文的主要受理机关，应当使用机关全称、规范化简称或者同类型机关统称。

（九）正文。公文的主体，用来表述公文的内容。

（十）附件说明。公文附件的顺序号和名称。

（十一）发文机关署名。署发文机关全称或者规范化简称。

（十二）成文日期。署会议通过或者发文机关负责人签发的日期。联合行文时，署最后签发机关负责人签发的日期。

（十三）印章。公文中有发文机关署名的，应当加盖发文机关印章，并与署名机关相符。有特定发文机关标志的普发性公文和电报可以不加盖印章。

（十四）附注。公文印发传达范围等需要说明的事项。

（十五）附件。公文正文的说明、补充或者参考资料。

（十六）抄送机关。除主送机关外需要执行或者知晓公文内容的其他机关，应当使用机关全称、规范化简称或者同类型机关统称。

（十七）印发机关和印发日期。公文的送印机关和送印日期。

（十八）页码。公文页数顺序号。

第十条　公文的版式按照《党政机关公文格式》国家标准执行。

第十一条　公文使用的汉字、数字、外文字符、计量单位和标点符号等，按照有关国家标准和规定执行。民族自治地方的公文，可以并用汉字和当地通用的少数民族文字。

第十二条　公文用纸幅面采用国际标准 A4 型。特殊形式的公文用纸幅面，根据实际需要确定。

第四章　行文规则

第十三条　行文应当确有必要，讲求实效，注重针对性和可操作性。

第十四条　行文关系根据隶属关系和职权范围确定。一般不得越级行文，特殊情况需要越级行文的，应当同时抄送被越过的机关。

第十五条　向上级机关行文，应当遵循以下规则：

（一）原则上主送一个上级机关，根据需要同时抄送相关上级机关和同级机关，不抄送下级机关。

（二）党委、政府的部门向上级主管部门请示、报告重大事项，应当经本级党委、政府同意或者授权；属于部门职权范围内的事项应当直接报送上级主管部门。

（三）下级机关的请示事项，如需以本机关名义向上级机关请示，应当提出倾向性意见后上报，不得原文转报上级机关。

（四）请示应当一文一事。不得在报告等非请示性公文中夹带请示事项。

（五）除上级机关负责人直接交办事项外，不得以本机关名义向上级机关负责人报送公文，不得以本机关负责人名义向上级机关报送公文。

（六）受双重领导的机关向一个上级机关行文，必要时抄送另一个上级机关。

第十六条　向下级机关行文，应当遵循以下规则：

（一）主送受理机关，根据需要抄送相关机关。重要行文应当同时抄送发文机关的直接上级机关。

（二）党委、政府的办公厅（室）根据本级党委、政府授权，可以向下级党委、政府行文，其他部门和单位不得向下级党委、政府发布指令性公文或者在公文中向下级党委、政府提出指令性要求。需经政府审批的具体事项，经政府同意后可以由政府职能部门行文，文中须注明已经政府同意。

（三）党委、政府的部门在各自职权范围内可以向下级党委、政府的相关部门行文。

（四）涉及多个部门职权范围内的事务，部门之间未协商一致的，不得向下行文；擅自行文的，上级机关应当责令其纠正或者撤销。

（五）上级机关向受双重领导的下级机关行文，必要时抄送该下级机关的另一个上级机关。

第十七条 同级党政机关、党政机关与其他同级机关必要时可以联合行文。属于党委、政府各自职权范围内的工作，不得联合行文。

党委、政府的部门依据职权可以相互行文。

部门内设机构除办公厅（室）外不得对外正式行文。

第五章 公文拟制

第十八条 公文拟制包括公文的起草、审核、签发等程序。

第十九条 公文起草应当做到：

（一）符合党的理论路线方针政策和国家法律法规，完整准确体现发文机关意图，并同现行有关公文相衔接。

（二）一切从实际出发，分析问题实事求是，所提政策措施和办法切实可行。

（三）内容简洁，主题突出，观点鲜明，结构严谨，表述准确，文字精练。

（四）文种正确，格式规范。

（五）深入调查研究，充分进行论证，广泛听取意见。

（六）公文涉及其他地区或者部门职权范围内的事项，起草单位必须征求相关地区或者部门意见，力求达成一致。

（七）机关负责人应当主持、指导重要公文起草工作。

第二十条 公文文稿签发前，应当由发文机关办公厅（室）进行审核。审核的重点是：

（一）行文理由是否充分，行文依据是否准确。

（二）内容是否符合党的理论路线方针政策和国家法律法规；是否完整准确体现发文机关意图；是否同现行有关公文相衔接；所提政策措施和办法是否切实可行。

（三）涉及有关地区或者部门职权范围内的事项是否经过充分协商并达成一致意见。

（四）文种是否正确，格式是否规范；人名、地名、时间、数字、段落顺序、引文等是否准确；文字、数字、计量单位和标点符号等用法是否规范。

（五）其他内容是否符合公文起草的有关要求。

需要发文机关审议的重要公文文稿，审议前由发文机关办公厅（室）进行初核。

第二十一条 经审核不宜发文的公文文稿，应当退回起草单位并说明理由；符合发文条件但内容需作进一步研究和修改的，由起草单位修改后重新报送。

第二十二条 公文应当经本机关负责人审批签发。重要公文和上行文由机关主要负责人签发。党委、政府的办公厅（室）根据党委、政府授权制发的公文，由受权机关主要负责人签发或者按照有关规定签发。签发人签发公文，应当签署意见、姓名和完整日期；圈阅或者签名的，视为同意。联合发文由所有联署机关的负责人会签。

第六章　公文办理

第二十三条　公文办理包括收文办理、发文办理和整理归档。

第二十四条　收文办理主要程序是：

（一）签收。对收到的公文应当逐件清点，核对无误后签字或者盖章，并注明签收时间。

（二）登记。对公文的主要信息和办理情况应当详细记载。

（三）初审。对收到的公文应当进行初审。初审的重点是：是否应当由本机关办理，是否符合行文规则，文种、格式是否符合要求，涉及其他地区或者部门职权范围内的事项是否已经协商、会签，是否符合公文起草的其他要求。经初审不符合规定的公文，应当及时退回来文单位并说明理由。

（四）承办。阅知性公文应当根据公文内容、要求和工作需要确定范围后分送。批办性公文应当提出拟办意见报本机关负责人批示或者转有关部门办理；需要两个以上部门办理的，应当明确主办部门。紧急公文应当明确办理时限。承办部门对交办的公文应当及时办理，有明确办理时限要求的应当在规定时限内办理完毕。

（五）传阅。根据领导批示和工作需要将公文及时送传阅对象阅知或者批示。办理公文传阅应当随时掌握公文去向，不得漏传、误传、延误。

（六）催办。及时了解掌握公文的办理进展情况，督促承办部门按期办结。紧急公文或者重要公文应当由专人负责催办。

（七）答复。公文的办理结果应当及时答复来文单位，并根据需要告知相关单位。

第二十五条　发文办理主要程序是：

（一）复核。已经发文机关负责人签批的公文，印发前应当对公文的审批手续、内容、文种、格式等进行复核；需作实质性修改的，应当报原签批人复审。

（二）登记。对复核后的公文，应当确定发文字号、分送范围和印制份数并详细记载。

（三）印制。公文印制必须确保质量和时效。涉密公文应当在符合保密要求的场所印制。

（四）核发。公文印制完毕，应当对公文的文字、格式和印刷质量进行检查后分发。

第二十六条　涉密公文应当通过机要交通、邮政机要通信、城市机要文件交换站或者收发件机关机要收发人员进行传递，通过密码电报或者符合国家保密规定的计算机信息系统进行传输。

第二十七条　需要归档的公文及有关材料，应当根据有关档案法律法规以及机关档案管理规定，及时收集齐全、整理归档。两个以上机关联合办理的公文，原件由主办机关归档，相关机关保存复制件。机关负责人兼任其他机关职务的，在履行所兼职务过程中形成的公文，由其兼职机关归档。

第七章　公文管理

第二十八条　各级党政机关应当建立健全本机关公文管理制度，确保管理严格规范，充分发挥公文效用。

第二十九条　党政机关公文由文秘部门或者专人统一管理。设立党委(党组)的县级以上单位应当建立机要保密室和机要阅文室，并按照有关保密规定配备工作人员和必要的安全保密设施设备。

第三十条　公文确定密级前，应当按照拟定的密级先行采取保密措施。确定密级后，应当按照所定密级严格管理。绝密级公文应当由专人管理。

公文的密级需要变更或者解除的，由原确定密级的机关或者其上级机关决定。

第三十一条　公文的印发传达范围应当按照发文机关的要求执行；需要变更的，应当经发文机关批准。

涉密公文公开发布前应当履行解密程序。公开发布的时间、形式和渠道，由发文机关确定。

经批准公开发布的公文，同发文机关正式印发的公文具有同等效力。

第三十二条　复制、汇编机密级、秘密级公文，应当符合有关规定并经本机关负责人批准。绝密级公文一般不得复制、汇编，确有工作需要的，应当经发文机关或者其上级机关批准。复制、汇编的公文视同原件管理。

复制件应当加盖复制机关戳记。翻印件应当注明翻印的机关名称、日期。汇编本的密级按照编入公文的最高密级标注。

第三十三条　公文的撤销和废止，由发文机关、上级机关或者权力机关根据职权范围和有关法律法规决定。公文被撤销的，视为自始无效；公文被废止的，视为自废止之日起失效。

第三十四条　涉密公文应当按照发文机关的要求和有关规定进行清退或者销毁。

第三十五条　不具备归档和保存价值的公文，经批准后可以销毁。销毁涉密公文必须严格按照有关规定履行审批登记手续，确保不丢失、不漏销。个人不得私自销毁、留存涉密公文。

第三十六条　机关合并时，全部公文应当随之合并管理；机关撤销时，需要归档的公文经整理后按照有关规定移交档案管理部门。

工作人员离岗离职时，所在机关应当督促其将暂存、借用的公文按照有关规定移交、清退。

第三十七条　新设立的机关应当向本级党委、政府的办公厅(室)提出发文立户申请。经审查符合条件的，列为发文单位，机关合并或者撤销时，相应进行调整。

第八章　附　　则

第三十八条　党政机关公文含电子公文。电子公文处理工作的具体办法另行制定。

第三十九条 法规、规章方面的公文，依照有关规定处理。外事方面的公文，依照外事主管部门的有关规定处理。

第四十条 其他机关和单位的公文处理工作，可以参照本条例执行。

第四十一条 本条例由中共中央办公厅、国务院办公厅负责解释。

第四十二条 本条例自 2012 年 7 月 1 日起施行。1996 年 5 月 3 日中共中央办公厅发布的《中国共产党机关公文处理条例》和 2000 年 8 月 24 日国务院发布的《国家行政机关公文处理办法》停止执行。

附录 2：党政机关公文格式

（中华人民共和国国家标准 GB/T 9704—2012）

前　　言

本标准按照 GB/T 1.1—2009 给出的规则起草。

本标准根据中共中央办公厅、国务院办公厅印发的《党政机关公文处理工作条例》的有关规定对 GB/T 9704—1999《国家行政机关公文格式》进行修订。本标准相对 GB/T 9704—1999 主要作如下修订：

a）标准名称改为《党政机关公文格式》，标准英文名称也作相应修改；

b）适用范围扩展到各级党政机关制发的公文；

c）对标准结构进行适当调整；

d）对公文装订要求进行适当调整；

e）增加发文机关署名和页码两个公文格式要素，删除主题词格式要素，并对公文格式各要素的编排进行较大调整；

f）进一步细化特定格式公文的编排要求；

g）新增联合行文公文首页版式、信函格式首页、命令（令）格式首页版式等式样。

本标准中公文用语与《党政机关公文处理工作条例》中的用语一致。

本标准为第二次修订。

本标准由中共中央办公厅和国务院办公厅提出。

本标准由中国标准化研究院归口。

本标准起草单位：中国标准化研究院、中共中央办公厅秘书局、国务院办公厅秘书局、中国标准出版社。

本标准主要起草人：房庆、杨雯、郭道锋、孙维、马慧、张书杰、徐成华、范一乔、李玲。

本标准代替了 GB/T 9704—1999。

GB/T 9704—1999 的历次版本发布情况为：

——GB/T 9704—1988。

党政机关公文格式

1 范围

本标准规定了党政机关公文通用的纸张要求、排版和印制装订要求、公文格式各要素的编排规则，并给出了公文的式样。

本标准适用于各级党政机关制发的公文。其他机关和单位的公文可以参照执行。

使用少数民族文字印制的公文，其用纸、幅面尺寸及版面、印制等要求按照本标准执行，其余可以参照本标准并按照有关规定执行。

2 规范性引用文件

下列文件对于本标准的应用是必不可少的。凡是注日期的引用文件，仅所注日期的版本适用于本标准。凡是不注日期的引用文件，其最新版本(包括所有的修改单)适用于本标准。

GB/T 148 印刷、书写和绘图纸幅面尺寸

GB 3100 国际单位制及其应用

GB 3101 有关量、单位和符号的一般原则

GB 3102(所有部分)量和单位

GB/T 15834 标点符号用法

GB/T 15835 出版物上数字用法

3 术语和定义

下列术语和定义适用于本标准。

3.1

字 word

标示公文中横向距离的长度单位。在本标准中，一字指一个汉字宽度的距离。

3.2

行 line

标示公文中纵向距离的长度单位。在本标准中，一行指一个汉字的高度加3号汉字高度的7/8的距离。

4 公文用纸主要技术指标

公文用纸一般使用纸张定量为 $60g/m^2 \sim 80g/m^2$ 的胶版印刷纸或复印纸。纸张白度80%~90%，横向耐折度N15次，不透明度N85%，pH值为7.5~9.5。

5　公文用纸幅面尺寸及版面要求

5.1　幅面尺寸

公文用纸采用 GB/T 148 中规定的 A4 型纸，其成品幅面尺寸为：210mm×297mm

5.2　版面

5.2.1　页边与版心尺寸

公文用纸天头（上白边）为 37mm±1mm，公文用纸订口（左白边）为 28mm±1mm，版心尺寸为 156mm×225mm。

5.2.2　字体和字号

如无特殊说明，公文格式各要素一般用 3 号仿宋体字。特定情况可以作适当调整。

5.2.3　行数和字数

一般每面排 22 行，每行排 28 个字，并撑满版心。特定情况可以作适当调整。

5.2.4　文字的颜色

如无特殊说明，公文中文字的颜色均为黑色。

6　印制装订要求

6.1　制版要求

版面干净无底灰，字迹清楚无断划，尺寸标准，版心不斜，误差不超过 1mm。

6.2　印刷要求

双面印刷；页码套正，两面误差不超过 2mm。黑色油墨应当达到色谱所标 BL100%，红色油墨应当达到色谱所标 Y80%、M80%。印品着墨实、均匀；字面不花、不白、无断划。

6.3　装订要求

公文应当左侧装订，不掉页，两页页码之间误差不超过 4mm，裁切后的成品尺寸允许误差±2mm，四角成 90°，无毛茬或缺损。

骑马订或平订的公文应当：

a）订位为两钉外订眼距版面上下边缘各 70mm 处，允许误差±4mm；

b）无坏钉、漏钉、重钉，钉脚平伏牢固；

c）骑马订钉锯均订在折缝线上，平订钉锯与书脊间的距离为 3mm～5mm。包本装订公文的封皮（封面、书脊、封底）与书芯应吻合、包紧、包平、不脱落。

7　公文格式各要素编排规则

7.1　公文格式各要素的划分

本标准将版心内的公文格式各要素划分为版头、主体、版记三部分。公文首页红色分隔线以上的部分称为版头；公文首页红色分隔线（不含）以下、公文末页首条分隔线（不含）以上的部分称为主体；公文末页首条分隔线以下、末条分隔线以上的部分称为版记。

页码位于版心外。

7.2 版头

7.2.1 份号

如需标注份号，一般用 6 位 3 号阿拉伯数字，顶格编排在版心左上角第一行。

7.2.2 密级和保密期限

如需标注密级和保密期限，一般用 3 号黑体字，顶格编排在版心左上角第二行；保密期限中的数字用阿拉伯数字标注。

7.2.3 紧急程度

如需标注紧急程度，一般用 3 号黑体字，顶格编排在版心左上角；如需同时标注份号、密级和保密期限、紧急程度，按照份号、密级和保密期限、紧急程度的顺序自上而下分行排列。

7.2.4 发文机关标志

由发文机关全称或者规范化简称加“文件”二字组成，也可以使用发文机关全称或者规范化简称。

发文机关标志居中排布，上边缘至版心上边缘为 35mm，推荐使用小标宋体字，颜色为红色，以醒目、美观、庄重为原则。

联合行文时，如需同时标注联署发文机关名称，一般应当将主办机关名称排列在前；如有“文件”二字，应当置于发文机关名称右侧，以联署发文机关名称为准上下居中排布。

7.2.5 发文字号

编排在发文机关标志下空二行位置，居中排布。年份、发文顺序号用阿拉伯数字标注；年份应标全称，用六角括号括入；发文顺序号不加“第”字，不编虚位(即 1 不编为 01)，在阿拉伯数字后加“号”字。

上行文的发文字号居左空一字编排，与最后一个签发人姓名处在同一行。

7.2.6 签发人

由“签发人”三字加全角冒号和签发人姓名组成，居右空一字，编排在发文机关标志下空二行位置。“签发人”三字用 3 号仿宋体字，签发人姓名用 3 号楷体字。

如有多个签发人，签发人姓名按照发文机关的排列顺序从左到右、自上而下依次均匀编排，一般每行排两个姓名，回行时与上一行第一个签发人姓名对齐。

7.2.7 版头中的分隔线

发文字号之下 4mm 处居中印一条与版心等宽的红色分隔线。

7.3 主体

7.3.1 标题

一般用 2 号小标宋体字，编排于红色分隔线下空二行位置，分一行或多行居中排布；回行时，要做到词意完整，排列对称，长短适宜，间距恰当，标题排列应当使用梯形或菱形。

7.3.2 主送机关

编排于标题下空一行位置，居左顶格，回行时仍顶格，最后一个机关名称后标全角冒号。如主送机关名称过多导致公文首页不能显示正文时，应当将主送机关名称移至版记，标注方法见 7.4.2。

7.3.3　正文

公文首页必须显示正文。一般用 3 号仿宋体字，编排于主送机关名称下一行，每个自然段左空二字，回行顶格。文中结构层次序数依次可以用“一、”“(一)”“1.”“(1)”标注；一般第一层用黑体字、第二层用楷体字、第三层和第四层用仿宋体字标注。

7.3.4　附件说明

如有附件，在正文下空一行左空二字编排“附件”二字，后标全角冒号和附件名称。如有多个附件，使用阿拉伯数字标注附件顺序号(如“附件：1. ××× ××”)；附件名称后不加标点符号。附件名称较长需回行时，应当与上一行附件名称的首字对齐。

7.3.5　发文机关署名、成文日期和印章

7.3.5.1　加盖印章的公文

成文日期一般右空四字编排，印章用红色，不得出现空白印章。

单一机关行文时，一般在成文日期之上、以成文日期为准居中编排发文机关署名，印章端正、居中下压发文机关署名和成文日期，使发文机关署名和成文日期居印章中心偏下位置，印章顶端应当上距正文(或附件说明)一行之内。

联合行文时，一般将各发文机关署名按照发文机关顺序整齐排列在相应位置，并将印章一一对应、端正、居中下压发文机关署名，最后一个印章端正、居中下压发文机关署名和成文日期，印章之间排列整齐、互不相交或相切，每排印章两端不得超出版心，首排印章顶端应当上距正文(或附件说明)一行之内。

7.3.5.2　不加盖印章的公文

单一机关行文时，在正文(或附件说明)下空一行右空二字编排发文机关署名，在发文机关署名下一行编排成文日期，首字比发文机关署名首字右移二字，如成文日期长于发文机关署名，应当使成文日期右空二字编排，并相应增加发文机关署名右空字数。

联合行文时，应当先编排主办机关署名，其余发文机关署名依次向下编排。

7.3.5.3　加盖签发人签名章的公文

单一机关制发的公文加盖签发人签名章时，在正文(或附件说明)下空二行右空四字加盖签发人签名章，签名章左空二字标注签发人职务，以签名章为准上下居中排布。在签发人签名章下空一行右空四字编排成文日期。

联合行文时，应当先编排主办机关签发人职务、签名章，其余机关签发人职务、签名章依次向下编排，与主办机关签发人职务、签名章上下对齐；每行只编排一个机关的签发人职务、签名章；签发人职务应当标注全称。

签名章一般用红色。

7.3.5.4　成文日期中的数字

用阿拉伯数字将年、月、日标全，年份应标全称，月、日不编虚位(即 1 不编为 01)。

7.3.5.5　特殊情况说明

当公文排版后所剩空白处不能容下印章或签发人签名章、成文日期时，可以采取调整行距、字距的措施解决。

7.3.6　附注

如有附注，居左空二字加圆括号编排在成文日期下一行。

7.3.7　附件

附件应当另面编排，并在版记之前，与公文正文一起装订。“附件”二字及附件顺序号用3号黑体字顶格编排在版心左上角第一行。附件标题居中编排在版心第三行。附件顺序号和附件标题应当与附件说明的表述一致。附件格式要求同正文。

如附件与正文不能一起装订，应当在附件左上角第一行顶格编排公文的发文字号并在其后标注“附件”二字及附件顺序号。

7.4　版记

7.4.1　版记中的分隔线

版记中的分隔线与版心等宽，首条分隔线和末条分隔线用粗线（推荐高度为0.35mm），中间的分隔线用细线（推荐高度为0.25mm）。首条分隔线位于版记中第一个要素之上，末条分隔线与公文最后一面的版心下边缘重合。

7.4.2　抄送机关

如有抄送机关，一般用4号仿宋体字，在印发机关和印发日期之上一行、左右各空一字编排。“抄送”二字后加全角冒号和抄送机关名称，回行时与冒号后的首字对齐，最后一个抄送机关名称后标句号。

如需把主送机关移至版记，除将“抄送”二字改为“主送”外，编排方法同抄送机关。既有主送机关又有抄送机关时，应当将主送机关置于抄送机关之上一行，之间不加分隔线。

7.4.3　印发机关和印发日期

印发机关和印发日期一般用4号仿宋体字，编排在末条分隔线之上，印发机关左空一字，印发日期右空一字，用阿拉伯数字将年、月、日标全，年份应标全称，月、日不编虚位（即1不编为01），后加“印发”二字。

版记中如有其他要素，应当将其与印发机关和印发日期用一条细分隔线隔开。

7.5　页码

一般用4号半角宋体阿拉伯数字，编排在公文版心下边缘之下，数字左右各放一条一字线；一字线上距版心下边缘7mm。单页码居右空一字，双页码居左空一字。公文的版记页前有空白页的，空白页和版记页均不编排页码。公文的附件与正文一起装订时，页码应当连续编排。

8　公文中的横排表格

A4纸型的表格横排时，页码位置与公文其他页码保持一致，单页码表头在订口一边，双页码表头在切口一边。

9　公文中计量单位、标点符号和数字的用法

公文中计量单位的用法应当符合GB 3100、GB 3101和GB 3102（所有部分），标点符号的用法应当符合GB/T 15834，数字用法应当符合GB/T 15835。

10　公文的特定格式

10.1　信函格式

发文机关标志使用发文机关全称或者规范化简称，居中排布，上边缘至上页边为30mm，推荐使用红色小标宋体字。联合行文时，使用主办机关标志。

发文机关标志下4mm处印一条红色双线(上粗下细)，距下页边20mm处印一条红色双线(上细下粗)，线长均为170mm，居中排布。

如需标注份号、密级和保密期限、紧急程度，应当顶格居版心左边缘编排在第一条红色双线下，按照份号、密级和保密期限、紧急程度的顺序自上而下分行排列，第一个要素与该线的距离为3号汉字高度的7/8。

发文字号顶格居版心右边缘编排在第一条红色双线下，与该线的距离为3号汉字高度的7/8。

标题居中编排，与其上最后一个要素相距二行。

第二条红色双线上一行如有文字，与该线的距离为3号汉字高度的7/8。

首页不显示页码。

版记不加印发机关和印发日期、分隔线，位于公文最后一面版心内最下方。

10.2　命令(令)格式

发文机关标志由发文机关全称加“命令”或“令”字组成，居中排布，上边缘至版心上边缘为20mm，推荐使用红色小标宋体字。

发文机关标志下空二行居中编排令号，令号下空二行编排正文。

签发人职务、签名章和成文日期的编排见7.3.5.3。

10.3　纪要格式

纪要标志由“××××纪要”组成，居中排布，上边缘至版心上边缘为35mm，推荐使用红色小标宋体字。

标注出席人员名单，一般用3号黑体字，在正文或附件说明下空一行左空二字编排“出席”二字，后标全角冒号，冒号后用3号仿宋体字标注出席人单位、姓名，回行时与冒号后的首字对齐。

标注请假和列席人员名单，除依次另起一行并将“出席”二字改为“请假”或“列席”外，编排方法同出席人员名单。

纪要格式可以根据实际制定。

11　式样

A4型公文用纸页边及版心尺寸见图1；公文首页版式见图2；联合行文公文首页版式1见图3；联合行文公文首页版式2见图4；公文末页版式1见图5；公文末页版式2见图6；联合行文公文末页版式1见图7；联合行文公文末页版式2见图8；附件说明页版式见图9；带附件公文末页版式见图10；信函格式首页版式见图11；命令(令)格式首页版式见图12。

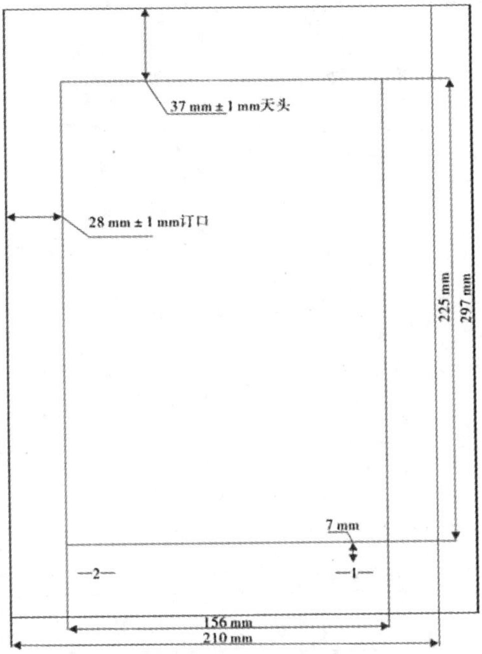

图1　A4型公文用纸页边及版心尺寸

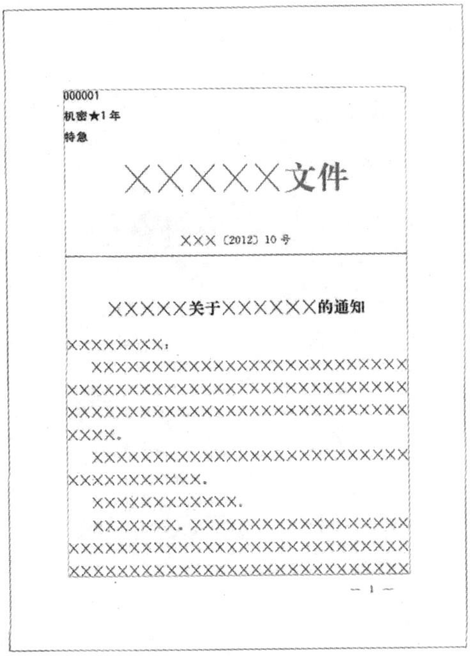

图2　公文首页版式

注：版心实线框仅为示意，在印制公文时并不印出。

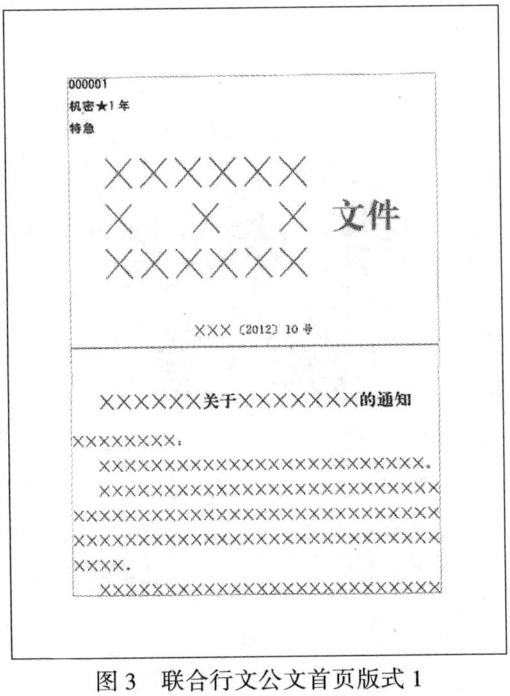

图3　联合行文公文首页版式1

注：版心实线框仅为示意，在印制公文时并不印出。

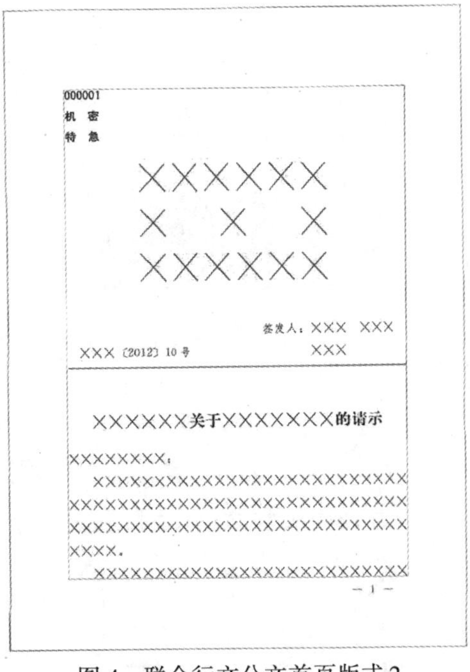

图4　联合行文公文首页版式2

注：版心实线框仅为示意，在印制公文时并不印出。

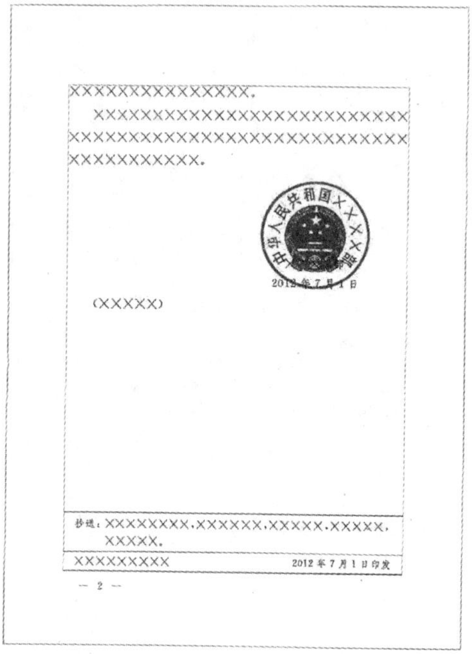

图5 公文末页版式1

注：版心实线框仅为示意，在印制公文时并不印出。

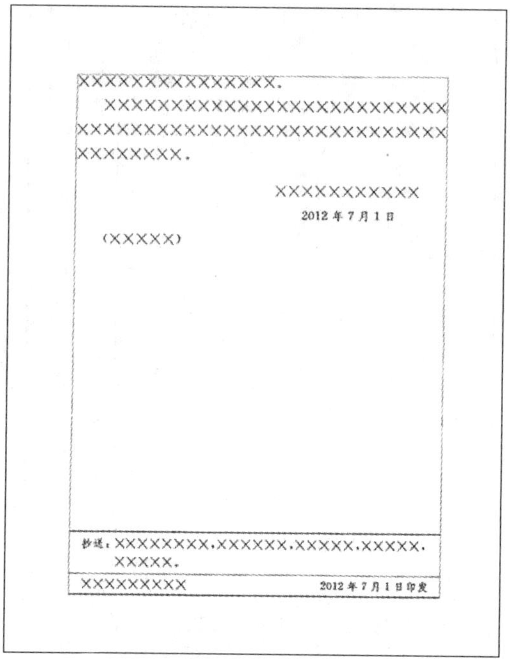

图6 公文末页版式2

注：版心实线框仅为示意，在印制公文时并不印出。

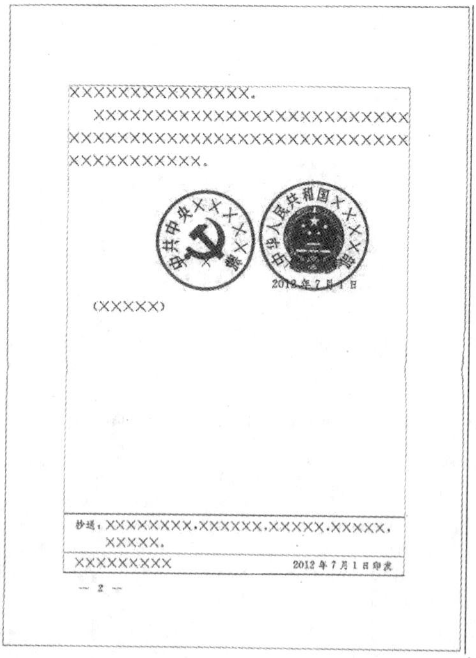

图7 联合行文公文末页版式1

注：版心实线框仅为示意，在印制公文时并不印出。

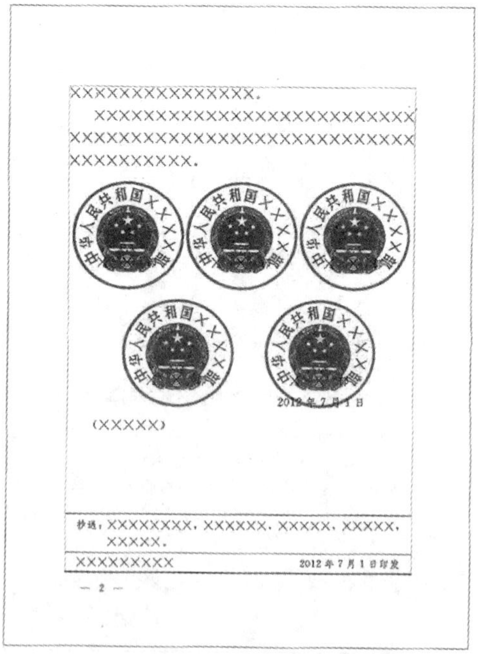

图8 联合行文公文末页版式2

注：版心实线框仅为示意，在印制公文时并不印出。

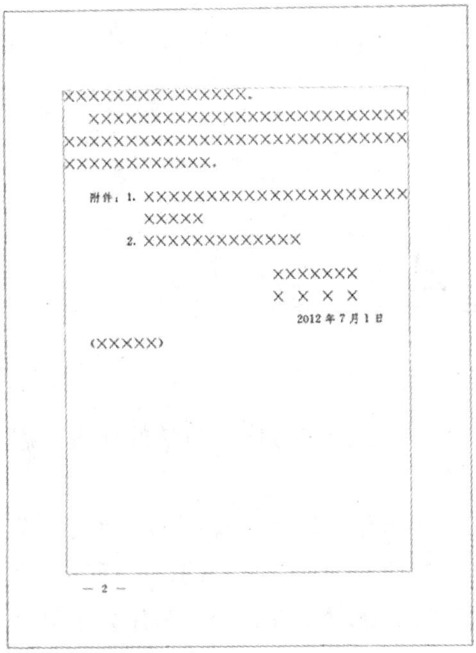

图9　附件说明页版式

注：版心实线框仅为示意，在印制公文时并不印出。

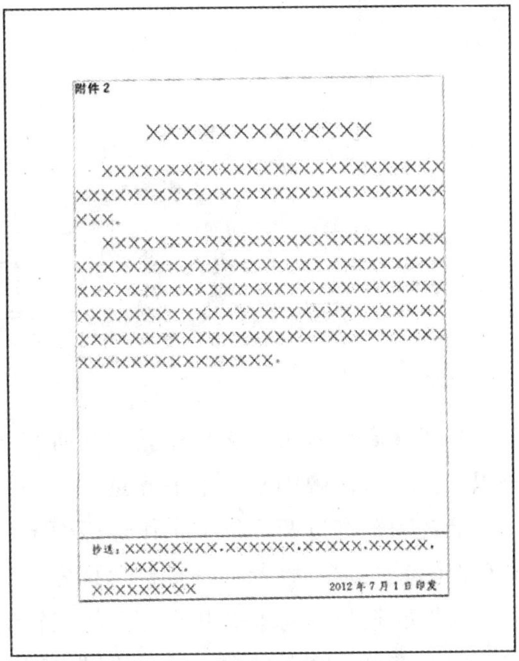

图10　带附件公文末页版式

注：版心实线框仅为示意，在印制公文时并不印出。

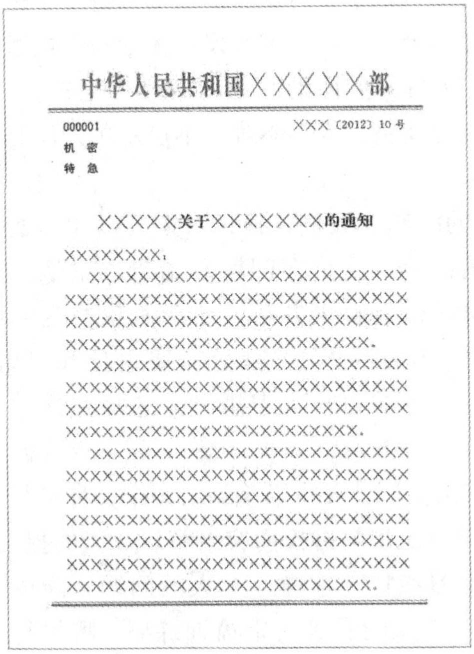

图11　信函格式首页版式

注：版心实线框仅为示意，在印制公文时并不印出。

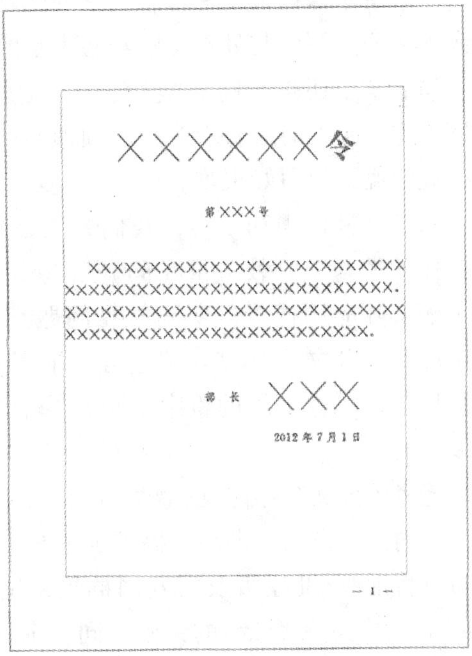

图12　命令(令)格式首页版式

注：版心实线框仅为示意，在印制公文时并不印出。

后　记

笔者在高校从事公文写作教学与研究达 30 年，关于公文写作教与学的探索、思考与积累，一直未曾中断，本书算是一个小结。

笔者因曾有过两段秘书工作经历而结缘公文写作教学，职业生涯中也一直伴随着公文写作的教与学。笔者学写材料学写公文，教写材料教写公文，也与同仁广泛探讨交流公文写作的教与学。本书开头提到的三句话：公文写作无处不在、公文写作无小事、公文写作是难事，笔者在教、学、研讨中都深有体会。

不管你在哪个领域从事什么工作，应用写作能力都是核心竞争力，能写好材料、写好公文很重要，这些大家都明白；但要会写、能写好，不容易，大家也都很清楚。

本书集中探讨公文写作教与学的问题。笔者一直跟学生打交道，在培训讲座中也接触到很多公文写作与处理实践经验丰富的领导和办公室人员，笔者发现无论是刚接触公文写作的学生还是在岗的“材料狗”，大家在公文写作方面的问题与困惑都比较一致：听懂不难，听的时候直点头、心领神会，自己一写就错；入门不难，不过尔尔，没有专业行业门槛，但写好很难。

基于这种认识和了解，我们关注公文写作的问题、案例，探讨对策，以此沟通公文写作的教与学。教，重在问题和情景、案例；学，也重在问题和情景、案例。只有了解实际应用情景，明确常见问题在哪，找到相应解决办法，才能避免这些问题和错漏。对公文写作初学者、学生而言，本书“拓展与思考”部分需要引导和讲解。思维训练是写作训练的重中之重，“拓展与思考”意在引导大家思考，老师在这方面要多用心。

笔者的公文写作课堂(教学班)会有 QQ 群或微信群，要求学生针对每个文种进行训练，群内提交自己的训练文稿不少于 5 次(篇)，须在相关讲授内容结束后 2 天内提交。老师要将批改/批注版及时发回群里，供大家学习参详。这样一个人的问题，能成为 60~70 人(教学班容量)的镜鉴，同一个训练任务大家能看到几十篇训练稿。哪怕每个训练任务老师只批改/批注一半的作品，大家的学习样本量也是非常可观的。当然，老师投入的批改时间可能会是课程课时量的 3 倍以上。公文写作教学是难事，但难事也难不住有心人。以此共勉。

武汉大学出版社高璐老师、胡国民老师、韩秋婷老师在本书出版过程中给予了无私帮助、鼎力支持，谨此致谢。

汪东发

2023 年 3 月